《思想政治教育：反思与构建》编委会

王淑芹 高 峰 杨芷英
陈 迎 韩 华 沈永福

SIXIANG ZHENGZHI JIAOYU:
FANSI YU GOUJIAN

思想政治教育：
反思与构建

首都师范大学思想政治教育学科／编

中央编译出版社
Central Compilation & Translation Press

目录 >>> CONTENTS

第一篇 理论与方法

思想政治教育价值基本问题研究……………………………… 王淑芹 / 2
唯物史观视野中的思想政治教育理论创新……………… 韩 华 王树荫 / 11
回到"思想政治"的思想政治教育学…………………………… 王 颖 / 20
全球化时代的思想政治教育学原理研究……………………… 高 峰 / 28
思想政治教育成效的制度分析………………………………… 王淑芹 / 36
思想政治教育低效探因………………………………………… 王淑芹 / 42
思想政治教育学学科特点再思考……………………………… 陈 迎 / 47

第二篇 历史与比较

儒家的道德叙事方法及其借鉴………………………………… 隋淑芬 / 54
论传统儒家道德意志的修养方法……………………………… 沈永福 / 60
我国传统孝德现代转化的困境………………………………… 隋淑芬 / 69
　　——兼论孝德的认同机制
论儒家诚信的意志之维………………………………………… 沈永福 / 75
新制度生成新民德……………………………… 隋淑芬 余灵灵 / 85
　　——严复梁启超对新民的路径的思考
党的思想政治教育目标任务理论的历史考察与现实思考 … 王 炎 王树荫 / 93

试论新中国思想政治工作的历史经验 …………… 王　炎　王树荫 / 104
建国初期大学生思想政治教育的历史考察及其启示 …………… 韩　华 / 115
西方政治社会化的基本评估与我国的公民教育 …………… 高　峰 / 122
比较思想政治教育研究者学养提升的四个维度 …………… 王　颖 / 132

第三篇　交叉与借鉴

思想政治教育心理学的发展构想 …………… 杨芷英 / 138
思想政治教育心理学研究综述 …………… 杨芷英 / 145
关于公民教育的政治学解读：价值与意义 …………… 高　峰 / 160
灌输：道德教育学和思想政治教育学的语境分歧与理论共识 …… 王　颖 / 165
思想品德心理结构形式细化的理论研究 …………… 刘文革 / 174
全面提升思想政治理论课育人功能的路径初探 …………… 黄延敏 / 184
心理学视野中的感恩情绪研究 …………… 赵军燕　邢淑芬 / 191
国外抗逆力研究及对我国学校心理健康教育的启示 …………… 田国秀 / 197
浅谈心理疏导对于高校思想政治教育的现实价值 …………… 杨芷英 / 208
浅谈高校思想政治工作与"心理疏导"有机统一的实现路径 …… 杨芷英 / 218
从德育功能的角度看道德灌输 …………… 杨启华 / 225
　　——德育社会学的分析视角

第四篇　公民与社会

我国推行公民教育有待解决的若干问题探讨 …………… 高　峰 / 236
公民身份与公民人格：和谐社会的身份基础与教育诉求 ……… 王　颖 / 243
论公民道德建设的外在机制 …………… 王淑芹 / 251
美国公民教育的特点及其发展趋势 …………… 张鸿燕 / 259
英国学校公民教育新解 …………… 高　峰 / 266
法国学校公民教育浅析 …………… 高　峰 / 278
当代俄罗斯公民教育的嬗变及发展趋势 …………… 张鸿燕 / 288
香港公民教育的变革与发展 …………… 张鸿燕 / 294

第五篇 时代与青年

当代马克思主义在青年中传播的工作主体研究 …………………… 石国亮 / 302
　　——主体构成及其社会认知
当代马克思主义在体制外青年中的传播模式研究 …………………… 石国亮 / 312
人文关怀视野下的大学生思想政治教育 ……………………………… 韩　华 / 322
制度安排：增强大学生思想政治教育有效性的重要维度 …………… 韩　华 / 330
试论高校理性德育视域下大学生的非理性因素培养 ………………… 杨芷英 / 336
青年流行语的价值观意蕴研究 ……………… 石国亮　徐子梁　姚　芳 / 343
大学生诚信道德建设的路径选择 …………………………… 王淑芹　杜　凡 / 352

第一篇
理论与方法

思想政治教育价值基本问题研究

王淑芹

[摘 要] 思想政治教育的价值问题,是思想政治教育学基础理论研究中的一个重要问题,它直接关系到思想政治教育学存在的正当性。虽然思想政治教育的价值性问题勿庸置疑,但思想政治教育价值哲学基础的系统性、思想政治教育的社会价值与个体价值之间的辩证关系以及思想政治教育价值的独特性问题,仍需深入研究。

[关键词] 思想政治教育;价值;社会教化

目前,在思想政治教育价值的论域中,至少有三方面问题亟待深入研究:思想政治教育价值的哲学基础;思想政治教育价值主体之间的关系,即思想政治教育的社会价值与个体价值之间的辩证关系;思想政治教育价值的独特性。

一

自从20世纪90年代,思想政治教育价值问题进入学科研究领域后,① 它便成为众多学者关注和研究的对象。目前,尽管思想政治教育的价值性问题已勿庸置疑,但思想政治教育价值的哲学基础问题的研究仍是薄弱环节,缺乏系统的论证。

人的自然属性与社会属性统一的马克思主义人性论,奠定了思想政治教育价值的理论基础。人从动物进化的客观事实以及生命机体的生物机制,就先在地决定了人最初存在样态的生物性或自然性。对此,恩格斯曾有过精辟的论断:"人来源于动物这一事实已经决定人永远不能完全摆脱兽性,所以问题永远只能在于

---

① 张耀灿等:《思想政治教育学前沿》,人民出版社,2006年,第71页。

摆脱得多些或少些,在于兽性或人性的程度上的差异。"① 因而,对人的理解,不能完全"否认生物特征对规定个人的意义"。② 人作为生命机体先天具有的生物特性又预制了社会对人规范的必要性。一方面,人的生命有机体维持其生存和发展的物质性需要促发了人的生产活动,又由于单个人劳动能力的弱小、人的需要的多样性及其劳动分工所造成的人们的一种必不可免的联合,就决定了人在需要驱动下的生产劳动只能是在协作基础上的共同活动,并预示着人们在劳动中必然要结成一定的生产关系。故此,马克思说:"由于他们的需要即他们的本性,以及他们求得满足的方式,把他们联系起来(两性关系、交往、分工),所以,他们必然要发生相互关系。"③ "人们在生产中不仅仅影响自然界,而且也互相影响。他们只有以一定的方式共同活动和互相交换其活动,才能进行生产。为了进行生产,人们相互之间便发生一定的联系和关系;只有在这些社会联系和社会关系的范围内,才会有他们对自然界的影响,才会有生产。"④ 质言之,人类个体生活满足的非自洽性所引致的人的社会性存在方式,便形成了"以一定的物质生产活动为基础而相互联系的人类生活共同体"⑤,即社会。另一方面,人作为感性的存在者,生而有欲望和爱好,具有欲求的冲动性、生命的自保性和行为的自利性等生物特性,这就决定了人具有按着个人的意志和利益去行动的倾向性。人的这种感性的冲动性和自保自利的倾向性,在一定程度上不可避免地构成对社会的挑战与破坏。具而言之,人的生物潜能的自保性、自利性以及感性冲动等,无不构成了对社会合作的不确定性乃至威胁性。因此,社会共同体的存在和发展,不能任由个体的恣意妄行,必然要对人类个体的行为加以引导和规范,使社会成员具有共守的行为准则和价值标准,以减少人们社会交往的冲突和成本,从而保障社会有机体的发展。可见,思想政治教育既是个体获得社会性的需要,也是社会维序的需要。

人活动的主体性特征奠定了思想政治教育价值的人性基础。人的生理构造,虽奠定了人与动物衔接的基础,但其大脑的特殊构造以及在此基础上形成的第二信号系统即高级神经系统,使人所具有的思维能力,即感知力、想象力、理性等

---

① 《马克思恩格斯选集》第 3 卷,人民出版社,1995 年,第 442 页。
② 韩庆祥:《马克思人学思想研究》,河南大学出版社,1996 年,第 138 页。
③ 《马克思恩格斯全集》第 3 卷,人民出版社,1960 年,第 514 页。
④ 《马克思恩格斯选集》第 1 卷,人民出版社,1995 年,第 344 页。
⑤ 《辞海》,上海辞书出版社,2002 年,第 1474 页。

心智机能，又拉开了人与动物的距离。人所具有的思维和意识，禀赋的理性和想象力，提升了人作为生命有机体的等级地位，使人成为了生命发展的最高形式，并使其能够超越他作为动物自身的受动性的限制，成为一种具有自觉能动性并使活动显现出自主性的创造者，从而显现出人活动的自觉性、目的性的主体性特征。所以，马克思说："有意识的生命活动把人同动物的生命活动直接区别开来。正是由于这一点，人才是类存在物，或者说，正因为人是类存在物，他才是有意识的存在物，就是说，他自己的生活对他来说是对象。仅仅由于这一点，他的活动才是自由的活动。"① 概而言之，人类生产活动的能动性、自觉性、自由性，恰是其超越其他动物的本质特征，故此，马克思在《1844年经济学哲学手稿》中明确指出："一个种的整体特性、种的类特性就在于生命活动的性质，而自由的有意识的活动恰恰就是人的类特性。"② 人活动的意识性和自觉性，确证了人的思想观念对其活动的指导性和支配性。质言之，人异于动物和远离动物，恰恰在于人所独有的精神活动，表明人不仅是生命的物质存在者，而且也是思想的精神存在者。可见，进行思想政治教育活动是发挥人的精神能动性的需要。

人的社会意识形成的后天性，奠定了思想政治教育价值的社会基础。人的利益取向的唯我性和行为活动的任意性与社会构成的矛盾，客观上要求对社会个体的行为必须加以规范和约束，而人所具有的理性和意识，不仅能够意识到秩序内蕴的规则要求，而且能够主动制定法则，表现为人类为自己立法。但需要说明的是，人所具有的精神世界的建构能力，这一判断只表明人"能够"具有这种功能，究竟每个个体是否把这种"能力"发挥出来以及发挥多少，却不能一乎定律。确切地说，人的"自我立法"有两种存在样态：一是在"类"的能动性的意义上，指人类具有反映社会发展和人的自身发展内蕴要求并把其凝练成规则的能力；另一个是在"个体"能动性和受动性的意义上，指社会个体通过选择、接受和内化社会价值原则而形成个人的思想价值体系，社会上大多数人都是这种"自我立法"方式。为什么社会个体需要接受、认同社会价值体系呢？因为任何社会都需要制定出相应的政治规范、法律条例和道德准则等以协调社会利益关系，而社会规范要求的客观规定性和社会历史性，就决定了一定社会的政治、法律、道德等规范对具体的现实个人的既定性和先在性，从而预示个体政治观念、

---

① 《马克思恩格斯全集》第3卷，人民出版社，2002年，第273页。
② 《马克思恩格斯全集》第3卷，人民出版社，2002年，第273页。

法律观念以及道德观念形成的后天性。社会成员规范意识的这种非自因性，意味着人们的政治观点、法律意识和道德思想产生的外源性和非天然性，从而预制了人在社会化过程中，社会教化的必要性和必然性。也就是说，人对社会的适应、对人身上动物性和野蛮性的超越、对行为任意性的克服，需要社会教化以形成合乎一定社会要求的政治思想、道德观念及其相应的品行。一言以蔽之，社会对其成员的教化是维系社会发展的必须。个人"经过一定方式的社会学习，接受社会教化，将社会目标、价值观、规范和行为方式等转化为其自身稳定的人格特质和行为反应模式"①后，"才能转变成一名能适应一定的社会文化、有效地参与社会生活、为社会所接受的成员"。②无疑，社会成员的安身立命必然会对一定社会的政治观、道德观和法制观产生内在诉求。这是思想政治教育价值形成的社会基础。

二

学界对思想政治教育的社会价值和个体价值存在的两种价值形态基本没有异议，但在对二者关系的阐述上，既存在着偏重思想政治教育的社会价值而轻视思想政治教育个体价值的倾向，也存在着对二者辩证关系笼统泛论的问题。

在思想政治教育的社会价值与个体价值的关系问题上，究竟何者为矛盾的主要方面并起主导作用，这是一个不容回避和需要讲清楚的问题。对这个问题的科学回答，首先需要立足于思想政治教育学科的特殊研究对象。思想政治教育"以人们的思想品德形成发展和对人们进行思想政治教育的规律为研究对象"③。表面上看，好像思想政治教育学研究的是两个规律，其实不然，较为准确的表述应该是基于人的思想品德形成发展的规律而探究思想政治教育的规律。进而言之，人的思想品德形成发展的规律是思想政治教育规律的基础，离开人的思想品德形成发展的规律，思想政治教育的规律就会成为空洞的抽象；另一方面，研究和掌握思想政治教育规律本身，是为了更好地提高思想政治教育的成效，进而促进人们良好思想品德的形成。显然，思想政治教育学研究的落点是社会个体的思

---

① 周晓虹：《现代社会心理学》，上海人民出版社，1997年，第125页。
② 全国13所高等院校社会心理学编写组：《社会心理学》第四版，南开大学出版社，2008年，第41页。
③ 张耀灿等：《现代思想政治教育学》，人民出版社，2006年，第5页。

想品德。

其次，需要立足于思想政治教育的目的。思想政治教育的目的与思想政治教育作用的区域密不可分。思想政治教育的作用不是无限的而是有限的，因为思想政治教育作用的区域是有边界的。思想政治教育作用的区域可具体划分为三大系统：人的观念系统、品德系统、行为系统。人的观念系统是思想政治教育作为的直接领域，行为系统是观念系统直接辐射的领域，而品德系统则是观念系统和行为系统协调共振而形成的稳定状态。由此可以概括出，思想政治教育的目的，是使人们树立正确的思想观念，形成良好的政治、道德品德，进而具有合乎社会要求的行为。显然，思想政治教育目的的落点也是社会个体的思想品德。那种认为思想政治教育的根本目的"就是提高人们认识世界与改造世界的能力，在改造客观世界的同时改造主观世界"的观点，过于笼统和宽泛，没有概括出思想政治教育特有的目的。

再者，需要立足于思想政治教育功能发挥的作用机理。目前，学界对思想政治教育功能的研究，多侧重于思想政治教育的社会功能，并把其概括为"保证、导向、凝聚、激励、调节、转化等六大功能"。[①] 如若单从社会的视阈概述思想政治教育的功能，凝练出的这六大功能无疑是全面和准确的，但问题是，思想政治教育的功能是不是仅对社会发生影响？社会是不是思想政治教育作用的唯一主体。显然，这种判断既不符合思想政治教育学的学理，也背离思想政治教育作用的实际。一方面，在思想政治教育学的理论中，从没否认思想政治教育对教育对象的作用，"思想政治教育的功能是指思想政治教育对教育对象乃至整个社会所发生的积极独特的作用或影响"。[②] 另一方面，在思想政治教育的实践中，思想政治教育不是面对抽象"社会"的教育，而是面对社会中具体的个体和群体的教育。因为"'人'在其现实性上，只能通过个人而存在，离开现实的个人，'人'不过是一种空洞的抽象"。[③] 可以断言，把思想政治教育的功能等同于思想政治教育社会功能的观点和做法，有失偏颇。事实上，思想政治教育是围绕一定的个体和群体的思想品德形成和发展的需要而进行的教化活动。尽管思想政治教育的内容体现一定社会对人们的思想、品德的要求，但它对社会的作用，必须要

[①] 张耀灿等：《思想政治教育学原理》，高等教育出版社，2003年，第69页。
[②] 张耀灿等：《思想政治教育学原理》，高等教育出版社，2003年，第69页。
[③] 韩庆祥：《马克思人学思想研究》，河南人民出版社，1996年，第138页。

通过个体对社会要求的内化和外化来实现。换言之，思想政治教育的内容是基于社会有序发展和人性完善的需要而建构的一种价值体系，但这种以社会要求的形式存在的规范体系，只是社会理性的"观念"形态，它不能直接发挥社会导向与规范的作用，必须转化为社会成员个体的思想观念，而且唯有个体实现了思想的行动化，思想政治教育的作用才真正显现。进言之，思想政治教育是通过输送、转变、调节和激励职能，对社会成员接受、认同和践行社会主导的政治、法律、道德等价值要求的促进而满足社会整序需要的。显然，思想政治教育功能发挥作用机理的关键环节是社会个体思想的外化。

综上所述，在思想政治教育价值实现的层面上，应该说，个体价值是社会价值实现的基础，社会价值是个体价值的综合表现和整体效应。另外，从社会秩序维护的终极价值来看，社会不是为了秩序而秩序，最终目的是为了人自由而全面的发展，其中包括人的思想品德的发展。过去那种仅从社会教育和社会秩序功能的角度定义思想政治教育的思维方式，存在明显的局限性，而且这种单纯强调思想政治教育的社会价值而忽视思想政治教育个体价值的做法，易于使社会成员对思想政治教育产生外部规定的排斥性，从而会消解社会成员对思想政治教育接受的动力，直至影响思想政治教育的成效。对思想政治教育个体价值的准确定位，在一定程度上，关系着对思想政治教育的科学理解。

三

目前，许多著述对思想政治教育价值的阐释，往往站在思想政治教育对社会进步和人的发展效用的宏观视角，存在着宏大叙事的泛论之嫌，其独特价值缺乏深入挖掘。

思想政治教育价值的独特性，至少有三个基本理论支撑。一是思想政治教育学具有特殊的研究对象。"特殊的研究对象是一门学科能够建立的内在根据，它是区别于其他学科的不同性质之所在。……思想政治教育学的研究对象是不是具有自己的特殊性；它（该研究对象）是不是成为思想政治教育学研究的全部内容、专门内容的概括和抽象，就成为思想政治教育学建立的内因、本质和依据。"[1] 因此，思想政治教育学专有的、特殊的研究对象，既是思想政治教育学

---

[1] 张耀灿等：《现代思想政治教育学》，人民出版社，2006 年，第 2 页。

科存在的内在根据，也是确证思想政治教育存在价值的前提。① 二是思想政治教育的独有功能。三是思想对行为具有支配性的哲学和社会心理学理论。

思想政治教育学特殊的研究对象规定了思想政治教育价值的独特性。尽管目前学界在思想政治教育研究对象问题上仍存在分歧，但主导观点是明确的，即思想政治教育是"以人们的思想品德形成发展和对人们进行思想政治教育的规律为研究对象"②。不待言，如何遵循人的思想品德形成发展的规律而富有成效地对社会成员进行思想政治教育，则是思想政治教育学科所担纲的重任。就此而论，思想政治教育的独有价值，离不开思想政治教育学科特殊的研究对象。一旦跨出思想政治教育的专属领地来谈思想政治教育的价值，就会出现思想政治教育价值的泛化现象，并会导致因夸大思想政治教育的价值而削弱思想政治教育生命力的后果。因为一门学科的生命力，就在于其研究对象的独特性、其功能的不可替代性，所以，我们必须立足于思想政治教育学科的特殊研究对象而坚守学科的边界，从而避免出现思想政治教育学科研究领域被随意扩大的宽泛现象。

思想政治教育的特有功能是思想政治教育独有价值的标志。社会发展和人的发展是人类一切活动的目的。概言之，人类的一切活动都是为社会发展和人的发展服务的，只不过促进的方面不同而已。生产活动是为社会发展和人的发展提供物质基础，思想活动是为社会发展和人的发展提供精神动力，而思想政治教育则隶属人的思想活动之列。如果把思想活动进行类别划分的话，思想政治教育的思想活动，可以更为准确地表述为是对社会成员的政治、道德等思想施加系统影响的教化活动。离开社会成员思想政治品德的形成和发展，就无法确证思想政治教育的独有价值。

人的精神能动性是思想政治教育独有价值的表现形式。在思想的本源意义上，我们不能否认社会存在对社会意识的决定作用，不能违背历史唯物论的基本原理；但人作为思想的动物，思想对行为的主导性和调控性是显见的，因而，在思想的能动性意义上，思想决定行为的命题是成立的。为此，恩格斯曾指出："推动人去从事活动的一切，都要通过人的头脑，甚至吃喝也是由于通过头脑感觉到饥渴而开始，并且同样由于通过头脑感觉到饱足而停止。外部世界对人的影响表现在人的头脑中，反映在人的头脑中，成为感觉、思想、动机、意志，总之

---

① 张耀灿等：《现代思想政治教育学》，人民出版社，2006年，第3页。
② 张耀灿等：《现代思想政治教育学》，人民出版社，2006年，第5页。

成为'理想的意图',并且以这种形态变成'理想的力量'。"①"就单个人来说,他的行动的一切动力,都一定要通过他的头脑,一定要转变为他的意志的动机,才能使他行动起来。"②另外,社会心理学家班杜拉也明确阐述了思想对行为的决定性。在班杜拉的"三方互惠决定论"理论中,他揭示了人的思想与行为相互决定的关系:"一方面,个体的期待、信念、目标、意向、情绪等主体因素影响或决定着他的行为方式;另一方面,行为的内部反馈和外部结果反过来又部分地决定着他的思想信念和情感反应等。"③勿庸置疑,人们的思想观念是驱动行为者活动的精神力量,理所当然,思想政治教育促使社会成员形成的正确思想对行为的主导作用,就是思想政治教育独有价值的表现。

上述分析充分表明,思想政治教育具有自己独有的、不可替代的价值。具体地说,思想政治教育的价值和意义就在于开弊和启发社会成员的思想;转变人们的思想观念;提高人们的思想认识;凝聚人们的精神气质。

思想政治教育能够开弊和启发社会成员的思想。社会个体活动的局限性和认识的有限性,不可避免地会造成个人思想的狭窄性,而人类社会活动和认识的广泛性所形成的具有普遍性的思想观念,往往凝结了无数人的经验和智慧,对个人生活具有指导性。因此,思想政治教育对社会成员进行的正确的世界观、人生观、政治观、道德观和法制观的教育,不仅可以使人们通晓该社会的政治、道德、法制等思想和规范要求,而且可以开阔人们的眼界和思路,对社会的政治、道德等问题具有社会性的判断,从而更加与他人和社会相融共处,有利于个人社会性的发展。

思想政治教育能够转变人们的思想观念。思想政治教育要培育具有正确的政治观、法律意识和道德觉悟的合格社会公民,必然要对社会成员已有的错误认识和思想进行转化。因社会的复杂性以及个人认识能力的有限性,社会成员不能完全反映事物的本质和规律的情形是难免的,个人生活阅历的有限性和人们社会利益的差异性所导致的认识和思想的局限性也是客观的。因此,有效地扭转社会个体和群体存在的错误认识和思想,则成为思想政治教育的重要任务。

思想政治教育能够提高人们的思想认识。个体认识事物的局限性,会直接影

---

① 《马克思恩格斯选集》第4卷,人民出版社,1995年,第232页。
② 《马克思恩格斯选集》第4卷,人民出版社,1995年,第251页。
③ [美] A. 班杜拉:《思想和行动的社会基础》(上),林颖等译,华东师范大学出版社,2001年,第9页。

响人们的认识水平和行为选择，加之社会的复杂性和急剧变化性，就使得作为社会存在的个人，必然要不断地分享社会价值思想，以便与社会保持协调。个体社会共识的这种建构，就是促进个人形成一定社会要求的世界观、政治观、法治观、道德观、人生观的"集体习性"。为此，个体"集体习性"的形成，就决定了思想政治教育要不断地把正确反映事物属性和发展规律的科学社会意识，不断地传输给社会成员，以提高人们的思想认识和觉悟。

思想政治教育能够凝聚人们的精神气质。价值观念、理想、信念等构成了人的精神特质，而这些精神元素的统合形成的态度和价值取向会决定人们的行动逻辑。因此，思想政治教育既通过对人思想的主导而规范行为，从而达致自然的人性与社会理性的平衡，又通过个体的内化形成与社会发展要求和人性完善相一致的个性价值体系。即是说，在人与社会的互动中，既有社会对个体价值思想和规范要求的传递，又有个体对一定的价值思想和规范要求的选择和认同，个体对社会传导的价值观念选择和接受后，就会形成"支配自己行为的价值定向和目标"。① 而正确的价值思想的形成，不仅有利于社会成员自觉遵守社会规则，节约社会维序成本，而且会促使社会成员焕发精神活力，具有强烈的社会责任感，积极投身于个人价值与社会价值的协调发展中，从而使人的本能与秩序、欲望与理性之间的张力处于互动与互益的状态。

（刊于《思想教育研究》2010 年第 11 期）

---

① 周晓虹：《现代社会心理学》，上海人民出版社，1997 年，第 123 页。

唯物史观视野中的思想政治教育理论创新

韩 华 王树荫

[摘 要] 在新的发展起点上,我们必须坚持唯物史观的世界观和方法论,深入分析群众工作与思想政治教育理论创新的基础,在对中国国情、时代特征和群众实践的高度敏感、深度关注和深切感知中准确把握思想政治教育理论创新的时代境遇,着眼利益诉求、营造文化氛围、聚焦社会变迁、植根群众实践,不断提高思想政治教育理论创新的能力,以期适应社会实践发展和思想政治教育学科发展的客观需要。

[关键词] 唯物史观;思想政治教育;理论创新;人民群众

面对复杂多变的国际环境和艰巨繁重的改革发展任务,以什么样的视角认识思想政治教育理论创新,以什么样的思路推动思想政治教育理论创新,已成为深化思想政治教育理论建设亟需解决的重要课题。思想政治教育发展史表明,要从纷繁复杂的思想政治教育现象中获得科学的规律性认识,以推进思想政治教育理论创新,必须坚持唯物史观的基本原理。以唯物史观的视野观照思想政治教育理论创新,可以发现,其本质是在充分把握思想政治教育与社会系统之间辩证关系的基础上,对中国国情、时代特征和群众实践作新的理性分析和解答,在以理论指导实践和以实践发展理论的双向互动中对思想政治教育的产生、形成、发展的本质及规律性作新的揭示和预见。立足新的发展起点,坚持唯物史观的世界观和方法论,对于推进思想政治教育理论创新的实质性飞跃,以期适应社会实践发展和思想政治教育学科发展的客观需要,具有十分重要的方法论指导意义。

一、意义论析:群众工作与思想政治教育理论创新的基础

思想政治教育,从根本上来说就是做人的工作,做群众的工作。综观革命、

建设和改革的发展历程，中国共产党的领导人和思想政治教育工作者根据所处历史条件和各个阶段肩负的特殊历史使命，始终坚持把思想政治教育作为教育、组织和动员广大群众为实现自身利益而奋斗的强大思想武器，高度重视对思想政治教育实践经验进行理论总结，逐步形成了具有时代特点和中国共产党特色的思想政治教育理论。在此基础上，我们应当把历史与现实、历史与未来、理论与实践紧紧联系在一起，善于从群众工作智慧中汲取丰富营养，不断推进实践基础上的思想政治教育理论创新。

1. 从充分发挥人民群众的历史主动精神上去认识

唯物史观认为，在人类社会发展的自然历史进程中，经济的发展、政治的发展、文化的发展归根到底都是人的发展、人的作用，人民群众的活动构成整个社会生活的基础。人民群众发挥历史主动精神，需要先进意识的启迪和引导，需要有效地组织和动员起来。"而开掘人的潜能，提高人的素质，改造人的认识能力，激发人的创造热情，都离不开教育，离不开思想政治工作。"① 中国共产党从成立之日起，高度重视社会意识对社会存在、上层建筑对经济基础的能动作用，把注重对人民群众进行思想政治教育作为夺取政权、立国兴邦、改造社会的精神力量。在新的历史条件下，中国社会正处在快速转型之中，人民群众队伍日益壮大，人民群众的组织方式和发挥作用的方式经历着不同的变化。面对新的境遇和新的使命，我们在解答经济社会发展给群众工作提出的重要理论和实践问题时，客观地感受着思想政治教育理论回应现实问题的乏力。在这个意义上说，共产党的领导就是通过与时俱进的思想政治教育理论指导，统一群众的认识，理顺群众的情绪，凝聚群众的力量，最大限度地引导好、保护好和发展好人们的积极性、主动性和创造性，鼓舞和激励最广大人民群众投身到社会主义现代化建设和改革开放的各项工作中。当下，经济体制、社会结构和利益关系深刻变革调整，各种矛盾相互交织，人们思想问题不断增多。关注热点难点问题，做好解疑释惑工作，发挥群众首创精神，不断推进思想政治教育理论创新，更具特殊意义。

2. 从思想政治教育的优良传统和政治优势上去认识

"群众是我们力量的源泉，群众路线和群众观点是我们的传家宝。"② 思想政治教育发展史表明，中国共产党之所以能够在最广泛的范围内动员起民众的力量

---

① 《十三大以来重要文献选编》（中），人民出版社，1991年，第1064页。
② 《邓小平文选》第2卷，人民出版社，1994年，第368页。

从而领导中华民族赢得革命、建设和改革的不断胜利,重要原因之一正是在于其在各个历史阶段卓有成效地向广大人民群众进行思想政治教育。在革命、建设和改革的各个时期,中国共产党人继承了马克思主义思想政治教育理论,在解决不同的社会现实问题过程中不断丰富和发展了思想政治教育理论。毛泽东在《关于领导方法的若干问题》一文中强调指出:"将群众的意见(分散的无系统的意见)集中起来(经过研究,化为集中的系统的意见),又到群众中去作宣传解释,化为群众的意见,使群众坚持下去,见之于行动,并在群众运动中考验这些意见是否正确。然后再从群众中集中起来,再到群众中坚持下去。"① 新中国成立以来,党中央十分重视发扬党的群众路线的优良传统,并根据社会主义建设过程中不断出现的新情况、新问题,从培养"有理想、有道德、有文化、有纪律"的社会主义新人,到把促进人的全面发展作为党的奋斗目标,再到确认思想政治教育的本质是做人的工作,把以人为本确立为思想政治教育的根本目标,围绕"培养什么人,如何培养人"这一首要问题,从各个方面对思想政治教育进行创新性理论探索。近年来,在继承和发扬优良传统的基础上,以加强、改进、创新思想政治教育为基本要求,党中央在继续推进大学生思想政治教育、未成年人思想道德建设、公民道德建设的同时,不断强化国有企业和国有控股企业的思想政治工作、非公有制经济组织和新社会组织的思想政治工作、社区思想政治工作。所有这些,都为新的历史条件下思想政治教育理论创新提供了丰富的思想养料和实践养料。

3. 从思想政治教育发生和发展的基础上去认识

从一定意义上讲,思想政治教育的本质是建构在"现实的人和人的现实活动"基础上的以解决人的思想、立场、观点问题为核心的社会实践活动,同时思想政治教育也是在社会实践活动中发生和发展的。在唯物史观看来,人民群众是社会实践活动的最重要主体,蕴含着无穷的创造活力和聪明才智。中国共产党的思想政治教育之所以有力量,就在于它深深地植根于人民群众的社会实践之中。一定时期的思想政治教育只有为广大人民群众所认识、所接受、所掌握,才能广泛有效地宣传党的路线、方针、政策,及时地解决人民群众中存在的思想问题,充分发挥思想政治教育的功效。同时,人民群众在社会实践活动中不断创造出思想政治教育的新方法、新手段,思想政治教育理论创新的源泉来自人民群众的实践活动,思想政治教育理论创新的重点应是人民群众关注的热点问题。正如

---

① 《毛泽东选集》第3卷,人民出版社,1991年,第899页。

江泽民所指出的："人民群众中蕴藏着丰富而实际的教育资源，要注意引导群众自己教育自己。对群众在实践中形成和表现出来的好思想、好品德，对基层创造的新鲜经验和好的做法，要及时总结推广。"① 在思想政治教育工作中，"讲文明树新风"活动、"爱国歌曲大家唱"群众歌咏活动、以红色经典和传统经典为主要内容的全民阅读活动等群众性精神文明创建活动广泛开展，内容不断拓展，形式不断创新，效果不断增强。正是人民群众的这种创造性，才使思想政治教育开展得有声有色、生机勃勃，推动了思想政治教育理论不断创新和发展。历史的经验告诉我们：思想政治教育的许多成功探索和新鲜经验都来自基层，来自人民群众的生动实践。只有广泛动员和吸引人民群众参与思想政治教育实践，才能为思想政治教育理论创新奠定雄厚的群众基础和社会力量。

二、问题论析：思想政治教育理论创新的时代境遇

思想政治教育属于社会的上层建筑领域，同党和国家工作大局与国际国内形势的发展变化紧密相联。在新的发展起点上，推进思想政治教育理论创新，应当具有强烈的问题意识和人文关怀，直面中国国情、时代特征和群众实践中的现实问题，深入分析思想政治教育理论创新的时代境遇，科学把握时代、社会发展提出的新课题。

1. 对象日趋多样化向思想政治教育理论创新提出新课题

科学地认识人，正确地对待人，是思想政治教育理论创新首先要解决的根本问题。唯物史观认为，人们在社会关系中处于不同的地位，使之产生了不同的利益、思想和感情。在当代中国，"改革前社会群体结构高度均质化的状况已经改变，并越来越朝着多样化方向发展"。② 多样化已经越来越鲜明地成为当下思想政治工作对象的基本特征。一是工人阶级队伍发生了新的变化。改革开放前，我国工人阶级成分单一，主要是国营、集体企业和机关、事业单位中的职工。改革开放以来，工人阶级队伍迅速扩大，新一代工人成长起来，大批的非公有制企业职工、乡镇企业职工、进城农民工等成为工人阶级的新成员，工人阶级内部的构成以及劳动方式等都有了很大变化，而且作为工人阶级一部分的知识分子的人数

---

① 《江泽民文选》第3卷，人民出版社，2006年，第93~94页。
② 陆学艺、李培林主编：《中国社会发展报告》，社会科学文献出版社，2007年，第18页。

显著增加。二是农民阶级发生了新的变化。1978年全国务农的农民有2.84亿人，占当时全部就业人员的70.5%。改革开放后，农民有了选择职业的自由，很多农民成为乡镇企业职工、进城农民工、个体经营者和私营企业主。三是新的社会阶层不断涌现。出现了包括民营科技企业的创业人员和技术人员、受聘于外资企业的管理技术人员、个体户、私营企业主、中介组织的从业人员、自由职业人员等新的社会阶层和群体。尤其是当前社会上出现了少数高收入的富裕群体和大量的失业、下岗、低收入的弱势群体，值得引起重视。从总体上看，当下中国的社会分层结构正处于一种复杂的结构化过程之中，社会结构平衡的难度日益加大，社会成员流动性明显加快，人们的职业、身份经常变动。这种社会分层结构导致各阶层间、各群体间、代际之间的利益诉求、意见表达及价值判断呈现多元化特征。面对我国社会意识的多样化态势与思想政治教育受众的分众化趋势，思想政治教育理论创新承担起当下引领社会思潮、凝聚价值共识重任的难度明显增加了。

2. 矛盾日趋复杂化向思想政治教育理论创新提出新课题

当今中国社会正向多元化、开放型的现代社会发展，"经济社会发展中一些深层次矛盾逐渐显现出来，并呈现出新旧矛盾相互交织、长期性和阶段性矛盾相互交织、可以预料和难以预料的矛盾相互交织的局面"。① 近年来，因收入差距扩大、征地拆迁、就业安置、公共安全、社会保障、环境污染等问题而发生的利益摩擦、矛盾和冲突日益增多，协调各方面关系、化解社会矛盾的难度加大，尤其是一些民生问题容易造成人们情绪波动和思想困惑。处于不同利益地位的人不可避免地会产生不同的思想认识问题，利益暂时受损的社会成员甚至存在着"相对被剥夺"的离心情绪，对自身的未来前景或多或少存有把握不定的疑虑心态。如社会中心怀不满的利益群体，有时会以过激的意识形态口号来争取社会公众的舆论支持，挑战现存社会秩序的游戏规则。值得注意的是，目前部分地区的群体性事件呈现规模上升扩大、涉及领域广泛、参与主体多元化、对抗性加剧、组织程度明显提高、多种矛盾问题交织、处理难度加大等主要特点。2009年11月12日零点研究咨询集团在上海发布的《2009年零点中国公共服务公众评价指数报告》中关于社会治安安全感的调查结果显示：近5年来城乡居民对社会安全感的评价起伏不定，舆论因素是影响公众安全感的首要因素。众所周知，思想政

---

① 李长春：《以改革创新精神加强改进思想政治工作　为推动党和国家事业发展提供有力的思想保证和精神力量》，载《人民日报》2009年12月17日。

治教育旨在提高人们的思想认识水平，解决人们的思想问题，而人们的思想问题，归根到底是社会矛盾在人们头脑中的反映。面对日益增多的以利益冲突为主的社会矛盾和冲突时，如何引导人们依据不断变化的社会条件，准确把握矛盾的性质、发展变化趋势和解决的方法，是当下思想政治教育实践领域的薄弱点之一，也是思想政治教育理论创新研究必须关注的重要课题。

3. 环境日趋开放化向思想政治教育理论创新提出新课题

思想政治教育总是在现实的社会环境中开展的，环境的变化发展与思想政治教育的改革创新是相互影响的。随着我国综合实力的日益增强以及融入全球化的程度越来越深，日益开放的社会环境以其杂多的内容、多维的向度、不断的变化改变了意识形态领域的相对单一状况，影响着人们的思想和行为，这使思想政治教育理论创新面临着双重困局：从国际环境看，各种思想文化的交流、交融、交锋更加频繁，"西强我弱"的国际舆论格局尚未根本扭转。西方国家利用新兴媒体，形成了强大的话语攻势，向中国输出其价值观念、政治模式、生活方式等各类信息，冲击、解构社会主义主流意识形态。值得注意的是，"我国各地特别是首都北京发生的一些突发性事件，几乎都是海外的网络宣传'先入为主'，他们或颠倒黑白、无中生有，或肆意夸大、小题大做，或造谣生事、挑拨离间，唯恐我天下不乱"。① 从国内环境看，在一个日益开放和多样化的社会系统中，人们接受社会信息的速度快、渠道多，诸多利益格局的深层次调整带来了一系列社会关系的变化以及社会成员角色的转换，人们的生活方式由现实生活转向虚拟社会与现实生活并存互动，社会心态领域出现了一些"不理性"、"不平和"的复杂化趋势。面对日益活跃、多元多变的社会思潮和价值观念，思想政治教育的运行形态发生了深刻变化，同时也产生了游离于现有思想政治教育范围之外的组织和群体，特别是不断出现的新群体成为思想政治教育的薄弱点。鉴此，我们应当高度重视和认真研究思想政治教育理论建构及实践展开的开放环境，正视价值冲突，解决思想困惑，学会判断选择，根据所处环境特点，推进思想政治教育理论创新。

三、路径论析：思想政治教育理论创新的方法论原则

在新的发展起点上，群众工作对象更加多样化，群众工作内容更加丰富，群

---

① 龙新民：《网络时代宣传思想工作面临的挑战和对策》，载《理论前沿》2000 年第 13 期。

众工作环境也更加复杂。推进思想政治教育理论创新，理应坚持唯物史观的世界观和方法论，以思想解放的气魄和实事求是的态度，把思想政治教育理论创新置于社会、历史和人民群众的实践活动中研究问题与经验，深刻分析对人民群众思想活动发生作用的客观环境及其基本特点，不断提高思想政治教育理论创新的能力，以期适应社会实践发展和思想政治教育学科发展的客观需要。

1. 着眼利益诉求，在服务大众中推进思想政治教育理论创新

思想政治教育不是空洞的说教，它对社会的引导作用应与广大人民群众的利益诉求相一致。"不反映群众真正利益和要求的思想政治工作，做得再多，也不能动员群众自觉自愿地行动起来。"① 我们必须看到，群众中存在的思想问题，有相当一部分是由于实际利益得不到妥善解决而引起的。思想政治教育发展史表明，思想政治教育理论创新始于问题、又阐明问题，其价值和作用就在于科学地关注大众需求、回应大众关切。无论时代如何变迁、社会如何发展，回答时代提出的课题，解答人民群众的思想困惑，以实现和发展最广大人民的根本利益为理论创新的目的，始终是思想政治教育理论工作者永远不变的法则。为此，推进思想政治教育理论创新，应该紧密围绕群众工作来进行，注重人民群众的主体地位和利益诉求，尊重人民群众的意愿和情感，正视社会生活中的热点难点问题，架起理论创新与人民群众之间的桥梁，让理论创新成为人民群众认识和改造世界的强大思想武器；必须在思想政治教育话语体系上进行必要的调整、创新，善于运用通俗易懂、为群众喜闻乐见的语言、文字、图像等形式，围绕推动科学发展、促进社会和谐、加快转变经济发展方式、积极稳妥推进政治体制改革等重大问题形成具有现实解释力度的理论话语，引导人民群众用一种理性、宽容、平和的心态看待生活中的矛盾和问题，并用合法、合理的形式表达利益诉求，解决利益矛盾。

2. 营造文化氛围，在彰显人文性中推进思想政治教育理论创新

思想政治教育是一种具有浓郁人文色彩的社会实践活动，在一定程度上借助于文化起到"教化"、"育人"的作用。胡锦涛强调指出："文艺历来是陶冶人们道德情操、抒发人类美好理想、丰富人们艺术享受、推动社会发展进步的一个重要领域。一部人类社会发展史，是人类生命繁衍、财富创造的物质文明发展史，

---

① 《张闻天选集》，人民出版社，1985 年，第 570 页。

更是人类文化积累、文明传承的精神文明发展史。"① 伴随着新媒体崛起和社会信息共享的透明化，文化以其丰富的思想内涵、独特的表现形式而对人的精神世界影响深远。诚然，思想政治教育理论建设不可能离开社会的文化发展环境，游离于文化发展格局之外，进行封闭式的创新与发展。面对世界范围各种思想文化的交流、交融、交锋和国内社会思想意识的多元多样多变，关注思想政治教育的文化性，提升思想政治教育的文化品位，把握思想政治教育的文化运行机制，已成为思想政治教育理论创新发展的重要话题。当下适应中国特色社会主义文化建设的新局面，必须立足于文化建设实践，以高度的文化自觉和文化自信，直面不同群体多层次、多方面、多样化的精神文化需求，创造性地转化中国文化的优良传统，批判地吸收西方文化的思想精华，进一步揭示思想政治教育与先进文化的相互依存及变化发展的规律，深化拓展思想政治教育理论创新的文化资源。

3. 聚焦社会变迁，在把握新群体中推进思想政治教育理论创新

思想政治教育是在社会变迁过程中历史生成的，也应当伴随着社会变迁过程逐步创新发展。当前我们正身处空前复杂而多变的时空境遇，人与社会的存在状况已经发生了巨大变化。社会的整体性变革，必然要求培养和塑造出时代所要求的具有新的素质、新的精神面貌的一代新人。随着改革开放的不断深入，每个阶段都会出现一些特殊的新群体。在唯物史观看来，"我们的出发点是从事实际活动的人"，"从现实的、有生命的个人本身出发"② 来研讨人类和社会的发展问题，凸现了思想政治教育理论与实践对人本身的深切关怀。例如，目前出现的"大学生村官"、"大学毕业生低收入聚居群体"、"富二代"、"贫二代"、"农民工二代"、"网民"等等，这些都是特别需要关照的新兴群体，同时也为思想政治教育理论创新提供了众多的研究对象和广阔的发展空间。面对复杂的社会成员构成，理应把因社会阶层分化和社会阶层流动而产生的新社会群体纳入思想政治教育视野，推动思想政治教育的社会化进程，彻底消除思想政治教育的"空白点"和"盲区"。在这种情况下，思想政治教育理论创新应当聚焦于社会变迁过程的各种现实反映和症状，更加关注新的社会群体，通过对新兴群体进行多角度、多侧面的理论透视和分析，及时把握思想政治教育对象发生的新变化，不断

---

① 胡锦涛：《在中国文联第八次全国代表大会中国作协第七次全国代表大会上的讲话》，载《人民日报》2006年11月11日。

② 《马克思恩格斯选集》第1卷，人民出版社，1995年，第73页。

扩大思想政治教育的覆盖面、影响力。

4. 植根群众实践，在发挥能动性中推进思想政治教育理论创新

在唯物史观看来，人民群众丰富多彩的社会实践活动，以及与之相伴随的多层次、多方面、多样性精神文化需求，是形成正确认识、制定正确决策的思想来源，也是思想政治教育理论创新的根基、动力和源泉。正如毛泽东所说的："力量的来源是人民群众。不反映人民群众的要求，哪一个也不行。要在人民群众那里学得知识，制定政策，然后再去教育人民群众。"① 众所周知，当代人民群众最伟大的实践，是改革开放和社会主义现代化建设，是实现全面建设小康社会的战略目标，是建设中国特色社会主义的伟大事业。这一过程必将为思想政治教育理论创新开辟广阔前景。勿庸置疑，有生命力的思想政治教育理论，无法来自书斋之中的冥想，而只能来自对群众实践的深刻体验和理性升华。尊重人民群众的实践创造及首创精神，善于从群众的实践中汲取经验，从群众的意见中汲取智慧，是思想政治教育理论创新发展的根本途径。适应经济社会发展的新变化和群众接受习惯的新特点，我们应当有效沟通思想政治教育理论研究与实践发展之间的内在联系，从内容形式、话语体系、传播方式创新等多方面入手，对人民群众的实践创造进行系统总结，不断发掘人民群众在实践中涌现的代表历史发展趋势的先进思想、先进经验，把他们的经验和事迹加以总结、概括并形成规律性的认识，使之逐步融入思想政治教育理论创新的资源体系。

（刊于《马克思主义研究》2011 年第 11 期）

参考文献：

[1]《论党的群众工作——重要论述摘编》，学习出版社，2011 年。

[2] 陆庆壬主编：《人的发展和社会发展——思想政治教育学基础理论研究》，同济大学出版社，1994 年。

[3] 郑永廷：《现代思想道德教育理论与方法》，广东高等教育出版社，2000 年。

[4] 罗国杰主编：《马克思主义思想政治教育理论基础》，高等教育出版社，2002 年。

[5] 王树荫、王炎：《新中国思想政治教育史纲：1949~2009》，人民出版社，2010 年。

---

① 《毛泽东同志论教育工作》，人民教育出版社，1992 年，第 287 页。

回到"思想政治"的思想政治教育学

王 颖

［摘 要］ 加强思想政治教育学科建设，要加强思想政治教育学科本身的建设，克服学术研究中的外在化特征和获得性品质，加强对思想政治素质、思想政治需要、思想政治学习的研究，增强思想政治教育独立解决具体问题的能力，实现思想政治教育学科的基本价值。

［关键词］ 思想政治需要；思想政治素质；思想政治学习

在思想政治教育学科实现发展速度快、总体质量好的跨越式发展过程中，不可避免地出现了实践中的外在化价值取向和理论研究中的获得性品质，尤其是出现了一种回避思想政治"理论硬核"，非对象化、非本体性诠释的"去思想政治"现象，应该引起我们的省思。加强思想政治教育学科建设，就要旗帜鲜明地加强思想政治教育学科本身的建设，克服"杂、散、疑、平、虚"① 等似是而非问题，明确学科内涵，解决基本理论中的重大问题，避免因东拉西扯而让学科显得面目全非，加强内生性研究和自在性诠释，揭示思想政治教育对社会和人民群众的真实意义和价值。这就要求我们从知识上、意识上回归思想政治和思想政治教育本身，重新思考本学科的核心问题，探讨思想政治教育的产生机理，人需要思想政治教育的真实理由，社会结构中的思想政治教育运作机制，个体思想政治素质的发生发展等问题，给出清楚、确切的答案。

---

① 骆郁廷、佘双好、沈壮海：《关于马克思主义理论与思想政治教育学科建设的思考》，载《学校党建与思想教育》2003 年第 9 期。

一、回到思想政治素质：思想政治教育的实质性追求

思想政治教育要从现实的社会正义出发，通过政治社会化的方式提升统治阶级和上升阶级的思想政治素质，培养高起点的人。提高人的思想政治素质是思想政治教育的根本目标和实质性追求。但是，思想政治教育学只是很抽象、很笼统地强调思想政治素质的重要性。"没有正确的政治观点，就等于没有灵魂。"①"要说素质，思想政治素质是最重要的素质。"②"一个社会是否和谐，一个国家是否长治久安，很大程度上取决于全体社会成员的思想道德素质。没有共同的理想信念，没有良好的道德规范，是无法实现社会和谐的。"③ 这些论断本身表明，关于思想政治素质的认识和理解，已经溢出素质和素质教育领域，扩展到了思想政治教育领域。思想政治素质的构成要素与表现形态是一个值得探讨的问题，对其内涵和结构理解上的差异会导致思想政治教育方法、路径和价值取向的不同，这种不同又直接关系到思想政治教育的成效。所以，相对准确地阐述思想政治素质的内涵和结构是思想政治教育学的当务之急④。

邱柏生教授依据习惯所称的素质与人的生理遗传基础之间的互相关系，把素质分为体能、智能、思想政治道德素质三类，并解释了思想政治素质如此重要的理由："由于社会态度、人的思想政治道德品质决定着人的第一、二类素质作用的方向和程度，因此引起人们对这一问题的高度重视，从而将思想政治道德素质

---

① 《毛泽东文集》第7卷，人民出版社，1999年，第226页。
② 《江泽民文选》第2卷，人民出版社，2006年，第332页。
③ 《十六大以来重要文献选编》（中），中央文献出版社，2006年，第710页。
④ 沈壮海教授指出："个体思想政治素质产生、发展、变化的规律，是思想政治教育理论研究中早为关注、广为关注的问题，也取得了许多富有实践指导意义的研究成果。但是，同样应该看到的是，我们当下对这一问题的研究，更多地停留在演绎马克思主义哲学关于人的思想意识产生、发展、变化规律有关理论的层面，停留在借用教育学理论等关于人的思想品德产生、发展、变化规律有关概括的层面，停留在移植皮亚杰、柯尔伯格等西方学者关于个体道德发展阶段与进程有关成果的层面，还尚未深入到对当今时代中国人思想政治素质产生、发展、变化规律进行科学探讨的层面。要在这一背景下谋求思想政治教育的加强与改进，谋求思想政治教育的科学发展，则犹如出游而不知实际线路图，遑论是乘机、坐车还是步行，离开对个体思想政治素质发展规律的把握与遵循，遑论方式方法以及教育时机的选择等！总之，真正弄清当今时代中国人思想政治素质产生、发展、变化的规律，是我们有效开展思想政治教育工作的前提，同时也是我们树立思想政治教育的科学发展观的前提。科学揭明当今时代中国人思想政治素质产生、发展、变化的规律，是思想政治教育的理论建设发展到今天，应该予以高度关注的、事关思想政治教育理论和实践发展与创新的重大课题。"沈壮海：《实现思想政治教育学科的科学发展》，载《思想理论教育》2004年第1期。

看作是最重要的素质。……社会态度成为左右人们其他素质发挥作用之属性的关键因素之一。正是在这种意义上，人们确认思想政治道德素质是第一位的见解。"① 沈壮海教授认为，思想政治素质表现为"教育对象正确思想观念的形成及其在对待相应思想理论态度上的坚定性与科学性，表现为教育对象正确思维能力与行为能力的形成及其在运用相应思想理论指导自己行为方面的自觉性、能动性"。② 我们认为，不能单纯从知情意信行的道德心理学结构来理解思想政治素质，思想政治教育实现的主要还是科学的理论思维能力和正确行动素质，应从价值观和价值标准的角度解答思想政治素质问题，这是一个开放的问题，需要从多方面来认识。

人的思想政治素质是在人与人、人与社会的互动过程中形成、发展的。思想政治教育要通过培养人们的思想政治判断能力、思想政治选择能力、思想政治行为能力、对思想政治信息的选择能力、获取思想政治信息的学习能力，提高和培养人的思想政治素质。只有让人们参与各种实践，才能领悟思想、感悟道德、矫正行为，提高认识水平，提高思想政治素质。

二、回到思想政治需要：思想政治教育的发生学依据

作为阶级社会的人类学事实，思想政治教育是一种必然的社会现象，是维持社会正常运转的重要环节。基于这种前提，从"社会哲学的视野"③出发，着眼于思想政治教育与社会系统之间的结构和关系，研究思想政治教育的社会价值，为思想政治教育的存在寻找合法性基础，是常见的研究取向。这样的研究方法和理论模式，在构建思想政治教育学科体系方面发挥了重要作用。但是，经验告诉我们，只有当一个事物被判定为同主体的需要和价值目标密切相关的时候，它才容易被确定为深入观察和加以改造的对象。对于人是否有一种思想政治需要，以

---

① 邱柏生、蔡志强：《素质的内涵及其综合维度》，载《思想教育研究》2007 第 9 期。
② 沈壮海：《把知识教育与思想政治教育结合起来》，载《中国教育报》2004 年 10 月第 3 期。
③ 张澍军：《德育哲学引论》，人民出版社，2002 年，第 89 页。

及人何以需要、接受思想政治教育这种前提性的假设就凸现出来了①。"一种思想教育如果不能纳入受者的内在需要，就难以为受者所接受，忽视受体的内在需要（包括正确需要的关心和错误需要的导引），则易产生受教之间的内在障碍，拉开心理距离。"② 目前有思想政治理论需要、思想政治教育需要、思想政治需要三种相近似的提法和看法：董浩军认为"思想政治理论需要是人们基于对思想政治理论所具有的满足自我和社会的价值而对思想政治理论产生的一种内在渴求"③。张海军、王效仿认为，人的思想政治教育需要是"融求知需要、求证需要和自我实现需要于一体的一种需要"。④ 张世欣认为，人的思想政治需要主要体现在求知需要、自尊心理需要、实现利益追求需要三个方面。⑤ 他们从概念、内涵和意义上对人的思想政治需要做了开拓性的研究，有助于进一步深刻理解思想政治教育的依据、价值与功能。

在概念上，我们倾向于使用思想政治需要。思想政治需要并不是人对思想政治教育活动的需要，不是"受教育有瘾"，而是人的需要体系中的一种成长性需要，是个人对思想理论的求知求证需要和良好思想政治素质的需要。思想政治需要的提出意味着重新理解思想政治教育的本体价值，从存在本体的角度追问思想政治教育究竟为何而存在。不认真思考、回答这个问题，即使把思想政治教育置

---

① 马克思曾批评魏特林："魏特林，你在德国大叫大嚷地鼓动，请你讲一讲，你根据什么来证明你的活动是正确的？你根据什么来确定将来的活动？"《回忆马克思》，人民出版社，1957年，第310～311页。我们也要像马克思那样诘问自己：我们依据什么来教育教育对象，教育对象又为什么一定要接受我们的教育？反观现行思想政治教育学，最大的问题是缺乏前提性的追问：把思想政治教育当成某种无需论证的事实，在实际运用中不考虑其前提意义，思想政治教育的存在似乎是不言自明的，实际上"思想政治教育"的存在是有条件的。这个条件，即思想政治教育如何从社会中生成以及生成以后靠什么来维系、延续自身。当"思想政治教育"的规定性已经确立之后（也就是某个领域被命名为思想政治教育之后），根据什么说此活动为思想政治教育而彼活动却不是思想政治教育呢（所以有时我们不得不权宜性地说思想政治教育包括思想教育、政治教育、道德教育；或者牵强地界说大德育和小德育概念）？思想政治教育学界最近关于思想政治教育起源和发生学的研究，也是在既定思想政治教育含义、或思想政治教育存在的不言自明意义上讲的，没有涉及随时随地的、具体的思想政治教育活动和现象是怎么来的这个问题。思想政治教育的来源和定性取决于它的生成和维系状况。如果思想政治教育需要、并能够持续保持自己的思想政治教育特性，必须有某种相应的维系条件或运作机制，姑且称之为社会联接。由这种社会联接维系构成的思想政治教育才是真实的思想政治教育，在此意义上讲，缺少社会联接或弱化、窄化社会联接这一维度或内容的现行思想政治教育学至少是不完整的思想政治教育学；进一步说，思想政治教育要走出学校的"围墙"，在"社会联接"的意义上才能臻于完善。
② 张世欣：《思想政治教育接受规律论》，上海三联书店，2005年，第146页。
③ 董浩军：《论思想政治理论需要与思想政治教育》，载《广西社会科学》2002年第4期。
④ 张海军、王效仿：《思想政治需要及其激发和培养探析》，载《南京农专学报》2002年第4期。
⑤ 张世欣：《思想教育规律论》，浙江大学出版社，2008年，第112页。

于社会的"中心环节",它也会因为找不到内在尺度与价值标准而缺乏自信,丧失建设性批判意识与反思精神,不知不觉地被"边缘化",觉得只有被"充分利用"的价值。影响思想政治需要发生的心理因素主要有人的困惑感、意义感、价值感。当人的思想政治需要由潜在向显在状态发展之际,心中充满困惑和矛盾,在精神意识上表现为冲突状态。在他们积极地寻求解决冲突的各种方案的同时,迫切需要来自思想政治教育者的解释和说明的介入,这是思想政治教育的最佳时机。着眼于思想政治需要中的认知成分和情意成分,转化思想政治教育对象的内在矛盾,保持并激发其思想政治教育需要的持续生长,才能增强思想政治教育的吸引力和感染力,保证教育对象对于思想者政治教育的期待和渴望。如果教育者抓不住这一时机,或者教育的针对性不强、解释力不足、说服力不强、作用力不够,就会造成思想政治需要敏感性的消退和钝化。

三、回到思想政治学习:思想政治教育的主体性自主建构

在教育领域,虽然还存在着"以教定学"和"以学定教"两种不同的思路和争论,但是,有组织教育活动显然离不开公民的自愿学习行为:教育是价值引导和自我建构的统一,是双方相互交往、平等互动的过程,伴随着知识的传递和衍生、智识的挑战和脑力的激荡以及情意的感染和深刻体验。思想政治教育在开展教育性的价值引导过程中,向教育对象所展示的、可能的意义世界会使教育对象在此基础上进行自主建构和重构。一个人的成长和成就,相当程度上取决于他自主建构、主动学习的积极性和连续性。班华认为:"在思想道德上不断地提高自我修养是学习者的精神需要,是学习者精神生活的一个方面。这是一个主动的、自觉的能动过程,表现为自己认知、自己体验、自己思考、自己领悟、自己践行、自己创造。"① 苏霍姆林斯基认为"自我教育是学校教育中极重要的一个因素","没有自我教育就没有真正的教育","只有能够激发学生去进行自我教育的教育,才是真正的教育"。"唤醒人实行自我教育,按照我的深刻信念,乃是一种真正的教育。"② 联合国教科文组织的报告指出:"未来的学校必须把教育的对象变成自己教育自己的主体。受教育的人必须成为教育他自己的人;别人的

---

① 班华:《略论终身道德学习》,载《当代教育科学》2004年第4期。
② [苏]苏霍姆林斯基:《给教师的建议》,杜殿坤编译,教育科学出版社,1984年,第350页。

教育必须成为这个人自己的教育……教育必然是从学习者本人出发的"。① 这种自我教育,实质上就是一种积极的学习过程。鼓励教育对象发挥学习的主体性,追求意义世界,基于现实世界合理设计人生和自我,建构未来,是思想政治教育的应有之义。在思想政治学习过程中,教育对象成了主体。只有教育对象成为主体,才能具备由需要激发的能动性、在目的推动下的创造性、进行自我控制和自我调节的自主性,才能表现出目的性、自觉性、自主性、能动性和创造性等主体性特征。

必须强调的是,思想政治学习绝不是囿于课堂的静态的封闭式学习,而是对不断变化的社会实践的理解和参与,是校内课堂学习和校外社会学习结合的开放的、反思式学习,是不同公民、团体间的合作式学习。思想政治学习的社会情境存在于社会交往的沟通、价值的社会交换、意义的共同建构之中,无时无刻不在激发学习者的学习动机,使学习者获得自我意识和提升感。

四、思想政治教育学:从理论上独立解决具体问题

海德格尔在就任弗莱堡大学校长的演说中强调,一个大学及其学科必须具有"自我领导"能力:"当一个学院因扎根于它的科学的本质中而具有展开精神立法的能力,从而将那逼迫它的此在的力量塑造为民族的一种精神世界的时候,一个学院才成为学院。"他还将这一思想进一步引申到学院里的专业上:"当一个专业一开始就将自己置于这个精神立法的领域,并由此打碎专业壁垒,克服浮浅的职业培训的陈腐和虚伪,一个专业才成为专业。"② 可见,一个学科要真正获得这种自我领导的能力和自由思考的能力,首先必须获得精神上的独立。精神不独立,学科必然萎缩、退化。这种精神独立,首先体现在对理论问题的解决上,以理论的方式联系实际,加强逻辑证明的规范性和推论的有效性。

列宁曾指出:"理论和实践是两个不同的东西,从实践上解决这个问题和在理论上解决这个问题决不是一回事。"③ 毛泽东也强调:"感觉只解决现象问题,

---

① 联合国教科文组织国际教育发展委员会编:《学会生存》,教育科学出版社,1976 年,第 200~201 页。
② [德] 海德格尔:《德国大学的自我主张》,http://www.cnphenomenology.com/modules/article/view.article.php/997。
③ 《列宁全集》第 42 卷,人民出版社,1986 年,第 44 页。

理论才解决本质问题。"① 二十多年来，思想政治教育的学科体系已基本健全，学科发展和学科建设价值应体现在更多地关注问题，把问题留给自己，主动回答思想政治教育实践中的具体问题，在从理论上解决思想政治教育现实问题的过程中，提高理论的生命活力，提升学术含金量，树立学科威望，提出并逐步实现学科科学发展的基本方案，发挥教育理念与价值取向的引领价值。

追求知识的完整性，通过一定的逻辑体系将其表达出来，是每一门学科最基本的知识要求。自思想政治教育学形成以来，作为人类知识系统的一个重要组成部分，其发展、变化也有其内在相对独立的逻辑规律。人类的意识形态、政治、教育、哲学、伦理、社会观念等相关领域的知识更新，审视和研究思想政治现象方法的改变，理解、评价思想政治教育实践概念框架的调整，客观上都会促进思想政治教育学知识的系统化、整体化和制度化。思想政治教育学知识走向体系化、整体化意味着要进行长时间的、大量的艰苦的知识积累工作②。这种知识积累工作尤其依赖于以下三个方面的努力和突破：第一，研究方法的综合运用，一方面综合运用比较的、历史的、社会学、教育学的方法，一方面运用精确的测定和实证的研究方法来描述思想政治教育现象。"研究方法不仅决定了社会科学提出怎样的问题，也决定了拒绝回答哪些问题。"③ 引进新的研究方法也许有助于我们解决部分难以解答的问题。第二，思想政治教育学自身范畴的完善，即思想政治教育学范畴数目的不断增多，内涵和外延的逐步确定，而且范畴间的逻辑关联能够更准确地反映现实生活中各种思想政治教育现象之间的关系。第三，提高思想政治教育学研究中学术论证的逻辑性和论据表达的真实性，这是学术研究和理论陈述中的关键问题，也是一个学科提升学术品味，巩固基本理论和学术观点的不二法门。作为"运用马克思主义理论与方法，专门研究人们思想品德形成、发展和思想政治教育规律，培养人们正确世界观、人生观、价值观的学科"，④思想政治教育学研究对象的复杂性、挑战性一点也没有降低；吸收知识、传播知

---

① 《毛泽东著作选读》上册，人民出版社，1986年，第125页。
② 毛泽东曾言："政治工作的研究有第一等的成绩，其经验之丰富，新创设之多而且好，全世界除了苏联就要算我们了，但缺点在于综合性和系统性的不足。"参见《毛泽东选集》第2卷，人民出版社，1991年，第554页。
③ [美] J. 米格代尔：《农民、政治与革命——第三世界政治与社会变革的压力》，李玉琪、袁宁译，中央编译出版社，1996年，第14页。
④ 《关于调整增设马克思主义理论一级学科及所属二级学科的通知》，国务院学位委员会学位 [2005] 64号。

识、创造知识的任务依然相当繁重；社会转型背景下的思想政治教育实践领域充满着创新性和不确定性，肩负如此重任的思想政治教育学科，置身于学科领域开放的大背景下，要在跨学科的交叉、协调与支撑中，继续实现学科的科学发展，必须怀有精神独立、自由思考的确定性追求，要有解决具体问题的勇气和信心。这对理论研究和学科建设提出了双重要求：一方面，要求理论工作者加强学术研究的创新与突破以及学术品性上的自我提升；另一方面，又要求学术研究为实践的变迁提供必要的支持，为实践主体提供新的理论参照系，剖析实践行为背后隐藏的误区，通过理论的渗透改变实践主体的思维方式，实现自我发展。

(刊于《思想理论教育》2010 年第 13 期)

全球化时代的思想政治教育学原理研究

高　峰

[摘　要] 全球化时代的思想政治教育学原理研究要从世界的视角来审视民族国家的思想政治教育，善于揭示思想政治教育的最普遍和最一般的规律及其本质。全球化时代的思想政治教育学原理研究要观照横向联系诠释普遍性，要触及纵向发展揭示规律性，要拓展学科范畴增强系统性。

[关键词] 全球化；思想政治教育学原理；普遍性；规律性；系统性

原理即最基础、最根本的理论，是某一领域或学科中带有普遍性的、最基本的、可以作为其他规律的基础的规律。科学原理是对自然界本质关系及其普遍规律的理论表征。思想政治教育作为一门科学，其原理是对思想政治教育领域内本质关系及其普遍规律的理论概括。全球化时代的思想政治教育学原理研究要从世界的视角来审视民族国家的思想政治教育，要观照横向联系诠释普遍性，要触及纵向发展揭示规律性，要拓展学科范畴增强系统性，进而阐发思想政治教育最基本的原理及其本质。

一、观照横向联系诠释普遍性

我国思想政治教育学原理的研究，以往所依据的是我国建国以后自身思想政治教育的理论与实践；如果说这种研究的依据基础具有其历史的合理性的话，那么在改革开放和全球化时代背景下的今天，其实践依据与实践基础就已经有了很大的局限性。作为探究思想政治教育最普遍和最一般规律的科学原理，今天就应该立足于全球化的广阔视野，奠基于世界各国思想政治教育的理论与实践之上加以审视。

尽管思想政治教育作为一种社会实践活动在世界各国普遍存在，然而长期以来我们却关起门来，对此现象熟视无睹。改革开放后，我们开始睁眼看世界，但很多情况下仍然习惯于用我们自身"思想政治教育"的概念与范畴去套用其他国家和地区的思想政治教育现象，因此对于国外思想政治教育的认识与解读存有不少认识误区与偏见。这给思想政治教育学原理的研究造成了很大的局限性。

对国外思想政治教育研究的目的，是要对今日世界不同民族国家的思想政治教育情况提供一种比较分析的思路。我们常说"思想政治教育是一门科学"，但假若思想政治教育的研究还没有将"国外"（或"比较"）包括在内，那么，"思想政治教育是一门科学"这一论断就显得相当空泛。我们也许可以说"中国思想政治教育科学"，"美国思想政治教育科学"，"日本思想政治教育科学"等，但是，是否存在一种高度概括的、具有普遍意义的"思想政治教育科学原理"的体系？显然，只有经过对世界不同国家思想政治教育情况的比较分析，我们才有可能建立起一门科学的思想政治教育学，才有可能探索思想政治教育最一般的和最普遍的规律。

依据马克思主义基本观点，思想政治教育的特殊规律是其一般规律在具体历史阶段的运用，它必然是隐含在普遍规律之中而非凌驾于普遍规律之上。既然我们承认思想政治教育学原理所抽象的规律具有普遍性，那么这些规律在古今中外的所有思想政治教育的理论与实践中就都应该是起作用的，否则"思想政治教育学原理"也就不成其为"原理"了。

因此，在中外思想政治教育比较研究中，要求我们坚持古为今用和洋为中用的方针。要对既往的和国外的东西进行扬弃，要实事求是地、大胆地吸纳他国的有益经验。恩格斯在对封建贵族、资产阶级、无产阶级的道德进行分析时指出："这三种道德论代表同一历史发展的三个不同阶段，所以有共同的历史背景，正因为这样，就必然有许多共同之处。"① 邓小平也指出："社会主义要赢得与资本主义相比较的优势，就必须大胆吸收和借鉴人类社会创造的一切文明成果，吸收和借鉴当今世界各国包括资本主义发达国家的一切反映现代社会化生产规律的先进经营方式、管理方法。"② 这就是说，对于现代国家在现代化进程中所反映的一切物质文明、政治文明和精神文明成果，均需要我们认真严肃地加以研究和借鉴。

在全球化不可阻挡的时代洪流面前，思想政治教育的内容就要作相应的调

---

① 《马克思恩格斯选集》第 3 卷，人民出版社，1995 年，第 434 页。
② 《邓小平文选》第 3 卷，人民出版社，1993 年，第 373 页。

整。比如，要不要树立全球意识？生态环境恶化、人口爆炸、能源危机、恐怖活动等严重威胁人类社会生存的问题都是全球性的。人类要持续和谐共存，就要从全球利益角度去考虑问题，具有面向全球化所必备的思维方式和行为方式。我们当然要立足本国，但在全球所面对的共同问题面前，不仅要"胸怀祖国，放眼世界"，更要"胸怀全球，放眼宇宙"。

要不要进行规则意识（法制意识）教育？法律是社会生活中的主要规则。我国加入了WTO，就要按照其规则来规范政府行为，维护国家利益。无视规则的存在，肆意践踏规则，将会给国家利益、民族经济带来极大的危害。因此，强化规则意识，学会运用国际规则趋利避害，使我们的行为和经济活动处于规则允许的范围之内，就成为我们必须奉行的原则。

全球化时代如何重新解读爱国意识？我们要努力谋取国家利益，也要积极参与制定全球化的运作规则，并在国际规则的约束下，实现国家利益的最大化。因此，有必要将爱国主义与全球化结合起来，摈弃狭隘的民族主义，在与世界各国的交往中完善自我，吸收对方合理的东西，使我们的价值理念不断更新，社会制度更臻于完善。

还有十七大报告提出的公民意识教育。公民意识是现代社会重要的精神基础。教育要为国家培养"四有"公民，就丝毫不能忽视公民意识教育。公民意识教育可使人形成正确的权利义务观，学会与人平等相处，并切实尊重他人的权利。

就教育方法而言，在全球化进程中开展思想政治教育，需要运用多种手段与方法。除了那些传统的已被实践证明行之有效的方法和手段外，还应当结合新情况，吸取他国经验，广泛运用信息技术，不断探索新的思想政治教育方法。

比如，注重"隐性教育"，坚持公开性与渗透性的统一。在全球化条件下，思想政治教育的方式应当更具有自然性和隐蔽性，使思想政治教育在不知不觉中进行，如充分利用网络虚拟空间开展网上思想政治教育。互联网的爆炸性发展正改变着经济、社会、文化的结构和运行方式，也改变着人们的思维方式，其广度和深度都是以往任何一次产业革命所无法比拟的。网络既给思想政治教育带来了挑战，同时也提供了全新的教育手段。

世界上有不同的思想政治信仰。我们确信我们自己的信仰是正确的，而那些持有不同信仰的人们也坚定不移地确信他们的信仰是正确的。比较研究能够帮助我们更好地了解他人，从而反过来更好地了解我们自己。只有我们对他人有所了解，我们才有可能改进和完善自己。比较研究既能帮助我们更好地理解我们所做和所信的东西，也能帮助我们更好地认识到：世界上还有另外的信仰和另外的做法，而那些做法和信仰可能对我们有一定的作用和益处。

思想无国界，科学无禁区。既然我们承认思想政治教育是一门科学，那么这一论断无疑对于思想政治教育学原理也是适用的。许多国外先进的理论、科技发明，一旦被中国人民所掌握，就变成了改天换地的物质力量；同样，中华民族的优秀思想和发明创造对其他国家、其他民族曾经发生过或正在发生着深刻而广泛的影响。由此可见，不管是文化思想、科学技术还是教育理论，相互探讨、相互交流对各民族国家的发展都是至关重要的，而且随着时间的推移，其重要性和必要性将会越来越被人们所认识。

教育要面向现代化、面向世界、面向未来，对于教育活动核心组成部分的思想政治教育，这一论断无疑也同样是适用的。

二、触及纵向发展揭示规律性

全球化时代思想政治教育学原理的研究，还要建立在人类社会发展中思想政治教育的历史演变基础之上。我们以往的原理研究，不仅对国外思想政治教育的历史发展触及甚少，甚至对我们自己思想政治教育的演变情况也少有涉及，至多也就是对中国共产党的思想政治教育发展有一些研究。

思想政治教育学科应该加强对思想政治教育理论与实践发展的历史研究，分析东西方各个历史时期思想政治教育理论与实践发展的实际状况和发展进程，总结东西方思想政治教育发展的历史经验，探讨思想政治教育发展的客观规律，为解决当代思想政治教育问题提供启示与借鉴，并预示思想政治教育发展的未来趋势。只有在历史研究的基础上，原理的研究才可能更加扎实地推进。

一部世界思想政治教育史，反映了人类思想政治教育现象的一般规律。马克思和恩格斯曾把历史划分为自然史和人类史这两个互相密切联系的方面，要求用历史唯物主义的观点研究人类历史的发展，并为我们作出了这方面科学研究（其中包括思想政治教育科学研究）的典范。列宁也曾写道："在社会科学问题上有一种最可靠的方法，它是真正养成正确分析这个问题的本领而不致淹没在一大堆细节或大量争执意见之中所必需的，对于用科学眼光分析这个问题来说是最重要的，那就是不要忘记基本的历史联系，考察每个问题都要看某种现象在历史上怎样产生、在发展中经过了哪些主要阶段，并根据它的这种发展去考察这一事物现在是怎样的。"①

不同社会形态或历史时期人们的思想政治教育实践活动形式以及人们对思想政治教育的认识有所不同，但思想政治教育作为教育人的一种社会实践活动却普遍存在于人类社会之中。思想政治教育在其自身的发展过程中，必然要受到人与社会发展规律两大社会条件的制约。每一社会形态或历史时期的思想政治教育理论与实践，必然反映出社会与时代的特征。因此，要考察每一种具有代表性的思想政治教育理论的产生与发展，除了要弄清该理论的历史继承关系外，还必须了解当时社会政治、经济、文化、宗教和民族习俗等社会状况。

列宁说过："马克思主义这一革命无产阶级的思想体系赢得了世界历史性的意义，是因为它并没有抛弃资产阶级时代最宝贵的成就，相反地却吸收和改造了两千多年来人类思想和文化发展中一切有价值的东西。"② 因此，要随时把历史上思想政治教育的重大变故与当今世界思想政治教育的现状联系在一起，认清现实世界中的思想政治教育与历史上的思想政治教育的内在联系，从而使思想能够跨越时空的限制，在历史与现实的两个时空里驰骋，对我们生活其中的当今世界的思想政治教育的来龙去脉有一个基本的了解，对思想政治教育的走向有一个基本的判定。

贝内德托·克罗齐③曾说："一切历史都是当代史。"从认识论的角度看，历史正是以当前的现实生活作为其参照系，过去只有和当前的视域相重合的时候才为人所理解。从本体论的角度来看，不仅我们的思想是当前的，我们所谓的历史也只存在于当前；没有当前的生命，就没有过去的历史可言。所谓"当代"，是指它构成我们当前的精神生活的一部分，历史是精神活动，而精神活动永远是当前的，绝不是死去了的过去。对克罗齐来说，时间本身不是独立的存在，也不是事物存在的外在条件；它只是精神自身的一部分，所以我们既不能把时间、也不能把过去看成是精神以外的事物。故此可以说，在大家看来早已消逝的古罗马的荣光，其实依然活生生存在于精神之中，存在于每一个热爱罗马法的人的精神和著述之中。只要它还影响着我们，就存在于我们之间。所有历史都会在今天重复，人只能从自身所处的状况去理解历史。

只要承认人类社会的思想政治发展存在着某些共同的规律，就不能忽视东西

---

① 《列宁全集》第37卷，人民出版社，1986年，第61页。
② 《列宁选集》第4卷，人民出版社，1996年，第362页。
③ 20世纪意大利著名哲学家、美学家、文学批评家、政治家，更是享誉西方的历史学家和史学理论家，著有《1871～1915年意大利史》。

方思想政治教育在深层次上所蕴含的某些思维方式、方法、切入点对我们开展思想政治教育所具有的启迪作用。

因此，从思想政治教育学原理研究的角度来看，我们依然要强调思想政治教育历史发展的基础性依据，因为，一切现实都是历史的，一切历史都是现实的。在思想政治教育的领域里，人们也一样很难在历史与现实之间划出一条清晰的分界线。一方面，人类思想政治教育的理论与实践是一条流动的长河，是一串闪光的链条。而无论看起来多么新颖、革命性的思想，都只是这个链条中的一个环节。它不可能凭空产生，而一定有其历史背景、理论来源。在这个意义上讲，一切现实思想其实都是历史的。

另一方面，我们又可以说在思想政治教育领域中，一切历史又都是现实的。当我们拿起柏拉图的著作时，无论如何客观、如何超脱，都不可能像他自己或他同时代人那样理解；而只能处在我们自己特定的历史环境中，按照我们自己的需要来阅读和理解。每一个人都可以从中发现新的东西，每一次阅读都可以从中得到新的启示。也正是从这个角度出发我们才能更好地理解克罗齐的命题：一切历史都是当代史。实际上，能够流传至今的一切教育思想、一切有关著作，都有着极强的现实意义。

毫无疑问，当今全球化时代的思想政治教育学原理的研究，也就不能不触及历史的纵向发展，在历史演变与现实发展的联系中揭示其规律性。

三、拓展学科范畴增强系统性

科学地揭示和阐述思想政治教育过程的基本矛盾、基本机制和基本规律，是思想政治教育学原理的核心问题，是思想政治教育学科基本理论系统化的关键。"思想政治教育学科是人类众多学科中的一个小系统，它的建设和发展不只要靠自身的努力，而且要靠人类众多学科大系统的理论知识借鉴和支撑。忽视甚至拒绝向人类众多学科大系统的理论知识借鉴是荒谬的。必须增强与相关学科对话的意识和能力，特别是增强与相关学科学术发展前沿的对话意识和能力。同时，还应增强与世界文明对话交流的意识和能力。"①

---

① 陈卓、陈秉公：《思想政治教育学科基本理论的建设历程与再系统化》，载《政工研究动态》2008年第10期。

在全球化、信息化的时代,任何一个学科都不是在封闭环境下存在和发展的,它的研究对象和范畴也不是一成不变的。因此,在思想政治教育学原理的建构过程中,要打开视域,不应将学术视野限制在传统研究的狭小范围之中,应该把思想政治教育学原理放置到更广阔的历史进程和多维度的现实框架中去研究。在对已有的研究成果深入剖析的基础之上,在对思想政治教育与相关学科关系的进一步认识之上,通过思想政治教育学科意识的建构,进一步明确研究对象,积极拓展研究范畴,开展基础理论和实践应用等多层次的研究,才能较全面的把握学科方向并找出新的基本论题,将思想政治教育学的研究不断引向深入。

要秉持思想政治教育文化取向上的开放心态,理论构建上的开阔视界以及制度设计与实践上的创新思维,把思想政治教育学打造成一个不断吸纳和融合外来知识的开放性学科。不断增强思想政治教育学与海内外相关研究的对话意识,增强与其他相关学科的沟通与交流,把握学科演进历程中内涵及外延的变化趋势。因此,应当具有世界眼光,批判性地借鉴海内外相关领域的理论研究和学术成果。同时,应该充分重视相关学科理论成果与思想政治教育学的相互影响与交叉互渗。当然,学科借鉴绝不是将相关学科理论成果简单地搬用和移植,而是借鉴其知识论与方法论,特别是通过学习,更新与发展研究方法。因为理论发展本身就是一个生动的方法创新过程,一门学科发展史也是方法的变革史与发达史。正是因为方法的革新,才得以对客体与对象获得全新的认识。这就要求我们必须通过对话,借鉴总结他人的知识成果,开拓新的研究方法,完成时代赋予的构建思想政治教育学科体系的学术使命。

学科基本理论与相关学科学术前沿的同一性,是学科基本理论先进性的必要条件和保证。思想政治教育是一门新兴学科,尤其需要与相关学科的学术前沿保持对话与沟通,通过严格的筛选与整合,从相关学科吸取理论知识营养。那种满足于点滴成绩、固步自封、闭目塞听的态度,只能使思想政治教育基本理论陷于落后和贫困。能否始终保持与相关学科学术前沿的同一性,是思想政治教育基本理论成熟与否的基本标志之一。

以 2006 年"全国思想政治教育理论与实践创新学术研讨会"所提交的论文为例,我们发现,越来越多从事思想政治教育研究的专家学者,已经开始从不同的领域引入了相关学科的范畴,进而使思想政治教育学原理的研究从深度与广度上得以拓展。

《社会意识形态(价值观)的内化过程与有关条件》(邱柏生)指出,高端价值观要转化为良好公共政策,要保证公共政策产生良好实践效果,要引导社会公众对政策执行效果产生满意的自身体验与体认。《思想政治教育成效的制度分析》(王淑芹)提出,在提高思想政治教育有效性的分析框架中,应重视制度的规范性和渗透性的教育功能。《交往活动与主体际:思想政治教育者与教育对象关系新解》(褚凤英)从交往范畴的新视角,分析了思想政治教育者与教育对象的关系,认为现代思想政治教育模式是主体性模式,它以民主平等的主体际关系和双向互动为基础。思想政治教育活动实际上是双方对这个共同客体的一种共同操作过程。《思想政治教育生态论》(戴锐)认为,以生态论而不仅是环境观点审视思想政治教育,是思想政治教育思维方式上的一个重要转换。《思想政治教育认同内涵及特征探析》(魏永军)认为,研究思想政治教育认同既是时代发展的客观需要,又是学科发展的内在要求。思想政治教育认同是一种关系,是一种情感上的归属,是包含着差异的认同,是一种感性杂多的实践状态。《社会资本与思想政治教育的理论创新》(许苏明)运用社会资本的概念分析社会资本、意识形态与思想政治教育的相互关系,尝试用这一分析框架对我国目前思想政治教育的理论创新和社会资本的重构进行研究,以期得出一些新的认识。《思想政治教育的生态价值初探》(杨芷英)认为,生态价值是思想政治教育价值的新发展,是新时期思想政治教育面临的崭新课题。《思想政治教育在当代文化环境中的机遇与风险》(周琪)认为,在科学技术革命浪潮、全球化、现代化和我国社会主义改革整体推进的时代背景下,思想政治教育面临着机遇和风险并存的两歧境遇。其核心是当代文化环境引发的多重效应对思想政治教育的共振与消解。《关于思想政治教育学科人文价值定位的再思考》(孙慧玲)倡导以人文价值关怀为核心价值的新思想政治教育观。

综上所述,全球化就是人类不断地跨越时空障碍和制度、文化等社会障碍,在全球范围内实现充分沟通(物质的与信息的)和达成更多共识与共同行动的过程。全球化时代给思想政治教育学原理的研究提出了新的要求,这是一个巨大的挑战,也是一个巨大的机遇。

(刊于《思想理论教育》2010 年第 7 期)

思想政治教育成效的制度分析

王淑芹

[摘　要] 思想政治教育成效的制度分析有其价值理由，社会转型期的制度教育十分必要。基于思想政治教育效果的低效化反思以及思想政治教育单纯的说理性认知教育的局限，必须在提高思想政治教育有效性的分析框架中，重视制度的规范性和渗透性的教育功能，从而增强思想政治教育的效果。

[关键词]：思想政治教育；成效；制度；分析

思想政治教育效果的低效化问题，日益引起社会各界的广泛关注。在提高思想政治教育有效性的分析框架中，我们要树立思想政治教育的开放理念，站在"发生影响的教育过程和效果"的广阔视阈，立足于人与环境的互动，把思想政治教育理解为一种社会性的综合教育。基于此，对社会成员的政治思想、态度、行为发生影响的教育因素，就绝不止是侧重灌输的认知教育，也理应包括其他的思想价值信息的传输教育。由于制度是人们所处社会环境中的重要因素，直接影响着人们对一定社会的政治、道德等观点的接受以及按照一定的社会要求和规则去行动，因之，对思想政治教育成效影响因素的分析，就不能撇开制度。

一、制度分析的价值理由

任何命题的成立都离不开对其价值理由的诉求，因此，我们需要对制度是影响思想政治教育成效的不可或缺的重要因素的命题进行价值理由的分析。

首先，马克思主义的人与环境的交互作用理论，阐明了社会环境对人们的政治、道德观念及其品行形成的作用力。马克思主义的社会存在与社会意识的辩证关系的基本原理，揭示了社会意识的本源性及其社会历史性，这就从根本上规定了个体意识形成的外源性，及其作为社会意识内化的品德的他律性与外化的行为的客观性。无疑，人们的社会政治思想、道德观念及其相应的品行，必受社会环境的影响。由于制度是人类为协调社会利益冲突和矛盾以使社会存续而人为设计的行为规范体系，即是一定社会、阶级、组织为满足一定的秩序需要而制定出的系统的行为规则，因此，作为一种社会理性的凝结，它一经产生就具有了价值规则的客观性，并构成人们生活环境的重要组成部分，成为影响人们思想和行为的一种"社会存在"。

其次，社会心理学对人的心理、品德、行为与环境关系的研究理论，揭示了环境对人的心理和行为所具有的普遍制约性。美国心理学家 K. 勒温借用物理学的场论理论系统地阐述了人的心理和行为场，强调研究人的心理和行为，必须把人与其环境作为一个整体进行分析。早期行为主义学派的代表华生、斯金纳明确提出人的行为主要由环境决定的理论，认为人的行为类型取决于奖罚的外部刺激的正负强化。社会学习理论的代表班杜拉提出交互决定论理论表明，不仅个人的价值理想、信念等内在追求会产生活动的动力，而且行为后果的风险性、惩罚性、奖励性、获益性等外部刺激也是人们活动的推动力，亦即社会的奖励和惩罚是影响人们行为动机形成的重要刺激因素，以致能够强化或消退人们的某种行为。由于制度对社会成员的权利和义务以及社会利益获取方式等方面规定的本身，就蕴涵着对守规者的保护和对违规行径的相应惩治。因而，社会的奖励和惩罚在很大程度上则是制度彰显的结果。据此可言，制度是影响行为决策和行动方面的重要考量。

再者，隐性课程教育理论，强调了包括规章制度在内的潜在环境因素对学生心理、思想和品行的影响性。隐性课程教育理论认为，学生的态度、价值、规范、动机乃至人格，不光是那些外显的、有计划的课程教育的结果，在很大程度上还受那些非正式的文化传递的影响，即由规则、法规和常规、道德气氛、风气等构成的潜在因素的暗默渗透。它表明，学生的态度的形成和行为的发生，不仅需要显性课程、常规课程或正式课程的系统教育，而且也需要非正式的、蕴涵在环境中的价值信息的潜在的传递和强化，以达到杜威所意旨的"附带学习"的目的。隐性课程教育理论所揭示的教育程式具有普遍的意义，它预示着思想政治教育对社会的主流世界观、价值观、社会政治思想、道德观念等的传导，要注重发挥环境中的潜在价值信息的潜移默化的熏染作用。无疑，制度作为一定社会、组织中的价值体系和权威结构，有助于人们态度和理念的形成。

二、社会转型期制度教育的必要性分析

制度作为显性的价值原则和刚性的规范要求，是社会转型期协调社会利益关系的锐器和对人们的思想、行为进行导向的有效方式之一。

首先，制度是价值理念的凝结。任何制度都是由一定的理念和思想凝结而成的，它们天然地蕴含着某种价值原则。因而，制度不是干瘪的规则要求，而是有价值灵魂的。它们本身就在向人们传递着某种正确的价值观念。在这个意义上，各种规章制度对人们思想的形成及转化具有更直接的作用。另一方面，合理制度的目的性所蕴涵的一定的社会价值取向，就会使人们在大量的制度化的实践活动中，感受和内化这些社会价值观念，从而促进制度预期的行为类型及其良好品行的形成。由于社会转型期，不仅预示着大量的新制度的生产与供给，而且在一定程度上也是社会成员规则意识的形成期，因此，更需要制度对社会倡导的政治思想和价值原则的明示与传导。

其次，社会转型期社会利益关系的复杂化及矛盾的激增，有必要建立利益矛盾的化解机制和惩罚制度。现代性的社会转型所引发的社会运行机制的转换以及工业化和城镇化的推进，必定要触及社会经济关系以及社会的原有利益格局，而伴随着利益主体的多元化和利益群体关系的复杂化，社会利益矛盾必呈增长的态势。面对复杂多样的利益矛盾，光靠思想层面的价值诉求是不够的，必须建立利益化解机制、利益补偿机制、公共权力的监督机制、不同利益群体的诉求机制等。对社会公平、正义的维护，在施之必要的公平、正义的宣传的同时，必须要通过相应的制度安排予以保证，尤其需要为社会成员提供能够抵挡遭遇侵害的制度保护和提供维持生存的基本社会保障，以使每个社会成员都不游离于社会制度的制约与保护之外。另一方面，对于社会转型中出现的社会问题，政府必须及时供给相应的合理制度加以解决。目前，财富分配不公问题，择业、晋升的机会不公平问题，社会保障低下引起的穷人看不起病、上不起学、生活窘迫等问题，官员腐败问题，环境污染问题，合法权益无法保障等社会问题，光靠传统的访贫问苦的情感感化、结对帮困的互助、行政手段困难补助的给予型、施惠型的调节形式等，是远远不够的。我们更要借助制度的合理安排，避免一定社会问题的发生或激化。概言之，通过有效的制度安排，使各种社会利益关系的调整和重新布局以及社会利益的再分配趋于合理，则是避免社会矛盾激化、减少思想问题的关键。

再次，社会转型期价值观的多元态势，需要制度的明确导向。现代性的社会转型，是一项涵括社会经济、政治、思想文化、社会心理、价值体系及行为方式的全面变换。这就预示，现代性的社会转型，必然要面临着新旧社会价值体系的嬗变，出现新旧价值观、外来文化的价值观与本土文化价值观的碰撞、混杂，导致价值主体意识的多元化；而市场经济的实利的价值趋向，又无不在很大程度上造就了价值客体意识的功利化。不同价值观之间的冲突、价值标准的模糊，不仅会导致"理性工具价值"的盛行，而且也会导致无规可循的失范现象。面对社会价值观的多元化及其冲突，人们的价值取向呈现的"多源"与"多歧"的态势，以及尽快使核心社会价值观在社会中居于主导地位的迫切需要，则需要在加强思想政治教育的同时，建立合乎社会主义市场经济社会内在要求的新的制度规范体系，为人们的行为提供范式，以强化对社会成员的思想和行为的引领或整合作用，并尽快完成"过渡型"社会形态的价值整合以及社会秩序的整合。

三、影响和提高思想政治教育成效的可能性分析

前述对思想政治教育成效的制度分析，侧重的是理论支撑及其必要性，而作为一个完整的制度分析框架，还必须对其可能性进行梳理。

第一，制度规范的明确、具体，能够分解思想政治教育原则和规范的抽象性。制度的显著特征是规范要求的明确和具体，即它不是用笼统或抽象的原则来调节人们之间的利益关系，而是详尽地规定人们的权利和义务、明示可允许行为类型与禁止行为类型，在对与错、是与非、善与恶之间有鲜明的界限。制度标准的这种明确性和客观化，既便于社会成员掌握和遵守，清楚自己可为与不可为的界限与范围，又易于社会的监督、评判与裁决。因此，根据社会利益关系的变化、特点及时制定出的各种制度，就能够为人们利益关系的联结形式和矛盾的解决方式提供确定的章法和行为模式，从而使社会成员能够根据相关的制度要求，规范、约束和控制自己的行为。因此，制度在一定程度上，会避免思想政治教育原则和规范因抽象而导致的教育的空洞性。这表明，我们应借助相应的制度规范对社会成员进行思想引导，把思想政治教育的价值原则和目的分解于一定的制度设计和安排中。

第二，制度对利益矛盾和冲突的规避性，可以增强思想政治教育的说服力。制度对社会利益关系的规范性是显而易见的，而制度对利益冲突的规避性也是不

容忽视的。一方面，制度能稳定社会预期，对人们的违规牟利的冲动具有抑制性。制度的确定性所显现的人的一定行为与一定后果之间的恒常的因果关系，能够使人们预测自己行为的后果，而行为后果的利益得失，会反射而影响人们对行为类型的选择，即违规受罚或遵规受益所产生的稳定社会预期，能够成为影响人们行为选择的重要权衡因素。"个体预期他们行动的可能后果，之后采取最符合其利益的那些行动。"① 因此，制度对侵害他人利益或社会利益的严惩以及对人们的合理利益的有力保护，在一定程度上可以减少破坏利益关系行为的发生。另一方面，制度对矛盾的平和，不只表现在对已发生矛盾的协调上，也表现在对未来可能出现的矛盾的预先协调上。人的理性可以使人对社会利益矛盾的发生具有预见性，表现为人不是被动地应付现实的矛盾，而是在一定程度上按照一定的价值理念预先规划好人们之间的利益关系，从而把将要发生的矛盾通过制度安排预先化解，以避免一些不必要矛盾的发生。亚里士多德就非常强调制度对利益关系的这种主动调节性，所以，在社会管理方式上，他不赞同柏拉图的"贤人政治"，而是主张法治，提出按照"数量相等"原则和"比值相等"原则进行公正的制度安排，使人们"在荣誉、财物以及合法公民人人有份的东西的分配"中，"各取所值"和"各得其所应得"，实现社会的公正。② 而罗尔斯在其《正义论》中也强调正义分配制度的重要性，主张在"无知之幕"（Veil of Ignorance）的后面，遵循"极小极大"的平等原则和差别原则，进行制度设计。因此，制度对社会利益关系的预先设计与安排，则是规避矛盾、减弱矛盾的有效机制。

第三，制度对破坏利益关系的行为所显现的制裁性，能够弥补思想政治教育的软弱性。与非正式制度相比，正式制度具有外在的强制性。国家政策、法律、条例等，对社会成员所具有的普遍制约性，得益于其外在的强制惩罚。一个社会，让人们的行为合乎一定的规范要求，一般有三种制裁力：一是启动个人良心、信念使人们自律而为；二是宗教预设的"终极存在"使人们产生敬畏与信服而为；三是以国家机器为后盾的惩治使人们被迫而为。我国虽主导道德良心的内在制裁力和国家法律的外在制裁力的结合，但从目前的实效来看，道德内在制裁力比较微弱，无法满足社会转型期利益矛盾的尖锐性和复杂性的协调需要，必须要加强制度的强制性。诚如弗兰西斯·福山所说："一个社会之所以需要官僚

---

① ［美］詹姆斯·马奇等：《规则的动态演变》，童根兴译，上海人民出版社，2005年，第6页。
② ［古希腊］亚里士多德：《政治学》，吴寿彭译，商务印书馆，1965年，第234页。

体制，原因是社会无法信任任何成员在任何时候都会遵循内化的伦理规范，并尽自己身为社会成员的一份力量。当这些人不遵守社会既定规范时，最终社会必须透过外加的法规与惩罚手段，来迫使他们接受约束。"[1] 因此，制度的强力惩罚是非常必要的。因为通过对违规行为的惩罚，可以达到亚里士多德所说的"矫正公正"，即对那些违反制度而侵夺他人或损害社会利益的行为，通过"惩罚和其他剥夺其利得的办法，尽量加以矫正，使其均等"[2]。这种通过惩治所实现的事后公正，虽是制度协调利益关系的一种消极调控，但其彰显出的违法成本和风险，体现的是一种社会公平。相反，倘若一个社会，对于破坏合理利益关系的行为，没有相关的制度对其进行严厉的惩治或因缺乏制度平等而使一些人可以逃脱制裁，这种有悖社会正义公理的现象，则会对思想政治教育构成强大的破坏力。这种对社会公理的打击以及理通行不通的社会潜规则的盛行，会使人们在观察、模仿等社会学习中，因看不到或感受不到思想政治教育明规则的作用而对思想政治教育发生质疑，乃至对思想政治教育产生排斥心理。

（刊于《思想教育研究》2006 年 12 期）

---

[1] ［美］弗兰西斯·福山：《信任——社会道德与繁荣的创造》，李宛蓉译，远方出版社，1998 年，第 34 页。

[2] ［古希腊］亚里士多德：《政治学》，吴寿彭译，商务印书馆，1965 年，第 95 页。

思想政治教育低效探因

王淑芹

思想政治教育是社会价值原则传输的重要方式。当前，伴随着社会变革对原有价值体系的冲击，新的社会价值体系的构建和推广无疑成为最为紧迫的社会建设工程之一。但令人忧虑的是，目前思想政治教育在一些方面出现了乏力的表征。为此，我们需要探本溯源，分析思想政治教育低效化的症结。

一、实利的工具价值文化，削弱了人们对精神价值的追求

实利的工具价值文化在某种程度上说，是工商社会现代性的一个重要特征。市场经济社会资源配置方式的市场化、分散的产权以及利益关系的契约化，引致了人们对经济活动效率化的诉求。这种在行为决策中考虑成本与利润、在行为评价中注重行为结果的经济学的思维方式，形成了经济领域行为的实利价值取向。这种实利的价值取向，我们虽然可以在理论上进行"划界"使其归属在经济活动范围，但在现实生活中，人的社会关系占有的全面性、人们社会活动领域的不断交替，就使得实利的价值取向自觉或不自觉地渗入非经济活动的其他社会领域中，并成为影响人们行动选择的重要原则。实利价值取向的效益化和功利化所凝结的效用原则，常常使人们更加关注行为所带来的功效价值，而这种功利性的价值观，在社会的经济主义、消费主义、享乐主义、金钱主义的催生下，在大众文化中涌动或流行的目标，常常是物质财富形态、权力、地位等可感觉的、可显见的东西。在某种程度上，这种世俗性的价值形态由于其更能满足中国传统社会心理的"面子"需求，成为人们欲求的目标和炫耀的资本，所以那些有助于这些世俗性价值实现的行为方式，就会得到人们的欢迎和奉行，相反，无助于或削弱这些价值目标实现的行为类型就会受到人们的排斥，以至于在很大程度上，人的尊严、德性、信仰等精神价值受到了淡化乃至舍弃。

另一方面，伴随着工业社会创造财富生产能力的提高、精神领域反宗教禁欲主义对人性的回归以及工具理性价值的盛行，无不改变了人的生存样态以及生命价值的等次排序。对人性的解放、对生命的真爱，使感性欲望满足的正当性得到了确认与张扬，这种对世俗享乐的"全面"肯定，在一定程度上，削弱了人的精神价值的崇高性，而且导致了生命价值序列的置换，对此，舍勒指出：在现代生活的工业化、商业化所形成的人与世界的物化关系中，"价值序列最为深刻的转化是生命价值隶属于有用价值"。① 人作为感性和理性的存在者，有物质性和精神性的双重需要，而且精神性需要是人之为人的本质特征。但现代社会对人的生命及其价值的功利化定位，无形中导致了人的追求由精神到物质的倾斜，表现为单纯强调人的生命感官的体验，使人的精神从属于物质，行为选择实惠化，这在根本上会消解了人们对理想、信念、政治思想、道德品质诉求的内在动力。

二、后现代主义的相对价值观，瓦解了社会价值标准的客观性和一致性

我们国家虽然还处于由传统社会向现代社会的转型过程中，但经济的全球化和我国的对外开放政策，已使中西文化得到了广泛的交流，以至于产生于20世纪60年代西方发达国家的后现代主义也随之涌入我国，成为影响社会成员思想和行为的一个重要的社会思潮。后现代主义的基本特征是："人们质疑基础假设（foundation assumption），认为它终结或解体了，不再控制整个社会了。所谓基础假设指的是：认为这个世界存在着某种客观实在、普遍人类本性、自然法则、绝对价值和最终真理（包括科学真理）。"② 具体表现为对"理性、逻辑和秩序"的排斥，对同一性、统一性、普遍性、中心性的反对，对"价值、意义、标准"的解构，对个人感受、经验、特殊性的强调。后现代主义的这种对现代主义的价值体系的颠覆，对生命意义的社会价值的否定，以及对现有的社会价值标准的蔑视，无疑会沦落为一种价值相对主义。在这种缺乏统一标准的相对主义价值的文化氛围中，思想政治教育遭遇了严重的挑战。

---

① ［德］M. 舍勒：《价值的颠覆》，罗悌伦等译，三联书店，1997年，第141页。
② ［美］特里·库帕：《行政伦理学：实现行政责任的前途》，张秀琴译，中国人民大学出版社，2003年，第44页。

首先，后现代主义对社会统一价值标准的否定，瓦解了是非、善恶、美丑的历史规定性和客观基础，为人们放纵自己而不受约制找到了托词，在客观上会消解人们对社会价值的认同以及对道德信念的忠诚，从而滋生出更多的思想问题；

其次，后现代主义对人的生命的社会意义和价值的反叛，使人们的生命、活动的意义因缺乏社会价值的支点而使人变得茫然、浮躁和焦虑，成为没有灵魂的生物体，这无疑加大了思想政治教育对人们引导、培育和提升的难度；

再者，后现代主义对社会转型期的社会价值文化的整合具有消极影响。现代化的社会转型，不仅是社会经济运行方式的转换，更是一个国家或民族的社会心理、价值体系、行为方式的转变。因此，我国目前不只是处于社会结构和运行方式的改革中，也处于新、旧社会价值体系的嬗变中。值此之际，即我国新价值体系的形成期，遭遇后现代主义对社会价值统一性的肢解，无疑更加剧了社会价值标准的混乱，影响思想政治教育的社会导向功能。

三、社会利益格局的变动和利益主体的多元化，使社会成员的思想问题多样化

我国推行市场经济体制后，社会经济成分、组织形式、利益关系和分配方式等方面都发生了深刻的变化，并产生了许多新的利益矛盾和冲突。由于人们的思想是对社会存在的反映，所以，在新的社会利益关系的形成过程中，伴随着新的社会情况和问题的出现，人们必会产生新的思想问题。如在社会经济发展过程中，效率与公平不可得兼的矛盾所导致的社会的两极分化以及财产的私有化、合法化，必会引起一些人的思想困惑和质疑，乃至怀疑社会主义的性质；因产业结构调整、企业管理不当等因素导致的严重失业，使得一些职工的基本生活受到威胁，加之改革初期社会弱势群体的社会保障不到位，也会引起人们对政府和社会的不满；国企改制过程中造成的国有资产流失、职工利益受到蚕食以及一定阶层的利益诉求渠道不畅和政府官员腐败等实际问题，更是引起人们思想问题的触发点。这些在改革过程中由实际问题引起的各种思想问题，在客观上增加了思想政治教育引导的艰难性。

另外，我国社会治理结构正在进行由政府主导型到市民社会的转变，即政府对社会的管理，已不再像过去那样靠行政命令进行统领，而是重法治和价值引导。个体行为选择的自由性以及一些人对个人自由的盲目推崇，不仅产生了许多

错误的思想观点，而且也会使一些人对思想政治教育产生排斥心理，从而影响思想政治教育的劝导力。还有，社会治理结构的转变也带动了社会控制力发生了由过去的政治意识形态到现在的利益驱动的变化，也就是说，过去政府对社会成员的动员主要讲"思想"而现在更多讲"利益"。这种"思想"对"利益"的依附性，使一些人产生了否定思想政治教育作用的"无用论"倾向，认为只要有利益激励和严明的制度就足够了，出现了削弱思想政治教育组织机构、使思想政治教育虚无化的现象。

四、明规则与潜规则的背离，弱化了思想政治教育的说服力

思想政治教育不是单纯的知识传授，主要是一种价值劝说和引导。因此，思想政治教育的功效表现为受教育者能够在思考的基础上，接受、认同和践行它所宣导的价值原则。但受教育者对思想政治教育倡导的价值、思想、观点的认同，不仅取决于思想政治教育理论能否以科学的道理说服人，而且也取决于其能否在实际生活中行的通，能否成为大多数社会成员实际践行的行动原则。质言之，人们对思想政治教育主导的社会要求的理解、接受、认同，既与社会要求本身的合理性相关，也与他周围人对社会要求的态度和践行相关。一旦教育的内容与人们接触到的实际生活出现"理通行不通"的明规则与潜规则的背离现象，就会动摇受教育者对社会要求的信服。如思想政治教育要求人们正直公正、敢于坚持公理、奉公守法，而人们却看到实际生活中有大量的违背这些社会要求的人，不仅没有受到严厉的惩罚，反而得势、得利；思想政治教育宣传依法治国和法律平等，而人们却看到在司法领域存在大量的关系法、人情法、金钱法。这种提倡的价值规则，在社会实际生活中遭遇不道德的潜规则的排挤现象，会直接消融思想政治教育的信服力。

明规则与潜规则的背离衍生出了许多的恶果，其中之一是"虚假教育"，表现为一些教育者经常向受教育者讲授、宣传连自己都不认同的信仰价值观。一些干部、教师只是出于谋生、谋权的职业需要，每天津津乐道地向自己的下属、学生宣讲那些自己心里并不信服的理论、思想。思想政治教育者的这种"知行分离"以及讲空话和假话的思想政治教育方式，不仅背离了思想政治教育的言教与身教相结合的示范原则，而且使受教育者厌烦了价值观的灌输教育。其中之二

是社会上感觉怀疑主义的蔓延。西方哲学强调的是理性怀疑主义，提倡科学的批判精神，而我们的民众在一定程度上却出现了非理性的普遍怀疑倾向，表现为人们对他人乃至政府的一些宣传教育抱不信任的质疑态度，并产生了敷衍的、拒斥的社会心理。

五、网络信息传播的自由性、庞杂性，会影响主流意识形态的舆论导向

对人们的思想发生影响的社会存在，除了社会的经济基础、政治制度以外，也包括一些现存或流行的思想、社会思潮、各种理论学说等观念性的东西。因此，人们正确的价值观的形成，不仅需要合理的利益格局、良好的制度环境，也需要有良好的观念世界。而网络信息传播的自由性、网络文化价值的多元化、庞杂的大量信息垃圾等，使观念世界的价值思想良莠不齐，会影响人们正确思想的形成。

媒体被西方学者称为与国家的行政、立法、司法相并列的"第四种权力"，而网络作为"第四媒体"，更是影响人们思想和行为的重要力量。在我国的计划经济时代，许多文化和信息的传播，常常有严格把关的"过滤网"，即媒体向社会所发布的信息，一般是根据社会的政治或教育的需要，而对国内外现存信息进行了筛选与取舍，因此，它的传播方式基本上是单向的、可控的。正是信息传播的这种可控性和单向性，保证了信息的积极性质，避免了消极信息的传播和散发。这种借助可控媒体进行的单向传输，应该说，在很大程度上保证了主流意识形态思想的强大舆论优势，这在客观上有利于社会主义意识形态的教育。而互联网作为一个开放的信息传递系统，可以使不同国家、地区、民族的文化传统、宗教信仰、风俗习惯、道德观念、政治理念、时尚生活方式等，突破地域性的局限乃至图书、杂志等传统媒体的狭窄性，而广泛地在网络上迅速、自由的传播。网络化的这种信息的开放性，不仅产生了信息传播方式的交互性、自由摄取性，使思想政治教育主体失去了占有信息的优先性和出现了思想政治教育主体非主体化的倾向。而且信息资源的庞杂、文化价值的多元，尤其是一些低俗的消极信息如黄色信息、暴力信息、虚假信息等，会对思想政治教育的主流意识形态的舆论导向产生干扰。

（刊于《思想教育研究》2007年9期）

思想政治教育学学科特点再思考

陈 迎

[摘 要] 作为一门具体的社会科学，思想政治教育学的学科特点一般被概括为：阶级性、实践性和综合性，其中阶级性是其最本质的特征。伴随社会现实环境的发展变化和学科本身的发展变化，我们认为对这种特征的概括和表述也应相应的有所调整，概而言之，即是阶级性与共通性、实践性与理论性、综合性与专业性的结合。

关键词：思想政治教育学；学科；特点

关于思想政治教育学的学科特点，国内的概括一般都从思想政治教育的实施主体（国家、政党、政治组织或群体）的角度出发，强调其最本质的特征在于阶级性，这也是我们一直以来力持的观点，除阶级性作为最本质的特征以外，实践性和综合性也被视作该学科的学科特点。随着社会现实环境的发展变化和学科研究的深入发展，在仍然强调这些特点的同时，我们认为对此的思考和概括应与时俱进，以顺应实施主体的政治治理理念的变化，也体现本学科三十年来建设研究的成果。

对于思想政治教育学学科特点的讨论当然要从思想政治教育——这一学科最基本的同时也是最核心的——概念出发。国内学术界对这个概念的表述尽管在遣词造句上不尽相同，但所包含的意思都高度一致，指社会或社会群体用一定的思想观念、政治观点、道德规范，对其成员施加有目的、有计划、有组织的影响，使他们形成符合一定社会、一定阶级所需要的思想政治品德的社会实践活动。作为在思想政治教育实践基础上形成和发展起来的一门学科，思想政治教育学以人作为自己的研究对象，以人的思想观念、政治观点、道德品质的形成、变化和发展作为自己研究的特殊领域，把"一定的社会发展的要求同人们实际的思想政治品德水准之间的矛盾"作为自己研究领域的特殊矛盾，既关注人们的思想政治品德形成发展的规律（这是前提和基础），又关注对人们进行思想政治教育的规律（这是目的和核心），其学科特点一般被概括为阶级性、实践性和综合性。[①] 这种学科特点概括的准确性是勿庸置疑的，尤其阶级性作为其最本质的特征。同样从思想政治教育这一学科最基本的同时也是最核心的概念出发，我们在承认这三点特征的同时认为也应补充一些新的思考。

一、关于阶级性——从阶级性到阶级性与共通性的结合

以马克思主义的观点，阶级是一个历史的范畴，它不是从来就有的，而是一定历史阶段的产物，与生产力发展的一定阶段相联系，以剩余产品的出现为前提；阶级也不是永远存在的，阶级现象最终将随私有制的铲除、生产力的高速发展而消亡。作为阶级统治的一种工具和手段，思想政治教育也是阶级形成、国家产生后的一种客观存在的人类实践活动，历史上依次更迭的各社会阶级，都以各种形式从事思想政治教育活动，以争取或维护本阶级的统治。在阶级社会里，各个阶级的思想政治教育理论和实践都反映了本阶级的根本利益和要求，具有明显的阶级性的特征，这点是勿容争议的，即便是在和平与发展成为世界主流的今天。

值得思考的是，在过去的历史进程中，因为阶级之间的壁垒森严、对立严重，所以这种阶级性更多地会强调阶级之间的冲突和矛盾——这本也是客观存在的现实，强调本阶级的政治目的、强调这种政治目的的独特性和合理性。但改革开放三十年来，无论国际国内环境都发生了巨大的变化。首先从国际环境看，交流与合作取代了冷战与冲突，人类面临的许多共同问题要求不同民族、不同历史、不同文化、不同意识形态的国家和地区在求同存异的基础上加强沟通与协作。在这样的一种情况下，一味强调自己的独特性而忽略开放性、共同性无异于作茧自缚、固步自封。其次从国内环境看，当无产阶级政党已经夺取政权、建设

[①] 最富代表性的表述可参见陈万柏、张耀灿：《思想政治教育学原理》（第二版），高等教育出版社，2007年，第4页。郑永廷教授在《思想政治教育学科的特点、规范与建设任务》（载于《思想理论教育》2013年第13期）一文中，把思想政治教育学科特点概括为"富有中国特色"、"具有理论性"、"具有综合性"、"具有应用性"4个方面，结合其具体阐述，不难发现，"富有中国特色"是从特指的角度研究"思想政治教育"，仍然在强调以阶级性为核心的学科的独特性，而"应用性"是由"实践性"决定的。

政权六十年后，人民内部矛盾早已取代阶级矛盾成为社会的主要矛盾，再强调阶级差异甚至是对立而忽视阶级合作和阶级和谐，无疑与和谐社会的建设也是格格不入的。作为中国特色社会主义文化的重要组成部分，"和谐文化以崇尚和谐、追求和谐为价值取向，融思想观念、思维方式、行为规范、社会风尚为一体，……既是和谐社会的重要特征，也是实现社会和谐的文化源泉和精神动力"。①

菲利普·巴格比曾用"亚文化"和"超文化"来定义文化的层次②。前者又可称为"小文化"、"狭义文化"和"低形态文化"，指适应于小的共同体、阶层等的习惯规则，后者又可称为"大文化"、"广义文化"和"高形态文化"，指涵盖范围涉及一个以上共同体和民族区域，甚至包括了整个人类世界的行为规则认同。涉及人类共同关心的话题，如战争与和平、国际秩序的建立、打击国际恐怖主义、对人权的尊重和保护、国际化的市场机制、环境保护等，都在世界发展的进程中，逐渐成为人类共同关心和处理的问题，并在对待这些问题的态度和解决方式与途径上不断达成共识。近代特别是现代以来，伴随人类理性的觉醒，日益凸显了可以通约的具有普遍意义的文化价值尺度。在政治和意识形态领域亦是如此，尽管由于制度和目的的不同导致了性质上的本质差异，但从总体上来看，其伦理价值和技术操作的科学性已日益得到不同区域、民族和社会制度下人们的共同关注和认同。

国内哲学和文化学者同样对于这个问题进行过热烈讨论，我们来看看富有代表性的表述："具体的文化总是属于一定主体的、处于特定时空中的历史的存在，因而有其相对性。但发展着的文化又是超越特定主体、特定时空传播和延续的存在，因而又有某种绝对性。文化是辩证的矛盾的统一体，是在相对性之中有着绝对性的东西。这种绝对性的东西即相对稳定的人为的程序和人为的取向。……这种相对性之中有着绝对性的东西，即稳定的可以超越特定主体、特定时空和在不同文化主体之间传播、交流、转换、共享的东西。"③

基于以上考虑，今天我们在强调思想政治教育学的阶级性特征的同时，也要强调其共通性的特征。我们承认有关民主、法治、自由等的观念和理论是人类社

---

① 刘云山：《建设和谐文化，巩固社会和谐的思想道德基础》，载《人民日报》2006 年 10 月 24 日。
② [美] 菲利普·巴格比：《文化：历史的投影》，夏克等译，上海人民出版社，1987 年。
③ 郭湛：《文化的相对性与文化相对主义》，载《中国人民大学学报》2007 年第 6 期。

会历史发展创造的共同财富，这本是作为中国先进文化代表的中国共产党的指导思想里固有的价值理念①，也已成为社会主义核心价值观的重要内容。作为一个与时俱进、不断创新的政党，唯有如此才能带领自己的国家和民族岿然立于国际政治风云际会的潮头，才能整合国内各阶级、阶层的力量，众志成城为中国特色社会主义建设添砖加瓦。

二、关于实践性——从实践性到实践性与理论性的结合

思想政治教育学是一门应用学科，与其他很多人文社会科学相比，它具有更强烈的实践性。

这种实践性首先表现在它直接建立在古今中外长期的思想政治教育实践经验基础之上，没有思想政治教育实践的累积就不可能有思想政治教育学科的诞生；其次表现为它是用来指导思想政治教育实践的学科，"思想政治教育的实践性，就是思想政治教育的现实性和思想政治教育价值实现的有效性"②，思想政治教育学科存在的必要和目的就在于应用并指导思想政治教育这种普遍的社会实践活动；最后表现为其科学性必须不断接受实践的检验，其理论正确与否只能由思想政治教育的实践和实践的效果性来判断。由此可见，思想政治教育学的研究一刻也不能脱离实践，其理论学说在思想政治教育的实践中逐步形成，指导思想政治教育的实践并受到实践的校验，随实践的发展而发展完善，实践性便成为思想政治教育学的重要学科特点之一。

作为一门应用学科，思想政治教育学确实不是哲学思辨的产物，不是逻辑推理的结果，而是建立在对大量的经验材料的科学分析研究的基础之上。但它不是经验的简单累加和堆砌，它是对思想政治教育实践经验的科学概括和总结，是得以升华的理论，所以理论性也应是其与实践性相并列的学科特点。

增强学科的理论性或可从以下几方面入手：

第一，加强对中国传统道德教育思想和道德教育理论的挖掘和总结，研究这些思想理论，不仅可以了解中国传统道德教育传统衍化的历史，而且对于了解蕴涵在今天社会思想政治道德水平的很多深层次因素也有重要启示意义。

---

① 2007年3月16日，温家宝总理答记者问（http://news.sohu.com/2007031/n248784701.shtml）。
② 张耀灿等：《现代思想政治教育学》，人民出版社，2006年，第116页。

第二，打破对国外相关理论的评价和研究的局限性限制，固然要看到其背后政治制度、意识形态支撑的分歧，但更要看到这种理论的现代发展与运用在全球化时代所具有的普遍伦理价值及其技术操作的科学性。

通过对其理论性的强调，更能促进思想政治教育学从经验到科学的转化，更能体现思想政治教育学科建设的成果，也更能指导思想政治教育的实践，使之科学化，使思想政治教育更富有时效性之上的实效性。

三、关于综合性——从综合性到综合性和专业性的结合

思想政治教育学学科的综合性特征主要表现在两个方面，其中第二方面是其综合性最主要的体现。

其一，思想政治教育学在研究人的思想政治品德的形成和发展时，在研究思想政治教育领域的复杂的现象和问题时，总是对与其相关的各种社会因素、家庭因素、个人心理因素甚或一些自然环境因素作多变量的综合考察，从多角度、多侧面对人的思想行为，对各种思想政治教育的现象和问题进行立体的综合的分析。

其二，思想政治教育学要借鉴和利用多学科知识进行研究。这些相关学科包括教育学、伦理学、社会学、政治学、心理学、法学、管理学等人文社会科学，也包括数学、统计学、信息科学、计算机科学等自然科学以及信息论、控制论、系统论等现代方法论。只有运用多学科的相关知识，才能更深入透彻地研究人的思想行为、研究思想政治教育现象。

作为一门年轻的学科，交叉性、综合性是很多类似学科的共同特点，可以说，深度分化的同时又高度综合是现代学科发展的趋势。对一门新兴学科来说，能站在很多学科研究成果上是一个很高的起点，能夯实学科的研究基础。但学科的研究不能只停留在对别的学科借鉴、综合上，任何一门新兴学科要确立自己在学科体系中的位置，都必须确认自身研究对象的独特性，并以此为中心点和出发点构建自身的专业话语体系，这样才能赢得话语权，学科才不会被边缘化。

对于任何一门新兴学科，吸收和借鉴其他学科研究成果和理论前沿必须要以本学科基本理论的创新与发展作为前提条件和最终目标。思想政治教育学经过三十年的建设，我们认为现在的当务之急不是综合他人为我所用的问题（当然这个问题对思想政治教育学的学科发展仍然很重要），而是博采众长有所创新的问

题，这就需要强调思想政治教育学的专业性，不仅强调，更应从专门知识、专门概念、专业范畴和术语以及由它们组织起来的基本理论和方法等各方面建立和完善自己的专业话语体系，以自己独立的专业研究立于学科体系之林。"思想政治教育学科建设的基本工作是加强科学研究，特别是加强对该学科基本理论或基础理论的研究"①，学界早已提出这种建议，但学科基本理论研究的淡化到今天仍是亟需解决的问题。② 思想政治教育学的专业性体现在其应具有完善的理论体系，包括其基本理论、基本概念、基本范畴、基本矛盾、基本规律、内容与方法等诸多方面，但研究的相对缺乏和共识的有待形成都成为该学科专业性确立与发展的软肋。

这就是我们对思想政治教育学科特点的再思考，即阶级性与共通性、实践性与理论性、综合性与专业性的结合。

---

① 刘建军：《思想政治教育学科建设》，载《思想理论教育》2007 年第 7~8 期。
② 王学俭、李东坡：《新形势下思想政治教育学科建设的突出问题与发展对策》，载《思想理论教育》2013 年第 7 期。

第二篇
历史与比较

儒家的道德叙事方法及其借鉴

隋淑芬

在近现代的道德教育中,受科学主义的影响,人们注重理性化、抽象概念、系统的知识灌输等,忽略了道德教育的生活性、经验性、体验性、感性感染力。现象学提出的"回到实事本身",后现代主义提倡的"回到生活世界"及语言学转向,日益影响到人们对道德教育的思考。教育叙事成为近年来兴起的一种教育方式,从这一视域反观儒家的道德教育,我们发现,叙事和叙事的话语方式恰恰是儒家道德教育的特点和长处,孟子说:"言近而指远者,善言也;……君子之言也,不下带而道存焉。"① 即道德教育要运用浅显的言语、常见的事情。儒家的道德叙事方法,在实践中获得了极大的成功,对此加以探讨,不仅有助于我们解读儒家道德教育成功所在,而且还可以为当代道德教育提供诸多借鉴和启示。

一、隐喻式叙事

隐喻式叙事是《春秋》的叙事方式之一,对后世影响极大。司马迁说:"昔孔子何为而作《春秋》哉?太史公曰:余闻董生曰:周道衰废,孔子为鲁司寇,诸侯害之,大夫壅之。孔子知言之不用,道之不行也,是非二百四十二年之中,以为天下仪表,贬天子,退诸侯,讨大夫,以达王事而已矣。子曰:'我欲载之空言,不如见之于行事之深切著明也。'夫《春秋》,上明三王之道,下辩人事之纪,别嫌疑,明是非,定犹豫,善善恶恶,贤贤贱不肖",② 孔子作春秋,寓褒贬之意于历史记述中,被称为"春秋笔法",《左传·成公十四年》较系统地概括了"春秋笔法":"微而显,志而晦,婉而成章,尽而不汙,惩恶而劝善。"

---

① 《孟子·尽心下》。
② 《史记·太史公自序》。

在叙述历史事件和人物时，言少而意显，记录史实而蕴含深意，语言表达方式委婉而顺理成章，史事实录而不隐瞒歪曲，批判恶行而引导人们向善。可见，《春秋》叙事的明确目的是"借事明义"，寻找和反思历史故事背后的伦理意义，以达到"善善恶恶，贤贤贱不肖"。它采取"微"、"晦"、"婉"等隐喻式叙事的话语方式，以"微言大义"解读历史事实和建构事实背后的意义。"微言"注重字词的选择，往往以一个字的表述，隐含某种道德评价、意义判断，即"一字见义"或"一字褒贬"，如：国君被杀曰"弑"，弑君则是对臣下强烈的道德谴责。吴楚之君以子国而自称王，《春秋》则贬之为"子"，以彰示其僭越。

《春秋》还运用缺书寓意的方式，如：僖公十九年，"冬……梁亡"。作为一个完整的叙事作品，应当讲述人物和情节，但是这里却没有说明何国、何人灭梁，必然引起人们的疑问，在追问记述背后的意义时，便显示出记叙者对梁自取灭亡的贬责，梁大兴土功，滥用民力，使人民疲惫不堪，引起公愤，秦攻梁，人民溃逃，梁遂灭亡。再如，《左传·襄公三十年》："晋人、齐人、宋人、卫人、郑人、曹人、莒人、邾人、滕人、薛人、杞人、小邾人会于澶渊，宋灾故。"《左传》补充了参加澶渊之盟各国大夫的名字，并且说明不载姓名的原因是由于参与国不守信用，未履行盟约，所以名字不见于记述，以示讥讽，"信其不可不慎乎"！

僖公二十八年（公元前632年）晋国联合齐、秦、宋等国于卫地城濮打败楚、陈、蔡联军，即历史上著名的城濮之战，晋文公随即在践土大会诸侯，并召周襄王与会，让其承认他的霸主地位。而《春秋》记为："冬，公会晋侯、齐侯、宋公、蔡侯、郑伯、陈子、莒子、邾子、秦人于温。天子狩于河阳。"河阳属晋地，不是天子狩猎之所，这样的记述表明晋文公以臣召君，有违于君臣名分。正体现了"《春秋》以道名分"①的宗旨。

隐喻式叙事偏重于记叙的客观性、真实性，因此记叙者一般不进行单独的道德评说和显性的道德教育，所隐含的道德意义往往需要读者自己结合事件或人物进行解读、剖析，自己关注意义的生成，由此造成道德信息的传递和接受。这种道德教育方式由于隐匿目的性，往往使受体在第三者"客观公正"的叙说中，更易于被同化。

---

① 《庄子·天下》。

二、解释性叙事

这是儒家道德教育中最常用的叙事方式，通常以第三者较全知的解释，对故事进行分析、引申和联想，这种叙事的指向性明确，所以选择的事情要有问题性，才可以通过解释生成意义。解释性叙事根据道德教育的需要，采取不同的方式。

第一，传递明确的道德信息，如：孟子所讲的孺子入井的故事，当人们看到小孩将要掉到井里，任何人都会产生惊骇和同情之心，毫不犹豫地施以援手，推动人们救助小孩的动机不是为结好其父母，不是要在乡里、朋友之间博取名望，也不是厌恶小孩的哭声，而完全出于一种自然而然的、天生的恻隐之心，由此可见人性本善。

又如："王坐于堂上，有牵牛而过堂下者，王见之，曰：'牛何之？'对曰：'将以衅钟。'王曰：'舍之！吾不忍其觳觫，若无罪而就死地。'"齐宣王怜悯牛无罪而死，孟子通过对这件事的剖析，说明齐宣王具有恻隐之心——仁的萌芽，这是君主实行仁政的基础。齐宣王对自己行为的道德动机缺乏认知，经孟子的解释，豁然开朗："夫我乃行之，反而求之，不得吾心。夫子言之，于我心有戚戚焉。"[①]

第二，澄清道德是非，叙事者往往选取较复杂的人物和事件进行解释，如：管仲之事。齐桓公和公子纠都是齐襄公的弟弟，齐襄公无道，二人惧怕牵累，鲍叔牙奉桓公逃往莒国，管仲和召忽奉公子纠逃往鲁国，襄公被杀后，二人争入齐为君，桓公先入齐国，立为君主，于是兴兵伐鲁，逼鲁国杀了哥哥公子纠，召忽自杀殉主，管仲非但不能死节，反而做了齐桓公的宰相，所以孔子的弟子子路、子贡认为管仲不具备仁的品德。孔子也曾经批评管仲的器量狭小；又收取大量租税，手下人员不兼差，所以没有节俭的美德；他还抨击管仲不知君臣之礼，国君宫殿门前立有塞门，堂上有招待外国君主放置器物的反坫，管仲也建塞门和反坫。但是"管仲相桓公，霸诸侯，一匡天下，民到于今受其赐。微管仲，吾其被发左衽矣。岂如匹夫匹妇之为谅也，自经于沟渎而莫之知也"？"桓公九合诸侯，

[①] 《孟子·梁惠王上》。

不以兵车，管仲之力也。如其仁，如其仁。"① 尽管管仲不知礼、不节俭，又不忠主，但是他对国家、民族、人民做出了巨大的贡献，孔子很少称许人为"仁"，却称管仲有仁德。对管仲一生诸多重要事情的解释和分析，孔子教育人们分清大是大非，评价人重大节，不能纠缠于小节，从而否定一个人。

第三，进行道德诱导，这种方式所选用的故事，大多不直接讲述道德问题，而是通过叙事者的叙说和解释，引发联想，使人们形象而贴切地理解或领悟其道德意蕴。如：孟子叙述的楚人学齐语的故事，楚国官员要其子学齐国话，不请楚人教习，而必请齐人教习，"一齐人傅之，众楚人咻之，虽日挞而求其齐也，不可得矣；引而置之庄岳之间数年，虽日挞而求其楚，亦不可得矣"。② 这件事引导人们关注道德环境问题。再如：弈秋学弈的故事，使人们认识道德修养要专心致志，才能有所成就。拔苗助长的故事，以生动的情节，引发人们领会道德修养是一个日积月累的渐进过程，"心勿忘。勿助长也"。③ 既不能急于求成，也不能掉以轻心。这些故事至今仍为人们广泛引用，印证了儒家道德叙事方法的成功。

三、感染式叙事

这类叙事借助于故事内容和情节的感染力，激发人的道德情感，引起心理共鸣和移情，使人乐于去倾听，在倾听中受到教育。一是创作一些寓言故事，故事构思奇巧，含义深刻，又韵味隽永，引人遐想，极富渗透力。如：孟子创作的偷鸡贼寓言，讽刺那些知错不改的人："今有人日攘其邻之鸡者，或告之曰：'是非君子之道。'曰：'请损之，月攘一鸡，以待来年，然后已。'——如知其非义，斯速已矣，何待来年？"④ 再如："齐人有一妻一妾而处室者，其良人出，则必餍酒肉而后反。其妻问所与饮食者，则尽富贵也。其妻告其妾曰：'良人出，则必餍酒肉而后反，问其与饮食者，尽富贵也，而未尝有显者来，吾将瞯良人之所之也。'蚤起，施从良人之所之，徧国中无与立谈者。卒之东郭墦间，之祭者，乞其余；不足，又顾而之他——此其为餍足之道也。其妻归，告其妾，曰：'良人者，所仰望而终身也，今若此——与其妾讪其良人，而相泣于中庭，而良人未

---

① 《论语·宪问》。
② 《孟子·滕文公下》。
③ 《孟子·公孙丑上》。
④ 《孟子·滕文公下》。

之知也,施施从外来,骄其妻妾。"最后,孟子评论说:"由君子观之,则人之所以求富贵利达者,其妻妾不羞也,而不相泣者,几希矣。"① 这则寓言对缺乏道德羞耻心进行了辛辣讥讽,使人心理上自然而然地对此产生强烈的厌恶感和排斥感。

二是叙述者在场,而且是故事中的一个角色,这种在场叙事,强化了故事的真实性和感性感染力,如:王守仁讲述自己早年信奉朱熹的格物说,对着竹子格物穷理,格到第七天,不但没有领悟天理,反而病倒了,由此认识到朱熹格物说的错误。这一亲身经历,对王门弟子具有极大的影响力,甚至后人在这一故事的影响下,解读朱熹的格物说时,也不能不对其道德教育的路径产生质疑和反思。

再如:在《颜氏家训》中,颜之推详述了自己少年丧亲失教、受社会不良风气影响、思想困惑与斗争等事,以自己的曲折经历教育子孙,剖心置腹、袒露无遗,其关切之情所包含的教诲之义,令人感动而受之。"吾家风教,素为整密,昔在龆龀,便蒙诱诲;每从两兄,晓夕温清,规行矩步,安辞定色,锵锵翼翼,若朝严君焉。赐以优言,问所好尚,励短引长,莫不恳笃。年始九岁,便丁荼蓼,家涂离散,百口索然。慈兄鞠养,苦辛备至;有仁无威,导示不切。虽读《礼传》,微爱属文,颇为凡人之所陶染,肆欲轻言,不修边幅。年十八九,少知砥砺,习若自然,卒难洗荡。二十已后,大过稀焉;每常心共口敌,性与情竞,夜觉晓非,今悔昨失,自怜无教,以至于斯。追思平昔之指,铭肌镂骨,非徒古书之诫,经目过耳也。故留此二十篇,以为汝曹后车耳。"②

四、事迹——符号互动式叙事

历史上某些人物及其突出的事迹广为人知,世代流传,久而久之,当人们只要提及这一人物时,便会联想到他的事迹,并且把这种事迹抽象为一种伦理精神,于是典型人物的事迹在人们的传述和时间流转中积淀为一种符号,完成了事迹的符号化过程。

某一人物或某一事情的符号化过程必然会过滤掉一些东西,使它脱离传统语境、某些具体的历史情景和情节,而更多地关注于某种精神和意义。当人们在新

---

① 《孟子·离娄下》。
② 《颜氏家训·序致》。

的语境下接触这一符号时，他们必然要完成由符号到事化的过程，即把符号还原成事迹，在这一还原过程中，就要转换语境，采取新的话语方式叙述和理解、解释该人物的事迹，这样，符号的事化实际上就是新意义的产生。可以说，这是一个不断进行的开放的过程，而很多优秀的传统道德正是经历了这一过程，从而流传至今。所以孟子说："圣人，百世之师也。"① 如：禹是儒家的一个叙事符号，他为天下治水，13 年中三过家门而不入，体现了一种为公的精神，而这种精神的具体内涵，各个时代、甚至不同的人可以有不同的理解和具体的阐释。"伯夷，圣之清者也；伊尹，圣之任者也。"② 伯夷、叔齐的事迹体现了一种清高的人格境界，至于他们反对武王伐纣、耻食周粟、饿死首阳山的具体做法，孔孟及后代人则多不重视；伊尹和比干的事迹则体现了一种强烈的国家责任感和社会责任感，这种责任感的内涵也随着时代的不同，人们在做着新的叙述和阐释。在中国人的历史记忆中，存储着诸多的叙事符号，这与儒家的这种道德叙事方式有关，同时也为儒家道德的现代转换提供了通道。

总之，儒家道德叙事方法可以为我们提供多方面的启示，关注故事如何展现意义和意义的生成；在叙事方式上，注重不同的情景、对象，采取丰富多彩的形式；叙事目的的隐性与显性的交叉出现和交互作用等等，这些成功的做法值得认真加以发掘和借鉴。

（刊于《思想教育研究》2005 年第 9 期）

---

① 《孟子·尽心下》。
② 《孟子·万章下》。

论传统儒家道德意志的修养方法

沈永福

[摘　要] 道德意志在个体德性的养成中是连接道德内在心理与外在行为的关键环节。道德意志一旦形成，在个体道德行为选择以及人格完善中，就成为道德自律精神的强大动力和调控力量。传统儒家伦理具有较为完备的道德意志理论，提出了志立善道的价值导引、正心诚意的心性修养、躬行践履的实践锻炼、抗危乐道的困境磨砺、持之以恒的习惯养成等修养方法。传统儒家道德意志的修养方法对于现代公民良善人格的培育具有重要的借鉴价值。

[关键词] 价值导引；心性修养；实践锻炼；困境磨砺；习惯养成

中国传统文化尤其是儒家伦理思想很早就赋予意志概念以道德内涵，将人的意志与人的德性联系起来而成为今天意义上的道德意志。与西方传统伦理思想不同的是，中国传统伦理思想将意志问题不是放在认识论的领域来谈，而是放在道德价值论的领域，即在道德选择和道德实践的问题中，从人们的决心和志向的角度，把道德意志看作人们克服困难的精神和坚持的能力，具体表现为个体的决心、志向、恒心和毅力。传统儒家伦理思想重视道德意志对于个体道德的生成和道德理想人格完善的意义，极为强调个体道德意志的自我培育，提出要从价值目标定位、动机纯粹、实践磨炼、环境熏陶、习惯养成等方面进行修养。传统儒家关于道德意志的修养理论和方法对新时期的道德建设具有积极的借鉴意义。

一、志立善道的价值导引

在传统儒家那里，意志中的"志"有两种含义：一是相当于现代意义的"意志"；二是相当于现代的"志向"（理想）概念，二者是互为一体的，志向以意志为保证，意志以志向为依归。故古人道德意志的培育首先以志向的确立为基础，确立意志的目标，即首先要立志。

意志是一柄"双刃剑"，既可以是一种创造性的力量，也可以是毁灭一切的破坏力①。道德意志可以成就善的德性，也可以成为恶的帮凶。传统儒家从人性善的理论前提出发，主要从善的方面来谈意志问题，道德意志培育也主要从树立理想目标、激发人的德性等方面入手，所以儒家认为志立善道的价值导引是道德意志形成的首要前提和条件，是最基本的修养方法。

意志的力量来自于何方？可以说意志成就了人的德性，反过来，意志的力量来自于一种价值依归，一种价值指引，来自于道德应当。具有正确的理想追求、高尚的道德志趣，往往成为坚强道德意志的源泉。人们为何能够"杀身成仁"、"舍生取义"？为什么能够"富贵不能淫、贫贱不能移、威武不能屈"？根本的原因还在于一种正确的价值追求，正是这种精神性的价值追求支撑着主体意志能够迸发出伟大光辉的力量。

儒家倡导立什么样的"志"呢？孔子崇"仁"，强调要"志于道"、"志于仁"，孟子尚"义"，崇尚大丈夫人格理想。张载崇尚"为天地立心、为生民立命、为往圣继绝学、为万世开太平"②。正是有这样的人生理想、远大志向的激励，中国历史上才涌现出无数的意志典范的丰碑，无数的英雄圣贤、仁人志士成为中国的脊梁。

儒家认为，道德意志就是一种向善、求善的意志，它使人们确立善的动机和善的目标。儒家的志立善道就是儒家的仁义之道。传统儒家认为，仁义之道体现了人生的价值，其价值高于物质生活的满足，高于功名利禄的享有，甚至高于自己的生命。孔子说"苟志于仁矣，无恶也"，又说"士志于道，而耻恶衣恶食者，未可与议也"，甚至认为"朝闻道，夕死可矣"③。孟子"尚志"的内容即"仁义而已矣"④。

那么，如何做到"志立善道"呢？儒家认为首先要学习，这里的学习主要是一种对道德知识、做人的道理的学习。知道什么是善、什么是恶，才知道如何去求善、去恶。孔子云："吾十有五而志于学"⑤，这里的学就包括了道德学习。

---

① 陈根法：《德性论》，上海人民出版社，2004年，第96页。
② 张载：《张子语录》。
③ 《论语·里仁》。
④ 《孟子·尽心上》。
⑤ 《论语·为政》。

孔子强调学习先贤、榜样的重要性。社会生活中的道德榜样或模范、典型，比书本上的理论知识更直接、生动，更具有吸引力。其次要志立高远，立大志。孔子说："士不可以不弘毅，任重而道远"①，这里的弘毅就是指志向的远大和坚毅。再次要立志贵专一。王阳明特别强调为学、修养之功在立志，立志要诀在专一。他以"培树之根"喻"立志"之重要性，种树者为了培育根干，就得删繁就简，不在细枝末节上下功夫，为学、修养者根本在立志，立志者贵在专一，心无旁骛，坚守为善之道。

二、正心诚意的心性修养

传统儒家认为，个体道德意志的养成是一种内在修养的功夫，尤其看重个体的心性修养，从个体修身的源头"正心"、"诚意"阶段就着手，纯粹、凝练、强化良善的意志动机。

正心是儒家提出的道德修养概念，是进行道德修养的起始阶段。语出《礼记·大学》："所谓修其身在正其心者，身有所忿懥，则不得其正；有所恐惧，则不得其正；有所好乐，则不得其正；有所忧患，则不得其正。心不在焉，视而不见，听而不闻，食而不知其味。此谓修身在正其心。"在儒家看来，正心就是端正自己的动机，增强、扩充自己善的欲望和感情而减弱或摒弃自己恶的欲望和感情。"正心"的内容是通过抑制情感和意念而达于"自得"。自足于心，则"治天下有余"。如何做到正心？传统儒家伦理学家提出了各种方法。孔子强调要"志于学"、"志于仁"、"志于道"，这是从积极的方面去正心，又提出"克己"、"修己"、"正身"去克服那些不正当的道德动机，这是从消极的方面去正心。孟子提出要志在仁义、志在圣贤，要"不动心"，要养"大勇"，树立坚定而正确的道德信念，不要因个人的利害得失而动摇自己的信念。朱熹提出了"省身克己"的道德意志锻炼说，他主张关起门来，按曾参"吾日三省吾心"的方法，"专用心于内"。

"诚意"说到底就是道德意志的修养和集中，就是自觉地把意志集中到高尚的目标上来，使自己的意志诚实而无欺，不虚伪，不受恶、邪所染。也就是使意志按其本然的状态得以发生、发展，这样就能达到善的境地，即止于至善之地。

---

① 《论语·泰伯》。

这是真正合目的性的发展，是真正的道德意志。《大学》解释"所谓诚其意者，毋自欺也。如恶恶臭，如好好色。此之谓自谦。故君子必慎独也"。朱熹在解释《大学》时指出，"深自省察以致其知，痛加剪落以诚其意"。朱子解释说："诚者，实也。意者，心之所发也。实其心之所发，欲其一于善而无自欺也。"① 这是对"意"和"诚意"的一个经典性的解释，后来的儒家包括王阳明，都同意并接受了这一解释（刘宗周除外）。诚者乃"开心见性，无所隐伏"，孟子"反身而诚"也是这个意思。通过自我意志的反省，实现意志的自觉性，以达到"慎独"的境界。坚定的道德意志能够使人做到"暗室不欺"，人前人后一个样，有人监督无人监督一个样。

先秦儒家讲正心和诚意的意志修养理论极其丰富，具体方法主要有从"扬善"角度出发的"养气"说和从"止恶"角度出发的"治气"说。孟子对道德意志的培养提出了"养气"说。孟子说要养"浩然之气"。何谓"浩然之气"？"其为气也，至大至刚，以直养而无害，则塞于天地之间。其为气也，配义与道；无是，馁也。是集义所生者，非义袭而取之也。"② 这里的"气"我们可以理解为心中"义"的道德意识和情感日积月累而产生的，而不是偶然从外取得的，是道德信念、情感、意志的集合，因此，它"配义与道"，具有道义的力量，有了它，人们就会理直气壮，感到充实；失去它，就会"馁矣"，就会精神不振，良心不安，心灵空洞。而且这种"浩然之气"至大至刚、集义所生，只有君子仁人才能培养。如何才能培养这种"浩然之气"呢？孟子认为要"必有事焉，而勿正，心勿忘，勿助长也"③，就是要郑重对待，坚持不懈地追求，同时遵循其固有规律，循序渐进，不拔苗助长。可见，"浩然之气"作为一种精神力量，必然表现为坚强的道德意志，以理性自觉为基础，从而保证了理想人格的实现④。当然我们要看到，孟子的这种道德意志存养功夫是以先验的唯心主义人性论为前提的，它夸大了存养的内求，轻视甚至排斥感性外求，这点应该引起我们的注意。

在道德意志培养方面，荀子则从"人性恶"的理论前提出发，指出道德意志的修养不在于人之天然善性的积累，而在于对先天恶性的纠正与克服，提出了

---

① 《四书章句集注》。
② 《孟子·公孙丑上》。
③ 《孟子·公孙丑上》。
④ 朱贻庭：《中国传统伦理思想史》，华东师范大学出版社，1993年，第109页。

"治气说"。他在《荀子·修身》中说,要以"柔、一、辅、节、廓、抗、劫、炤、合、通"等手段治理"血气刚强、知虑渐深、勇胆猛戾、齐给便利、狭隘褊小、卑湿重迟贪利、庸众驽散、怠慢僄弃、愚款端悫"等弊病,在改变先天缺点错误的过程中完善意志,健全人格。荀子虽然对人性过于悲观,过于强调人性之弊病,但其提出的一些解蔽之法却具有很强的现实针对性。简言之,孟子和荀子从人性善和人性恶的不同理论原点出发,选择了不同的道德意志修养路径,前者强调扬善,培植、强化善良意志,后者强调止恶,改正、摒弃恶的意志,二者虽路径不同,但殊途同归,都以个体德性的完善为依归。

三、躬行践履的实践锻炼

传统儒家不仅注重从内在的角度、观念的层面去培育个体的意志精神,而且特别注重从外在的角度、实践的层面,从日常生活的实践、道德实践去培育、磨炼个体的意志品质。

躬行践履是传统儒家极为重视的修养方法。"躬行"即身体力行,亲历亲为。"践履"原指牛羊脚踏苇地,儒者引申为身体力行。躬行践履实际上就是亲身的道德实践,就是在实践中去行道德。"知道为道,体道为德",任何道德品质都包括意志品质的形成,都不是"苦思冥想"的结果,只能是投身现实生活的结果。"生活是人生的根本,也是道德的出发点和归宿。如果有人想脱离生活或不为生活去构建理论大厦,只能是一厢情愿,无异于想把自己正坐着的凳子举到自己头上,道德是生活的产物,生活又是道德的目的。"① 把道德意志修养寓于丰富的生活实践之中,把外在的社会规范和道德要求凝练成坚定的道德认知和意志自觉,是传统儒家德育理论的一个优良传统和特色。

中国的传统伦理学家无不强调"躬行践履",以"躬行践履"作为道德、道德意志修养的最重要途径。儒家从孔子肇始就很重视个人的笃行,认为理想人格、道德意志品质来源于实践的培养和检验。他教导人们要"讷于言而敏于行"②,认为"古者言之不出,耻躬之不逮也"③。他看不起"巧言令色"之人,

---

① 李建华:《道德情感论》,中国人民大学出版社,2000年,第154页。
② 《论语·里仁》。
③ 《论语·里仁》。

认为他们"鲜矣仁"①。躬行者最容易做到仁，也就是"刚、毅、木、讷近仁"②。这里的刚、毅都是重要的意志品质。孔子总是把实践放在培养和检验道德意志品质的第一位。孟子在提出"尽心知性知天"的理性运作的同时，又提出"存心养性事天"的实践功夫，并且最终落在"存心养性事天"的道德实践上。其"存心"就是存道德之心，表现为一种道德意志，而这种道德意志实现出来就是道德实践。进行修身的实践活动，就是"存心养性"之学，"事天"、"立命"之学也就是在道德实践中去磨炼道德意志，实现道德意志。荀子也是重行主义者。他认为："不闻不若闻之，闻之不若见之，见之不若知之，知之不若行之。学至于行之而止矣。行之，明也，明之为圣人。"③ 这是对行的重要性的最明确的说明。《中庸》之重笃行，《大学》"三纲八目"中，"壹是皆以修身为本"，由"内圣"而至"外王"，都是以实践为根本原则。宋明理学更是"笃实践履"之学，强调在实践中培养道德意志。

王阳明的"致良知"与"知行合一"说，明确地把实践提到第一位，并作出了理论性的总结。"致良知"就是把自己的道德意志实现出来；"知行合一"，就是道德意志在实践中的体会运用。王夫之非常重视行在道德修养中的作用。他说，其力气也，得不以为喜，失不以为忧。心志专一，意气就随之而动，而后可德成。颜元最为崇尚"习动"，可以说，颜元是中国古代重行思想的集大成者和最杰出的代表④。他开创了重习行、倡实学的新学风，对当时和以后的思想界都产生了很大的影响。

四、抗危乐道的困境磨砺

人是社会环境的产物，不能脱离环境而存在，环境对个体道德意志的形成和发展总是起着潜移默化的作用。传统儒家伦理思想历来重视道德环境对个体道德生成的影响，重视道德环境对道德意志培养的作用。荀子从人性恶的前提出发，认为"化性起伪"可以培养人的道德性，其中"注错习俗"就是"化性起伪"之方。这里的"注错习俗"，实际上就是指要优化一个人所处的生活环境和习

---

① 《论语·学而》。
② 《论语·子路》。
③ 《荀子·儒效》。
④ 张锡生：《中华传统道德修养概论》，南京大学出版社，1998年，第119页。

俗。不同生活环境和习俗对个体会造成不同的影响。故历史上有"孟母三迁"、"岳母刺字"的美好故事,前者说明的是社会环境对个体的意义,后者说明的是家庭环境(家风及父母的言传身教)对个体的影响。

传统儒家不仅指出好的环境对道德意志的积极熏陶、引导作用,同时在更大程度上指出恶逆的环境对道德意志的磨砺作用,并在积极的意义上彰显其成就意志品质的价值。坚强的意志力能够使人们战胜困难,克服环境的艰苦与磨难,德性的意志力就是克服逆境的力量。同理,逆境又是培养和锻炼人们意志的最好时机,逆境是意志力磨炼的良师益友,苦难、阻力、挫折等环境是意志培育的契机,是意志品质的试金石。道德意志品质是在长期的社会实践中形成的,是个体充分调动主体能动性和力量在克服困难与挫折的行动中体现出来的。

古今中外的杰出人物,无不是在克服困难、剔除人性弱点、培养坚强意志品质的过程中造就的。宋明理学提倡"极高明而道中庸",更把事上磨炼作为道德修养的根本途径,强调在艰苦的环境中,在困难的情况下磨炼自己的道德意志。王阳明的《传习录》记载:"(陆)澄在鸿胪寺仓居,忽家信至,言儿病危。澄心甚忧闷,不能堪。先生曰:此时正宜用功。若此时放过,闲时讲学何用?人正要在此等时磨炼!"此句意为越是在困难,甚至不幸的情况下,越是要用功,要磨炼。在另一处,王阳明又说:"居常无所见,惟当利害,经变故,遭屈辱,平时愤怒者到此能不愤怒,忧惶失措者到此能不忧惶失措,始是得力处,亦便是用力处。天下事虽万变,吾所以应之不出乎喜怒哀乐四者,此为学之要,而为政亦在其中矣。"① 此句更是强调为学、为政之要就在非常之处、非常之时用功、着力。

传统儒家认为可以通过应对三种恶逆的环境从而对意志进行磨砺,直至完善理想人格。一是在物质的困顿中持志如一。儒家认为物质困顿如缺衣、少食、陋居、孤苦等情状能消耗人的意志力,同时也能磨炼人的意志力,士子应当保持积极进取的精神,化消极为积极的机会,"谋道不谋食",追求高尚的伦理价值。孔子对此有大量的论述,如:"饭疏食饮水,曲肱而枕之,乐亦在其中矣。不义而富且贵,于我如浮云。"② 孔子开启了儒家应对物质困顿的良方,即"孔颜乐

---

① 《王阳明全集》(卷四),《与王纯甫》。
② 《论语·述而》。

处"的人生进境。物质匮乏非无忧也,然卒可"发奋忘食,乐以忘忧"①,以精神性的价值追求来围堵人性的物欲之念,以克制自身安逸本能来激荡意志之坚②。二是在遭受挫折和逆境中奋发有为。困难、挫折、逆境是磨炼意志的最好时机,而意志修炼成功也是战胜困境与挫折,体现人生价值的一大致胜法宝,对此孟子有经典的论述:"故天将降大任于是人也,必先苦其心志,劳其筋骨,饿其体肤,空乏其身,行拂乱其所为,所以动心忍性,曾益其所不能。人恒过,然后能改;困于心,衡于虑,而后作;徵于色,发于声,而后喻。入则无法家拂士,出则无敌国外患者,国恒亡。然后知生于忧患而死于安乐也。"③孟子认为要使自己成为能"负"大任的人,应在艰苦的环境中接受磨炼。险恶环境和所经历的艰难生活对道德意志的培养和理想人格的形成具有重要意义。三是在危险的境况中坚守道义。孔子明示士子在危难之际应唯义是从,而不能像俗众那样趋利避害,甚至要求志士仁人,在生命与道义的两难冲突中,仁义的价值高于生命的价值。孟子的"舍生取义"观念也继承发展了孔子的这一思想,后世儒家在实践层面则坚守着这一道义传统,乃至道义传统成为中华民族生生不息的精神传承。

五、持之以恒的习惯养成

良好的习惯养成既是个体意志能力的表现,又是个体道德意志的修养方法。良好的习惯如自制的习惯、勤于动手的习惯、坚持锻炼的习惯、友善的习惯、有规律的生活习惯等,对道德意志的完善大有裨益。

道德意志作为一种自觉的精神力量,只有在个体那里完成了从外在他律向自律转化的内化过程,才能得到真正的实现,即只有进入个体的思想、意识、情感、信念和行为之中,内化为个性的实践精神,才具有实效和活力。在日常生活中,道德践履通常是个体进行良好行为习惯的自我培养,通过习惯养成来促进个体道德意志的内化。从小事做起、从难事入手是最基本的训练方法。个体在应对困难和挫折的过程中,使自身的心理受到高强度甚至是极限的锻炼,情感得到丰

---

① 《论语·述而》。
② 李幼蒸:《仁学解释学》,中国人民大学出版社,2004年,第159~162页。
③ 《孟子·告子下》。

富的体验，对外事外物、人生百态有了深刻体悟，从而更深刻地认识、了解和体会道德精神的内涵，并能够以更为豁达的胸怀、更敏锐的眼光和更加坚定的行动去践履道德目标，不因为周边环境的改变和世俗物欲的诱惑而轻易改变或放弃自己追求的目标。总之，个体用实践体验来促进道德意志的内化，从而形成坚强而良善的意志习惯，这是传统儒家培育道德意志最重要而又最有效的方法。

正如罗马不是一天建成的，英雄人物、理想人格也不是一朝一夕能够实现的。良好的习惯养成需要一个长期积累的过程，古人看到了道德德性、道德意志的积累过程，如"善不积，不足以成名，恶不积，不足以灭身"[1]。一个人只有"采微善，绝纤恶"，并"锲而不舍"，"用心一也"[2]，才能从无道德意志到有道德意志，由低级的道德意志到高级的道德意志，最后达到"从心所欲不逾矩"的自由意志。

聚小善而能成大善，积众善就有坚强的道德意志和理想人格；良好的行为习惯是道德意志所追求的归宿和结果，同时，良好行为习惯的养成又有利于道德意志的进一步完善。因为有了良好的道德习惯，道德意志在面临选择尤其是重大选择时，就不会困惑犹豫，就不会动摇，就能够按照习惯去行事、去处理。

（刊于《道德与文明》2011年第6期）

---

[1] 《周易·系辞下》。
[2] 《新语·慎微》。

我国传统孝德现代转化的困境

——兼论孝德的认同机制

隋淑芬

[摘 要] 在社会转型期，孝德情感的缺失，价值定位的转变，崇老文化的消失，相关社会规则与规范的淡出，使传统孝德的现代转化陷入困境。但是传统孝德的认同机制，却可以为我们探索其现代转化的有效路径，提供有益的启示。

[关键词] 孝德；困境；认同机制；现代转化

目前，我国60岁以上者已愈3亿。老龄化社会的到来对孝德产生了极大的个人需求和社会需求。作为中国传统文化元意识的孝德，长期居于社会价值体系的中心，并逐渐积淀为源远流长的孝文化。面对如此深厚的道德资源，传统孝德的现代价值和现代转化日益为人们所关注。如何处理传统孝德的现代转化？人们惯常的理路是先将其分为精华和糟粕再区别对待。尽管这一基本思路是对的，但是在现实中，很多精华在流失，这就出现了"应然"与"实然"的冲突，致使传统孝德的现代转化陷入困境。因此，从孝德认同机制的视角分析困境所在，有利于对这一问题的深入思考。

一、孝德的情感缺失

人的道德情感是自然情感和社会情感的统一，在社会转型期，社会结构和文化模式的变化必然对孝德情感产生冲击。

第一，受惠客体向权利主体的转变，冲击子代的感恩感和报恩心理。在孝德的情感层次中，感恩感是最基础的，它既是一种感性冲动力，又是报本反始基础上的理性情感，也是激发义务感和责任感的动力基础。传统孝德把父母的生育、养育、教育之恩视作人生受赐的最大恩情。不忘生命来源，感念生命的赐予者，敬思抚育之恩，所以"大孝终身慕父母。"① 但是随着法治社会的逐渐建立，人们更多地从法律层面解读父母的养育和教育责任，父母的生养之恩转变为一种与生俱来的契约关系，这对子代伦理观念产生了重要的影响，使他们缺少道德"负债"感和由此引起的回报意识，弱化了在此基础上的道德责任感。与此相联系，不孝的罪恶感也在淡化。罪恶感对于不孝行为具有心理排斥和规避功能，所以儒家将孝爱父母作为做人的底线道德，《孝经》提出："天地之性，人为贵。人之行莫大于孝。"② 不孝会引发人对自己做人基本资格的询问，会使人受到良心谴责，产生深深的罪恶感。而在当代，由于历史语境的变迁，询问做人资格的路径一般不会直接和鲜明地指向孝德。

第二，由于公共领域和私人领域的分化，孝德逐渐私德化，只要不触犯法律，一般不会在公共场所把它作为公共信息和具有公共意义的事件进行处理，也不会有公众的过多参与，人们往往视之为个人或家庭私事，采取宽容的不干预态度，孝德在社会评价体系中逐渐被边缘化，这使社会评价的激励功能随之弱化；孝德给子女带来的荣誉感也日益淡出现代人的情感世界。北京、天津、上海等地曾开展评选"孝星"活动，愿意争当者主要集中在40岁以上，40岁以下的很少。又据《深圳商报》2004年12月3日报道，香港城市大学关锐煊教授公布了一项在北京、南京、上海、广州、厦门、西安、香港有关孝道的调查问卷5512份，其中"期望政府支援长者"的认同度最高，达95%，对"社会人士照顾父母的认同"占87%，而只有2%的人认为要"照顾父母的心理健康需要"，在孝德实践方面，最差的是"经济上援助长者"。

第三，孝德的情感空间和时间受到挤压。道德情感作为一种心理体验，具有感性、自发性和情景性等特点，因此需要场景，需要出场培育，在空间和时间中获得体验、感染、交流、强化。传统社会捕捉到了这一点，为孝的情感培育和深化提供了充分的空间和时间，甚至动用硬性规定来营造和维持这一场景，如：三年之丧，父母在不远游、晨昏定省等，加之几乎一生与父母生活在一起，感情正是在这种近距离接触和频繁的互动中得以持久和深化。而现代社会的家庭模式，以核心家庭为主体，社会竞争压力加大，养育子代付出增加，使得一些人无暇顾及父母的物质和精神需要，甚至常常在事业、家庭、应酬的繁忙中，将父母

---

① 杨伯峻：《孟子译注》，中华书局，1960年，第207页。
② 阮元：《十三经注疏》，中华书局，1980年，第2553页。

淡忘。

在道德规范中，孝德所包含的感情成分最为浓郁，也是最需要情感支撑的，情感的缺失，必然造成孝德的衰落。

二、价值定位的转变

在传统社会中，孝德对于个人和社会而言，具有多方面的价值。首先，孝德有效地维系了作为宗法社会基本组织——家庭的稳定，在此基础上，维系和稳定宗族组织，并将在家庭中培养的道德情感和规范意识应用于具有同构性质的宗法社会，以正确处理各种社会关系，达到社会的和谐。所以《礼记·大传》说："是故人道亲亲也，亲亲故尊祖，尊祖故敬宗，敬宗故收族，收族故宗庙严，宗庙严故重社稷，重社稷故爱百姓，爱百姓故刑罚中，刑罚中故庶民安，庶民安故财用足，财用足故百志成，百志成故礼俗刑，礼俗刑然后乐。"[①] 孟子把孝德从家庭伦理推广为社会伦理，作为王道政治的起点和基础，"老吾老，以及人之老；幼吾幼，以及人之幼。天下可运于掌"。[②] "人人亲其亲、长其长，而天下平。"[③] 所以自汉代起，统治者明确地将以孝治天下作为基本国策，以发挥孝德维持宗法社会稳定的功能。

其次，在自然经济中，家庭是社会的基本生产单位和经济单位，个体在其中获得自己的衣食来源，这甚至是绝大部分人终身的生存方式。换言之，孝德紧密地维系着父代和子代在这一基础单位中权利与义务的平衡，履行孝德使个体在其中占有自己的位置，获得存在的"合法性"。由于幼年期生存需要和衰老期生存需要的密切相关，父母养育子代，子代赡养父母，形成了一个世代延续的生存链条，这也是国家极力扶植和弘扬孝德的动因之一。

再次，孝子能够得到"复其身"即免除徭役的优待，获得国家的褒奖，既得到钱帛等物质鼓励，又可以扬名社会，记入地方志，载入史书，取得较高的社会地位和社会评价，还可以通过"举孝廉"进入仕途，取得官位。这使孝德具

---

① 阮元：《十三经注疏》，中华书局，1980年，第1508页。
② 杨伯峻：《孟子译注》，中华书局，1960年，第16页。
③ 杨伯峻：《孟子译注》，中华书局，1960年，第173页。

有了个体自我实现、自我发展的功利价值，由此具有极大的吸引力。

随着传统社会的深度解构，家庭职能的卸载和转变，人们生存方式的变迁，孝德的诸多价值已经不复存在，这种功利价值的剥离，在当代功利主义价值观盛行的情况下，又在进一步削弱孝德的价值认同。价值迷失导致了子代孝德需求的弱化，使孝德的内驱力减弱，动机的激活水平降低，而且在情感与价值的互动中，又冲击和淡化了情感。

三、崇老文化的消失

中国人一向把"孝敬"同称，这是对孝基本意义的诠释。或者说，孝的对象获得尊敬，是孝德的重要依据，正是崇老文化提供了这种依据。崇老文化是传统社会的产物，老者是家庭生产活动的领导者、组织者，又是家庭的管理者、家庭规则的制定者和维护者，是调节家庭多维人际关系、使家庭不解体和保持内部和睦的核心人物。老者又往往以其名望和经验成为维护乡里秩序和稳定的首脑人物。另外，以当时的科技水平，农业知识基本上以经验型和积累型为主，知识更新往往是基于积累基础上的渐进型，而积累和经验是老人的优势所在，知识的传递也往往以比较单一的代际相传为主要途径，因此尊重知识与尊重老人是融合在一起的。这样，基于传统社会结构的崇老文化将整个老人群体置于被尊敬的地位，提供了孝德得以维系的社会文化场景和历史语境。

而在当代社会，生产方式发生了根本变革，老人不仅不再是生产单位的领导者、知识的权威，甚至相反；在高速发展的信息化时代，各个领域知识更新速度之快，甚至令青年人应接不暇，从而出现了较为普遍的知识反哺和反社会化的现象，加之竞争机制的广泛引进，以致在各个领域当中，老人成为社会的弱势群体，甚至怜悯和同情取代了尊敬。在社会的转型和发展过程中，崇老文化的消失，使传统孝德失去了重要的文化依托。

四、相关社会规则与规范的淡出

在宗法制度下，孝既是家庭伦理，也是社会和政治伦理，同时又具有基础道德和基础规范的地位。因此，国家动用各种社会控制手段，使诸多社会规则和规范协同运作，以维护孝德的地位。其一，法律对孝道的硬性维护，为孝提供了最具有操作性、最强硬的支持。"五刑之属三千，而罪莫大于不孝。"① 不孝是严重的违法行为，在《唐律疏议》中被列为十恶不赦罪，汉律、大明律、大清律中都有"不孝"的罪名，而且制定了一些细化的条文。官员不孝将除名削爵，为孝而杀人者，有的朝代可以屈法从轻处理。其二，孝的常规礼仪使其内容获得了稳定的外在表现形式，内容通过形式反复展现，从而起到固化作用，对人的情感和思想产生重要的显性和隐性影响，有鉴于此，孔子多次讲到以孝为本的仁德依赖于礼来体现，甚至提出"克己复礼为仁"②。其三，国家把尊老和崇老作为基本国策，如"上老老而民兴孝"③。尽管各朝代的规定有所差异，但是老人一般都有不同程度的法律特权，高龄老人可以获得有罪赦免、宽宥的司法关怀。如：北魏规定，49岁以上者不得刑讯，80以上者除杀人罪外一律赦免。《唐律疏议》也规定："诸年七十以上……犯流罪以下收赎（以钱财赎罪）"④，"八十以上……犯反、逆、杀人应死者，上请（请示皇帝）"⑤，"九十以上……虽有死罪，不加刑（不用此律）"⑥，如果家有需要赡养的老人，子孙犯罪可以得到特殊宽待。唐代还对60以上的老人，分年龄段分别授予县丞、县令、州长史、上佐、刺史等荣誉封衔。1981年甘肃武威出土的汉简《王杖诏令》规定，70岁以上者，授以王杖，持王杖者可以自由出入官府，行于驰道旁道，享受600石待遇，吏民不得殴辱。国家还会定期供给老人一定的米肉等物。这些做法对崇老风气的形成具有重要的作用。

而在当代社会，这些规定和规范，多因其明显地不合乎现代法治精神、人文精神，从而被人们所抛弃。由于失去了原有的诸多硬性和软性支撑，孝德变得十分单薄与脆弱。

可见，在当时的历史语境、文化系统、社会结构中，家庭和社会从多方面维系了孝德的情感培养、情感积累、情感互动、情感回报的良性循环，使孝德获得了广泛的情感认同；孝德在社会的有序化和个人的社会化、价值实现等过程中承载了诸多功能，成为个人和社会的重要价值资源，从而获得了价值认同；崇老文

---

① 阮元：《十三经注疏》，中华书局，1980年，第2556页。
② 杨伯峻：《论语译注》，中华书局，1980年，第123页。
③ 朱熹：《四书集注·大学章句》，巴蜀书社，1986年，第11页。
④ 长孙无忌：《唐律疏议·名例》，中华书局，1983年，第80页。
⑤ 长孙无忌：《唐律疏议·名例》，中华书局，1983年，第82页。
⑥ 长孙无忌：《唐律疏议·名例》，中华书局，1983年，第83页。

化为孝德提供了深厚的文化氛围,影响到人们的心理,使人们达到对孝德的心理认同;国家强制力的法律规定、带有半强制力的礼仪、非正式制度的风俗等对孝德的协同支撑,使孝德得到广泛的社会认同。这些要素的长期综合作用,使孝德积淀为深厚的传统。而在当代,这种传统的认同机制正在解体,它的诸多要素或者已经不复存在,或者受到了极大的冲击,这便是传统孝德现代转化的困境所在。

尽管传统孝德的衰落已成为不争的事实,但是其认同机制却可以为我们在新的历史文化条件下,探索传统孝德现代转化的有效路径,提供有益的启示。第一,建立以感恩感为基础的孝德情感模式。感恩感的培养,需要转变目前家庭的教育思路,父代刚性义务的自我强化和片面的成才观念,对子女带有专制色彩的前途设计和过程监管,尽管出于关爱之心,但是在子女那里却成为一种负担、束缚甚至压制,其做法明显地保留了某些传统因素,使之与追逐现代理念和自我意识日益强化的子代形成隔阂,关爱成为许多子女不理解、不接受的抽象之爱,难于激发具体的、日常交往中频繁的感情互动。缺乏这种互动,不利于培育感恩感,而感恩感又是社会交往中与人和睦相处的重要情感因素,所以应当寻求和探索适当的出场培育途径。第二,人道主义精神的培育和灌输。它提供了孝德所依赖以存在和发育的现代语境,使人们从对人及人格的尊重等角度来理解和阐释孝德,从而抛弃传统孝德中诸多封建性、宗法性、家长制的内容。第三,改善社会道德环境。传统文化以道德为本位,千百年来,形成了重道德的浓郁文化氛围和价值评价取向,正是这种道德环境为孝德提供了深厚的基础和广阔的平台。而当代孝德认同的困境,与整个社会的道德失控、道德弱化具有重要的关联。第四,培养义务感和责任感。当代社会,尤其在城市,随着养老模式的转变,物质赡养逐渐淡化,而精神赡养的要求日益突出。为此,建立和强化基于亲情的义务感和责任感尤为重要,因为它是精神赡养重要的情感基础。由于对父母与对国家的义务感、责任感是相通互动的,因此家庭和社会应当协同运作。

总之,传统孝德的现代转化涉及社会生活的诸多方面,因此,应当从更广阔的当代精神文明建设的视域来思考和关注这一问题,使中华民族这一源远流长的优秀道德得以传承,并且在当代精神文明建设中发挥其独特的作用。

(刊于《中国教育学刊》2005 年第 9 期)

论儒家诚信的意志之维

沈永福

[摘　要] 当代中国诚信建设既要重视社会诚信的他律建设，又要重视个体诚信的自律养成。植根于传统经济、政治和民族文化的儒家诚信伦理，在培植个体诚信自律、调谐社会关系及涵育民族精神等方面曾有重要的价值和影响，对于今天社会诚信建设尤其是个体诚信修养仍具有积极的借鉴意义。传统儒家诚信具有强烈的意志特征，通过剖析天人合一观念下儒家诚信的意志自由，揭示儒家诚信的意志动力，分析儒家诚信的意志行为，探寻儒家诚信的意志修养路径，我们可概观儒家诚信的意志精神，为我们探讨传统儒家诚信的内在根据和品质，批判继承儒家诚信思想提供必要的线索。

[关键词] 儒家诚信；意志；德性

意志与认识、情感、信念等一起构成道德的内在心理结构，而且意志是道德心理向道德行为、道德品质转化的关键环节和要素。意志是个体德性的基础，个体德性也必然彰显意志的力量。探讨传统儒家诚信的意志维度，有利于我们深入解析传统诚信伦理的内在本质和作用方式，有利于我们更好地汲取儒家诚信思想的价值性资源。

一、意志自由——传统儒家诚信的主体自觉

诚信从何而来？诚信是他律的社会规范还是自律的德性要求？诚信主体的行为是被决定的还是自由自觉的？对此等问题的解答必然要涉及诚信思想的元问题——意志是否自由。在西方学者看来，意志是钩联道德行为与道德责任的必要纽

带，没有意志自由①，人们就不用为自己的行为负责，也就无所谓道德之论。一些西方学者认为中国传统儒家思想在自由和必然问题上，持有宿命论倾向，强调道义和社会伦理规范的控制，忽视个体的感性欲望和意志自愿，个人的意志总体上处于被压抑的地位，认为儒家伦理中没有意志自由②。实际上，这一看法失之偏颇，儒家自孔子以降，在强调知命，承认客观的必然性的同时，许多思想家都肯定人具有独立的道德意志，肯定道德意志的积极作用，人是具有意志自由的。

儒家诚信思想中的意志自由观念是以"天人合一"为其形而上学基础和逻辑出发点。儒家认为诚信是天道与人道的合一，是天道的自然法则与人道的当然之责的合一。从儒家"诚"之范畴内涵我们大体可以得知，"诚"在先秦儒家那里就具有形上性质，孟子说："诚者天之道也，思诚者人之道也。"③《中庸》中说："诚者，天之道也；诚之者，人之道也。"④"诚者，物之始终，不诚无物。"宋儒更是将"诚"之范畴作了极大的发挥，使其具有本体论的意义。宋儒将诚与道、诚与理、诚与性打通，认为诚既是天之道，亦是人之性。宋儒皆言天道本诚，诚是天道的本真状态并成己成物，人道即性，诚是人性之本原。二程在回答何为诚时，"自性言之为诚"，"诚与道其实一也"⑤。朱熹直接将诚与理连接起来，说"诚是实理，自然不假修为者也"，"诚是天理之实然，更无纤毫作为"。⑥王夫之亦认为："诚者，天理之实然，无人为之伪也。"⑦ 在儒家那里，一方面，由于在诚信的来源问题上，由天道直接引出人道，从而不可避免地将必然与当然、自然与社会、事实与价值混为一体，把"人道"这个人们行为的"当然之则"看作是不可违背的"天命"、"天理"之必然，陷入了道德宿命论，具有唯心主义的倾向，是极其不可靠和虚幻的。但是，借助于天人合一观念，诚信获得了形而上支持而具有神圣性和超越性，人们对于诚信的人道规范天然具有一种敬畏感，在落后的社会生产力历史条件下，通过借助天的权威甚至神秘性，人们的诚

---

① 所谓意志自由是指意志摆脱外在约束的能力和状态，即人们正确地认识外在的客观必然性和自我选择和决定的能力。西方历来有意志自由论和决定论之争，且这种之论贯穿西方伦理思想史直至今日。

② ［法］弗郎索瓦·于连：《道德奠基——孟子与启蒙哲人的对话》，宋刚译，北京大学出版社，2002年，第91页。

③ 《孟子·离娄上》。

④ 《中庸》第二十章。

⑤ 《论道篇》，《河南程氏粹言》卷一。

⑥ 《朱子语类》卷六十四。

⑦ 《张子正蒙注》卷三。

信观念确实较为容易确立，亦是不争之实。①

出于对天道的感应，儒家没有形成西方的"天人相分"与"上帝存在"的逻辑思维和道德理念，而是将诚信的意志自觉和对天道的虔敬统一起来，形成儒家独特的意志自由观念。孔子肯定人有独立的意志："三军可夺帅也，匹夫不可夺志也。"② 每个人都是自我道德上的主人，"为仁由己，而由人乎哉"？③ 作为"仁"统摄之德目的"信"（诚信），孔子认为亦是人的意志的自由选择。孔子指出君子应该"谨而信"，赞许"吾日三省吾身，为人谋而不忠乎？与朋友交而不信乎？传不习乎"④。孟子比孔子更明确强调意志的自觉能动性，他认为"人皆可以为尧舜"⑤，"存诸己之谓信"⑥，人是愿意而且可能"思诚"以致成贤成圣，把人的道德意志能动性提到一个很高的地位，从而对普通民众具有强大的吸引力和感染力。荀子也充分肯定了个体诚信的意志自由与自觉。他说："心者形之君也，而神明之主也，出令而无所受令，自禁也，自使也；自夺也，自取也；自行也，自止也。故口可劫使墨云，形可劫而使屈伸，心不可劫而使易意。是之则受，非之则辞。故曰心容其择也，无禁必自见。"⑦ 荀子讲心对身的主宰作用，主要是意志、情感的主宰作用，这里的神明之主即自主的意志。所谓"自禁"、"自使"、"自夺"、"自取"、"自行"、"自止"，就是讲意志的自由选择。"心容其择也"，也是说意志具有选择的作用。"君子养心莫善于诚，致诚则无它事矣，唯仁之为守，唯义之为行。"⑧《中庸》讲"诚者，自诚也"。张载言"诚，善于心之谓信"⑨。王阳明"致良知"之学更是强调自我良心的自觉自为。

儒家诚信的意志自由高扬了人的道德自觉和担当精神，使得传统诚信具有鲜明的德性伦理的特征。但我们也要看到儒家诚信的意志自由并非没有限度，其限度就在于诚信的指向及局限，"诚"受制于"礼"，"信"受制于"义"，传统"礼"、"义"的时代局限直接影响和决定诚信意志的广度与深度。

---

① 沈永福：《论传统儒家诚信的内在根据》，载《道德与文明》2011 年第 3 期。
② 《论语·子罕》。
③ 《论语·颜渊》。
④ 《论语·学而》。
⑤ 《孟子·告子下》。
⑥ 《孟子·尽心下》。
⑦ 《荀子·解蔽》。
⑧ 《荀子·不苟》。
⑨ 《张子正蒙·中正》。

二、真诚无欺——传统儒家诚信的动力源泉

儒家诚信除了获得天道的支持，还需要有心灵的自觉，需要有自我心理的认同和意志驱动，而这个心理认同和意志驱动的力量就是心性之真诚。儒家在天道观的关照下，打通了天道的实有到人道的应有的关系，又通过人性论和心性论的解释，使诚信获得了主体的认同与连绵动力。

认识诚信的意志动力，需要作两个方面的解释，一是诚信自我价值何在？二是诚信能否获得主体的认同？

儒家对第一个问题的解答，除了借助天道观的支持，需要通过对"诚"与"信"的解释，揭示诚信的内在之德性。在儒家思想中，"诚"是兼具道德的"知"、"情"、"意"、"信"等现代内涵的词（在宋明理学那里甚至具有本体论的色彩），尤其具有强烈的意志意蕴。朱子说："诚者，实也。意者，心之所发也。实其心之所发，欲其一于善而无自欺也。"[①] 诚者乃"开心见性，无所隐伏"，指的是作为人的一种真实的内心状态和品质，表现为个人自身的品行、品德、修养、情操，它是道德的、内在的。而"信"本意指人所说的话、许下的诺言和誓言等，表现为对某种允诺、信念、原则等发自内心的忠诚。儒家认为诚是百善之基，一切真正的道德行为都是出于真诚，有诚才有德。[②] 宋儒周敦颐对"诚""信"关系曾作过精辟的论述："诚，五常之本，百行之源也。"[③] "诚"为五常之一的"信"的本原和内在根据。"诚"即内在的精神气度，"信"即外在的行为表现，无诚即无信，无信未必无诚。只有出于真诚，才能形成德性之知、情、意、信、行，形成道德习惯，养成道德品质。诚信的本质力量就在于诚，诚乃是诚信之德形成、增进的内在保证和驱动力，诚也是其他各种德性的基础。正如朱熹所言："如播种相似，须是实有种子下在泥中，方会日日见发生。若把个空壳下在里面，如何会发生？""若不实，却自无根了，如何会进？"[④] 儒家将诚信与"善"紧密相连，注重其诚信的道德实质，而不是仅仅注重于诚信的外在形式要求。儒家诚信就是真诚于心，信于道义，强调对自己真实本性的忠诚，对

---

① 《大学章句》，《四书章句集注》。
② 张锡勤：《中国古代诚信思想浅析》，载《道德与文明》2004 年第 1 期。
③ 《周子通书·诚下》。
④ 《朱子语类》卷六十四。

自己应该承担的社会责任和道德义务的高度自觉性和一往无前的坚定性。这与西方社会基于人性恶基础上的契约诚信、功利诚信与宗教诚信有着本质的区别，它不论是否有外在规则他律（法律）的强制约束、是否有功利性的后果和是否有超越性的上帝存在为基础，而仅仅出于对道义的认同去实施行为，因而具有相对的纯粹性和自律性。

个体心灵如何能认识"诚"并接受它呢？儒家借助心性关系来说明这个问题。心性论是儒家学说的核心和最终落脚点，它强调心统性情。儒家所言的心不仅指人的思维器官，而且具有道德内涵，即指道德意识、道德思维和道德修养之意。儒家不离"心"谈"性"与"诚"。孟子认为"君子所性，仁义理智根于心"①，心是性的根源，"思诚者，人之道也"，而心是思的主宰，"心之官则思，思则得之，不思则不得也"②。在孟子那里，诚虽是天生就落根于心的，但由于人心有利欲之求，诚心能被蒙蔽而放失，故要发挥心的思虑功能，"求其放心"，觉悟到天道之诚而使德性澄明。荀子虽然认为人性本恶，但他亦认为"心生而有知"，能知社会"义理"，从而规范自我言行，并且从道德修养的角度论及"心"与"诚"的关系："养心莫善于诚，致诚则无他事矣。"③ 宋明理学均认为"诚"存在于"心"中，但心对"诚"的认识因理学各派观点不同而存在分歧。程朱理学认为"心包万理"，"性"即"理"，义理是心的认识对象，但也承认心外有理，故主张"道问学"、"格物致知"，同时亦不反对"尊德性"、"自我体认"。陆王心学认为"心外无理"，心即是理，心对理的认识即是心的自我体认，无需外求，从而将"诚"与心、性、理完全等同起来，诚为心之本体，心对诚的认识就是"自家之体认功夫"。张载、王夫之气本派认为"心"与"诚"并非本体的同一关系，而是认知与被认知的关系，"诚"在他们那里是没有超越性的本体内涵而只有认识论意义，"诚"被视作为一种心理的意识如情感、意志、信念等的合集。

当存在于心中之"诚"被人"心"所认识，转化为人的自觉意识之后，诚信观念才真正树立，但这种诚信还没有表现出现实性，因为意志还没有对主体的情感、行为发挥作用，还没有呈现诚信的外在载体。④ 诚信观念的发用还有赖于

---

① 《孟子·尽心上》。
② 《孟子·告子上》。
③ 《荀子·不苟》。
④ 鲁芳：《道德的心灵之根》，湖南师范大学出版社，2004年，第66页。

"心"主宰功能的发挥,一是"心"从积极方面的扬善并"择善而固执之",二是"心"从消极方面止恶并"见不贤而去之"。"诚"的意志通过诚己、信人、欲人信、使人信等几个环节的交融,从而完成完整的诚信运行过程,至此,个体诚信实现了内诚外信的历程而获得圆融。

儒家正是看到了现实生活中由于真诚的缺失导致社会礼崩乐坏、伪善盛行之流弊,极力倡导真诚无欺,以诚统信,应当说是抓住了诚信道德建设的根本和关键,在今天仍具有重大的理论和实践价值。① 但我们应认识到儒家把诚信视为一种自我的德性,其重心在"己",而不在人,重主体之"诚"轻他人之"信",强调自律却忽视了他律,过于依赖人的内心信念,缺少必要的外在利益制约力量,缺乏坚强有力的诚信制度的保障。

三、坚毅勇敢——传统儒家诚信的实践要求

在儒家看来,个体诚信的意志品格既是内在的意志自觉与良善,亦是外在行为的自律和持久,"内诚于己,外信于人","诚"的内在的意志精神气度,必然体现为外在的"信"的意志行为。

学者陈劲在其博士论文《中国人诚信心理结构及其特征》中将儒家诚信心理结构划分为正性取向和负性取向,其中正性取向有5个维度,即义、敬、真、仁、勇;负性取向有4个维度,即虚滑、欺诈、轻妄、奸狡。对应"义"之意志行为有"坚贞、强毅、披肝沥胆、守信、执著、刚直、有始有终、舍生取义、高义薄云"等,对应"敬"之意志行为有"稳重、踏实、本分、敦厚、认真、恳切、温良、从善如流、开诚布公"等,对应"真"之意志行为有"正直、诚实、光明磊落、坦荡、耿直"等,对应"仁"之意志行为有"内恕、豪爽、慷慨、心心相印",对应"勇"之意志行为有"面折廷谏、铁面无私、理直气壮、直言无讳、敢作敢为、勇、不卑不亢、乃心王室"等;负性取向的虚滑、欺诈、轻妄、奸狡即是道德意志的无力或意志取向的偏离正道所致,每个取向都有相应的行为表现。② 这种划分让我们对儒家诚信的意志内涵与表现有了整体的了解。

从儒家的理论和其生活世界中,我们可以得出儒家诚信行为在意志维度具有

---

① 张锡勤:《中国传统道德举要》,黑龙江大学出版社,2009年,第197页。
② 陈劲:《中国人诚信心理结构及其特征》,西南大学学位论文,2007年,第6页。

三大特征：一是内在"诚"德的引领和内外一致。王夫之说："有不诚，则乍勇于为而必息矣。"① 缺乏"诚"的勇敢，行为最终难免要偃旗息鼓，悄无声息。如前所述，诚德是"义"、"敬"、"真"、"仁"、"勇"等众德之门，"舍生取义"是因为有道义的根基，"本分敦厚"是因为有虔敬的心理，"光明磊落"是因为有"真诚"的底蕴，"豪爽慷慨"是因为有"仁爱"的关照，"直言无讳"是因为有"勇气"的支撑；诚信需心口一致、言行一致，做到内在与外在的协同。对此，《吕氏春秋》中有经典的解释："非辞无以相期，从辞则乱。乱辞之中又有辞焉，心之谓也。言不欺心，则近之矣。凡言者以谕心也。言心相离，而上无以参之，则下多所言非所行也，所行非所言也。言行相诡，不祥莫大焉。"② 二是行为"恒久"的努力。诚信即"至诚无息"，具有坚持性的品格。唐孔颖达说："以行之一长久，能成就于物，此谓至诚之德也。"③ 可见，诚的德性就在于它的连绵不断，如果不能做到持之以恒，就谈不上具有诚的德性。④ 大凡虚滑、欺诈、轻妄、奸狡的行为，有可能蒙蔽众人一时的眼目，亦有可能蒙蔽一人永久的耳目，但不可能蒙蔽所有人永久的耳目。三是行为勇于应对困难、恶逆的环境和条件。意志因困难恶逆而生，亦因困难恶逆而显。儒家诚信的意志品格因其勇于面对艰难困苦、逆境危险的环境或条件而彰显其魅力。在困顿环境中始终诚信如一，如"蔡勉旅坚还亡友财"、"阮湘圃耻得不义财"；在守信与利益冲突面前坚重信守诺，如"杨继宗要廉不要钱"、"曾子舆杀猪教子"、"辞曹操关羽千里奔刘备"；在遭受挫折和逆境中守信如初，如"杖汉节苏武牧羊"、"宋弘富不易糟糠"；在危险的境况中勇守诚信的道义，如"晋董狐书法不隐"、"高攀龙视死如归"、"陈小官不附和王申"、"铁面无私包文正"。⑤ 正是诚信的行为成就了古圣先贤的德性和境界。

我们在看到儒家诚信行为内蕴和外显的意志力量时，不得不慨叹其德性伦理的崇高和伟岸，但同时我们也应清醒认识到其历史局限性，认识到其标之过高的诚信伦理要求对普通民众的悬隔，认识到其单向的诚信义务而无平等互通的角色定位，认识到其纯粹的诚信义务而无权利的保障，在新的历史时期，必须要剔除

---

① 《诚明篇》，《张子正蒙注》卷三。
② 《吕氏春秋·淫辞》。
③ 《十三经注疏·中庸》。
④ 鲁芳：《论儒家"诚"与德性的关系》，载《伦理学研究》2005年第9期。
⑤ 罗国杰主编：《中国传统道德·德行卷》，中国人民大学出版社，1995年。

其时代的糟粕而创新发展其合理的价值内涵。

四、诚意践履——传统儒家诚信的修养路径

儒家修养理论极为丰富，诚信修养方法也极具特色，强调个体诚信通过内在的心性功夫和外在的实践磨砺两个路径来养成。

儒家尤其重视个体诚信内在修养的功夫，强调个体诚信的心性修养，从个体修身的源头"正心"、"诚意"阶段就着手，纯粹、凝练、强化诚信良善的意志动机，养成诚信的意识。

《大学》是儒家典籍中较早系统论述诚信修养思想的作品，提出了许多包括诚信修养的修养方法，如"正心"、"诚意"、"慎独"等。"正心"是儒家进行道德修养的起始阶段，"所谓修其身在正其心者，身有所忿懥，则不得其正；有所恐惧，则不得其正；有所好乐，则不得其正；有所忧患，则不得其正。心不在焉，视而不见，听而不闻，食而不知其味。此谓修身在正其心"。① 在儒家看来，"正心"就是端正自己的动机，就是增强、扩充自己善的欲望和感情而减弱或摒弃自己恶的欲望和感情。而心之正，即是诚，即是信。如何做到正心，儒家提出了各种方法。孔子强调要"志于学"、"志于仁"、"志于道"，这是从积极的方面去正心，又提出"克己"、"修己"、"正身"去克服那些不正当的道德动机，这是从消极的方面去正心。孟子提出要志在仁义、志在圣贤，要"不动心"，要养"大男"，树立坚定而正确的道德信念，不要因个人的利害得失而动摇自己的信念。朱熹提出了"省身克己"的诚信意志锻炼说，他主张关起门来，按曾参"吾日三省吾心"的方法，"专用心于内"。

"诚意"即诚信道德意志的修养和集中，就是自觉地把意志集中到高尚的诚信目标上来，使自己的意志诚实而无欺，不虚伪，不受恶、邪所染。也就是使诚信意志按其本然的状态得以发生、发展，这样就能到达诚信的意志纯一之境。《大学》解释"所谓诚其意者，毋自欺也"。朱熹在解释《大学》时指出："深自省察以致其知，痛加剪落以诚其意。"朱子解释说："实其心之所发，欲其一于善而无自欺也。"② 这是对"意"和"诚意"的一个经典性的解释，后来的儒

---

① 《礼记·大学》。
② 《大学章句》，《四书章句集注》。

家包括王阳明,都同意并接受了这一解释。如何做到"诚意"?周敦颐强调"主静"、"无欲",陆九渊主张"发明本心"、"剥落"物欲,张载提出"尽性以至于穷理"(自诚明)、"穷理以至于尽性"(自明诚),程颐重视"敬义夹持"、"格物致知",朱熹突出"居敬穷理",王阳明高扬"致良知"、"尊德性"。

儒家"诚意"还开出了别开生面的"慎独"功夫。"慎独"的要义在于不需要任何外力的强制,不以外在因素作为自己践履道德的根据,它是在"不睹"、"不闻"、"莫见"、"莫显"的独处情境下,在"隐"和"微"上下功夫。一个人如果能做到这一点,自然就能做到"表里内外、精粗隐微"、人前人后、明处暗中始终如一。如何做到慎独呢?《礼记·大学》云:"所谓诚其意者,毋自欺也。如恶恶臭,如好好色,此之谓自谦,故君子必慎其独也","小人闲居为不善,无所不至,见君子而后厌然,拼其不善,而著其善,人之视之,如见其肺肝然,则何益矣?此谓诚于中,形于外,故君子必慎其独也。"这里谈到要修身养性,提高自己道德水平,就不应自欺,而应尽力让自己如同讨厌恶臭一样,从内心讨厌恶,如同喜欢美色那样追求善。应该自己严格要求自己,而不应只是做给外人看。可以说,"慎独"充分体现了诚信道德意志的自制性特征,是具有诚信之人自觉的道德实践,它不仅是通过极其严格的自我监督和自我教育,增强道德意志、升华道德信念的一种方法,又是一个人在社会现实中将自我需要同社会要求统一起来,凭借道德意志的力量来践行道德信念,养成一以贯之的道德品质和道德境界。

把诚信意志修养寓于丰富的生活实践活动之中,把外在的社会规范和道德要求凝练成坚定的道德认知和意志自觉,是儒家诚信思想的一个优良传统和特色。躬行践履是传统儒家极为重视的诚信修养方法。"躬行"即身体力行,亲历亲为。中国的传统伦理学家无不强调"躬行践履",以"躬行践履"作为诚信修养的最重要途径。儒家从孔子肇始就很重视个人的笃行,他教导人们要"讷于言而敏于行"①,认为"古者言之不出,耻躬之不逮也"。② 他看不起"巧言令色"之人,认为他们"鲜矣仁"。孟子在提出"尽心知性知天"的理性运作的同时,又提出"存心养性事天"的实践功夫,并且最终落在"存心养性事天"的道德实践上。荀子也是重行主义者,认为:"不闻不若闻之,闻之不若见之,见之不

---

① 《论语·里仁》。
② 《论语·里仁》。

若知之,知之不若行之。学至于行之而止矣。行之,明也;明之为圣人。"① 这是对于行的重要性的最明确的说明。《中庸》之"诚"重笃行,宋明理学更是强调在实践中培养诚信道德,在实践中磨砺诚信意志品格。程朱理学与陆王心学虽然在"尊德性"与"道问学"方面存在根本分歧,但是在对"由实践而形成德性"的认识方面却有相同的看法。朱熹重视道德、道德意志修养的"道问学",但并不忽视"尊德性",始终坚持认为"论轻重,则行为重","《书》曰:'知之非艰,行之惟艰',功夫全在行上","若不用躬行,只是说得便了"。② 王阳明的"致良知"与"知行合一"说,明确地把实践提到第一位,并作出了理论性的总结。"行之明觉精察处即是知,知之真切笃实处即是行。"③ 王夫之在诚信修养的路径方面作出了那个时代最高水平的回答,他说"心志专一,意气就随之而动,而后可德成。故学、问、思、辨、行五者的关系,以'笃行'为'第一不容缓'、'必以践履为主'"。④

儒家诚信的意志修养方法对传统社会个体诚信德性的养成起着至关重要的作用,在今天仍极具时代价值。

(刊于《首都师范大学学报》2013 年第 3 期,人大复印资料《伦理学》2013年第 10 期)

---

① 《荀子·儒效》。
② 《语类》卷十三。
③ 《传习录》上。
④ 卢德平主编:《中华文明大辞典》,海洋出版社,1992 年,第 58 页。

新制度生成新民德

——严复梁启超对新民的路径的思考

隋淑芬　余灵灵

[摘　要] 严复、梁启超探讨了新制度对于形成新民德不可替代的优势：民主制度设定了国民道德新的选择集，为新道德的合理性提供支持并营建保护域；新制度调动道德的利益驱动机制，引发对新价值理念的认同，形成利益的感性驱动力和理性驱动力的良性互动；新制度建构国民道德的"整体理性"，形成他律与自律相结合的道德选择方式，对个体自由的保护，使国民道德具有了真正意义的主体性特征。

[关键词] 新制度；新民德；路径；道德博弈；道德理性与道德主体性

近代启蒙思想家在救亡与启蒙的双重使命之下，无论是从工具理性的维度，还是价值理性的维度，最终都指向了新民德。对国民道德理念起根本导向作用的是什么？国民的奴性、自私、虚伪、依附性、缺乏公德和爱国心薄弱的最终根源何在？能够全方位影响国民整体道德的根本因素是什么？对这些问题的追问，导致了严复、梁启超等人对制度与民德关系的思考，由此形成了新制度造就新民德的思想。

一、新制度为新民德提供生成和发育的空间

严复指出："夫治制有形质，有精神，二者相为表里者也。使形质既迁，则精神亦变。"① 这里的"治制"主要是指政治、法律制度，带有社会根本制度的含义，制度安排即形质和伦理原则是外在形式和内在精神的有机统一。近代的民

---

① 《严复集》（第四册），中华书局，1986 年，第 959 页。

主制度依据新的伦理原则和道德精神而建构,"莫不以自由为惟一无二之宗旨",①体现了近代意义的价值诉求。民主制度以规则和理念共同作用的方式对国民道德的更新产生作用,这种作用有两个重要的特点:一是民主制度的规范和精神具有全局性、公共性、共享性的特征,这就使得它所面对的对象具有最大的广泛性,新制度将其规范和所蕴含的制度精神均衡地辐射到每一个国民,对全民的道德理念都产生最重要的直接或间接影响;二是制度通过一系列设定规定了人们的选择集。新制度经济学派的代表人物诺斯指出:"制度是一个社会的游戏规则,更规范地说,它们是为决定人们相互关系而人为设定的一些制约。"②制度变革使社会由传统的"身份社会"向"契约社会"转型,专制制度下人身依附的身份关系向独立主体间的契约关系转化,等级关系向平等关系转化,新制度消除政治歧视、身份歧视、地位歧视等,使整个社会关系结构发生根本性的变化,确立了人与人、人与社会新型关系基础上的制度规范与伦理规范。因此正是制度设计和制度安排,鲜明地摒弃了旧的选择集,供给新的选择集,规定了国民道德的发育方向、选择目标和选择空间。可见,制度对国民整体的道德诉求、道德结构、价值理念、行为方式产生着直接的、根本性的影响,使"民亦因法而日化"。③

循着这一思路,严复、梁启超鲜明地将国民劣根性归因于专制的政治和法律制度。中国的"治制"以专制为精神,在制度安排上,将公共领域和私人领域都置于国家的控制之下,国家无有不当干涉和过问者,这就使国民道德选择的空间被压缩到仅仅限于安分和服从。"而民惟私之恤者,法制教化使然,于天地无可归狱也。……社会之事,国家之事也。国家之事,惟君若吏得以问之,使民而图社会之事,斯为不安本人之小人,吏虽中止以危法可也。然则吾侪小人,舍己私之外,又安所恤?且其人既恤缉私,而以自营为惟一之义务矣。则心习既成,至于为诳好欺,皆类至之物耳!又何讶焉?"④ "盖自秦以降,为政虽有宽苛之异,而大抵皆以奴虏待吾民。虽有原省,原省此奴虏而已矣;虽有噢咻,噢咻此奴虏而已矣,夫上既以奴虏待民,则民亦以奴虏自待。"⑤ "役之如奴隶,防止如

---

① 《严复集》(第四册),中华书局,1986年,第981页。
② [美]诺斯:《制度、制度变迁与经济效绩》,上海三联书店,1994年,第3页。
③ 《严复集》(第一册),中华书局,1986年,第96页。
④ 《严复集》(第四册),中华书局,1986年,第994页。
⑤ 《严复集》(第一册),中华书局,1986年,第31页。

盗贼，则彼亦以奴隶盗贼自居，有可以自逸可以自利者，虽牺牲其家其鏖之公益以为之所不辞也，如是而不萎焉以衰，吾未之闻也。故夫中国群治不进，由人民不顾公益使然也；人民不顾公益，又自居于奴隶盗贼使然也；其居于奴隶盗贼，由霸者私天下为一姓之产而奴隶盗贼吾民使然也。"① 梁启超甚至将严复的相关思想归纳为："先生谓黄种之所以衰，虽千因万缘，皆可归狱与君主。"② 他自己的结论也是"造成今日之国民者，则昔日之政术是也"。③ 因此制度的现代转型必然成为民德现代转型最重要的路径。

在新道德生成和发育的过程中，必然受到来自社会各个方面，尤其是积淀深厚的旧道德、旧风俗、旧习惯的压抑和排斥。在道德博弈中，新道德依托于新制度安排和规定，消除旧的国民道德禁区，释放观念禁区，释放公共领域为公共精神和公共选择理念提供空间，迫使旧道德以不合制度规则而逐步淡出。同时，新制度以硬性规则的形式，保护个人的自主空间，限制个人的绝对自由放纵，限制权力的滥用，限制制度执行的随意性对道德的践踏。他们以西方为例："英之民非能使其君之皆仁，其吏之皆廉洁也。能为之制，使虽有暴君，无所奋其暴；虽有贪吏，无由行其贪。"④ "国之所以常处于安，民之所以常免于暴，亦恃制而已"，⑤ 这就使制度为新道德营建了一个保护域，使之能够正常地逐渐发育、成长。中国的传统道德，在某种程度上是一种法律化的道德，或者说道德以法律化的路径成为一种以制度为依托的带有半强制性的约束。在这种特殊的背景下，必须借助于新制度的保障，国民才有可能运用新的规则来确认人与社会、人与人的新型关系，从而逐渐接受和形成新的伦理观念。

由于中国现代化的"外源后生"性质，制度变革的方式是权威或精英安排的强制性制度变迁，与传统道德的不适性十分突出，所以正式制度与非正式制度的契合问题，始终困扰着近代启蒙思想家。道德作为一种非正式制度，已成为中国国民的一种无意识的心理定势和习惯，这就造成了新的民主制度与传统道德的博弈。严复、梁启超在思考新制度与传统道德的兼容性、偏差性时，提出了一种

---

① 《梁启超全集》（第一册），北京出版社，1999 年，第 685 页。
② 《严复集》（第五册），中华书局，1986 年，第 1568 页。
③ 《梁启超全集》（第一册），北京出版社，1999 年，第 420 页。
④ 《严复集》（第四册），中华书局，1986 年，第 893 页。
⑤ 《严复集》（第四册），中华书局，1986 年，第 972 页。

带有完美主义特征的理想化路径,"淬厉其所本有而新之","采补其所本无而新之"。①"统新故而视其通,苞中外而计齐全。"② 关于如何做到古今中外文化的综合,做到近代民主制度与中国传统道德的融合,他们提出了一个重要的思路,即通过制度变革,在制度的基本精神指导下,在制度安排的框架内,将一些传统道德资源适应性地定向盘活,使在国民中积淀深厚的传统道德摆脱宗法性、专制精神,通过诠释,转变为一种带有普适伦理性质和体现中华民族特质的道德精神或道德规范,使之与新制度相得益彰。这种思路尽管带有一定的理论合理性,但是始终面对着学理设计与实践困境的矛盾,留下了一个至今仍为人们所关注和探讨的课题。

二、制度收益:民德转型的内驱力

作为封建社会后期意识形态主体的宋明理学,对近代国民的道德理念产生了最重要的影响,它以天理和人欲两极对立的理路,建构其道德调控系统,这种带有禁欲主义色彩的道德学说,必然排斥或弱化利益的道德驱动作用。在近代,亚当·斯密的《原富》中提出"经济人假设",即人以追求利益、利益最大化为其动机,尽管严复在翻译时对这一假设并未给予特别的关注,但是对斯密经济利己主义的肯定和理解,在启蒙的大背景下,必然超越经济视域而导致对人趋利性的重新诠释,明确肯定人趋利的合理性、正当性。

梁启超赞成功利主义的代表人物边沁的观点:"人道最初之动机,在于自利。"③ 他提出:"盖人道之所以进步,皆起于有所欲望",④ 利益对于所有人都是一种最有效的动机制衡,"故人而无利己之思想者,则必放弃其权利,弛掷其责任,而终至于无以自立"。⑤ 这里所指的利益是以物质利益为主的多元利益,它可以分解为不同的方面和层次,个人、群体的利益需求或需求侧重不同,所形成的驱动机制和驱动力也有所差异,通过制度安排,充分调动这种机制,可以从动机上激发国民认同新道德。这样,对趋利的肯定和张扬,便成为严复和梁启超

---

① 《梁启超全集》(第一册),北京出版社,1999年,第657页。
② 《严复集》(第三册),中华书局,1986年,第560页。
③ 《梁启超全集》(第二册),北京出版社,1999年,第1049页。
④ 《梁启超全集》(第一册),北京出版社,1999年,第731页。
⑤ 《梁启超全集》(第一册),北京出版社,1999年,第431页。

探寻民德转型制度路径的一个重要视角,即新制度给国民带来的收益必然决定他们对新制度承载的道德理念的选择。对于当时各方面素质低下的广大国民而言,获利与否、利益的大小,尤其是切身的物质利益,甚至会成为人们在不同的道德理念中抉择的最重要标准。以欲望为基础的利益追求,可以形成感性驱动力和理性驱动力。感性驱动力具有自发性、本能性、多维度、不规范的特点,任其释放会导致社会混乱无序和道德恶化,新制度安排可以使这种感性的趋利欲望,在制度规范的框架下,获得理性的特征,汇成为感性和理性的合力,使源源不断的感性冲动在理性的轨道上定向、有序、合理地释放,又在释放的过程中,不断激发其利益扩大和层次扩展的需求冲动,形成有序的良性循环:自己与他人同时受利;利益与新道德均衡发展,使两利为利的合理利己主义成为国民的新道德理念。

同时,新制度以硬性规定的方式,打破原有的利益格局,确立了新的利益规则,广大国民在历史上第一次具有了利益主体与权力主体合一的地位,正是这种地位,使国民以权力的获得和保障来谋求和实现自己的正当利益,"权也者,兼事于利言之也"。① "天下无所谓权利,只有权力而已,权力即利也。"② 权与利的合一性,不仅使国民具有了对自身利益的自觉、自争、自主的现代意识,而且由于个人利益与社会公共事务的密切相关,因此利益主体的实现,必须保障其参与公共事务与公共决策的权力,"国民者,以国为人民公产之称也。……以一国之民,治一国之事,定一国之法,谋一国之利,捍一国之患,其民不可得而侮,其国不可得而亡,是之谓国民"。③ 国民对于国家征赋等与自己切身的物质利益相关的经济政策与经济行为的有效参与、甚至决定权,摆脱了传统的编户之民只能听命纳税赋、任人盘剥的地位,"三权操政,曰国王,曰封君,曰齐民。而造律成赋,下议院齐民之权特重"。④ 新制度使国民由有权而达到有利,社会地位得到前所未有的根本转变与提高,利益获得了制度的保障,马斯洛的需要层次论中所论及的多种需要都由新制度供给了:衣食饱足与富裕;人身权基础上的人身安全,制度保障下的生活稳定;人与人的平等关系、契约关系;人的地位、权力的获得等。这些需要的满足与利益的获得,必然引发国民对新制度所蕴含和体现

---

① 《梁启超全集》(第一册),北京出版社,1999年,第64~65页。
② 《梁启超全集》(第一册),北京出版社,1999年,第352页。
③ 《梁启超全集》(第一册),北京出版社,1999年,第309页。
④ 《严复集》(第四册),中华书局,1986年,第883页。

的价值理念和伦理观念的认同,新制度与新理念融为一体并被国民作为一个事物来体认和接受。

新制度建构了一种基于利益的道德生成与激励机制,制定了新的游戏规则。只有遵循这些规则,才能获得制度所承诺的收益。新制度的公平性、稳定性、明确性、可操作性,极大地减少了获利的机会主义。这种利益的规范化和与此相联系的收益的预期判断,直接影响着人们的道德理念与道德选择,使获利——道德认知与道德行为——获利形成一种循环机制。

在当时启蒙的紧迫性和国民程度偏低的双重挤压下,利益机制似乎更具有成效性,但是在探讨利益机制时,严复等人较多地注意到二者的相容性与正向互动性,很少考虑道德与功利之间的张力,也使道德具有了过多的形下特征,而缺乏超越性特征。

三、新制度建构国民整体道德理性和道德主体性

道德理性是对道德及其追求的自觉意识,在中国传统文化中,不乏道德理性。严复、梁启超认为中国历来私德发达,传统私德是一种道德理想主义的典型类型,注重个人的修身养性,追求某种至高的道德境界,偏向于内省性和对个人身心关系的形而上的思维;这种道德理性,一方面忽视和贬低人的欲望和世俗要求,另一方面则往往是个人理性、少数理性,而缺乏"整体理性",造成了少数人追求崇高的道德理想主义境界与绝大多数人的道德无意识状态的两极对立。新民德关注的是国民的整体道德理性,传统道德理性的路径不适于建构新的国民道德理性。对于国民素质长期低下、人口众多、绝大多数人为文盲的落后大国而言,教育固然重要,但是教育所需的资源多、时程长、发展不平衡,而且教育所灌输的新理念,如果缺乏制度支撑,很难内化为广大民众的价值追求和自觉意识,所以严复、梁启超思考了新制度在这方面的优势。

首先,对于几乎没有受过教育、为生计而终生劳作的广大民众而言,他们的认知方式多倾向于切身经历与切身感知、所见与所闻的直接和间接经验,并由经验的积累逐渐上升为理性认知。新制度的实践操作,能够使他们直接感受到一系列新的社会规范,而制度的稳定性与操作的重复性特征,又为这种感知获得理性特征提供了平台。基于这样一种认识,严复、梁启超极力提倡地方自治,力图通过这种在当时具有可行性的方案,在有限的范围内,通过实践训练,逐步使国民

建立理性的道德认知。同时，民主与法治制度建立了一套与此相关的具体制度和严格的操作程序，可以极大地减少人为性和随意性，使国民清晰地了解行为后果，建立一种对自己和他人行为合规范与否的预见意识。这种预见意识，对国民形成理性判断具有极大的能动作用。以制度为坐标，遵循和符合制度规范，这是国民道德理性的底线。

其次，行为选择的理性是道德理性的最终环节，从道德判断到道德行为，并不具有必然性，即道德判断不一定导致道德行为，可能出现"应然"和"实然"的分离，甚至背离，可以说，使"应然"和"实然"建立一种必然的直通联系，只有制度具有这种优势，制度使国民在处理诸多关系时，必须根据自己对制度规范的认知来预断行为结果，由他律到自律，形成一种他律与自律相结合的选择机制。正是新制度建立了这种理性的主体行为选择模式。

严复、梁启超认为，近代民主制度在历史上第一次赋予个体国民在诸多领域以自由权，"凡一切可以听民自为者，皆宜任其自由也"。① 新制度对个体自由与自主权利的保护，为其营建了一个包括道德在内的自由和自为的空间，使主体获得了自己的道德自由王国，从而赋予国民道德以真正意义的主体性特征。新民德的本质是道德自由，道德自由才能真正达到道德自律，即由自我选择、自我主宰，达到自我约束、自我改造。"伦理学家固最尊自由，其所谓自由者，为须使良心绝对自由。"② "自由权又道德之本也，人若无此权，则善恶皆非己出，是人而非人也。"③ 在这一意义上，可以说没有道德自由，就没有道德的进步。新制度使主体获得道德自由选择的权力，使道德主体性在制度给予的合法空间，通过法律对思想、言论、行为等自由的保护获得发育。在这一空间中，国民个体行使自主权利，其自主思维、自主判断、自主选择的能力可以得到前所未有的锻炼和提高。

而专制制度下的伦理道德恰恰相反。法律制度、行政制度、宗法家族制度对国民的伦理道德进行全方位的严密控制和干预，道德不仅在形而上的层面上具有天理与伦理合一的外在绝对命令的性质，而且在形而下的制度层面上，由于法律和行政手段对道德领域的直接干预、裁决、处罚，强化了带有压制性的道德他

---

① 《严复集》（第四册），中华书局，1986年，第1128~1129页。
② 《梁启超全集》（第五册），北京出版社，1999年，第2844页。
③ 《梁启超全集》（第一册），北京出版社，1999年，第505页。

律、君主、官吏、家长甚至对于"非道德行为"者具有人身处罚和剥夺生命的权力。这种权力的使用又往往因人而异，喜则作福，怒则作威，仁则宽宥，残则过苛，这就导致了国民道德认知的愚昧化，道德判断的盲目服从性，道德意识向自我奴化的方向发展。"遇有一不具奴性、不甘愚昧、不专为我、不甚好伪、不安怯懦、不乐无动者，则举国之人，视之为怪物，视之为大逆不道。"[1] 遂使"泰西之民，其智与德之进步为正比例，泰东之民，其智与德之进步成反比例"。[2] 可见，专制制度不仅无法培育国民的道德主体性，相反，却在多方消解其主体意识。因此建立自由为体、民主为用的新制度来唤醒和培育国民的主体意识，显得尤为重要。

在近代，引进的西方新制度与本土文化的冲突，新旧规则交替出现的规范"真空"，旧道德、旧制度造成的人们长期压抑情绪的释放等，导致制度转型期非道德行为的大量发生，出现严重的道德失范现象。这使得严复、梁启超等一批启蒙思想家陷入深深的思想困惑，甚至成为他们思想蜕变的重要诱因，引发了他们向传统道德的回归，对新制度的彷徨。同时，尽管严复、梁启超注意到新制度对新民德而言，具有成本低、效率高的优势，但是仅仅以进化论的历史合理性和救亡图存的现实需求，就以为新制度可以顺理成章地建立，忽略了制度转型本身的巨大成本和曲折过程，这也导致了严复等人后期专注于教育救国论的偏向。一代启蒙思想家的深刻思考和深度困惑，留给我们的不仅是历史，而且是现实的启迪。

（刊于《思想教育研究》2007 年第 3 期）

---

[1] 《梁启超全集》（第一册），北京出版社，1999 年，第 421 页。
[2] 《梁启超全集》（第一册），北京出版社，1999 年，第 722 页。

党的思想政治教育目标任务理论的历史考察与现实思考

王 炎 王树荫

[摘 要] 中国共产党近90年思想政治教育历史进程中，根据自身奋斗目标与各个时期的中心工作以及思想政治教育实践特征，先后提出了为党的总路线总任务服务、提高人的认识世界和改造世界的能力、实现人的全面发展的根本目标。并根据各个时期的具体工作和任务以及不同对象的特点和实际情况，制定了一系列思想政治教育的具体目标和任务。考察中国共产党思想政治教育目标任务理论的演进脉络，具有重要理论和现实意义。

[关键词] 中国共产党；思想政治教育；目标任务；历史考察；启示

学术界关于思想政治教育目标任务的认识存在很大歧义，不仅各种概念名称繁杂，如目的任务、目标任务、根本目的、根本任务、基本目标、基本任务等不一而足，而且对同一概念的认识和解读也有所不同。因此，从对中国共产党关于思想政治教育目标与任务理论形成发展的历史考察中探寻思想渊源，无疑有助于我们全面和准确地认识思想政治教育目标与任务。

一、关于党的思想政治教育根本目标的理论

中国共产党思想政治教育的根本目标，是中国共产党根据自身的奋斗目标与各个时期的工作任务，通过对受教育者进行有目的、有计划、有组织的思想政治教育活动，预期在教育对象的思想政治觉悟、品德修养、政治行为方式和自身实践能力等方面要达到的效果。

思想政治教育作为中国共产党自觉运用共产主义思想理论体系教育改造自身成员和广大人民群众的社会实践活动，从创立之日起，就成为党的全部工作的重

要组成部分。党在领导中国革命、建设和改革开放的历史进程中，先后从不同角度和层面，逐步形成完善了关于思想政治教育根本目标的理论，这一认识过程大体经历了既发展变化又继承延续的三个历史阶段，体现在既相互联系又各有特色的三个方面。

第一，从思想政治教育与党的全部工作的关系层面上，中国共产党提出了思想政治教育要为实现党的奋斗目标和路线纲领服务的理论。

宣传工作是中国共产党对于思想政治教育工作的最初称谓和认识。建党初期，中国共产党人根据马恩《共产党宣言》中关于宣传工作所肩负的"共产党人向全世界公开说明自己的观点、自己的目的、自己的意图"的历史使命，明确了宣传工作为党的路线、纲领服务的工作目标。《中国共产党宣言》（1920年11月）等一系列党的早期文献中，都非常明确地宣传和解释了中国共产党的基本纲领和政治主张，向世人宣告以实现社会主义和共产主义为党的最终奋斗目标。"共产主义者的目的是要按照共产主义者的理想，创造一个新的社会。但是要使我们的理想社会有实现之可能，第一步就得铲除现在的资本制度。""共产党的任务是要组织和集中这阶级斗争的势力，使那攻打资本主义的势力日增雄厚。""这一定要向工人、农人、兵士、水手和学生宣传，才成功的"，"共产党将要引导革命的无产阶级去向资本家争斗，并要从资本家手里获得政权"。[①] 虽然宣言对于中国的基本国情还缺乏准确的认识，但首次从为实现党的政治目的服务的关系层面揭示了宣传工作的根本目标，从此把思想政治教育的目标与党的奋斗目标紧密地联系在一起。

为党的总路线总任务服务是中国共产党对于宣传思想工作根本目标的集中概括。党的最终奋斗目标的实现要经历一个长期艰巨的历史过程，为此，中国共产党在宣传思想教育中始终把阶段性目标与根本目标有机地统一起来。大革命时期，中共四大通过的《对于宣传工作之决议案》规定："今后本党宣传工作的主要目标必须根据大会关于中国民族革命运动的新审定，努力宣传民族革命运动与世界革命运动之关联和无产阶级在其中的真实力量及其特性——世界性与阶级性，以端正党的理论方向。"[②] 抗日战争时期制定的《关于党的宣传鼓动工作提纲》指出："党的宣传鼓动工作的任务，是宣传党的马列主义的理论，党的纲领

---

① 《中国共产党宣传工作文献选编》第1卷，学习出版社，1996年，第195～198页。
② 《中共中央文件选集》第1册，中共中央党校出版社，1989年，第374～378页。

与主张，党的战略与策略，在思想意识上动员全民族和全国人民为革命在一定阶段内的彻底胜利而奋斗。"① 同时，宣传思想教育中还注重局部性目标与根本目标的有机统一。周恩来提出了政治工作要提高部队的战斗力，保证每一个战争的胜利的论断，由此确立了"一切政治工作，都要服从整个作战计划，一切政治工作都要为着前线上的胜利"②的重要原则。谭政在《关于军队政治工作问题》的报告中更明确提出"整个军队的方向就是政治工作的方向"的著名论断。改革开放新的历史时期，在中国共产党制定的关于宣传思想工作和精神文明建设的党内规章和决议中，重申了思想政治教育"必须坚定地贯彻执行为实现党的总任务、总目标服务"③的指导方针，"必须坚持以经济建设为中心，为全党全国工作大局服务"④，"为推动党和国家事业发展提供有力的思想保证和精神力量"⑤。把为党的中心工作和中心任务服务确立为思想政治教育必须坚持的重要方针原则。

由此可以看出，思想政治教育的服务目标是以党对未来理想社会的追求和各个历史时期的中心工作为根本指向的。这一目标从思想政治教育服从服务于党的总目标和工作全局的关系上看是毋庸置疑和无可厚非的，它直接体现了宣传思想工作作为实现党的政治目的的重要手段所具有的基本职能。当然这一目标的最终实现必须通过宣传思想工作对象主观能动性的发挥来落实。

第二，从思想政治教育自身实践活动层面上，中国共产党提出思想政治教育要提高人的认识世界和改造世界的能力。

大革命时期，党在领导革命武装和创建人民军队过程中，极为注重通过政治工作和思想教育提高广大官兵的思想政治觉悟和战斗力，从思想政治教育实践活动层面，突出了其对于人的认识世界和改造世界的能力方面的目标要求。周恩来在这一时期发表的《军队中政治工作》、《国民革命军及军事政治工作》等讲话中，多次指出："政治工作就是使军阀军队渐渐觉悟，革命军队确实具有革命观念。"⑥ 朱德在《怎样创造铁的红军》中指出："红军的政治训练是启发和提高指

---

① 《中国共产党宣传工作文献选编》第 2 卷，学习出版社，1996 年，第 250 页。
② 《军队政治工作历史资料》第 3 册，中国人民解放军战士出版社，1982 年，第 44 页。
③ 《十二大以来重要文献选编》（中），人民出版社，1986 年，第 585 页。
④ 《十五大以来重要文献选编》（中），人民出版社，2001 年，第 201 页。
⑤ 李长春：《以改革创新精神加强改进思想政治工作为推动党和国家事业发展提供有力的思想保证和精神力量》，《人民日报》2009 年 12 月 17 日。
⑥ 《周恩来军事文选》第 1 卷，人民出版社，1997 年，第 17 页。

挥员战斗员的无产阶级觉悟,使他们认清本阶级的利益,努力与本阶级的政治任务,与敌人作决死的斗争,去达到消灭敌人、解放本阶级的目的。"① 我军历史上第一个政治工作法规《中国工农红军政治工作暂行条例(草案)》规定:"政治工作的目的是巩固红军的战斗力,红军的战斗力不仅是靠军事技术来决定的,最主要是要他的阶级政治觉悟、政治影响,发动广大工人、农民,瓦解敌人军队,使广大工农群众环绕于红军的周围。"② 从此,解决人民军队"知"与"行"的问题被定格为党和军队思想政治教育的培养与教育目标。标志着我党思想政治教育理论成熟的《关于军队政治工作问题》报告将这一目标系统地概括为:用民族民主革命纲领和人民革命精神教育军队,使革命军队内部趋于一致,使革命军队与革命人民、革命政府趋于一致,使革命军队完全服从革命政党的政治领导,提高军队的战斗力,并进行瓦解敌军、协和友军的工作,达到团结自己、战胜敌人、解放民族、解放人民的目的,"这就是我们的军队和其他军队的原则区别"。③

抗日战争时期,毛泽东在《实践论》中进一步从马克思主义认识论高度揭示了思想政治教育的根本目的在于指导无产阶级正确地认识世界和改造世界,即"改造客观世界,也改造自己的主观世界——改造自己的认识能力,改造主观世界同客观世界的关系"。④ 他要求无产阶级政党自觉运用并通过思想政治教育影响和引导人民群众实现这一目的,并最终了解掌握"通过实践而发现真理,又通过实践而证实和发展真理,从感性认识而能动地发展到理性认识,又从理性认识而能动地指导革命实践,改造主观世界和客观世界"⑤ 的客观规律,从辩证唯物主义认识论的高度为人们正确认识思想政治教育的目标奠定了理论基础。

新时期开始后,随着思想政治教育的拨乱反正和思想政治工作科学化进程的启动,人们对思想政治教育规律特点进行了深入研究和讨论。在此基础上,提出并一致确认了"思想政治工作最根本的目的和任务,就是提高人们对世界的认识和改造的能力"。⑥ "就是用人类历史上最先进、最科学的世界观、方法论去教

---

① 《朱德选集》,人民出版社,1983年,第4页。
② 《军队政治工作历史资料》第2册,中国人民解放军战士出版社,1982年,第579页。
③ 《中共中央文件选集》第14册,中共中央党校出版社,1992年,第194~230页。
④ 《毛泽东选集》第1卷,人民出版社,1991年,第296页。
⑤ 《毛泽东选集》第1卷,人民出版社,1991年,第296页。
⑥ 胡耀邦:《关于思想政治工作问题》,《人民日报》1983年1月2日。

育人、启发人，解决人的立场和思想问题，使人们从各种谬误和偏见中解放出来，不断提高认识和改造世界的能力。"① 即"用革命理想和革命精神，也就是用共产主义思想，用马克思主义基本理论，用马克思主义的普遍原理同中国革命和建设的具体实践相结合的毛泽东思想，教育党员和干部，教育广大群众，教育整个工人阶级以至全体人民，启发和提高人们的革命自觉性，使人们确立正确的立场、观点，掌握正确的思想方法和工作方法，并通过反复的实践提高人们认识和工作世界的能力"②。这一目标定位，以思想政治教育对象为立足点，运用辩证唯物主义认识论基本原理，揭示了思想政治教育实践活动在教育培养人们认识世界和改造世界能力方面的目标指向，反映了思想政治教育的本质特征和基本规律，奠定了思想政治教育学科的理论基础。

第三，根据党对于自身的最终奋斗目标的全新认识，中国共产党在新世纪确认了思想政治教育要实现人的全面发展的终极目标的理论。

实现物质财富极大丰富、人民精神境界极大提高、每个人自由而全面发展的共产主义社会，是马克思主义关于人类社会发展的崇高理想和终极目标。中国共产党成立初期，就在自己的纲领和党章中明确了"党的根本政治目的是实行社会革命"。③ 中共七大之后制定的历部党章中都把实现共产主义社会制度作为自身的最高理想和奋斗目标。由于历史和认识的原因，党对于未来社会的理解长期侧重于社会制度的变革与社会经济、政治、文化的发展，忽视了经济社会发展的落脚点是"人的自由而全面的发展"，甚至把"以人为本"视为西方资产阶级人道主义的主要观点给予批判。在很大程度和相当时期，人民群众被当成政治运动的对象和经济活动的手段而非目的。思想政治教育也一度成为阶级斗争和政治运动的工具，"变成领导者用来对付普通工人、农民、战士和知识分子的一种方法，败坏了思想政治工作的声誉"。④

新时期开始后，伴随着思想政治战线的拨乱反正，中国共产党对于未来理想社会及自身奋斗目标逐步地有了更全面和更深刻的认识。党的十二届六中全会提出"人的素质是历史的产物，又给历史以巨大影响"。⑤ 十三大进一步指出："从

---

① 《十三大以来重要文献选编》（中），人民出版社，1991年，第1063页。
② 胡耀邦：《关于思想政治工作问题》，载《人民日报》1983年1月2日。
③ 《中共中央文件选集》第1册，中共中央党校出版社，1989年，第3页。
④ 胡耀邦：《关于思想政治工作问题》，载《人民日报》1983年1月2日。
⑤ 《中共中央关于社会主义精神文明建设指导方针的决议》，1986年9月28日。

根本上说，科技的发展，经济的振兴，乃至整个社会的进步，都取决于劳动者素质的提高和大量合格人才的培养。"① 江泽民在庆祝中国共产党成立 80 周年的讲话中第一次明确把促进人的全面发展作为党的各项事业所追求的目标，提出促进人的全面发展是马克思主义关于建设社会主义新社会的本质要求，指出："我们进行的一切工作，既要着眼于人民现实的物质文化生活需要，同时又要着眼于促进人民素质的提高，也就是要努力促进人的全面发展。"② 党的十七大把促进和实现人的全面发展提到党的指导思想的核心地位，并确认了以此作为经济社会发展的最终目标。人的全面发展这一根本目标集中体现了社会发展对于人的思想道德素质提出的最高要求，明确了人作为社会发展根本目的的奋斗目标和价值理念，从而实现了党的根本奋斗目标与思想政治教育根本目标的有机统一。

与此同时，党中央相继提出"从思想政治工作最基本和最本质的问题入手，深入系统地研究人的思想认识特点及其规律"；③"努力提高全民族的思想道德素质和科学文化素质，实现人们思想和精神生活的全面发展"④。要求在思想政治教育中"坚持以人为本，服务群众，把人民群众的利益和要求作为宣传思想工作的根本出发点和立足点"，⑤"尊重人民群众的主体地位和首创精神，充分体现人文关怀，既教育人、引导人、鼓舞人，又尊重人、理解人、关心人，切实保障人民群众的政治、经济和文化权益，不断提高人民群众的思想道德素质和科学文化素质，努力促进人的全面发展"。⑥

把促进人的全面发展确立为思想政治教育的根本目标，这是党在思想政治教育理论上的重大突破。这一目标内涵既包括了党的终极奋斗目标即思想政治教育工作目标，也包括了人们在认识和改造世界能力方面取得的成果，即思想政治教育培养目标，体现了党对于自身奋斗目标和思想政治教育本质特征的科学把握，标志着思想政治工作实现了从服从军事斗争、经济建设、社会发展到人的全面发展的根本转变，从而把对思想政治教育根本目标的认识推进到了一个更加深刻和更加全面的阶段。

---

① 《十三大以来重要文献选编》（上），人民出版社，1991 年，第 19 页。
② 《江泽民文选》第 3 卷，人民出版社，2006 年，第 294 页。
③ 胡耀邦：《关于思想政治工作问题》，载《人民日报》1983 年 1 月 2 日。
④ 《江泽民文选》第 3 卷，人民出版社，2006 年，第 85~86 页。
⑤ 《十六大以来重要文献选编》（上），中央文献出版社，2005 年，第 525 页。
⑥ 李长春：《以改革创新精神加强改进思想政治工作 为推动党和国家事业发展提供有力的思想保证和精神力量》，载《人民日报》2009 年 12 月 17 日。

二、关于党的思想政治教育的具体目标和任务的理论

党的奋斗目标决定着思想政治教育的根本目标，思想政治教育的目标又决定着思想政治教育的任务。从思想政治教育的根本目标和任务出发，党在不同历史时期和阶段，根据各个时期的中心工作和任务，以及不同对象的特点和实际情况，先后提出和制定了一系列思想政治教育的具体目标和任务。考察党的思想政治教育的理论与实践的发展历程，思想政治教育的具体目标和任务具有以下特点：

第一，围绕根本目标，具体目标和任务随时代和认识发展不断深化。围绕从教育培养各个时代所需要的具体人才到最终确认实现人的全面发展这一根本目标，我党在理论认识上大致经历了三个历史发展阶段。

在革命战争年代，党提出思想政治教育的主要目标是培养适应革命斗争需要的革命者。这一时期党的工作目标是教育动员广大人民群众积极投身反帝反封建的民族民主革命，因此，思想政治教育围绕新民主主义革命这一目标确立了培养革命者这一教育目标。正如土地革命战争时期制定的苏维埃文化教育总方针"在于以共产主义精神教育广大的劳苦民众，使文化教育为革命战争与阶级斗争服务"①。抗战时期毛泽东为陕北公学的题词也提出培养"革命的先锋分子"，目的就是把广大革命青年培养成为先进的革命者。

新中国成立后，党提出思想政治教育目标是培养无产阶级革命事业的接班人。毛泽东提出："我们的教育方针，应该使受教育者在德育、智育、体育几方面都得到发展，成为有社会主义觉悟的有文化的劳动者。"② 培养和造就大批"又红又专"的无产阶级革命事业接班人，成为这个时代党对于广大青少年思想政治教育的目标要求。"又红又专"体现了正确的思想政治观点和为人民服务的专业知识、专业技能的统一。从而使党在思想政治教育的目标定位由培养革命者转向培养国家建设者。

新时期开始后，邓小平提出的培养"有理想、有道德、有文化、有纪律"的社会主义新人成为思想政治教育的主要目标，进一步拓展了思想政治教育目标

---

① 《毛泽东同志论教育工作》，人民教育出版社，1958年，第15页。
② 《毛泽东著作选读》下册，人民出版社，1986年，第780~781页。

的内涵。党的十二届六中全会提出："社会主义精神文明建设的根本任务，是适应社会主义现代化建设的需要，培养有理想、有道德、有文化、有纪律的社会主义公民，提高整个中华民族的思想道德素质和科学文化素质。"① 使根本目标又上升为全民族素质的整体提高。1999年9月《中共中央关于加强和改进思想政治工作的若干意见》进一步提出思想政治教育工作的任务是"以科学的理论武装人，以正确的舆论引导人，以高尚的精神塑造人，以优秀的作品鼓舞人，培育有理想、有道德、有文化、有纪律的公民"。② 从而完整形成并以党内法规的形式确认了思想政治教育的根本目标和具体任务。体现了对于人的全面发展这个根本目标的具体要求和实现途径。

第二，不同时期目标任务不同。思想政治教育根本目标是一个长远目标，它的实现要经过长期不懈的努力才能逐步实现。思想政治教育的具体目标是根据社会发展的历史阶段不同特点和需要制定的，不同的历史时期具有不同的政治任务，不同的政治任务需要不同的思想政治教育目标任务为之服务。

在新民主主义革命时期，党的奋斗目标是进行反对帝国主义、封建主义和官僚资本主义的革命，建立新民主主义国家。为此，思想政治教育就要为武装斗争、夺取政权这个中心任务服务，要紧紧围绕打仗、建立革命根据地、土地革命和组织动员群众等具体任务进行。新中国建立后，我国由新民主主义过渡到社会主义和平建设时期，中国共产党由革命党变成了执政党，党和国家的中心任务也由夺取政权转变为掌握和巩固政权，工作重心由农村转到了城市。思想政治教育也随之转变为围绕巩固新生的人民民主政权、恢复和发展国民经济以及建立社会主义制度等重大任务进行，基本目标和任务是向广大人民群众进行爱国主义和社会主义思想教育，调动广大人民群众的积极性，迅速发展生产力，尽快把我国从落后的农业国变为先进的工业国，逐步满足人民群众日益增长的物质和文化需要。为此，第一次全国宣传工作会议批评了把"思想政治工作和党所进行的各项巨大的实际工作相分离的观点"③，指出"离开了党的中心工作，宣传工作就会失败"④。

十一届三中全会后，根据党和国家工作重点历史性转移的新形势以及党在社

---

① 《十二大以来重要文献选编》（下），人民出版社，1988年，第1176页。
② 《十五大以来重要文献选编》（中），人民出版社，2001年，第196页。
③ 《党的宣传工作会议概况和文献》（1951～1992），中共中央党校出版社，1994年，第29页。
④ 《刘少奇选集》下卷，人民出版社，1985年，第86页。

会主义初级阶段基本路线确立的奋斗目标,我党提出了结合经济建设和经济体制改革进行思想政治教育的指导方针,指出"思想政治工作要和经济工作结合起来,不要搞两张皮,要渗透到经济活动和各个业务中去"①,"渗透到企业的生产、管理、分配、科研、整顿、改革等活动中去"②,"把注意力集中到团结人民、充分发挥人民的社会主义积极性和创造精神上来,集中到满足人民的文化和精神需要上来,集中到加强思想道德建设和教育科学文化建设上来。归根到底,集中到促进社会生产力的发展上来"③,"为改革开放和社会主义现代化建设提供强有力的精神动力和思想保证"④。

进入21世纪,随着国内改革开放的不断深入和知识经济时代高科技与全球化的加速发展,整个社会的经济、政治、文化生活发生了重大变化,人们的思想观念、思维方式也随之改变。对此,党在把"以科学的理论武装人,以正确的舆论引导人,以高尚的精神塑造人,以优秀的作品鼓舞人,不断提高全民族的思想道德和科学文化素质,努力培养和造就有理想、有道德、有文化、有纪律的社会主义公民"⑤作为新世纪思想政治教育基本目标和任务的基础上,又提出了"发展新型的人际关系,创造良好的社会风尚,充分发挥人民群众的积极性、主动性和创造性,保证党的路线、方针政策和国家法律法规的贯彻执行,保证改革开放和现代化建设的顺利进行"⑥的新的任务。党的十六大后,面对全面建设小康社会,推进经济、政治、文化和社会建设全面协调发展的新形势,教育和引导广大党员干部和群众用科学发展观武装头脑,建设社会主义核心价值体系,增强社会主义意识形态的吸引力和凝聚力成为思想政治教育的新目标和新任务。

第三,不同对象目标任务不同。由于受教育者政治觉悟、思想道德、文化程度、经济状况、社会职业、年龄层次的不同,思想政治教育的具体目标任务也不尽相同。中国共产党在长期革命、建设和改革开放进程中,曾根据思想政治教育对象的不同特点和具体情况,分别提出并制定了不同对象思想政治教育的目标和任务。新时期开始后,我党先后制定颁布了有关党内、军队、企业、农村、高校

---

① 《刘少奇选集》下卷,人民出版社,1985年,第275页。
② 《刘少奇选集》下卷,人民出版社,1985年,第375页。
③ 《刘少奇选集》下卷,人民出版社,1985年,第1177页。
④ 《十五大以来重要文献选编》(中),人民出版社,2001年,第210页。
⑤ 《江泽民文选》第3卷,人民出版社,2006年,第85~86页。
⑥ 《江泽民文选》第3卷,人民出版社,2006年,第85~86页。

等一系列行业性或部门性思想政治教育的政策规章,形成了既全面系统而又分门别类地关于思想政治教育不同对象的目标任务理论。

如党员干部的思想政治教育目标和任务是:围绕经济建设和改革发展稳定的大局,坚持党要管党、从严治党,以进一步密切党同人民群众的联系为核心,以保持党的先进性、纯洁性和增强党的创造力、凝聚力、战斗力为目标,发扬优良传统,加强思想教育,推进制度建设,解决突出问题,努力把党的作风建设提高到一个新的水平。确保党在世界形势深刻变化的历史进程中始终走在时代前列,在应对国内外各种风险和考验的历史进程中始终成为全国人民的主心骨,在发展中国特色社会主义的历史进程中始终成为坚强的领导核心。

青少年学生的思想政治教育目标和任务是:教育和引导未成年人树立中国特色社会主义的理想信念和正确的世界观、人生观、价值观,养成高尚的思想品质和良好的道德情操,努力培育有理想、有道德、有文化、有纪律的,德、智、体、美全面发展的中国特色社会主义事业建设者和接班人。加强和改进大学生思想政治教育的主要任务,一是以理想信念教育为核心,深入进行树立正确的世界观、人生观和价值观教育。二是以爱国主义教育为重点,深入进行弘扬和培育民族精神教育。三是以基本道德规范为基础,深入进行公民道德教育。四是以大学生全面发展为目标,深入进行素质教育。

三、关于党的思想政治教育目标任务理论的现实思考

综观党的思想政治教育目标任务理论的形成与发展历程,可以得出以下启示与结论:

第一,思想政治教育根本目标是思想政治教育最基础和最本质愿望与要求的反映,它体现了社会发展的方向,规定着思想政治教育的内容与任务,是思想政治教育实践活动的出发点和最终归宿。因此,确认思想政治教育根本目标对于指导思想政治教育工作具有十分重要的理论和实践意义。中国共产党对于思想政治教育根本目标的认识经历了一个历史过程,党在领导革命、建设和改革开放事业以及思想政治教育实践中,根据时代特点、中心工作及自身理论认识,不断丰富完善关于思想政治教育目标任务的理论,从而对自身奋斗目标和思想政治教育根本目标的认识更加符合社会发展规律与思想政治教育的本质特征,不仅体现了党的实事求是、与时俱进的思想理论品质,更从根本上为思想政治教育指明了方

向，保证思想政治教育工作朝着正确的目标前行。

第二，虽然不同历史时期党对于思想政治教育根本目标的表述有所不同，但"为什么培养人？培养什么人？怎样培养人"成为贯穿始终的主题，并通过这一根本目标把思想政治教育与党的根本奋斗目标有机地结合在一起，充分体现了思想政治教育根本目标所具有的本质属性：一是党性和阶级性。思想政治教育作为无产阶级革命政党实现自身政治目的的手段，必然宣传贯彻党的思想路线和方针政策，为党在一定时期和阶段的工作任务服务。二是思想性和鼓动性。坚持以科学理论武装教育党员群众，提高人们认识世界和改造世界的能力，通过调动人的积极性、主动性和创造性，实现党在各个历史时期的工作目标。三是群众性和实践性。充分重视并满足人的物质和精神需求这一支配人们思想行为的基本因素，把发挥人的能动作用与满足人的利益结合起来，立足于社会生活与人们思想实际，既教育人、引导人、鼓舞人，又尊重人、理解人、关心人，使思想政治教育贴近实际、贴近生活、贴近群众，保障人民群众的政治、经济和文化权益，促进人的全面发展。

第三，围绕党的奋斗目标与思想政治教育根本目标，正确把握思想政治教育目标系统内根本目标与具体目标、目标与任务之间的内在联系。无论根本目标，还是具体目标，都是通过各个阶段思想政治教育的任务来实现的。各项思想政治教育实现的是具体目标，只有不断实现各项具体目标，才能最终实现思想政治教育的根本目标。因此，既要以根本目标统揽指导各项具体目标任务，又要脚踏实地地为实现现阶段思想政治教育的各项具体目标而不懈努力。"从事思想政治工作的同志，都要心中有数，切不要把思想政治工作上一些具体的内容和方式方法同我们的根本目的和任务混为一谈"，否则，"我们的思想政治工作就不能取得好的效果"①。

（刊于《思想理论教育》2010年21期）

---

① 胡耀邦：《关于思想政治工作问题》，载《人民日报》1983年1月2日。

试论新中国思想政治工作的历史经验

王 炎　王树荫

《中共中央关于加强和改进思想政治工作的若干意见》（1999年9月29日）指出：高度重视思想政治工作，是我们党的优良传统和政治优势。我们党领导革命和建设的全部历史证明，掌握思想教育，是团结全党进行伟大政治斗争的中心环节；思想政治工作，是经济工作和其他一切工作的生命线。新中国思想政治工作50年曲折发展的经验教训也充分表明，能否有效发挥思想政治工作"中心环节"和"生命线"的作用，取决于对我国国情、党的中心工作、人的思想行为活动特点及思想政治工作自身规律四大要素的科学把握。

一、正确把握国情，理解思想政治工作的复杂性、艰巨性

早在民主革命时期，毛泽东就指出："认清中国的国情，乃是认清一切革命问题的基本的依据。"① 我国生产力发展的不平衡性以及多种经济成分和各种利益群体的大量存在，决定意识形态领域必然呈现多种思想观念相互碰撞，矛盾斗争错综复杂的局面，构成思想政治工作的客观前提。

其一，意识形态领域与社会存在复杂性特点相联系的各种思想观念多样并存，人们的思想道德观念千差万别。正确把握马克思主义一元指导地位和各种思想多样共存的关系，是思想政治战线一项长期任务。建国初期，刘少奇根据我国新民主主义国情，提出必须从意识形态多样性的实际出发，既坚持无产阶级思想的领导地位和发展方向，又照顾允许其他非无产阶级思想合法存在的现状。他指出，既然"我们在政策还允许资产阶级的经济存在，允许小资产阶级和农民阶级的经济存在，就必须承认它们思想的存在与合法，对于其非马列主义、非无产

---

① 《毛泽东选集》第2卷，人民出版社，1991年，第633页。

阶级的思想体系，要批评，但不能肃清，也肃不清"。① 第一次全国宣传工作会议通过的《关于加强党的宣传教育工作的决议》严格区分了党内和党外思想政治教育的任务，把坚持"理论与实际的一致，知与行、言与行的一致"作为"党的宣传的指导原理"，"反对宣传不合乎于实际"和"不准备变为实际的东西"②，体现了党对意识形态领域复杂状况的深刻理解。十一届三中全会后，基于我国处于社会主义初级阶段，实行公有制为主体、多种所有制经济共同发展的基本国情，以及对外开放和建立社会主义市场经济体制条件下，社会经济成分、组织形式、物质利益、就业方式日益多样化，人们思想活动的独立性、选择性、多变性、差异性明显增强的新特点，我党提出"从社会主义初级阶段的实际出发，从广大干部群众的思想实际出发，把先进性要求同广泛性要求结合起来"，③"根据不同对象的情况，不同时期的实际，讲究道德的层次性，注意工作的渐进性，明确区分应当提倡的、必须做到的、允许存在的和坚决反对的，既照顾多数，又鼓励先进，努力寻求道德建设与经济政策的具体的历史的统一"。④ 把思想政治教育的原则性、方向性与务实性、灵活性高度统一起来，彻底克服和纠正了长期以来脱离我国历史发展阶段及人们思想实际的单一化、简单化、教条化的思想政治教育模式。

其二，意识形态领域敌我矛盾和人民内部矛盾始终存在，正确认识和处理两类不同性质的矛盾是思想政治工作面临的复杂课题。三大改造完成后，社会主义制度在我国基本建立。毛泽东一方面指出革命时期急风暴雨式的群众阶级斗争已经基本结束，要求把正确处理人民内部矛盾作为国家政治生活中的主题；另一方面，他又强调"无产阶级和资产阶级之间在意识形态方面谁胜谁负的问题，还没有真正解决，政治战线上和思想战线上的阶级斗争还很尖锐"⑤，进而于八届三中全会重提两个阶段、两条道路的矛盾是主要矛盾，要求开展思想政治战线上的社会主义革命，极端夸大了意识形态领域阶级斗争状况，严重混淆两类不同性质的矛盾，混淆政治问题和学术问题的界限，政治斗争、政治批判取代了说服教育，"把思想政治工作变成领导者用来对付普通工人、农民、战士和知识分子的

---

① 《刘少奇选集》下卷，第82页，人民出版社，1985年。
② 《党的宣传工作会议概况和文献》，中共中央党校出版社，1994年，第16页。
③ 《中共中央关于加强和改进思想政治工作的若干意见》，1999年9月29日。
④ 《十三大以来重要文献选编》（中），人民出版社，1991年，第1079页。
⑤ 《毛泽东选集》第5卷，人民出版社，1977年，第417~418页。

一种方法，败坏了思想政治工作的声誉"①。历史和现实表明：社会主义改造完成后，阶级斗争已经不是主要矛盾，意识形态领域存在的矛盾大多数已不具有阶级斗争性质，"必须正确认识我国社会内部大量存在的不属于阶级斗争范围的各种社会矛盾，采取不同于阶级斗争的方法来正确地加以解决"②，"不可把工作中的一般错误或思想认识上的错误说成是政治错误，不可把一般的政治错误说成是路线错误，也不可把犯了路线错误、但仍属于党内斗争性质的问题，同属于企图颠覆党、颠覆社会主义国家的反革命性质的问题混淆起来"③。"对思想性质的问题采取讨论的方法、说理的方法、批评和自我批评的方法，用教育的疏导的方法去解决"④，反对把阶级斗争扩大化的观点。同时，"对敌视社会主义的分子在政治上、经济上、思想文化上、社会生活上进行的各种破坏活动，必须保持高度警惕和进行有效斗争"⑤，反对淡化政治、淡化意识形态领域阶级斗争，忽视放弃思想斗争的错误倾向。"只要阶级斗争还在一定范围内存在，我们就不能丢弃马克思主义的阶级和阶级分析的观点与方法。这种观点与方法始终是我们观察社会主义与各种敌对势力斗争的复杂政治现象的一把钥匙。"⑥ 在对外开放交流条件下，警惕防范敌对势力在意识形态领域的渗透与颠覆活动，是新时期加强思想政治工作"需要深入研究的重要课题"⑦。

其三，正确开展党内两条战线的思想斗争，善于识别思想战线的主要矛盾和主要任务，反对"左"右两种错误倾向的干扰，是我党思想政治工作的经验总结。"在建设社会主义的进程中，从1957年起的二十年间出现的错误，主要都是'左'。"⑧ 新时期开始后，鉴于以往思想政治战线重右轻"左"、宁"左"勿右的沉痛教训，邓小平于1979年3月在党的理论工作务虚会上确定了对来自"左"、右两方面错误思潮同时进行批判的原则，中央制定了"极左路线的流毒决不能低估；否定四项基本原则的右的思潮决不能忽视"⑨ 的进行两条战线思想

---

① 胡耀邦：《关于思想政治工作问题》，1982年4月24日。
② 《三中全会以来重要文献选编》（下），人民出版社，1982年，第787页。
③ 《三中全会以来重要文献选编》（上），人民出版社，1982年，第398页。
④ 《十二大以来重要文献选编》（下），人民出版社，1988年，第1177页。
⑤ 《三中全会以来重要文献选编》（下），人民出版社，1982年，第787页。
⑥ 江泽民：《在中央思想政治工作会议上的讲话》，2000年6月28日。
⑦ 江泽民：《在中央思想政治工作会议上的讲话》，2000年6月28日。
⑧ 《十四大以来重要文献选编》（上），人民出版社，1996年，第15页。
⑨ 《党的宣传工作会议概况和文献》（1951～1992），中共中央党校出版社，1994年，第378页。

斗争的正确方针,把坚持党的正确的思想政治路线,反对两种错误作为党内政治生活准则中最根本的一条,要求采取实事求是,具体问题具体对待的态度,"有哪种错误思潮,就注意哪种错误思潮,哪种错误思潮是主要的,就着重克服哪种错误思潮"。[①] 根本扭转了以往党内思想斗争中一种倾向掩盖另一种倾向的片面性。从十年动乱结束到改革开放起步,再到建立社会主义市场经济体制的全过程中,我党在两条战线的思想斗争中,坚持从实际出发,有"左"反"左",有右反右;既反"左"又反右,不搞运动,不随意上纲的正确方针,先后进行了既反对两个凡是,又坚持四项基本原则;既反对全盘西化,又坚持改革开放;既反对私有化,又建立社会主义市场经济的思想政治教育,开创了正确进行党内思想斗争的健康局面。在此基础上,十四大明确了社会主义初级阶段"左"、右错误的主要表现、危害和区分原则。"中国要警惕右,但主要是防止'左'"[②] 成为全党的共识。

二、统揽社会主义现代化事业全局,认识思想政治工作的战略性、能动性

明确党在一定历史时期的中心工作是事关革命和建设事业全局的决定性因素,才能为思想政治工作提供正确的目标依据。中共八大对当时我国主要矛盾的分析,实际上提出了党和国家中心工作转向社会主义经济建设的任务。但1957年后,由于党在指导思想上出现了脱离生产力发展的实际,一味追求提高生产资料公有化的程度和企图"以阶级斗争为纲"来推动生产力的发展的严重偏差,把政治和经济对立起来,割裂开来,宣扬"政治可以冲击一切、代替一切",导致思想政治工作误入歧途。十一届三中全会实现党的工作重心转移后,我党"把四个现代化建设,努力发展社会生产力,作为压倒一切的中心任务",提出"发展才是硬道理"[③],指出"经济工作是当前最大的政治,经济问题是压倒一切的政治问题","政治工作要落实到经济上面,政治问题要从经济的角度来解决"。[④] 把政治和经济、思想政治工作和发展生产力有机地统一起来,从而使思

---

① 《党的宣传工作会议概况和文献》(1951~1992),中共中央党校出版社,1994年,第378页。
② 《邓小平文选》第3卷,人民出版社,1993年,第375页。
③ 《邓小平文选》第3卷,人民出版社,1993年,第237、377页。
④ 《邓小平文选》第2卷,人民出版社,1994年,第194~195页。

想政治工作在适应时代发展的战略性转变中，找到了自身的位置。

高度重视社会意识对社会存在的巨大能动作用，是辩证唯物主义能动认识论的必然要求。社会主义革命和建设时期，我党先后提出"思想战线是社会主义革命中的一条极端重要的战线"，"各级党委必须真正做到把思想领导当作自己领导的首要职责"，"政治工作是一切经济工作的生命线"，"思想工作和政治工作是完成经济工作和技术工作的保证。"① 改革开放新的历史时期，我党从社会主义现代化建设全局的高度指明了思想政治工作的战略地位。提出"在建设高度物质文明的同时，一定要努力建设高度的社会主义精神文明"，其中"思想建设决定着我们的精神文明的社会主义性质"，"这是建设社会主义的一个战略方针"，"将关系到社会主义的兴衰成败"。② 确立了以经济建设为中心，推进经济体制和政治体制改革，加强精神文明建设的社会主义现代化建设总体布局。要求从整个世界的大局和建设有中国特色社会主义事业的大局的高度认识加强与改进思想政治工作的战略意义，认为"这是保证我们党始终做到代表中国先进生产力的发展要求、中国先进文化的前进方向、中国最广大人民的根本利益的必然要求"。③

为党的中心工作服务，保证党在社会主义时期各项路线方针政策的贯彻执行，是思想政治工作能动作用的集中体现。建国后第一次全国宣传工作会议批评了把"思想政治工作和党所进行的各项巨大的实际工作相分离的观点"④，指出："离开了党的中心工作，宣传工作就会失败。"⑤ 社会主义改造中，我党把围绕中心任务和实际工作开展思想政治教育确定为思想政治工作必须遵守的一个重要原则，强调"要结合着经济工作一道去做"，"不能孤立地去做"⑥。进入新时期后，我党明确了思想政治工作"必须坚定地贯彻执行为实现党的总任务、总目标服务，密切结合经济建设和经济体制改革的实际来进行的指导方针"⑦，提出"思想政治工作要和经济工作结合起来，不要搞两张皮，要渗透到经济活动和各种业

---

① 《中国共产党思想政治工作大事记》，学习出版社，2000年，第86、86、88、98页。
② 《十二大以来重要文献选编》（上），人民出版社，1986年，第25、30页。
③ 江泽民：《在中央思想政治工作会议上的讲话》，2000年6月28日。
④ 《党的宣传工作会议概况和文献》（1951～1992），中共中央党校出版社，1994年，第29页。
⑤ 《刘少奇选集》（下），人民出版社，1985年，第86页。
⑥ 《毛泽东选集》第5卷，人民出版社，1977年，第244页。
⑦ 《十二大以来重要文献选编》（中），人民出版社，1986年，第585页。

务中去，渗透到农民生活的各个领域中去"①；"渗透到企业的生产、管理、分配、科研、整顿、改革等活动中去"②；"把注意力集中到团结人民、充分发挥人民的社会主义积极性和创造精神上来，集中到满足人民的文化和精神需要上来，集中到加强思想道德建设和教育科学文化建设上来，归根到底，集中到促进社会生产力的发展上来"。③ "为改革开放和社会主义现代化建设提供强有力的精神动力和思想保证。"④ 逐步在实践中总结探索一条结合深化改革、建立现代企业制度；结合奔小康、建设社会主义新农村；围绕培养社会主义事业建设者和接班人；围绕提高市民素质和城市文明程度进行企业、农村、学校、社区思想政治工作的新途径，找到了与中心工作和各项具体工作的最佳结合点，实现了由单一服务向全面服务，由被动服务到主动服务，由大轰大嗡到真抓实干的转变，成为社会主义建设时期思想政治工作的一大鲜明特色。

三、探索思想政治教育规律，注重思想政治工作的科学性、创新性

思想政治工作作为人们运用科学理论指导，自觉改造主观精神世界的实践活动，具有相对独立和完整的科学体系及发展规律。1951年刘少奇首次提出思想政治工作的概念，对新中国思想政治工作经常化、系统化、制度化、社会化和形式多样化等问题进行了初步探索。社会主义建设时期我党和毛泽东在《关于正确处理人民内部矛盾的问题》等文献中从理论（辩证唯物主义和历史唯物主义）、信念（社会主义信念教育）、道德价值观（集体主义教育）和民族时代精神（艰苦奋斗教育）四个方面概括了思想政治教育的基本内容，并对思想政治工作的领导、实施、实现方式及方针、政策做出了原则性规定。标志着党在社会主义时期思想政治工作理论的基本形成。十一届三中全会后，思想政治工作这一特定概念得以确认并广泛使用。我党明确指出，思想政治工作主要是指思想政治教育，是党的政治工作的重要组成部分，要求"努力摸索新形势下思想政治工

---

① 《十二大以来重要文献选编》上，人民出版社，1986年，第275页。
② 《十二大以来重要文献选编》上，人民出版社，1986年，第375页。
③ 《十二大以来重要文献选编》下，人民出版社，1986年，第1177页。
④ 《中共中央关于加强和改进思想政治工作的若干意见》，1999年9月29日。

作的特点和规律,使思想政治工作进一步科学化"①。《中共中央关于加强和改进思想政治工作的若干意见》在深刻总结历史经验和教训的基础上,结合改革开放和发展社会主义市场经济的新情况,阐明了思想政治工作的内容、方针原则、规律和方法,如:贯彻民主原则和正面引导方针;解决思想问题与解决实际问题相结合;教育与管理相结合;重视发挥现代传媒的导向作用和文化的社会教育功能,运用先进典型影响带动群众等。从而大大深化了对思想政治工作本质特点和客观规律的科学认识,思想政治工作已经形成包括思想理论建设、社会道德风尚构建、新闻出版舆论宣传、科学文化知识教育、民主法纪观念培养、群众精神文化娱乐活动在内的社会系统工程。只有与时俱进,开拓创新,才能永葆思想政治工作的生机和活力。

正规化、制度化建设是思想政治工作科学化的重要内容。中国共产党执政后,立即着手在工厂、农村、机关、学校、街道普遍建立了宣传思想政治工作制度。1951年初,中共中央《关于加强与调整各级党委宣传部的工作机构的指示》、《关于加强理论教育的决定》从群众宣传、理论教育、学校教育、文化艺术、新闻出版等方面具体规定了思想政治工作的职责范围,初步形成了包括思想政治教育内容、机构、队伍、考核检查、工作方式在内的思想政治工作运行操作机制。六十年代调整时期,中央关于农业、工业、科研、教育等方面一系列工作条例中,专门对各部门思想政治工作的方针、原则、目标、要求、任务等内容做出明确详细的规定,在思想政治工作制度化探索上迈出重要一步。十年动乱结束后,我党制定《关于党内政治生活的若干准则》,以立法的形式专门对党的思想政治建设做出原则性规定。改革开放以来,先后制订了《国营企业职工思想政治工作纲要》、《关于加强农村思想政治工作的通知》、《关于新时期军队政治工作的决定》、《关于改进和加强高等学校思想政治工作的决定》、《关于改革和加强中小学德育工作的通知》等一系列文件及有关思想政治教育实施细则,形成了全国范围的思想政治工作制度化、规范化、网络化的体系,健全完善了思想政治工作制度。

思想政治工作科学的确认和建立是新中国思想政治工作发展史上的里程碑。五十年代,军委总政治部副主任傅钟曾提出"政治工作是科学"的命题。随着思想政治工作的拨乱反正,八十年代初期,在全国范围掀起一场关于思想政治工

---

① 《中国共产党财贸企业基层组织工作暂行条例》,1982年5月。

作科学化问题的讨论，对思想政治工作的内容、对象、规律、特点进行了广泛而深入的探讨，一致确认思想政治工作是一门科学的论断。1983年初，中共中央书记处委托中宣部、中组部、全国总工会、妇联、共青团等联合召开全国职工思想政治工作会议，组成全国职工思想政治工作领导小组，成立中国职工思想政治研究会，创办《思想政治工作研究》刊物，全面启动了思想政治工作科学化进程。1983年7月，中共中央批转《国营企业职工思想政治工作纲要（试行）》，提出"筹办以培养思想工作的领导干部为目标的政治院校，并在有条件的大专院校增设政治工作专业，经过若干年的努力，在全国形成一个初级、中级和高级政治工作干部的教育训练体系"，"努力造就一大批思想政治工作能手，一大批精通思想政治工作的专家"。① 一年之后，在我国高等教育学科中诞生了思想政治教育专业，开创了以正规化方式培养思想政治工作专门人才的办学模式。与此同时，思想政治工作理论研究也得到空前发展，研究领域由具体应用课题研究到基本理论探讨；由微观分析到宏观指导；由本体理论到相关学科不断扩展和深化，为思想政治教育学科的发展奠定了坚实的根基，使思想政治工作真正走上科学化、系统化、正规化的发展道路。

四、立足人的思想行为活动规律，增强思想政治工作的针对性、实效性

思想政治工作本质上是做人的工作，研究掌握人的思想认识特点和行为活动规律，是思想政治教育的立足点和出发点。新中国成立后，我党要求在思想政治工作中，注意"研究党内和社会各阶级对于国内外时事和党的政策的反应"②，纠正忽视研究党内外思想动态的倾向。建国初期整风整党运动中，刘少奇提出："由于中国革命的胜利，我们还应该注意另一些党员情绪的变动"，"重新给他们以革命的教育"③。中央《关于加强理论教育的决定》按照党员文化程度和理解能力，把理论学习划分为初、中、高三级，循序渐进开展政治常识、理论常识和马列经典著作的学习。《关于加强干部文化教育的指示》要求防止克服思想政治

---

① 《党的宣传工作文件选编》（1983~1987），中共中央党校出版社，1994年，第1087~1088页。
② 《党的宣传工作文件选编》（1949~1966），中共中央党校出版社，1994年，第70页。
③ 《建国以来重要文献选编》第2册，中央文献出版社，1992年，第150~151页。

教育中"不顾工农干部的特点和实际要求"的做法。在知识分子思想改造中，周恩来通过亲身经历详细分析了知识分子的思想根源、现状及改造途径，毛泽东更提出"思想改造的工作是长期的、耐心的、细致的工作，不能企图上几次课，开几次会，就把人家在几十年生活中形式的思想意识改变过来"，思想教育要"使人愿意接受"，"不能强迫人接受马克思主义，只能说服人接受"①。在社会主义改造中，我党把握中国农民和民族资产阶级的两种积极性和两面性特点，把人的思想改造同生产资料所有制的改造有机结合起来，在彻底消灭剥削制度的同时，实现了剥削者向劳动者的历史转变，成为我党思想政治工作史上的又一伟大创举。新时期开始后，胡耀邦提出要求从思想政治工作最基本和最本质的问题入手，深入系统地研究人的思想认识特点及其规律。《国营企业职工思想政治工作纲要（试行）》突出以人为本的思想，要求"吸收现代心理学、教育学、社会学的科研成果，对职工的思想、行为发展变化的规律和其他有关问题展开研究"，"努力探索新时期职工思想政治工作的规律"。从人的思想实际出发，"了解他们的心理、思想和感情，熟悉他们的喜怒哀乐"②，针对不同年龄、职业、层次人员的思想状况和接受能力，确定不同的教育内容、方法和要求，把尊重人、理解人、关心人的原则作为"检验我们在思想政治工作中是否真正相信、依靠人民群众的一个重要标志"③。

　　思想政治工作作为调整人们思想行为来实现工作目标的能动方式，必须重视人的生理、心理、物质和精神需求这一支配人们思想行为的基本因素。物质利益是人的思想行为产生变化的经济根源和物质基础，充分运用社会主义物质利益原则，把发扬革命精神同坚持物质利益，解决思想问题同解决实际问题结合起来，是建国以来思想政治工作的经验总结。毛泽东曾严肃批评人民公社化运动中忽视群众物质利益，极大损伤人民群众的生产积极性，从而导致党和农民之间关系紧张的错误，要求"时刻想到自己的政策措施一定要适合当前群众的觉悟水平和当前群众的迫切要求。凡是违背这两条的，一定行不通，一定要失败"。④ 邓小平在1978年中央工作会议上提出："革命是在物质利益的基础上产生的，如果只

---

① 《毛泽东选集》第5卷，人民出版社，1977年，第415、406页。
② 《党的宣传工作文件选编》（1983~1987年），中共中央党校出版社，1994年，第1090、1076页。
③ 《十三大以来重要文献选编》（中），人民出版社，1991年，第1088页。
④ 《建国以来重要文献选编》第12册，中央文献出版社，1996年，第159页。

讲牺牲精神，不讲物质利益，那就是唯心论。"① 改革开放后，我党提出了"注意把思想政治工作和经济手段结合起来"②，"共产主义思想体系的教育必须同实行马克思主义物质利益原则紧密结合，必须同现阶段按劳分配和其他社会主义原则相结合"③，"必须既讲道理，又办实事，倾听群众呼声，了解群众情绪，关心群众疾苦"④，"让群众从切身利益的小事中领悟某些大道理，增强思想政治教育的吸引力和说服力"⑤。

以群众性精神文明创建活动作为载体，发挥文化的社会教育功能和新闻媒体的导向作用，"以科学的理论武装人，以正确的舆论引导人，以高尚的精神塑造人，以优秀的作品鼓舞人"⑥，"坚持寓教于文、寓教于乐，让群众在丰富多彩的精神文化生活中受到感染、熏陶"⑦，不断满足人们日益增长的多方面多层次的精神文化需求，是八十年代以来对思想政治工作实现形式和途径探索中取得的重大突破。通过开展"五讲"、"四美"、"三热爱"活动；职工业余读书活动；双拥共建活动；文明城市、村镇、行业、家庭创建活动；企业、村镇、社区、校园文化建设；讲文明、树新风活动；文化、科技、卫生三下乡活动等一系列精神文明建设的有效途径，充分开发调动群众在思想政治工作中的主动精神，把说理教育和形象化教育，有意识和无意识教育，灌输教育和自我教育有机结合起来，增强了思想政治教育的凝聚力、感染力。

人们思想观点的形成与发展变化和整个心理活动过程密不可分，借鉴吸收心理学、教育学等理论、方法，遵循人的心理活动规律，掌握个性心理特征和心理差异，促进人们思想道德素质和心理素质的全面发展，是九十年代对思想政治工作提出的更新更高的要求。《中共中央关于进一步加强和改进学校德育工作的若干意见》和《面向21世纪教育振兴行动计划》把"增强适应时代发展、社会进步，以及建立社会主义市场经济体制的新要求和迫切需要的素质教育。通过各种方式对不同年龄层次的学生进行心理健康教育指导，帮助学生提高心理素质，健全人格，增强承受挫折、适应环境的能力"。"培养学生具有良好的道德、健康

---

① 《邓小平文选》第2卷，人民出版社，1994年，第146页。
② 《三中全会以来重要文献选编》上，人民出版社，1982年，第6页。
③ 《十二大以来重要文献选编》上，人民出版社，1986年，第364页。
④ 《中共中央关于加强和改进思想政治工作的若干意见》，1999年9月29日。
⑤ 《十三大以来重要文献选编》中，1084页。
⑥ 《十四大以来重要文献选编》上，人民出版社，1996年，第647页。
⑦ 《十三大以来重要文献选编》中，第1085页。

的心理和高尚的情操"作为面向未来思想政治教育肩负的历史使命。

思想政治工作者的表率作用和人格魅力是影响受教育者思想认识、行为方式的关键因素,也是当前思想政治工作中的核心问题。新中国建立后,以毛泽东、周恩来为代表的各级领导干部率先垂范的高度自律精神在全党和人民中产生了深远影响,"成为我党我军优良传统和作风的化身"[①]。建立在良好的党群干群关系上的党的崇高威信"是60年代初期我们党能够经受严重困难考验的最重要原因之一"[②]。在改革开放和建立社会主义市场经济体制条件下,各级领导干部,特别是"高级干部能不能以身作则,影响是很大的","群众对干部总是要听其言,观其行的","政治干部更要强调以身作则","不能说的是一套,做的又是一套"[③]。"台上讲反腐败,台下搞不正之风,群众怎么会信任你呢?"[④] 只有"要求群众做到的自己首先做到,要求群众不做的自己坚决不做,以实际行动为群众做出表率"[⑤],才能把真理的力量和人格的力量统一起来,使思想政治教育更具信服力和感召力。"我们的困难在这里,我们的希望也在这里。"[⑥] 这是我党思想政治工作的又一极为重要的历史经验。

(刊于《学海》2002年第5期)

[①] 《邓小平文选》第二卷,人民出版社,1994年,第125页。
[②] 薄一波:《若干重大决策与事件的回顾》下卷,中共中央党校出版社,1993年,第1289页。
[③] 《邓小平文选》第2卷,第124~125页。
[④] 《十四大以来重要文献选编》(中),人民出版社,1997年,第1197页。
[⑤] 《中共中央关于加强和改进思想政治工作的若干意见》,1999年9月29日。
[⑥] 《十三大以来重要文献选编》中,人民出版社,1991年,第1090页。

建国初期大学生思想政治教育的
历史考察及其启示

韩 华

[摘 要] 建国初期,高校围绕党和国家中心工作积极开展大学生思想政治教育,积累了宝贵经验。这段历史给我们的主要启示有:围绕中心,深入开展主题社会实践是加强大学生思想政治教育的有效途径;从制度建设入手,建立科学的工作机制是整合大学生思想政治教育资源的重要保障;适应时代要求,不断调整完善大学生思想政治教育的课程体系是思想政治教育永葆活力的源泉。

[关键词] 建国初期;大学生思想政治教育;社会实践;制度建设;课程体系

从1949年10月中华人民共和国成立到1956年底社会主义改造基本完成,中国共产党领导全国各族人民有步骤地实现从新民主主义到社会主义的转变,迅速恢复了国民经济并开展了有计划的经济建设,在全国绝大部分地区基本上完成了对生产资料私有制的社会主义改造。围绕这一时期中心工作的展开,在党的统一领导下,高等学校顺利完成改造旧教育制度的任务,继承和发扬老解放区学校教育和长期形成的思想政治教育工作的优良传统,积极开展大学生思想政治教育,努力探索其规律性,从而揭开了新中国大学生思想政治教育崭新的一页。

一、围绕中心开展大学生思想政治教育实践

建国初期,是我国从新民主主义向社会主义的过渡时期,也是大学生思想政治教育的初期探索阶段。面对错综复杂的国内外形势及当时大学生的思想状况,大学生思想政治教育配合建国初期巩固政权、恢复国民经济、实现社会主义改造的各项工作,并在为其服务中得到迅速的发展。

1. 在政治运动和社会实践中开展大学生思想政治教育

为了完成民主革命的遗留任务，巩固政权和维护政治稳定，党和国家领导全国各族人民开展了土地改革、镇压反革命、抗美援朝和"三反"、"五反"等政治运动。与此相适应，各级教育部门和高等学校的党组织卓有成效地开展了大学生思想政治教育。例如，组织大学生在土地改革中接受思想政治教育，通过学习关于土地改革的文件精神，提高大学生对于土地改革重要性的认识，以工作队员的身份，深入农村各地，投身于土地改革的实践。大学生积极参加镇压反革命运动的实践，开展宣传工作，检举揭发。在抗美援朝运动中"有计划、有系统地进行以抗美援朝为具体内容的思想政治教育"①。大学生以实际行动支援前线，寄送数以千万计的慰问信，捐赠大量慰问品给志愿军，争相报名参加志愿军或进入军事干校，纷纷要求奔赴前线，为保家卫国做贡献。结合"三反"、"五反"运动在全国高等学校教师和大学生中组织思想改造学习，以自我批评为主，辅以师生间相互热忱帮助，"上海市学生第五届代表大会还专门作出《关于在高中以上同学中开展思想改造学习运动的决议》。至1952年秋结束，全国参加这次学习运动的高校教职员占91%，大学生占80%"②。

2. 在贯彻过渡时期总路线中开展大学生思想政治教育

适应过渡时期总路线总任务的客观需要，针对社会主义改造时期高等学校大学生的思想实际，各级教育部门和各高等学校在加强大学生的马克思列宁主义理论学习的同时，采取一系列措施搞好大学生的思想政治教育。1953年到1954年，按照中央文化教育委员会和教育部指示，"特别是要加强高等学校中的政治思想教育，向学生进行国家过渡时期总路线的教育和马克思列宁主义基础知识的教育"，③ 高等学校在大学生中先后普遍开展了过渡时期总路线和《宪法》的学习宣传活动。1954年至1956年，根据中宣部和教育部关于宣传辩证唯物主义、批判资产阶级唯心主义的指示精神，高等学校主要在教师中进行，"在学生中主要应是利用时事学习时间和结合政治理论课内容及有关的业务课，作一般的唯物主

---

① 《开展抗美援朝的政治教育》，载《人民教育》1950年第7期。
② 谈松华主编：《中国高等学校思想政治教育史纲》，高等教育出版社，1992年，第71页。
③ 何东昌主编：《中华人民共和国重要教育文献：1949～1997》，海南出版社，1998年，第294页。

义宣传"。① 从 1954 年 10 月到 1955 年 7 月，全国除西藏外，已有 135 个大中城市先后开展了"培养青年共产主义道德、抵制资产阶级思想侵蚀"的思想政治教育工作。这期间，中共中央做出了一系列具体部署，先后批转了三个重要文件：1954 年 11 月批转团中央书记处《关于加强对青年的道德教育，抵制资产阶级思想侵蚀向中央的请示报告》；1955 年 1 月 17 日批转青年团上海市委《关于加强培养青年共产主义道德品质，抵制资产阶级思想侵蚀的报告》；1955 年 9 月 16 日批转团中央书记处《关于开展培养青年共产主义道德，抵制资产阶级思想侵蚀的工作的总结报告》。全国高等学校在党组织领导和青年团的具体指导下，组织广大学生投入这一运动。

二、逐步建立起大学生思想政治教育的工作制度

任何工作，在指导方针和原则确立之后，制度安排就显得特别重要，甚至成为制约该项工作成败的关键性因素。建国初期，根据《中国人民政治协商会议共同纲领》规定的理论与实际相一致的教育方法和原则，以及当时国际国内形势发展的需要，我们党正是在不断探索大学生思想政治教育客观规律的基础上，逐步建立了适应大学生思想政治教育的工作制度。

1. 建立政治辅导处与辅导员制度

为了加强对高等学校的政治领导，改进大学生思想政治教育，1952 年 9 月 2 日，中共中央转发教育部党组《关于在高等学校试行政治工作制度的报告》，决定在有条件的高等学校设立政治辅导处，配备政治辅导员，开展师生员工的思想政治教育，并逐步在全国高校推广普及。该报告对政治辅导处的任务、政治辅导处和辅导员的人员配置作出了明确规定。1952 年 10 月 28 日，教育部发出《关于在高等学校有重点地试行政治工作制度的指示》，在高等学校重点试行政治工作制度，设立政治辅导处。经过近三年的努力，"各地设立'政治辅导处'的高等学校达六十二所"，对加强大学生的思想政治教育工作起到了一定的作用"。② 政治辅导处与辅导员制度的设立标志着在党的领导下，以政治辅导处和辅导员为

---

① 《普通高校思想政治理论课文献选编（1949~2008）》，中国人民大学出版社，2008 年，第 25 页。

② 《中共党史教学参考资料》第 21 册，人民出版社，1980 年，第 79 页。

专职政工机构和人员的大学生思想政治教育工作制度的初步建立，同时，确立了高等学校政治辅导员队伍的地位和作用。

2. 健全政治工作机构和工作制度

新中国成立以后，高等学校建立了党委，积极慎重地开展建党工作。系一级的大学生思想政治教育工作由系党总支领导，由一名书记或副书记具体负责。同时，各高等学校普遍建立了青年团组织、学生会和教育工会组织。随着高等教育事业的发展，中央和各地组织部门调配了一大批党员干部进高等学校担任领导职务，工作机构得以健全。在这一背景下，1954年10月8日中共中央宣传部为武汉大学要求撤销政治辅导处的问题发出通知，指出："已有条件直接从健全行政和党的工作机构着手加强全校的思想政治领导，在这种情况下，可以考虑撤销政治辅导处。政治辅导员是深入学生群众进行政治思想工作的基本力量，可以根据工作需要酌量保留全部或一部分，在教务处或系主任领导下进行工作。协助系和教研室进行政治思想工作的系秘书等也有保留的必要。"① 虽然撤销政治辅导处，但是政治辅导员制度一直保留延续至今。1955年3月10日至24日，中共中央宣传部召开全国学校教育工作座谈会。会议集中讨论了加强学校中的建党工作、开展对资产阶级思想的批判、各级党委加强对学校教育工作的领导和监督等问题。同年12月14日，中共中央发出《关于配备高等学校政治工作干部的指示》。《指示》规定："各省、市委在一九五六年三月以前要为所属各高等学校配齐或调整党委（或支部）书记及人事处长等政治工作的领导骨干，把党、团组织和人事、保卫等部门充实起来，以增强高等学校的政治工作力量。"②

总的来看，建国初期各高等学校基本形成了在党委统一领导下校长负责，各级党团组织、人事、保卫等部门和政治理论课教师、辅导员互相配合，共同开展大学生思想政治教育工作的制度，为全国高等教育事业的发展打下坚实的政治基础。

三、初步形成大学生思想政治教育的课程体系

建国初期，在中央"学习苏联先进经验和中国实际情况相结合"的方针指

---

① 《中华人民共和国教育大事记（1949~1982）》，教育科学出版社，1984年，第114页。
② 《中华人民共和国教育大事记（1949~1982）》，教育科学出版社，1984年，第148~149页。

导下，各高等学校清除国民党反动的政治教育，设立马列主义政治理论课，从课程设置、教学方法、师资培训等方面初步形成了一个相对完整的课程体系，成为对大学生进行经常的、系统的思想政治教育的主要渠道和基本途径。

1. 大学生思想政治教育课程体系逐步确立

建国初期的大学生思想政治理论课程体系不断充实，逐步完善的发展过程大致可以划分为三个阶段：（1）从1949年建国到1952年恢复国民经济任务完成时期，教育部依据国家的法律法令、党和政府的方针政策，对各高等学校作出了一系列的指示。如《华北专科以上学校1949年度公共必修课过渡时期实施暂行办法》、《关于华北区各高等学校1951年度上学期进行"辩证唯物论与历史唯物论"等课教学工作的指示》、《关于全国高等学校马克思列宁主义、毛泽东思想课程的指示》，不仅明确地规定了高等学校思想政治理论课程的课目名称与基本内容，而且对综合性大学、专门学院、专科学校开设课程的时间、课时、课目的不同规定做出了明确的说明。（2）从1953年起，结合党的路线方针政策的变化和国家建设事业日新月异的发展，教育部作出一系列规定，促使思想政治理论课程在调整中不断充实。如《中央人民政府高等教育部关于确定马列主义基础自1953年度起为各类型高等学校及专修科（二年以上）二年级必须课程的通知》、《中央人民政府高等教育部关于改"新民主主义论"为"中国革命史"及"中国革命史"的教学目的和重点的通知》、《中央人民政府高等教育部关于工、农、医二年制专修科二年级开设政治理论课程的通知》。先是改"新民主主义论"为"中国革命史"，接着工、农、医科的二年制专修科从1954年至1955学年度起将"马列主义基础"改为"社会主义经济建设"，以提高大学生的社会主义觉悟。（3）在社会主义改造即将完成的重要历史时刻，教育部于1956年9月9日颁布《关于高等学校政治理论课程的规定》，把高校思想政治理论课明确规定为"马列主义基础"、"中国革命史"、"政治经济学"和"辩证唯物主义和历史唯物主义"四门课。

2. 加强思想政治理论课教师队伍建设

大学生思想政治理论课程建设的一项重要任务，是建设一支政治素质高，业务水平好，让党放心，让人民满意的思想政治理论课教师队伍。1952年9月1日，中共中央在《关于培养高等、中等学校马克思列宁主义理论师资的指示》中明确指出："提高马克思列宁主义的政治理论课程的教学水平，是学校思想建设工作的中心环节。过去由于普遍缺少足够称职的政治理论师资，以致这些课程的教学水平一般都不高。"① 建国初期，针对全国高等学校思想政治理论课师资队伍存在的量少质差，缺乏理论骨干的情况，党和政府积极采取有力措施，加强思想政治理论课师资的培养提高工作，努力为全国高等学校的政治理论课教学输送质量合格、数量充足的教学人才。基于此，教育部利用假期对思想政治理论课教师进行培训。1950 年、1951 年、1955 年教育部多次举办教学讲习班、讨论会和备课会，提高教师的思想政治和业务水平。新中国成立后的头七年，我国高等学校的思想政治理论课教师队伍从无到有，不断成长壮大，提升了大学生思想政治教育的整体水平，使思想政治理论课的教育教学效果得到明显改观。

四、建国初期大学生思想政治教育的历史经验及启示

自新中国成立到 1956 年社会主义改造完成这段时间，围绕培养什么样的人、怎样培养人这一重大问题，"经过上述的政治思想教育工作，使高等学校学生提高了社会主义觉悟，学习态度、学习纪律有了改进，新的社会主义的道德品质正在成长，许多优秀的学生参加了青年团和共产党，在各种运动中涌现了许多积极分子，出现了不少优秀学生和动人的模范事迹"。② 总的来看，这一时期的大学生思想政治教育虽然不可避免地存在简单移植老解放区学校教育经验和盲目照搬苏联做法的失误和问题，但是它适应了当时社会发展的迫切需要，积累了不少宝贵经验，留给我们的历史启示是十分有益的。

第一，深入开展主题社会实践，拓展大学生思想政治教育的有效途径。主题社会实践是围绕党和国家的中心任务、以大学生为主体的一种认识世界和改造世界的教育活动，是开展大学生思想政治教育最直接、最有效的途径。建国初期，针对当时严峻的国内外形势，大学生思想政治教育注重贯彻党和国家的工作总方针，把主题社会实践作为思想政治教育的一种重要形式，既进行认知教育又开展实践教育，使身置其间的大学生接受最深刻、最生动的政治理论教育、思想教育和"五爱"等品德、公德教育。这是一条成功的经验。今天，伴随着我国经济社会的深刻变革，必须紧紧围绕党和国家的中心任务，深刻把握社会实践活动与

---

① 《普通高校思想政治理论课文献选编（1949~2008）》，中国人民大学出版社，2008 年，第 11 页。

② 《普通高校思想政治理论课文献选编（1949~2008）》，中国人民大学出版社，2008 年，第 19 页。

大学生成长的内在关联，善于结合重大事件、传统节日等开展特色鲜明、吸引力强的主题教育活动，注重引导大学生深入基层、深入群众、深入实际，探索和建立与专业学习、服务社会相结合的实践育人机制。

第二，建立健全领导体制和工作机制，形成大学生思想政治教育的整体合力。从制度建设入手，是整合大学生思想政治教育资源的重要保障。建国初期，党和政府十分重视大学生思想政治教育，按照分工协作、统筹兼顾的原则，把各方面的力量整合调动起来，逐步建立了领导体制和工作机制，形成了大学生思想政治教育的整体合力。面对新情况新问题，以科学制度整合大学生思想政治教育资源，最根本的是"要建立和完善党委统一领导、党政齐抓共管、专兼职队伍相结合、全校紧密配合、学生自我教育的领导体制和工作机制"，① 充分发挥党团组织在大学生思想政治教育中的重要作用，把社会各方面的力量动员起来，并将大学生思想政治教育的目标任务具体分解到具体部门和单位，提高大学生思想政治教育科学性，有效地引导大学生的思想和行为。

第三，适应党的思想理论发展，完善大学生思想政治教育的课程体系。思想政治理论课程的改革和调整，不仅与国际国内形势和学生思想特点密切相关，而且较好地反映了党的思想理论发展。建国初期，根据党和国家事业发展的需要，高等学校及时开始肃清资产阶级和一切反动阶级思想流毒，坚持把党的思想理论发展与思想政治理论课的体系建构、内容安排、方法选择和队伍建设有机地结合起来，通过课程形式进行马克思主义理论的宣传教育。这标志着高校马克思主义理论课程体系的初步形成。

历史经验告诉我们，在新的历史起点上推进思想政治理论课建设，必须以马克思主义理论特别是中国化的马克思主义理论作为主要教育内容，不断优化思想政治理论课教师队伍，及时将党的理论创新成果转化为教育教学体系、内化为大学生思想政治素质，积极创新教育教学的内容、形式和方法，切实增强思想政治理论课的吸引力和感染力。

（刊于《思想教育研究》2010 年第 8 期）

---

① 《十六大以来重要文献选编》（中），中央文献出版社，2006 年，第 190 页。

西方政治社会化的基本评估与我国的公民教育

高 峰

[摘 要] 政治社会化是一个社会内部政治取向和社会模式的学习、融合、传播、继承过程,其统摄价值主要体现在它与政治文化的关系上。西方政治社会化与公民教育是同一涵义的概念并相互通用,其公民教育实际上是西方语境下的一种政治教育,对于维护社会政治稳定,塑造西方意识形态的完整性和个人的积极进取性有着极大的帮助。从公民与国家的相互关系来解读西方的政治教育观,有助于我国思想政治教育工作的有效实施。借鉴西方政治社会化的经验,努力推进公民教育,增强公民意识,对于我国构建社会主义和谐社会具有重要意义。

[关键词] 政治社会化;政治文化;公民教育;思想政治教育

一、西方政治社会化:价值与统摄

1. 政治社会化的一般前提

政治社会化在西方政治学的研究中具有鲜明的前提特质:不同的社会有着不同的政治文化,政治文化直接影响着国家机器的运转方式;人们的政治文化形成要经过某种过程。人的政治行为并非与生俱来,而是通过后天的学习获得的,即通过家庭、学校和社会环境了解并掌握的。换句话说,人们的政治文化是通过政治社会化形铸而成的。因此,政治社会化过程决定了各种政治文化的继承和发展,决定了不同社会的人们特有的政治信念、政治准则和政治态度。从而,一个社会的政治社会化过程,可以导致这个社会的稳定或不稳定,可以影响其延续或变化。

对于个人与政治共同体来说,政治社会化具有如下功能。首先,它对个体进行政治训练:向个体灌输政治体系通行的价值观;教给个体如何同政治体系进行沟通,如向政府表述某些期望,了解政府需要公民做些什么等等。其次,它可能对政治体系给予支持。政治社会化约束并教育政治系统的成员遵守政治系统的规则，履行政治系统规定的角色，从而有助于政治系统的维持及其合法性的获取。只要多数人服从法律，承担不同的角色，这些行为就会保持政治系统的运行。政治社会化的有效性与政府的成功管理是成正比的。

对此，理查德·道森和肯尼斯·普雷维特认为，政治社会化是公民获得其对政治世界的认识过程，是一代人将其价值标准和信仰传给下一代人的一种方式①。K. P. 兰顿提出，政治社会化是人们把自己所属的社会团体对社会的信仰和观念融合到自己的态度和行为模式中去的过程，是政治社会代代相传政治文化的方式②。戴维·伊斯顿和杰克·丹尼斯则把政治社会化描述为人们获得政治倾向和行为模式的成长过程③。F. I. 格林斯坦断言，政治社会化是由正式负责的教育机构对于政治知识、价值及习惯所做的有意识的工作④。应该说，以上对于政治社会化概念的代表性表述虽然不尽一致，但综合看，政治社会化是指一个政治共同体内部传播政治文化的过程，是人们通过社会化途径形成一定的政治意识和政治行为与能力的过程。它包括两个方面：一方面，一定的政治体系对人们进行政治影响，将一定的政治文化传授给人们。从这个角度看，政治社会化即是社会对人们特别是青少年进行政治训练和教育的过程；另一方面，它是个人接受一定政治文化并形成自己的政治意识和政治行为模式的过程。从这个角度看，政治社会化即是个人的政治学习过程。这两个方面的辩证统一，构成政治社会化的本质要求，即塑造与一定社会政治制度相适应的"政治人"。

2. 西方政治社会化的基本形态

如果说政治文化是政治体系的社会文化背景，那么政治社会化就是建立这一背景的制作过程。就西方政治社会化的基本形态而言，阿尔蒙德等人在《当代比较政治学》一书中的观点值得重视："政治社会化也就是一代人把政治标准和信仰传给下一代，这个过程叫作文化传递。"而政治社会化为政治文化所做的工作就是"维持、改变和创造"⑤。其一，政治社会化可以采用直接的或间接的传递和学习形式。直接的政治社会化指的是明确地交流政治信息、政治价值或政治

---

① Dawson and Prewitt. Political Socialization. Boston：Little Brown，1969. 4。
② K. P. Lanton. Political Socialization. London：Oxford University，1969. 4。
③ D. Easton and J. Dennis. Children in the Political System. New York：Magraw Hill，1969. 7。
④ [美]《国际社会科学词典》（第14卷），纽约1972. 551。
⑤ [美] G. 阿尔蒙德等：《当代比较政治学》，朱曾文等译，商务印书馆，1993年，第41页。

态度。这方面最典型的例证就是学校教育中的公民课程，或家庭餐桌上关于政治问题的讨论。间接的政治社会化指的是生活经验对于人们政治观点形成的作用。例如，在孩提时代的问题和不同意见得到了应有的关注，那么这种态度就可能一直延续到以后的生活之中。同样，人们所经历的事件也将对今后关于政治生活的看法造成影响。其二，政治社会化是一个贯穿我们终生的持续不断的过程。虽然家庭影响在人们早期的思想中塑造了对某种政治体制、政治党派等的观点，然而，随着年龄的增长，通过以后的教育、工作经验或同龄群体的交流等将对这些观点给予强化、质疑或者修正，这种情况对于个体的生活观念造成根本的转变时，它们又被称之为政治再社会化。其三，政治社会化可以是建设性的，也可以是破坏性的，取决于公众因政治信息的输入和实践的程度，进而影响如何看待政治体制和政治机构的合法性。

3. 西方政治社会化的统摄价值

当代世界的政治生活告诉人们，政治文化的性质和结构与政治稳定的程度、政治发展的水平和政治一体化的进程密切相关。任何政治共同体都会产生独具一格的政治文化。政治文化在政治共同体中传播的深度和广度以及对亚政治文化统摄的能力，是政治体系稳定和高效的决定性条件之一。然而，政治文化的作用是以政治社会化为前提的。有了这个前提，虽然政治共同体的成员会不断生老病死、新陈代谢，但政治文化却能天长地久，不断延续。而且，一个政治共同体的政治社会化越是发达，政治文化就越能得到广泛的传播，吸引的政治共同体成员越多，政治体系就越趋向于稳定和完善化。这个相互关联的现象，表明了政治社会化与政治文化、政治体系和政治活动之间的某种逻辑关系，即政治社会化有着特殊的社会政治功能。

首先，在一个政治共同体中，政治社会化起着维持政治文化的功能。政治社会化实现了政治文化的代际传递和人际传递。虽然政治社会化不停地维持着亚政治文化，但在政治共同体中，统治阶级的思想在每一时代都是占统治地位的思想，主导的政治文化总是政治体系认可的政治文化。相反，如果统治阶级不具备强有力的政治社会化手段，占统治地位的政治思想便会逐渐丧失其统摄地位，占统治地位的政治文化便无法形成。

其次，政治社会化可以改变政治共同体的政治文化。每当政治体系处于某种历史变革或政治选择时，政治体系便会通过政治社会化来改变政治文化形态，改变旧的政治文化往往伴随着一种新的政治体系和政治纲领的诞生。

最后，政治社会化可以在新的政治共同体中创造政治文化。维持政治文化、改造政治文化或创造政治文化，均要受一定的历史、社会、文化条件的制约。反过来，政治社会化在当代政治生活中也以惊人的力量改变着一定的历史、社会、文化条件。只有政治体系和政治文化的发展齐头并进的政治共同体，才能踏住历史洪流的节奏。

二、西方政治社会化的对镜意义：一个教育政治学的场域

1. 政治社会化的出场与政治教育对接

在西方，政治社会化所研究的内容实质上是政治教育问题，即公民教育。1990年，美国联邦政府教育部国际研究学院院长曾经对我国赴美教育考察团的成员说："我们学校的任务就是教学生政治社会化技术，或者叫公民技术，中国叫德育或思想政治教育，我们叫公民教育，叫政治社会化。"[1] 美国政治学者阿尔蒙德和西德尼·维巴则在学理意义上研究英、美、法、意大利、墨西哥五国和其他地区的政治文化后，根据民众对政治过程和民众具有的潜在影响力的不同认识，把政治文化分为三种类型，即地区政治文化、臣属政治文化和参与政治文化[2]。值得注意的是，在对某个国家的政治文化进行类型学考察时，不应当把以传统文化为特征的社会和以现代文化为特征的社会划分得过于分明。事实上，在任何政治体系中，政治文化都是混合型的，并不存在某种纯粹的形态，虽然在每个政治体系中，总会有某一种形态的政治文化居于主体地位，成为这一政治体系的主流政治文化[3]。显然，只有参与型政治文化，即公民文化的传播与接受的政治社会化过程，才属于公民教育的范畴；而地区型政治文化和臣属型政治文化的传播与接受的政治社会化过程，则不能称之为公民教育。以至于在阿尔蒙德看来，"人们在成功的民主制国家中，要比在不成功的民主制国家中，会更多地发现能获得信息、卷入政治以及具有理性的积极公民，这是真实的——而这一点既是至关重要的，也是作资料比较有实用性的标志"。[4]

因此，在西方尤其是在美、英等国，通常所说的公民教育，便是他们的思想

---

[1] 郑永廷：《美国学校的政治观及价值观教育》，载《思想教育研究》1990年第5期。
[2] [美]阿尔蒙德等：《公民文化》，徐湘林等译，华夏出版社，1989年，第13~23页。
[3] [美]阿尔蒙德等：《公民文化》，徐湘林等译，华夏出版社，1989年，第26~30页。
[4] [美]阿尔蒙德等：《公民文化》，徐湘林等译，华夏出版社，1989年，第518页。

政治教育，学校中的公民课程，便是他们的政治课程。这样，西方的政治社会化与公民教育才会成为同一涵义的概念并相互通用。换句话说，西方国家的公民教育实际上是西方语境下的一种政治教育。

2. 政治社会化的教育属性及其本质

如前所述，政治文化的作用是以政治社会化为前提的，因而，一个社会的政治社会化过程对整个政治体系就具有巨大的影响。"当权力自动被服从时，比必须使用制裁手段或用制裁来威胁要稳定"，"当一个政治体系认识到了它的内部存在着潜在的不稳定因素时，便明显感到有意识地进行政治社会化的必要性"①。这集中体现在政治文化的基本成分之中，主要包括三个方面：一是感情的成分，即一定社会中社会成员对政治体系的感情。二是认识的成分，即一定社会中社会成员对该社会政治体系的活动、政治领袖的形象、现行政策的了解和认知。三是评价的成分，即一定社会中社会成员对政治体系和政治活动的评价。这三个成分相互关联、相互作用并构成一个整体。由于这三个成分在不同的国家各有区别，所以各国的政治文化便有很大的差别和不同，因而不同国度中人们的政治态度也就迥然不同②。于是，依托于政治文化的整体系统，政治社会化实现了作用和影响政治活动主体的观念和行为，即通过政治社会化获得遗传机制，直接或间接地渗入政治活动主体，并转化为支配和指挥政治活动主体的政治心理（"感情的成分"）、政治思想（"认识的成分"）和政治价值（"评价的成分"），规定着政治文化的根本属性和方向，使政治文化体系中的各个层面相互趋近、相互认同，达到相对的平衡和整合，并以整体的形态参与社会的发展。一句话，政治社会化为社会的精神领域提供了自我教育和再教育的养料，有力地维护了社会政治稳定，在整体上配合了政治主体的活动。

在实践中，针对因教育、财富、血缘、婚姻、世袭等因素的影响而导致的"精英政治"与"大众政治"的分野，西方政治发展便逻辑地呈现出精英政治文化与大众政治文化取得较好配合的地方，政治活动就比较容易获得成功。反之，如果两种政治文化之间的差别太大，政治活动就不容易取得成功。可见，西方视阈中的政治社会化，就是各国的政治精英改造大众政治文化，使社会发展的趋向按照精英政治文化的要求而进行的事业。

---

① ［美］弗雷德·雷格斯蒂：《政治社会化》，载《国外政治学》1987年第5期。
② ［美］加布里埃尔·阿尔蒙德：《比较政治系统》，载《政治学杂志》1956年第3期。

3. 西方国家的一项战略任务

事实上，对社会大众特别是青年一代，进行政治社会化教育，是西方发达国家，也是世界各国都十分重视的战略问题。第二次世界大战以来，随着西方国家在政治、经济、思想文化等各个领域发生了很多新的变化，当代青年的生活理想、政治价值观念、行为模式亦表现出新的特点或新的趋向。所以，重视对当代青年的政治教育，已经成为一个重要的国际性话题。

马克思主义认为，政治与经济之间存在着辩证关系，应当从两个方面分析政治的性质。这里还必须分析政治自身的性质，才能洞悉西方国家政治价值观的本质，这对于认识西方政治社会化的战略全貌，具有十分重要的意义。在形式上，西方社会要用各种方式塑造自己的公民，促使公民形成对自己社会有利的稳定的政治态度和政治信念，形成具有连续性的政治文化。但在实践中公民政治观的形成和发展，需要一系列的条件，西方国家十分重视制造这些条件。比如，十分重视社会经济和政治的稳定发展，十分重视国策、政策等政治输出的政治正确性和稳定性，不断加强和改善各类国家机关对公民的政治社会化的功能，并且把政治社会化工作从儿童做起，从父母的示范作用和家庭的良好教育做起，尤其强调学校教育在公民政治社会化中的突出地位。

西方国家对青年一代的政治教育非常体系化，对公民政治教育问题的研究也很深入。可以说，西方思想政治教育是成熟的，它对于维护政治稳定，塑造西方意识形态的完整性和个人的积极进取性有着极大的帮助。然而，必须指出的是，全球化时代国际竞争日趋激烈，国际意识形态的斗争亦走向多样化，"不论一个国家的社会道德的或政治、经济的情况如何，政治社会化曾经是今后仍然是一切教育制度的一个主要职能。政治社会化作为学校的一个明确的职能和合法的社会过程，在20世纪又增添了新的活力，这主要是由于两次世界大战和东西方思想体系冲突的结果，双方为争取青年和对亚洲、非洲独立国家的政治影响而相互竞争着。此外，近来的新兴国家，要求教育肩负发展民族意识和政治舆论的责任"。[①] 因此，以政治文化输出为背景的政治社会化，对于西方国家的国内发展和国际扩张，始终都是一项根本性的战略任务。

---

① ［美］卡扎米亚斯等：《教育的传统与变革》，福建师范大学教育系等合译，文化教育出版社，1982年。

三、作为百年大计的公民教育：我国思想政治教育的现实要求

1. 公民教育：社会主义思想政治教育观的与时俱进

我国传统的思想政治工作是伴随着革命战争、社会主义革命与计划经济体制发展起来的。在改革开放不断深化的今天，思想政治教育必须与市场经济体制和社会主义民主法治建设相适应。在新的历史条件下，从公民与国家的相互关系中大力推进公民教育，实现思想政治教育在改革与创新的突破和飞跃，是我国思想政治教育观念与时俱进的客观要求。

首先，市场经济作为一种多元利益的竞争经济和理性规则的法治经济，要求社会成员排除血缘伦理和等级身份，以公民资格和平等身份参与市场竞争和利益分配，形成权利、义务与利益的有机联结。市场经济通行的公平与效率、竞争与合作、自由与平等和公共精神等新型经济伦理以及体现资源优化配置、权利义务的广泛性、一致性和平等性等各项市场经济规则，要求公民从个人与国家、自我与社会的关系中予以合理合法地认同和内化，明确自己在社会中的地位、使命和责任。只有公民认识、认同并获得上述价值取向，才能为市场经济提供必要的文化价值观念基础。公民教育的实施是社会主义市场经济的内在要求。

其次，公民作为社会成员普遍享有的主体身份和资格是民主宪政的产物，公民意识是从法律制度规范走向现实法治秩序的重要桥梁。在建立社会主义法治国家的过程中，优良的公民意识能充分有效地使法治理念、法律制度最大限度地转化为人们生活中的信念和准则，公民意识孕育的积极守法精神有利于建立并维护普遍有效的法治秩序。尽管已经实施的普法教育使公民的宪法观念和法律意识有所增强，但与法治秩序所需要的信仰基础还有距离，尚需从全方位加快公民教育的步伐。公民教育的实施是社会主义民主政治的内在需要。

再次，把依法治国与以德治国紧密结合提高到治国方略的高度，对公民教育提出了紧迫的要求。实施公民教育是建立社会伦理秩序和法治秩序相统一的最佳途径。一方面，道德伦理价值内化的基础载体是公民，这与社会主义精神文明建设的目标和要求，塑造"四有公民"存在着逻辑上的契合；另一方面，法律制度的轴心是对权利义务的设定和安排，它所蕴含的价值也是借助于法定权利义务来实现的，这又主要表现为国家和社会生活中公民的权利与义务，法律价值内化

的基础载体同样是公民。可见，伦理价值和法律价值的内化并不是孤立分行的，在相互影响和促进中价值内化的根本途径和实现形式都以公民为主体和归宿，这样普遍有效地确立公民意识消除了二者内在的逻辑紧张。公民民主意识与法制意识的形成，是传统社会向现代社会转型的中介点和精神支柱。人的现代化是社会现代化的核心，而现代公民意识是实现人的现代化的基础。因此，公民教育是贯彻落实"依法治国"与"以德治国"相结合的最佳切入点。

2. 和谐社会：我国公民教育的战略前提

西方的政治社会化是在比较成熟与完备的资本主义民主与法制环境下展开的，具有宪政化机制保障的良好条件。改革开放以来，面对已经变化了的社会现状，党所承担的主要职能和任务也大为不同。在这种情况下，党只有逐渐实现从革命党的思想政治教育方式到执政党的思想政治教育方式的转变，才能有效地提升思想政治教育的实效，适应社会主义和谐社会的理性要求。因此，思想政治工作的科学化水平，体现着中国共产党执政的科学化水平；思想政治工作的实际效果，则从一个很重要的方面体现着中国共产党执政的实际效果。所以，党积极推进公民教育，有助于巩固全球化时代党执政的公民社会基础。

随着改革开放和社会主义现代化建设事业的不断发展，政治主体的行为对于营造政治环境、加快社会主义文明进程的影响愈加明显，广大人民群众的政治态度、信仰、情感、价值等基本取向决定了社会主义事业的人心向背。能否切实提高政治表达的积极性，促使公民积极参与国家、社会的管理，实现人政治行为的理性化、政治关系的协调化，使基层民主更加健全、社会秩序良好、人民安居乐业的实现条件之一就是公民的政治自觉，也就是公民政治社会化问题。可以说，政治社会化决定了一个社会文明的和谐程度，政治社会化程度的高低决定着和谐社会建设与实现的可能性。因此，作为动态的政治过程，公民教育是政治社会化的应然载体，通过政治社会化，可以引导政治主体树立起民主信心，养成民主习惯，形成公民的民主政治文化心理，并使之积淀于民族精神之中，外化为建设社会主义和谐社会的思想动力。否则，纵使有最好的民主制度，若公民没有良好的政治素质和政治教育，社会和谐也只会流于形式。可见，公民教育与政治社会化互为依托，是实现和谐社会的基础工程。

党的新一届中央领导集体适时地提出建设和谐世界与和谐社会的新理念。这一创新性理念深刻地蕴含着国家综合国力"软实力"要素。所谓"软实力"并非单纯指文化实力，其核心在于政治实力。政治实力是运用文化、经济和军事实力的操作性实力,没有了政治实力,任何资源性的实力(文化实力、军事实力和经济实力)都不能发挥作用。而软实力的特点就在于通过公民教育(政治社会化)潜移默化的影响,使受影响者自愿支持国家政策。因此,努力推进公民教育,增强公民意识,提高国内政治动员能力,对于我国构建社会主义和谐社会具有重大的意义。

3. 思想政治教育的有效性:我国公民教育方式的优化

首先,公民教育是对思想政治教育内容的丰富与充实。公民教育与思想政治教育具有质的同一性。在总体上,公民意识的培养,是公民对自己在国家中的政治地位和法律地位的自我认识,主要是以宪法意识为核心的权利意识和义务意识。这样,公民教育实际上是另一种形式的政治教育。思想政治教育则着眼于启发人们的思想政治觉悟,增强其社会责任感;而公民意识的核心内容正是与公民的权利和义务相适应的责任感,包括对国家、家庭和他人负有的责任。思想政治教育的责任感教育不仅在内容上与公民的责任感教育相一致,在要求上也都是公民责任意识在不同社会角色中的具体体现。脱离了公民的社会责任感和权利义务观,思想政治教育的责任感教育就成了没有共鸣效应的空洞说教。宪法规定,国家通过普及理想教育、道德教育、文化教育、纪律和法制教育,通过在城乡不同范围的群众中制定和执行各种守则、公约,加强社会主义精神文明的建设[①]。这也正是思想政治教育追求培育"四有公民"的目标。

其次,公民教育是对思想政治教育的改革与创新。传统的思想政治教育关注社会成员的职业、工作岗位和社会责任,对其思想政治觉悟、道德水平、工作状况有着不同的要求,而忽视了作为国家公民共同的基本要求即先进性要求有余而广泛性要求不足,按照公民的权利义务规范来要求社会成员做得不够。公民教育则把立足点放在个人与国家的关系上。公民角色的本质涵义有"国家归属"和"个人主体"行为方式这样两个层次。一方面,公民首先是归属于自己的国家,这就意味着公民必须讲国格和民族尊严;同时个人与国家的关系是第一位的,"任何组织或者个人都不得有超越宪法和法律的特权"[②],在法律面前人人平等,即平等和爱国的意识。另一方面,公民个人既是认识、改造和发展国家的主体,又是国家的主人。这是对计划经济体制下形成的身份观念的超越,相应地把公民

---

① 《中华人民共和国宪法》,人民出版社,2004年,第66页。
② 《中华人民共和国宪法》,人民出版社,2004年,第62页。

个人与国家之间的关系体现为：国家权力来源于公民权利，在根本上统一于公民权利；同时要尊重人的主体性和个体性原则，一切以人的权利为出发点和最终归宿。市场经济、经济全球化以及民主政治都迫切需要唤醒公民的主体意识和权利意识。只有实现从人到公民、法人的转变，公众才会寻求和重视法律，从而才有可能向公众宣传和灌输现代文明最基本的精神和价值取向。因此，自立意识、竞争意识、效率意识、民主法制意识和开拓创新精神等奠基于市场经济和民主政治之上的现代文明原则，决不应当成为西方文明的专利；人权、自由、平等、民主等观念也不应当成为西方国家用来对付社会主义国家的棍棒，而应当为社会主义经济建设、民主政治建设和精神文明建设提供重要的思想政治支柱，弘扬社会主义的人权、自由、平等、民主观的精神资源。

再次，公民教育是思想政治教育常规化与稳定性的内在要求。百年大计，教育为本。建国以来，我国思想政治教育取得了很大成效，有力地推动了党和国家各项事业的发展，但是也有惨痛的教训。过去的思想政治工作习惯于搞政治运动，"十年动乱"严重败坏了思想政治工作的声誉。及至20世纪80年代末，邓小平进一步指出："最大的失误是教育，这里我主要是讲思想政治教育，不单纯是对学校、青年学生，是泛指对人民的教育。"[①] 思想政治工作一手硬、一手软，没有坚持一贯，在理论上也未能及时解决社会转型与意识转型的矛盾，思想政治工作走向形式化，思想政治工作者队伍素质严重下降。因此，提高思想政治教育的常规化、制度化与稳定性，是避免思想政治教育实践中忽冷忽热、时紧时松、断断续续现象的现实诉求。

（刊于《中共天津市委党校学报》2007年第4期）

[①]《邓小平文选》第3卷，人民出版社，1993年，第306页。

比较思想政治教育研究者学养提升的四个维度

王 颖

[摘 要] 提高比较思想政治教育研究者的学养和能力，迅速完善专业学术共同体是目前最紧迫的工作。比较思想政治教育研究者要了解思想政治教育学学科发展的总体趋势；有一个相对熟悉的主攻国度；锁定自己的主攻领域或专题；有一个基本的立足点和主攻视角。

[关键词] 比较思想政治教育；思想政治教育学学科；学养

比较作为人类近乎本能性的基本思维方式，是人们最常用的研究方法之一，体现在包括学术研究在内的人类所有活动之中。在现代性视域中，"比较"已超越简单字面意义上的肤浅含义，代表着一种"现代文化需求和学术精神的方法取向"①。比较或者说比较意识衍生成为一种普遍的学科意识和价值理念。虽然思想政治教育学科本身的创立和发展仅仅只有20多年的历史，随着思想政治教育专业建设的加强和学术研究的逐步推进，提出了研究其他国家思想政治教育的任务和要求，比较思想政治教育学旋即诞生。遗憾的是，在两轮教材建设后老一辈学者陆续退出科研一线，宝贵的科研经验和研究方法没有得到系统总结和传承，后继研究者大多处于单兵作战状态，学术力量单薄。提高比较思想政治教育研究者的学养和能力，迅速完善专业学术共同体是目前最紧迫的工作。

目前从事比较思想政治教育研究的学者深知比较思想政治教育的发展空间广大，所以能够自发并坚持比较思想政治教育研究，辛勤耕耘，取得了丰富的学术成果。但是，由于研究的自发性和探索性，比较思想政治教育的学者较少进行学术交流，缺乏相互促进、彼此启发的直接通道和平台，在一定程度上影响了比较思想政治教育研究的总体学术水平。基于此种现实，我们认为，当务之急是要迅

---

① 陈跃红：《现代性视域与文学"比较"的多重意蕴》，载《中国比较文学》2007年第2期。

速提升比较思想政治教育研究者自身的学养和能力，提升比较思想政治教育的研究品位，使整个学术队伍中的成员由弱变强，强者更强，推动学科不断攀升新的高峰。比较思想政治教育研究者迅速提升学养和能力，应该注意以下几个方面的问题：

第一，要了解思想政治教育学学科发展的总体趋势。

比较方法能够应用于政治现象和社会现象的"共性"研究，提出共通性的理论学说。钱钟书在谈比较文学时曾说过："比较文学的最终目的在于帮助我们认识总体文学乃至人类文化的基本规律。"[1] 与此相类似，比较思想政治教育要通过对思想政治教育的比较研究，更加深刻地认识思想政治教育的本质特征和基本规律。比较思想政治教育研究要服从和服务于思想政治教育学科和实践领域的发展，通过对国外思想政治教育基本事实和信息的研究，加强国内思想政治教育理论研究和实践操作。所以，比较思想政治教育学者应该熟悉思想政治教育的基本原理和基本问题，清楚学科发展空白领域、前沿领域、攻坚领域，有针对性地展开国外思想政治教育的研究，填补空白、占领前沿、实施攻坚。

作为比较思想政治教育学者，应该比任何人都更清楚对于本学科的发展来说，真正有价值的空白地带在哪里、真正属于前沿性的领域是什么、真正需要攻坚的课题有哪些。遗憾的是，比较思想政治教育学对于思想政治教育原理的新发展和新进展还没有做出突出的学术贡献。目前，思想政治教育学原理面临着突出的理论问题：如何概括多学科背景下的思想政治教育学基础理论；如何重新理解和界定思想政治教育的本质和要求；如何处理思想政治教育主体的多样性和客体的复杂性及其关系；怎样适应并因势利导思想政治教育环境的新变化；如何说明更新思想政治教育方法的内在理据和具体内容；如何利用和开发思想政治教育载体的新功能；如何建立思想政治教育评估的机制；如何处理思想政治教育资源的严重流失。可以说，思想政治教育学原理的发展在这些问题的困扰下如芒在背、寝食难安。而这些问题，恰恰也是比较思想政治教育的重要课题，带着思想政治教育的基本问题和突出问题，展开思想政治教育的比较研究，会让我们目光更敏锐，针对性更强，问题意识更清晰。

比较教育学认为比较教育研究本质上是对教育的反思和再造，是"更高水

---

[1] 北京师范大学比较文学研究组编：《比较文学研究资料》，北京师范大学出版社，1986年，第92页。

平的抽象研究,……感兴趣的是比反映普遍规律的科学资料所能表现的还要深、还要广的现实"①。比较思想政治教育学也是这样,它对于研究者的理论水平包括外语水平要求都更高,要求研究者对于思想政治教育和思想政治教育学的理解更具体、更深刻,对于思想政治教育的事实更熟悉。只有这样,才有可能胜任思想政治教育的比较研究。

第二,要有一个相对熟悉的主攻国度。

目前,比较思想政治教育的研究相对还是集中在国别研究上。在起步阶段,比较研究如果不建立在全面深入的国别研究和区域研究的基础上,比较的简单化、表层化就不可能避免。因此,我们只能选择一个主攻国别或区域展开思想政治教育的比较研究。不过这不是狭隘的封闭的国别或区域研究,而是在比较视野下进行的开放的国别研究。

基于比较思想政治教育相对薄弱的研究现状,我们还要大力提倡和鼓励学者进行国别研究。很显然,我们目前的国别研究在很大程度上局限于发达国家和欧美地区。对于亚洲地区、拉美地区以及其他的绝大部分国家和地区,甚至目前的社会主义国家我们都缺乏一种必要的了解和关注。对于苏联思想政治教育的宝贵经验和沉痛教训,我们也没有展开深入的具体研究。这当然有语言障碍和缺乏人才的因素,但是,比较思想政治教育研究的整体布局和专门引导上的不到位有着不可推卸的责任。

我们认为,比较思想政治教育研究者要有一个相对熟悉的主攻国度,但是又不能只关心、只了解自己研究的国度,要把国别研究放在国际乃至全球视野中进行定位和考察。主攻一个国家的思想政治教育,掌握基本研究方法,获得一定的研究经验,取得基本成果之后,要加强跟踪研究、深入研究和比较研究,突破简单的、单纯的国别研究,展开比较研究。

第三,要锁定自己的主攻领域或专题。

任何研究都有着广泛的领域和专题值得研究,我们一个人一辈子即使只研究一个国家或区域的教育,也不可能穷尽其中的所有领域或专题。因此,每个比较思想政治教育研究者都应根据自己的学术兴趣、学术背景,确立自己的主攻领域或专题。任何人都不会一辈子只关注一个领域或专题,但是短期内研究领域显然

---

① 赵中建、顾建民:《比较教育的理论与方法——国外比较教育文选》,人民教育出版社,1994年,第331页。

不宜过多。比较思想政治教育学要尽快相对明确地界定出思想政治教育的相关领域和研究专题，以便于展开具体研究。

目前来看，现在的比较思想政治教育研究者中很多人还没有形成相对稳定的主攻领域或专题，往往是什么热搞什么，哪个国家或哪个专题的材料多就写哪个，什么都可以谈，但是都很难谈得深、谈得到位，无法作深入的、多侧面的思考。凡是已经展开专题研究、明确主攻领域的学者，我们看到，在短短的几年内，致力于公民教育研究和政治社会化研究的学者经过长期积累和系统研究，稳扎稳打、逐步推进，已经取得了丰厚的研究成果和学术声誉。可见，缺乏主攻领域和研究专题，不仅不利于学术的发展，也不利于研究者学术的成长和知名度的提高。

第四，要有一个基本的立足点和主攻视角。

比较思想政治教育学者只要进行了比较思想政治教育研究，他的研究实践就会体现学科内在的思维逻辑和基本框架，包含某种立足点了，并且这种立足点总会以不同的形式或隐或显地在他的研究过程和研究结论及其表述中表达出来，成为他的主攻视角。

我们认为，立足点是比较思想政治教育学研究中带有决定性的因素。比较思想政治教育研究的科学性不仅取决于研究者所持的方法论以及他对具体研究方法的运用（姑且不论何种方法论和方法），而且还要取决于他立于何地、以怎样的视角来审视他的研究对象，并且后者在一定程度上比方法问题更加具有根本性和决定性。比较思想政治教育研究者研究某个国家或区域的思想政治教育时，既可以从社会学的视角进行研究，也可以从政治学角度进行研究，还可以从文化学角度进行研究，甚至还可以从教育学的角度展开研究。这就是立足点的差异。

任何思想政治教育现象都是历史文化的产物，文化和政治文化在很大程度上是比较思想政治教育学用以分析和认识各种思想政治教育现象及其相互关系的基本凭借物和出发点。比较思想政治教育学研究先天地要在跨文化的视野中审视不同民族、国家的思想政治教育现象，跨文化研究是它的基本特性。正是凭借对不同民族国家思想政治教育现象所由产生和存在的不同文化背景及其相互关系的分析研究，比较思想政治教育学才真正得以分析研究不同文化传统中的思想政治教育现象及其相互关系。

对同一个思想政治教育现象或事实进行研究，研究者还要根据自己的特点、研究领域或主题来确立自己的主攻视角，主攻视角的价值在于通过自己独特的视角或方法，避免重复研究。所以研究者一方面要确立自己的主攻视角，另一方面又要有从多角度、运用多种方法思考和解决问题的意识，尽可能地对研究对象进行多视角的透视。如果每个研究者都有相对独特的视角，通过积累和合作不难获得关于研究对象全面立体的了解。

比较研究的主要功能是发展、检验和修正理论。真正的研究其实都是研究者自己的研究，任何研究问题其实也都是研究者自己的问题。带着思想政治教育的问题，在国际范围中认真地寻求真正的答案，我们就会为比较思想政治教育学的发展做出学术贡献。无论是研究方法的创新、知识增量的积累，还是学术范式的构建，都取决于我们所理解的问题质量和研究者的素质。比较思想政治教育研究者解决的问题越多，研究者的综合素质就越高，研究水准就越能得到提升，对思想政治教育学科发展的贡献就越大，比较思想政治教育学存在的必要性和独特性就越明显。提高自身的学养和综合素质，应该是每一个从事比较思想政治教育研究的学者时时扪心自问的问题，也是思想政治教育学科应该时时加以关注和促动的问题。

（刊于《思想政治教育研究》2011年第1期）

第三篇 交叉与借鉴

思想政治教育心理学的发展构想

杨芷英

[摘 要] 当前，思想政治教育心理学的发展面临着缺乏完备的学科体系和充分的理论整合，实证应用研究不足、人员协作不够、业务培训不专门、专业教材不统一等问题。因此，必须针对思想政治教育心理学存在的问题，提出思想政治教育心理学的研究趋势和发展构想。

[关键词] 思想政治教育心理学；思想政治教育学；心理学；发展

思想政治教育心理学是思想政治教育学和心理学交叉形成的新兴学科，它既归属于思想政治教育学学科领域，又是应用心理学的分支学科。诞生十年来，思想政治教育心理学的学科建设有了一定的发展，初步建立了学科体系，基础理论不断深化，研究领域不断拓展。然而，作为一门新兴的边缘学科，它尚有许多不成熟和存在争议的地方，还面临着许多研究难题，特别是它的未来走向和发展更需要深入探讨。

一、当前面临的主要问题

思想政治教育心理学是一门年轻的学科，各项研究刚刚起步，还有许多不够成熟和完善之处。可以将之概括为"六个缺乏"：

1. 缺乏完备的学科体系

学科体系是学科的基本理论问题，在学科构建中意义重大。思想政治教育心理学在整个科学体系中，属于思想政治教育学和心理学两个学科交叉而成的边缘学科。就思想政治教育学的学科体系而言，思想政治教育心理学归属于思想政治教育学学科，是思想政治教育学学科体系中的一门基础学科。这一点已在学科建设中形成共识。但是，对于思想政治教育心理学自身的学科体系和内容体系，仍处在探索之中，学者们尚有不同见解，且缺乏权威性的论证。比如：有的学者以心理学的框架构建思想政治教育心理学的学科体系，从人的心理现象出发，按照人的心理过程和个性心理的发展，探索思想政治教育的认识心理、情感心理、意志心理以及个性心理、群体心理、交往心理等；而有的学者则以思想政治教育学为纲，从思想政治教育活动涉及的主要因素如教育者、教育对象、教育环境、社会要求的角度，分析在思想政治教育过程中，影响思想政治教育信息传递和信息接受的所有心理因素，包括对教育者自身的心理研究、对教育对象的心理研究、对教育环境的心理研究以及对教育过程的心理研究。因此，对于思想政治教育心理学的学科体系和内容体系需要进一步研讨，使之不断成熟完善。

2. 缺乏充分的理论整合

人的心理和思想的相通性为思想政治教育学和心理学的结合提供了理论依据和现实基础，但如何将两者进行整合，在借鉴思想政治教育学、心理学、社会心理学、德育心理学等学科理论的基础上，形成独立的思想政治教育心理学的研究对象和理论体系，仍是研究中的难点问题。在已有的思想政治教育心理学研究成果中，对于心理学理论和思想政治教育学理论仍有拼接的痕迹，二者之间缺乏内在的联系和必要的整合。比较常见的现象是把心理学理论和方法移植到思想政治教育学领域，缺乏对二者内在联系的阐述，缺乏理论的整合及方法、技术的调整，使得思想政治教育心理学自身的理论基础和理论体系不够鲜明。同时，在实际研究中，如何把心理学的研究方法如实验法引入思想政治教育领域，以实现思想政治教育的科学性，提高思想政治教育的实效性，这也是现实研究中需要解决的问题。比如：能否把心理学的认知实验研究转化为"政治意识转化过程的实验研究"，以运用科学的工具方法，实现思想政治教育心理学研究方法的科学化，改变传统的思想政治教育的研究方法（如辩证法、文献法），这一切都需要在实践中探索。

3. 缺乏实证的应用研究

思想政治教育心理学是在思想政治教育实践需要的基础之上诞生的具有较强应用性的学科，应该面向社会，面向思想政治教育实践，研究在构建社会主义和谐社会的进程中出现的各种现实问题，以促进自身的发展、思想政治教育学科发展和社会的发展。但是，以往思想政治教育心理学的研究偏重在理论构建方面，而对于操作性强、对实践具有指导意义的应用研究重视不够，对实践的指导意义不强。

4. 缺乏必要的人员协作

目前，从事思想政治教育心理学研究的学者处在个体研究阶段，缺乏人员整合和整体协作。从 1997 年教育部思政司出版统编教材《思想政治教育心理学》至今，全国各高校的相关研究人员没有召开过专门会议，对思想政治教育心理学的研究现状、存在问题及发展前景进行研讨，而是各自为战，使得思想政治教育心理学的许多基本理论问题尚未形成统一的观点和定论，且研究力量分散，缺乏必要的协作和沟通，难以获取国内外思想政治教育心理学发展的最新信息，直接影响了思想政治教育心理学的学术研究和经验交流，不利于思想政治教育心理学的进一步发展。

5. 缺乏专门的业务培训

由于思想政治教育心理学是一门新兴的边缘学科，教学研究人员相对较少，水平参差不齐。学习心理学专业的人员亟需补充思想政治教育学的理论与知识；而思想政治教育专业的人员又缺乏心理学、社会心理学、咨询心理学的相关理论与技术。因此，需要对思想政治教育心理学专业的教学研究人员进行专业培训，弥补相关知识的欠缺与不足，以保证思想政治教育心理学的继续发展有后备力量和发展后劲。

6. 缺乏统一的专业教材

在思想政治教育学诞生的二十余年，学科建设有了长足的发展。就教材建设而言，教育部先后两次组织全国的专家、学者编写了统一教材。2001 年由高等教育出版社出版了思想政治教育专业面向 21 世纪的系列统编教材。但是，由于种种原因，《思想政治教育心理学》的统编教材仍是 1996 年版本，没有及时组织力量进行重新编写，致使各高校思想政治教育专业对思想政治教育心理学课程的开设处于随意、散乱的状态，没有统一的要求、指导，也没有统一的教材。

以上问题在很大程度上影响了思想政治教育心理学的进一步发展，是思想政治教育心理学在未来发展过程中应着力解决的问题。

二、思想政治教育心理学发展构想

1. 加强理论整合，完善学科体系

思想政治教育心理学作为思想政治教育学和心理学的边缘学科，必然涉及思想政治教育学和心理学这两个学科领域。思想政治教育学具有综合性的特点，

综合了哲学、管理学、社会学、教育学、行为科学等多门学科的研究成果，是在多门学科的结合部、交界处产生的一门独立学科。同时，心理学又有个体心理学、社会心理学、德育心理学、咨询心理学等多门分支学科，这些学科也构成了思想政治教育心理学的理论基础，对思想政治教育心理学产生了重要影响。以上因素增加了思想政治教育心理学这门边缘学科的庞杂性，使得思想政治教育心理学在学科构建过程中面临着理论整合的繁重任务。需要整合思想政治教育学、心理学、社会心理学、德育心理学等多学科的相关理论，进行新的理论建构，使思想政治教育学理论与心理学等相关理论有机地结合起来。要将心理学的基本理论贯穿或结合于整个思想政治教育过程之中，从人的心理现象与思想意识的内在联系入手，揭示人的思想形成与发展和人的心理活动的内在联系和规律，研究影响思想政治教育过程的诸多心理因素，探讨人们在思想政治教育过程中，心理现象发生、发展及其变化的规律。因此，思想政治教育心理学的未来发展，亟需加强理论整合，在借鉴以上学科基本理论的基础上，进行进一步的分析、综合、概括和创造，构建思想政治教育心理学独特的理论体系和内容体系。

2. 深化对思想政治教育心理规律的研究

思想政治教育的最终目的是形成人们良好的思想政治品德，而思想政治品德的形成是一个十分复杂的过程，是社会通过思想政治教育和社会舆论等各种渠道将社会的政治规范、思想规范和道德规范传递给教育对象，教育对象通过自己的实践活动，接受并掌握这些规范，形成自己的思想意识和相应的行为习惯的过程。这一过程始终与教育对象的心理过程，即认知过程、情感过程、意志过程发生着紧密的内在联系，与其个性倾向和个性心理特征，诸如需要、动机、信念及能力、气质、性格等发生着内在的联系。这就要求我们遵循教育对象的心理特点和思想政治教育过程的心理规律开展思想政治教育活动。但是，以往思想政治教育理论界在研究思想政治教育过程的规律时，对心理规律的研究着力不够。在思想政治教育心理学的研究中，对思想政治教育过程心理规律的研究也有所欠缺。因此，未来思想政治教育心理学要深化对思想政治教育过程的心理规律的研究，从思想政治教育过程的心理矛盾入手，去探索、揭示思想政治教育过程的心理规律。

在思想政治教育过程中，充满着一系列心理矛盾，有教育者与教育对象之间的心理矛盾，教育者及教育对象自身的心理矛盾，教育者、教育对象与教育介体和教育环境之间的心理矛盾等等。如教育者与教育对象之间的心理矛盾表现为教育对象由于自身思想政治品德与教育者和社会要求之间的差异而导致的认知冲突、情感冲突、行为冲突等；教育者自身的心理矛盾表现为思想政治教育者的角色要求与自身主体性之间的心理矛盾。教育对象与教育过程中其他要素的心理矛盾包括教育对象与教育对象、教育对象与教育内容和教育方法、教育对象与教育环境之间的心理矛盾。由于教育对象在接受教育之前就已经形成了自己的思想道德品质和心理特质。因此，在思想政治教育过程中，教育对象已有的思想方法、价值观念、思维方式和心理定势必然会对思想政治教育活动产生影响，与教育内容、教育方法和教育环境产生心理矛盾。当心理矛盾协调发展时教育对象就会产生接受心理，反之将产生不接受心理，怀疑甚至抵制思想政治教育。

以上各种矛盾的运动和发展都是有其规律可循的。例如：思想政治教育过程中认知方面的规律包括需要认知原驱力的规律、注意规律、认知循序渐进规律、认知图式形成和改造规律等。除此之外还有许多具体规律，而这些具体规律的实现程度，最终都要受到受教育者的接受心理规律的制约。因此，思想政治教育过程中的基本心理规律是思想政治教育者为主导的施教系统必须适合教育对象的接受心理的规律。这一规律包括两个方面的内容：一方面，教育者的施教必须适应教育对象的接受心理，这样，思想政治教育才会产生效果；另一方面，教育者施教又不能仅仅是被动地适应教育对象的接受心理，还应当主动超越教育对象的接受心理，即主动调节教育对象的接受心理使其接受教育，才能达到思想政治教育的目的。

3. 拓展研究领域，进行思想政治教育心理学的动态研究

现代社会发展和人的发展对思想政治教育心理学的发展提出了客观要求和现实可能，思想政治教育心理学不断吸取相关学科的最新研究成果，不断拓展研究领域，这既是思想政治教育心理学学科发展的需要，也是现代社会发展的需要。为此，思想政治教育心理学要根据思想政治教育学的发展和心理学及相关学科的发展，针对教育对象的心理发展和思想变化进行动态研究，解决思想政治教育过程中不断涌现的新的心理现象和心理问题，使思想政治教育心理学的研究始终跟上学科发展的步伐和社会发展的步伐。比如，思想政治教育心理学应该吸收积极心理学理论的最新研究成果，研究人类的积极品质，努力开发人的潜力、激发人的活力，促进人的能力与创造力。长期以来，心理学的主要注意力集中在消极心理的研究上，局限在对人类心理问题、心理疾病的诊断与治疗上，而缺乏对人类积极品质的研究与探讨，由此造成心理学知识体系上的巨大"空档"，限制了心

理学的发展与应用。进入新世纪，以赛利格曼等发表《积极心理学导论》（2000年）为标志，积极心理学理论初露锋芒，给心理科学的发展带来了新的活力。积极心理学是一种关心人的优秀品质和美好心灵的心理学。它有三个层面的含义：

第一，从主观体验上看，它关心人积极的主观体验，主要探讨人类的幸福感、满意感、快乐感，构建未来的乐观主义态度和对生活的忠诚等；

第二，对个人成长而言，积极心理学主要提供积极的心理特征，如爱的能力、工作的能力、积极地看待世界的方法、创造的勇气、积极的人际关系等；

第三，在群体水平上，涉及公众的品质，包括人的社会性，作为公民的美德、利他行为、对待别人的宽容和职业道德、社会责任感以及如何成为一个健康的家庭成员。如责任、利他、关爱、文明、现代性、容忍力等品质。

显然，积极心理学要以科学的方法研究人性中的积极层面，并力图促进个人、社会以及整个人类的发展。"积极心理学"作为心理学的一种思想、理念，一种技术和行动，对思想政治教育心理学具有极大的借鉴意义。思想政治教育心理学只有以开放的姿态，随时吸取相关学科的研究成果和方法手段，才能不断获得新的发展。

4. 重视操作性研究，突出对实践的指导作用

思想政治教育心理学的重要价值在于对实践的指导意义。未来思想政治教育心理学研究可以借鉴当代西方道德教育的研究模式，不仅注重德育心理理论的探讨，同时注重道德教育实践。如道德认知发展理论提出了"新苏格拉底德育模式"、"新柏拉图德育模式"；价值澄清理论设计了"价值观地理"、"自传的几页"、"填写价值单"等活动，都在学校德育实践中取得了良好的教育效果。为此，思想政治教育心理学应加强教育实践，重视操作性研究，可以在社会生活中寻找实证性的研究课题；可以进行思想政治教育心理学的个案收集和整理工作，为编辑思想政治教育心理学案例集做准备；可以在学校开展道德实践活动，把团体心理咨询中团队活动的常用技术，改编成思想政治教育心理活动设计模块，用于思想政治教育过程之中。如激发教育对象的学习兴趣、活跃思维的时事辩论会、记者招待会等；促进教育对象信任与彼此接纳的信任之旅、优点轰炸等活动；促进教育对象自我探索的自画像、生命线、人生透视等活动；帮助教育对象进行价值观探索的生存选择、临终遗命、洞口求生等活动；促进群体成员相互支持、互助解难的脑力激荡、做自己的主人等活动。这些活动内容丰富，形式多

样，寓教于乐，可以消除教育对象的心理阻抗和逆反心理，使教育对象在潜移默化中接受教育。

5. 整合研究力量，加强交流合作

思想政治教育心理学要想获得持续的发展，就必须整合各高校现有的研究力量，形成合力，通过国际、校际的交流与合作，使不同思想进行交锋，各种观点发生碰撞，在交锋中提高认识，在碰撞中产生火花，最终在思想互动和脑力激荡中产生新思想，形成新认识，从而促进思想政治教育心理学的理论深化和学科发展。

6. 开展思想政治教育心理学的课程建设

思想政治教育心理学的课程建设是思想政治教育心理学学科建设的重要方面，未来思想政治教育心理学的发展要把课程建设放在重要位置，可以通过编写统一教材和教学大纲、制作思想政治教育心理学多媒体课件、组织团体活动、开展师资培训等方式加强思想政治教育心理学的课程建设，推动思想政治教育心理学的学科发展。

总之，思想政治教育心理学在十余年的发展中，吸取了思想政治教育学、心理学、社会心理学以及当代西方道德教育的理论和技术，取得了初步的成果，拓展了思想政治教育学科的研究领域和发展空间，促进了思想政治教育科学化的发展。思想政治教育心理学必将在实践中不断完善，在未来获得更大的发展。

（刊于《思想教育研究》2008 年第 1 期）

参考文献：

[1] 童彭庆：《思想政治教育心理学》，高等教育出版社，1996 年。
[2] 姜相志：《思想政治教育心理学》，哈尔滨工业大学出版社，2000 年。
[3] 张云：《思想政治教育心理学》，上海人民出版社，2001 年。
[4] 胡凯，荣复康：《思想政治教育心理学》，湖南科学技术出版社，2005 年。
[5] 彭聘龄：《普通心理学》，北京师范大学出版社，2004 年。

思想政治教育心理学研究综述

杨芷英

[摘　要] 思想政治教育心理学是一门新兴的交叉学科，它既归属于思想政治教育学学科，又是应用心理学的分支学科。诞生十年来，思想政治教育心理学的学科建设有了一定的发展，初步步建立了学科体系，基础理论不断深化，研究领域不断拓展。认真总结思想政治教育心理学的研究现状，全面梳理思想政治教育心理学研究中存在的主要分歧，深入分析思想政治教育心理学研究的难点问题，既是思想政治教育心理学发展的迫切需要，也是思想政治教育学科建设的必然要求。

[关键词] 思想政治教育；思想政治教育学；心理学；思想政治教育心理学

思想政治教育心理学是一门新兴的交叉学科，它既归属于思想政治教育学学科，又是应用心理学的分支学科。诞生十年来，思想政治教育心理学的学科建设有了一定的发展，初步建立了学科体系，基础理论不断深化，研究领域不断拓展。但是，思想政治教育心理学作为一门年轻的边缘学科，各项研究刚刚起步，尚有许多不成熟和存在争议的问题，还面临着许多研究难题。因此，认真总结思想政治教育心理学的研究现状，全面梳理思想政治教育心理学研究中存在的主要分歧，深入分析思想政治教育心理学研究的难点问题，既是思想政治教育心理学发展的迫切需要，也是思想政治教育学科建设的必然要求。

一、思想政治教育心理学研究的基本成果

近年来，随着思想政治教育学科研究的不断深化和思想政治教育心理学的不断发展，使得思想政治教育学与心理学的结合更加紧密，从心理学的视角对思想政治教育过程中出现的心理现象、心理问题和心理规律的探讨更加深入，促进了

思想政治教育科学化的进程。概括起来，思想政治教育心理学的研究成果集中在以下几个方面：

1. 对建立思想政治教育心理学必要性的研究

思想政治教育心理学是在"思想政治教育科学化"背景下创建的，其直接目的是为了提高思想政治教育的科学性和有效性。在思想政治教育心理学诞生之初至今，许多学者都系统论证了创建思想政治教育心理学的必要性和可行性，认为思想政治教育是针对人的教育，思想政治教育学科的发展只有遵循人的心理规律才能建立在科学的基础之上。因此，思想政治教育学必须借鉴心理学的相关研究成果。其主要观点如下：

第一，从人的心理、意识、思想的内在联系入手，论证思想政治教育学与心理学结合的科学性。这种观点认为，人的心理、意识、思想具有相通性，它们都是人的精神现象，都是人脑的机能，都以客观现实为源泉和内容，以实践活动为场所。其中，心理是基础，在心理的基础之上发展为意识，再在意识的基础之上，经过理性思维上升为思想。由于人的意识和思想具有一致性，不可截然分开，习惯于统称为思想意识。由此可见，心理是思想意识形成的基础，同时又渗透在思想意识当中。思想意识是心理的高级形式，是在心理的基础上发展起来的。思想意识的发展变化受心理的影响和制约，心理活动的方向和内容又受思想意识的支配，心理和思想意识密不可分，相互作用。因此，要通过思想政治教育解决人们的政治态度、思想认识和道德觉悟问题，就必然涉及人的心理层面，需要探讨影响人们政治思想品德背后的心理因素。思想政治教育必须以心理学为基础和依据，把心理学的成果融合、贯穿于思想政治教育的基本理论和原则方法之中，只有这样，才能把思想政治教育奠定于科学的基础之上。

第二，从方法论的角度，论证思想政治教育心理学建立的合理性。这种观点认为，传统思想政治教育理论的研究视角一般侧重于教育者和教育内容，而对教育对象和教育过程研究不够。这使得教育对象的主体性难以确立，教育对象只能被动地接受教育者灌输的内容，难以将它内化为自身的道德品质和思想意识。在教育对象的主体意识日益强化，以人为本的思想政治教育理念得到认同的今天，需要加强对教育对象的本体研究，特别是心理研究。而心理学对教育对象的心理过程和个性心理特征、教与学过程中的心理现象及其规律的研究为思想政治教育心理学提供了丰富的研究成果，心理学的实验方法为思想政治教育提供了科学的研究手段，可以借鉴到思想政治教育过程之中。因此，思想政治教育心理学的相关研究能够拓宽思想政治教育学的研究视角,更加全面、系统地研究教育对象,从教育对象的心理现象、心理过程及其发展变化的规律入手,使思想政治教育更加贴近教育对象的心理特点和思想实际,从而提高思想政治教育的科学性和实效性。

第三,从现实需要入手,论证思想政治教育学借鉴心理学研究成果的必要性。思想政治教育是一种实践活动,必须随着时代的变化和党的中心任务的确定调整工作重点。在革命和战争年代,社会主要矛盾表现为阶级矛盾。此时,思想政治教育的重点是政治教育和思想教育。在社会主义建设时期,随着社会主要矛盾转变为不断满足人们日益增长的物质文化需要,思想政治教育的主要任务也要随之调整。特别是在改革开放和社会转型时期,世界正在发生深刻的变化,人们处在一个思想大活跃、观念大碰撞、文化大交融的时代,各种思想观念、意识形态、价值取向有融合有斗争,有吸纳有排斥,有渗透有抵御,人们产生了更多的精神困惑、思想冲突和心理问题,使得思想政治教育面临的形势更复杂、任务更繁重、工作更艰巨。面对新形势新情况,要增强思想政治教育的时代性及针对性、实效性和主动性,就必须借鉴心理学的理论和方法,从解决教育对象的心理问题、提高心理素质入手,挖掘教育对象的主体意识,培养他们的自律意识,提高道德选择能力,以及增强在纷繁复杂的社会环境中适应社会和自我发展的能力。如果思想政治教育忽视人们的心理需求和心理困惑,依照传统思想政治教育的模式,就会失去其生命力。

2. 对思想政治教育心理学的基础理论研究

思想政治教育心理学的基础理论包括思想政治教育心理学的研究对象、学科性质、基本范畴、内容体系、学科特点、研究意义、研究方法、理论基础,等等。思想政治教育心理学以往的研究对以上问题都进行了探讨,并且对其中大部分问题基本形成了共识,如对思想政治教育心理学的研究对象、学科性质、学科特点、研究意义、研究方法等方面学界的意见比较一致。以思想政治教育心理学的研究对象为例,学界一致认为思想政治教育心理学的研究对象是思想政治教育过程中心理现象发生、发展及其变化的规律。如姜相志主编的《思想政治教育心理学》指出:思想政治教育心理学是研究人们在思想政治教育过程中心理现象发生、发展及其规律的科学。[①] 郭崇岳著的《思想政治教育心理学》指出:思

---

① 姜相志:《思想政治教育心理学》,哈尔滨工业大学出版社,2000年,第11页。

想政治教育心理学是研究思想政治教育过程中人们心理活动规律及如何遵循人们心理活动规律去实施思想政治教育的一门科学。① 胡凯、荣复康著的《思想政治教育心理学》指出：思想政治教育心理学以人们的思想行为形成和发展的心理规律以及依据这种心理规律对人们进行思想政治教育的规律作为研究对象。② 以上表述虽然不完全一致，但没有原则上的分歧。

3. 对思想政治教育对象的心理研究

思想政治教育的根本目的是提高教育对象的思想觉悟，将社会的政治规范、思想规范和道德规范等社会意识传递给教育对象，转化为教育对象的思想意识和相应的行为习惯。在这一过程中，教育对象的心理状态、心理特征、心理倾向对思想政治教育具有重要影响。因此，对教育对象的心理研究是思想政治教育心理学研究的重要内容。思想政治教育心理学对教育对象的心理研究集中体现在对教育对象的个体心理研究和群体心理研究两个方面。

教育对象的个体心理研究包括对教育对象个体心理的形成和发展、教育对象的学习心理、接受心理、个性心理及其差异等方面的研究。对教育对象个体心理的形成和发展的研究，是教育对象个体心理研究的基础。这部分研究着重探讨了影响个体心理发展的内外因素，如遗传因素、思维发展、语言发展以及环境因素等，揭示了个体心理发展与思想政治品德形成之间的内在联系。

教育对象思想政治品德的形成过程就是一个不断学习社会规范和接受社会意识、形成个体意识的过程。因此，研究教育对象在思想政治教育过程中的学习心理和接受心理，是教育对象个体心理研究的主体内容。思想政治教育对象的学习心理包括学习的心理过程、学习的心理依据、学习的心理机制等。此部分研究借鉴了西方的学习理论、学习动机理论、道德教育理论等内容，研究了理解、迁移、强化、模仿等心理机制在思想政治教育过程中的具体运用，把当代西方道德教育的具体方法引入思想政治教育过程之中，如道德认知发展理论倡导的课堂道德讨论法、公正团体法，价值澄清理论提出的价值观地理、群体谈话等方法，目的在于激发教育对象的学习动机，引导教育对象通过参与活动积极思考、探索，获得思想和认识上的提高。③

---

① 郭崇岳：《思想政治教育心理学》，大连理工大学出版社，1993年，第3页。
② 胡凯、荣复康：《思想政治教育心理学》，湖南科学技术出版社，2005年，第7页。
③ 杨芷英：《思想政治教育心理机制研究》，红旗出版社，2005年，第156～205页。

思想政治教育对象的接受心理研究了接受的心理过程，提出认知过程是接受的先导系统、情感过程是接受的调控系统、意志过程是接受的保证系统，并系统研究了感觉、知觉、注意、记忆、思维、情绪、情感、意志等心理过程对接受的影响，同时研究了教育对象的需要、动机、兴趣、观念系统对接受过程的影响，以及教育对象的能力、气质、性格等个性心理特征对接受的影响。探讨了教育对象自我防御心理机制的作用特点、作用方式、作用机理等，目的是避免教育对象心理阻抗的产生和逆反心理的作用，使思想政治教育的信息传递更加符合教育对象的接受心理。①

思想政治教育对象的差异心理重点研究教育对象在智力因素方面和非智力因素方面存在的心理差异，旨在使思想政治教育更加符合教育对象的心理特点，真正做到因材施教，提高思想政治教育的有效性。②

群体是人类社会的基本组织形式，每个人都生活在一个或多个群体之中。群体作为整个社会环境的一个重要组成部分，对人的思想和心理活动有着极其重要的影响。这种影响表现在两个方面：一是群体内部成员之间心理方面的相互影响；二是整个群体心理对个体的影响。对思想政治教育对象的群体心理研究主要围绕着以上两个方面进行。

群体内部成员之间心理方面的相互影响即人际互动问题，主要研究了人际互动的心理依据，从同化融合说、去个性化说、社会比较说等几个方面解释了产生人际互动的心理原因，具体分析了暗示、模仿、感染等心理过程对于人际互动产生的影响，探讨了人际互动的行为表现，为思想政治教育者正确运用人际互动理论，引导教育对象的积极行为提供了指导。③

群体心理对个体的影响集中研究了群体的心理功能、群体凝聚力和群体压力对个体行为的影响，以及群体动力形成的基本理论与具体方法。群体可以使其成员产生安全感、归属感、力量感、荣誉感，使成员受到尊重，满足成员的多种心理需求。正因为如此，个体对群体具有极强的依赖性，群体心理和群体行为对个体具有很强的影响作用，这是思想政治教育不可忽视的心理背景和心理环境。④

群体凝聚力是群体内成员之间及群体对其成员的吸引力和向心力。群体凝聚

---

① 王敏：《思想政治教育接受论》，湖北人民出版社，2002，第138~163页。
② 杨芷英、王希永：《思想政治教育心理学》，首都师范大学出版社，1999年，第169~171页。
③ 杨芷英：《思想政治教育心理机制研究》，红旗出版社，2005年，第126~150页。
④ 王新山：《思想政治工作心理学》，武汉测绘科技大学出版社，1998年，第147~152页。

力强、士气高有利于思想政治教育的开展，可以促进思想政治教育取得良好的效果。该部分研究分析了影响群体凝聚力产生的因素，探讨了提高群体凝聚力的具体途径。①

群体压力是由群体舆论、风气和规范等形成的一股影响其成员行为的心理压力。在群体压力下个体的行为表现为产生社会标准化倾向和从众行为倾向。思想政治教育可以利用群体压力改变个体行为，统一认识，统一意志，统一行动。同时，思想政治教育者要注意克服消极的群体压力，善于听取不同意见或反面意见，以准确了解群众的真实思想，制造积极的群体压力，使群体行为向着思想政治教育要求的方向发展。②

4. 对思想政治教育过程的心理研究

教育对象思想政治品德的形成过程就是自身知、情、意、行的辩证发展过程。因此，在思想政治教育过程中，心理现象和心理活动贯穿始终。思想政治教育必须遵循心理活动的规律，运用心理学的原则和方法从事思想政治教育，努力揭示思想政治教育过程的心理规律。这是思想政治教育心理学研究的中心内容。

第一，对思想政治教育信息传递过程的心理分析。从信息论的角度来看，思想政治教育的过程就是思想政治教育信息的传递过程。在这一过程中，思想政治教育者、教育对象、教育情境以及思想政治教育信息的传递方式都会影响教育对象的心理过程，最终影响思想政治教育的效果。因此，有的学者把社会心理学的认知说服理论（美国心理学家、传播学家霍夫兰德 1959 年提出）引入思想政治教育过程，从思想政治教育者的专业性、可靠性和吸引力方面，从教育对象原有的态度强度、心理免疫和人格特征方面，从思想政治教育信息传递的差异性、情绪性、组织性方面，以及从如何强化教育情境方面分析心理因素对思想政治教育全过程的影响，以提高思想政治教育的有效性。③

第二，思想政治教育的心理机制和心理功能。机制一词，源于希腊文，意指机器的构造和工作原理，后来扩展及有机体，指有机体的构造、功能和相互作用。在社会科学领域，机制用以表示一个复杂社会系统的复杂因素之间相互作用的方式，尤其是精微的相互作用方式。思想政治教育的心理机制研究着重探讨了

---

① 张云：《思想政治教育心理学》，上海人民出版社，2001 年，第 188~189 页。
② 张云：《思想政治教育心理学》，上海人民出版社，2001 年，第 185~186 页。
③ 杨芷英：《思想政治教育心理机制研究》，红旗出版社，2005 年，第 269~278 页。

思想政治教育过程中激励的心理机制、态度转变的心理机制、自我教育的心理机制等。

思想政治教育不仅具有政治功能，为人们提供政治方向和精神动力，而且具有多方面的心理功能，如激励功能、态度转变功能、情绪调节功能、心理保健功能等。探讨上述功能及其实现途径，可以在思想政治教育过程中更好地实现上述功能。

第三，思想政治教育的心理效应。心理效应指大多数人在相同的情景之下或对某种相同的刺激，产生相同或相似的心理反应的现象。在思想政治教育过程中存在着各种各样的心理效应，或大或小地影响思想政治教育的效果。认识和利用心理效应，并通过心理效应提高思想政治教育效果，是思想政治教育研究的重要课题。思想政治教育过程中出现的心理效应包括识人中的心理效应，即思想政治教育者和教育对象之间彼此相互认识、相互了解时经常发生的心理效应，如首因效应、近因效应、定势效应、光环效应、体貌效应、名片效应等；育人中的心理效应，如自己人效应、异性效应、皮格马利翁效应、跨门槛效应、齐加尼克效应等；用人中的心理效应，如多米诺骨牌效应、犯错误效应、共生效应、组合效应等。正确运用以上效应，可以在思想政治教育过程中提高教育效果，使教育对象心悦诚服地接受教育。①

第四，思想政治教育的心理学原则与方法。心理是思想的基础，人的思想是客观存在反映在人的意识中经过思维活动而产生的结果。思想的形成过程始终与人的心理过程，即认识过程、情感过程、意志过程有着紧密的内在联系，与人的个性倾向性和个性心理特征发生着内在联系。因此，探究教育对象的思想规律，必须遵循心理学的原则。适应于思想政治教育过程的心理学原则主要有心理引导原则、心理相容原则、心理共振原则、心理互换原则和因人施教原则。在已有成果中对以上心理原则的作用、实施方法、实现条件等进行了较为具体的阐述。②

引入思想政治教育过程中的心理学方法有心理诱导法、心理刺激法、心理平衡法、心理威慑法等。

第五，思想政治教育过程的心理规律。揭示思想政治教育过程的心理规律是思想政治教育心理学研究的最终指向，也是学界普遍关注的课题。胡凯、荣复康

---

① 杨芷英、王希永：《思想政治教育心理学》，首都师范大学出版社，1999年，第238~252页。
② 童彭庆：《思想政治教育心理学》，高等教育出版社，1996年，第270~286页。

主编的《思想政治教育心理学》对此作了详细的探讨。他们认为,在思想政治教育过程中,充满着一系列的心理矛盾,有教育者与教育对象之间的心理矛盾;教育者及教育对象自身的心理矛盾;教育者、教育对象与教育介体和教育环境之间的心理矛盾,等等。比如,教育者与教育对象之间的心理矛盾表现为教育对象由于自身思想政治品德与教育者和社会要求之间的差异而导致的认知冲突、情感冲突、行为冲突等;教育者自身的心理矛盾表现为思想政治教育者的角色要求与自身主体性之间的心理矛盾,如认知上是否完全认同社会主导价值观,情感上是否对促使教育对象转化充满热情,能否完全从心理上接受思想政治教育者这一社会角色,能否将认知自觉地外化为自己的教育言行,等等;教育对象与教育过程中其他要素的心理矛盾包括教育对象与教育对象、教育对象与教育内容和教育方法、教育对象与教育环境之间的心理矛盾。由于教育对象在接受教育之前就已经形成了自己的思想道德品质和心理特质。因此,在思想政治教育过程中,教育对象已有的思想方法、价值观念、思维方式和心理定势必然会对思想政治教育活动产生影响,与教育内容、教育方法和教育环境产生心理矛盾。当心理矛盾协调发展时教育对象就会产生接受心理,反之将产生不接受心理,怀疑甚至抵制思想政治教育。这些矛盾在深层次上体现在认识、情感、意志、态度等心理因素中,在浅层次上体现为人们某种心理上的不平衡,从而影响思想政治教育的效果。在上述心理矛盾中,思想政治教育者为主导的施教系统与受教育者主体的接受心理之间的矛盾是思想政治教育过程中的基本心理矛盾。其中,思想政治教育者为主导的施教系统是推动基本心理矛盾发展的主要方面,受教育者的接受心理是该基本心理矛盾发展不可忽视的次要方面,二者在一定的条件下相互转化。对思想政治教育过程中基本心理矛盾的解决过程就是思想政治教育过程心理规律的揭示过程。

心理规律是指人们的心理现象和心理过程中本质的、必然的、稳定的联系,及其表现出的确定不移的发展趋势。它分为三个层次:第一层次的心理规律即心理的根本规律、总规律;第二层次(中观规律)表现为两个系列,一是心理与身体活动、客观现实、实践活动的关系等外部关系的规律,一是心理的内部关系的规律;第三层次(微观规律)是以上规律在各种具体心理现象中的反映。思想政治教育过程中的基本心理规律可表述为:思想政治教育者为主导的施教系统必须适合受教育者的接受心理的规律。这一规律包括两个方面的内容:一方面,教育者的施教必须适应受教育者的接受心理,这样,思想政治教育才会产生效果；另一方面，教育者施教又不能仅仅是被动地适应受教育者的接受心理，还应当主动超越受教育者的接受心理，即主动调节受教育者的接受心理使其接受教育，以达到思想政治教育的目的。对思想政治教育过程中心理规律的进一步阐释和揭示将是思想政治教育心理学的重要任务。

5. 对思想政治教育环境的心理研究

思想政治教育是在一定环境中进行的。家庭、学校、社区、单位及社交范围等社会小环境对思想政治教育都会产生影响；不同时代、不同国家、不同地区、不同社会制度、不同民族、不同阶级等社会大环境对思想政治教育也有影响；甚至地理条件、气候、季节、生态等自然环境对思想政治教育也会产生不同程度的影响。环境对思想政治教育的影响有些是间接的，即环境通过影响人的心理，进而影响思想政治教育活动；有些是直接的，即思想政治教育的心理氛围直接对思想政治教育活动产生影响。思想政治教育心理学对环境的研究主要集中在探讨心理环境与思想政治教育的关系，研究思想政治教育的心理氛围如何通过影响人的心理进而影响人的行为，以促进思想政治教育目标的达成。

第一，思想政治教育的社会心理氛围。从社会心理氛围的角度，民众心理、民族心理、社会舆论都是开展思想政治教育的心理背景，在很大程度上影响思想政治教育的顺利开展。因此，思想政治教育要把握人们的社会心理特征，使思想政治教育在内容和形式上都符合民众的心理需要，顺乎民心，合乎民意。当然，思想政治教育对民众心理的依赖并不是被动的，而是积极的、能动的。思想政治教育可以影响民众心理。通过积极的思想政治教育和广泛的舆论宣传，可以引导广大人民群众产生健康、正确的民众心理，从而进一步推动思想政治教育活动的开展。

第二，思想政治教育的群体心理氛围。群体心理是指普遍存在于群体成员头脑中，并反映群体社会关系的共同心理特征与心理倾向。群体心理一旦形成，就会形成一定的群体心理氛围，使全体成员产生认同感和心理联动性，影响群体成员的心理和行为。因此，群体心理氛围是影响思想政治教育开展的重要因素。群体心理氛围的研究主要围绕正式群体和非正式群体对个体心理的影响来展开，探讨如何发挥群体氛围的积极作用，充分运用群体凝聚力和群体压力开展思想政治教育，以及如何发挥非正式群体的积极作用，避免其消极作用，利用非正式群体做好思想政治教育工作。该部分研究与教育对象的群体心理研究有交叉之处。

第三，思想政治教育的人际心理氛围。思想政治教育的人际心理氛围研究思想政治教育过程中教育者和教育对象之间人际交往、人际互动的特点，思想政治教育过程中形成的人际关系的特点、影响因素、类型等，系统研究了影响思想政治教育信息传递的各种因素，介绍了人际吸引理论，提出了思想政治教育者如何运用人际吸引理论做好思想政治教育的具体方法和思路。

第四，思想政治教育的组织心理氛围。组织心理氛围研究了组织文化、组织形象、组织变革对思想政治教育的影响，提出了思想政治教育要和组织文化建设紧密结合，通过培育组织精神、建设组织文化来推进思想政治教育的开展；同时，思想政治教育可以促进组织文化建设，为组织文化建设提供良好的群体环境和心理氛围，从而推动组织文化的建设。

6. 对思想政治教育者的心理研究

思想政治教育者是思想政治教育信息的传递者，也是思想政治教育成败的决定因素。社会心理学的大量研究表明，信息直接传播者所处的立场、传播的目的指向及传播者本人的威信、吸引力、同受众的相似性程度等因素都会影响到他所提供的信息的说服效果。从这个意义上来说，思想政治教育者不仅应当具备高尚的道德品质和良好的政治思想素质，还应当具备健康的心理品质，较强的工作能力和人格魅力。思想政治教育者拥有良好的心理品质，不仅能够积极地影响自身在思想政治教育认知、决策、实施中的心理过程，而且能够对教育对象在接受教育的过程中所发生的心理活动产生深刻而持久的影响。对思想政治教育者的心理研究主要体现在以下三个方面：

第一，对思想政治教育者的角色定位。角色指由人们所处的特定的社会地位、身份所决定的一整套的规范系列和行为模式。思想政治教育者是社会主流意识的传播者，在其中扮演的角色是多方面的，是学者和专家、精神食粮的营养师、人类灵魂的工程师，还是社会道德规范的楷模。这些角色要求思想政治教育者成为教育对象政治生活的引路人、精神生活的指导者、心理问题的咨询师、人格成长的示范者。这种角色定位对思想政治教育者提出了更高的要求。

第二，思想政治教育者应该具备的心理品质。优良的心理品质是思想政治教育者的基础素养，思想政治教育者的心理品质包括智力品质和非智力品质两个方面。智力品质包括良好的认知能力，如敏锐的观察力、良好的记忆力、较强的分析研究能力、丰富的想象力和一定的创造力，等等。非智力品质包括广泛的兴趣，良好的情绪调控能力，顽强的意志力，具有意志的自觉性、果断性、自制性和坚韧性等，以及良好的性格，较强的表达能力、决策能力、交往能力、应变能力，等等。

第三，思想政治教育者心理品质的改善和提高。思想政治教育者的心理品质不是先天形成的，而是后天培养、塑造的结果。可以说，先天素质是思想政治教育者良好心理品质形成和发展的自然基础，学习和实践是其心理品质改善和提高的决定因素，而自我修养是心理品质改善和提高的根本途径。因此，思想政治教育者可以通过学习、自省、实践、修养等方式提高自己的心理品质。

二、思想政治教育心理学研究的主要分歧

思想政治教育心理学作为一门新兴的边缘学科，还处在起步阶段，其理论构建还不够完善，尚存在一些有分歧和争议的问题。

争议一：思想政治教育心理学与德育心理学和思想政治教育学科教学心理学的学科界定

在思想政治教育心理学产生以前，已有了德育心理学和思想政治教育学科教学心理学两个分支学科。德育心理学是研究德育与人的心理之间关系的一门学科，它把育德过程中存在的心理现象和心理问题当作研究对象，目的是根据人的心理特点和心理规律实施道德教育。思想政治教育学科教学心理学则是运用心理学或教育心理学的理论来研究思想政治学科教学中出现的相关问题。如学生在接受社会规范知识时学习动机的激发和积极性的调动及其规律，学生社会规范基础知识学习的心智技能形成规律，社会规范基础知识学习的迁移规律，社会规范学习的心理活动过程，等等。有的学者认为，思想政治教育心理学与德育心理学、思想政治教育学科教学心理学的学科边界难以划分，很难成为独立的分支学科。也有学者认为，思想政治教育心理学与德育心理学和思想政治教育学科教学心理学之间有联系，也有差异，它们有各自的研究对象和研究领域，是三个相互关联但又相互独立的学科。其中，思想政治教育心理学研究在整个思想政治教育过程中出现的心理现象、心理过程、心理特点和心理规律，它包含德育心理学的内容。而德育心理学强调的是纯德育的观念，即在育德过程中出现的心理特点和心理规律，其内涵比思想政治教育心理学要小得多，只涉及道德教育部分。思想政治教育学科教学心理学只是研究在思想政治理论课教学过程中，教育对象接受社会规范教育时涉及的心理问题，研究如何运用心理学理论和规律使教育对象更好地接受社会规范，形成社会所需要的思想政治品德。如果从学科内涵的角度看，

思想政治教育学科教学心理学的内涵最小，德育心理学的内涵其次，思想政治教育心理学的内涵最为宽泛，三者有交叉，但不能完全涵盖和互相取代。

争议二：应如何构建思想政治教育心理学的学科体系

对于思想政治教育心理学的学科体系，学界有两种观点。一种观点主张以心理学的框架构建思想政治教育心理学的学科体系，从人的心理现象出发，按照人的心理过程和个性心理的发展，探索思想政治教育的认识心理、情感心理、意志心理以及个性心理、群体心理、交往心理等①；另一种观点则以思想政治教育学为纲，从思想政治教育活动涉及的主要因素如教育者、教育对象、教育环境、社会要求的角度，分析在思想政治教育过程中，影响思想政治教育信息传递和信息接受的所有心理因素，包括对教育对象的心理研究、对教育过程的心理研究、对教育环境的心理研究，以及对教育者自身的心理研究②。以上两种观点研究的视角有所不同。第一种是站在心理学的视角上，把思想政治教育主客体纳入心理学的研究领域，当作心理学的特殊研究对象，研究教育者和教育对象（特别关注教育对象）的某些特殊心理现象，如思想政治教育中的挫折和逆反心理、嫉妒和攀比心理、表扬和批评心理等，偏重于个体的心理学研究；第二种是站在思想政治教育学的视角上，借鉴心理学的相关理论和方法，研究在思想政治教育过程中出现的各种心理现象和心理问题，探索思想政治教育的心理规律。以上两种研究视角由于缺乏整合，在某种程度上出现了"两张皮"（思想政治教育学和心理学各说各）的状况，无法达到思想政治教育心理学将思想政治教育理论内化为教育对象的内在品质并转化为现实行动的学科目标。

争议三：应如何界定思想政治教育心理学的研究对象和范畴

在学界，绝大多数学者认同"思想政治教育心理学是研究思想政治教育过程中心理现象发生、发展及其规律的科学"，认为思想政治教育心理学要特别研究如何根据人的心理活动规律来解决人的政治立场、思想观念、道德品质的转变和提高问题。有的学者根据思想政治教育涉及的因素，把思想政治教育心理学的研究范畴概括为：思想政治教育心理环境的研究、思想政治教育对象心理状况的研究、思想政治教育过程的心理研究、思想政治教育者自身的心理研究四大领域。

---

① 童彭庆：《思想政治教育心理学》，高等教育出版社，1996年。
② 杨芷英、王希永：《思想政治教育心理学》，首都师范大学出版社，1999年。

这种观点试图更全面地从影响思想政治教育因素的心理层面去把握此学科的研究范畴。因此除了研究"教育者和教育对象自变量"以外，还研究教育过程和教育环境，诸如家庭气氛、社会舆论、群体心理和公众心理等协变量群体和社会心理因素对思想政治教育过程的影响。也有些学者认为，思想政治教育心理学研究边界过于广泛，在实际研究中就会造成研究"泛化"的现象，即模糊与相关分支学科的界限，比如与社会心理学的界限，这样等于取消了自己的研究领域。因为当一切都是你的领域时就等于一切都不是你的领域，这是学科建立的大忌。因此，一种研究领域扩展得太宽的学科是不可能深入的学科，而不能深入的学科是不能自成体系并形成独立学科价值的，这实际上就取消了学科地位和存在的价值。

其实，学科的发展过程就是不同观点的讨论、争鸣、碰撞及深化的过程，思想政治教育心理学在上述方面的争议会推动思想政治教育心理学研究的不断深入和完善。

三、思想政治教育心理学研究的难点问题

思想政治教育心理学的未来发展，要在目前研究的基础上，在以下几个方面有所突破。

1. 进一步完善思想政治教育心理学的学科体系

对于思想政治教育心理学学科体系的研究目前尚不成熟，争论较多。比如，对思想政治教育心理学的学科归属问题、基本范畴问题、内容体系问题、理论构建问题都存在较大的争议，缺乏权威性的论证；对于思想政治教育心理学与德育心理学、与思想政治学科教学心理学之间的关系还需要进一步梳理、澄清。因此，构建科学的思想政治教育心理学的学科体系是该研究的重中之重。

2. 完成思想政治教育心理学与心理学、社会心理学、德育心理学等相关学科的理论借鉴与整合工作

人的心理和思想的相通性为思想政治教育学和心理学的结合奠定了理论依据和现实基础，但如何将两者进行整合，在借鉴思想政治教育学、心理学、社会心理学、德育心理学等学科理论的基础上，形成独立的思想政治教育心理学的研究对象和理论体系，仍是研究中的难点问题。同时，在实际研究中，如何把心理学的研究方法如实验法引入思想政治教育领域，以实现思想政治教育的科学性，提

高思想政治教育的实效性，这也是现实研究中需要解决的问题。比如：能否把心理学的认知实验研究转化为"政治意识转化过程的实验研究"，以运用科学的工具方法，实现思想政治教育心理学研究方法的科学化，改变传统的思想政治教育的研究方法（如辩证法、文献法），这一切都需要在实践中探索，难以在短期内取得成果。

3. 深化对思想政治教育过程心理规律的研究

在思想政治教育过程中，各种心理矛盾错综复杂，既有教育者与教育对象之间的心理矛盾，也有教育者、教育对象与教育环境和社会要求之间的矛盾，同时还有教育者自身、教育对象自身以及教育者同教育者、教育对象同教育对象之间的心理矛盾。这些矛盾交织在一起使得思想政治教育的过程变得异常复杂。因此，在梳理、分析思想政治教育过程中各种心理矛盾的基础上，进一步揭示思想政治教育过程的基本心理规律成为思想政治教育心理学未来研究的难点问题。

4. 加强思想政治教育心理学的实证研究

思想政治教育心理学是在思想政治教育实践需要的基础上产生的，应该面向社会，面向思想政治教育实践，研究在构建社会主义和谐社会的进程中出现的各种现实问题。如在多种所有制形式、多种分配方式、多种社会组织、多种生活方式并存的社会格局下，在世界多元文化、发达国家政治意识形态和生活方式对我国现存意识形态的挑战日益加剧的情况下，思想政治教育及其学科面临着社会生活和意识形态多样性和自身一元主导性要求的矛盾。这种社会现实既为思想政治教育心理学提供了很多现实课题，同时也给思想政治教育心理学带来了很多难题，需要我们不断探索和超越，以促进思想政治教育心理学自身的发展和社会的进步。

（刊于《思想理论教育导刊》2007年第11期）

参考文献：

［1］姜相志：《思想政治教育心理学》，哈尔滨工业大学出版社，2000年。

［2］郭崇岳：《思想政治教育心理学》，大连理工大学出版社，1993年。

［3］胡凯，《荣复康：思想政治教育心理学》，湖南科学技术出版社，2005年。

［4］杨芷英：《思想政治教育心理机制研究》，红旗出版社，2005年。

［5］王敏：《思想政治教育接受论》，湖北人民出版社，2002年。

［6］杨芷英，王希永：《思想政治教育心理学》，首都师范大学出版社，1999年。

［7］王新山：《思想政治工作心理学》，武汉测绘科技大学出版社，1998年。

［8］张云：《思想政治教育心理学》，上海人民出版社，2001年。

［9］童彭庆：《思想政治教育心理学》，高等教育出版社，1996年。

［10］胡凯：《思想政治教育过程的心理规律初探》，《思想理论教育导刊》，2005年第3期。

［11］辛辰：《对思想政治教育心理学研究中所存争议和问题的几点思考》，《首都师范大学学报（社会科学版）》，2004年第2期。

关于公民教育的政治学解读：价值与意义

高　峰

[摘　要] 公民教育具有多维的和深厚的内涵。它既是一个教育学和伦理学范畴，更是一个政治学和宪政学范畴。对公民教育进行政治学解读，有助于全面阐述公民教育的多维内涵，唤起人们对于公民教育概念的明确认识和理解；深入揭示公民教育的政治本质，澄清人们在公民教育问题上的种种误解和疑虑；系统探讨公民教育的地位作用，指明公民教育对于我国现代化建设的紧迫意义。

[关键词] 公民教育；政治社会化；政治学

公民教育具有多维的和深厚的内涵。它既是一个教育学和伦理学范畴，更是一个政治学和宪政学范畴。从政治学的角度进行探讨，能更好地把握公民教育的本质和内涵。

一、有助于厘清公民与国家之间的关系

公民概念首先涉及的是公民与国家之间的关系问题，因而总是和民主政治紧密相连的。西方学者对公民涵义的解释分为狭义和广义两种。狭义的解释把公民看作一个政治概念。美国芝加哥大学的 Morris Janowitz 教授追溯了"臣民"变为"公民"的漫长而痛苦的社会转换过程①，认为公民身份是与政治自由息息相关的。他说，公民一词隐含着个人对于各种社团的忠诚，但却落归到一套特定的政治制度和价值上。从这个意义上说，公民无论在历史上还是当今，都是政治民主的一个关键因素。

---

① Morris Janowitz, The Reconstruction of Patriotism: Education for Civic Consciousness, (Chicago: Univ. of Chicago Pr., 1983), pp. 1~12。

关于公民定义的经典性解释，一般落归到：公民是包含一种权利与义务的平衡。公民权利指的是公民在国家政治体系的联合运行中所享有的法律的、政治的、经济的和社会的特权；公民义务则是指公民为保持政治体系的有效运作而做出的贡献和牺牲。公民是一个具有决定性意义的政治的和道德的目标，与之相关的三个术语是爱国主义、意识形态和公民意识。

美国印地安纳州立大学教授 Shirley H. Engle 和 Anna S. Ochoa，则把公民这个概念划分为几个不同的层次[①]。

在第一个层次上，他们的解释与上述狭义的理解并无两样：公民身份是一整套存在于个人与国家之间的关系，这些关系既包括权利也包括责任。在另外两个层次上，公民这个概念的外延被扩大了。一方面，公民身份可以看作是几乎延伸到社会生活的每一个领域的。在这个意义上，个人所做出的决定或所实施的行为影响到他人，不论直接的和间接的、有意的和无意的，都是作为公民在行动。这样的公民行为能够深深地影响到一个国家以外的直至整个世界的人民的利益。另一方面，公民身份又超越了国家事务的范围。个人是家庭、学校、宗教机构、工作场所中的成员甚至是世界的公民。民主理想同样可以适用于所有的那些团体，正如它适用于国家的事务一样。

这样，公民教育的内容就超越了对政府结构的了解。它不仅包括对于民主原则的理性认同，而且还要理解这些原则是怎样运用于人类生活的各个领域，从某一社会团体到世界各个民族。可以看出，公民和公民教育首先是一个政治概念，它的广义解释，是民主政治原则在其他社会生活领域的延伸。

我国的历史传统一直缺乏一种公民的观念和公民的意识，长期以来集权专制统治下形成的是臣民意识，"公民"和"宪法"都不是中国传统的概念，这与西方正好相反。他们从古希腊起就已经提出了"公民"的概念。我国直到 20 世纪初，专制主义和愚民政策这一套才有所松动，公民意识才有所觉醒，但由于封建专制的根子太深而没有什么根本上的改变。新中国的成立为确立公民真实的法律地位和最广泛的民主权利创造了条件。但是，长期以来，公民教育被当作资本主义的专利而加以批判和排斥。在我国社会改革开放的转型时期，公民教育才再一次开始逐渐被提上了议事日程。

---

① Shirley H. Engle and Anna S. Ochoa, Education for democratic citizenship: decision making in the social studies, (New York: Teachers College Press, 1988), pp. 3~27。

二、有助于阐述公民教育的本质与内涵

在西方政治学领域里，公民教育的别称就是政治社会化，所讨论的实际上是政治学习、政治教育、公民教育等问题。早在1990年，美国联邦政府教育部国际研究学院院长曾对我国赴美教育考察团的成员说："我们学校的任务就是教学生政治社会化技术，或者叫公民技术，中国叫德育或思想政治教育，我们叫公民教育，叫政治社会化。"①

美国政治学者阿尔蒙德和西德尼·维巴，在研究了英、美、法、意、墨西哥五国的政治文化后，根据民众对政治过程和民众本身具有的潜在影响力的不同认识，把政治文化划分为三种类型：地区政治文化、臣属政治文化和参与政治文化。②

地区政治文化以家族、种族、村落、区域等为基础，是一种同质性较浓的政治文化。它受到不同地区的习惯势力、地方保护主义及语系文化的主宰，有时甚至形成一种诸侯割据式的区域文化。在地区政治文化性质的社会里，还没有形成制度化与专业化的政治机构分工，民众缺乏对国家的认同，他们只关心本地域或本村落的有关决策，仅关心非政治性事务。

在臣属政治文化性质的社会里，民众虽然认识到自己已经成为政治体系的组成部分，形成对国家或民族的认同，但是对自己在政治过程中作用的意识却仍然是顺从型的，而不是主动地去影响政府行为。民众不是"公民"而是"臣民"，传统社会的政治文化主要是顺从型的。

而在参与政治文化性质的社会里，社会成员对政治体系及其政治机构和政治过程都有着明确的认知和态度，相信自己只要努力参与政治过程，就能够影响国家的政治事务。公民认为自己的命运是靠自己去努力去奋斗去抗争而决定的，他们通过选举、示威游行、请愿、组织压力集团等举措，来决定政治制度的变迁。参与政治文化是现代社会的一个特征。

显然，只有参与型政治文化，即公民文化的传播与接受的政治社会化过程，才属于公民教育的范畴；而地区型政治文化和臣属型政治文化的传播与接受的政

---

① 郑永廷：《美国学校的政治观及价值观教育》，载《思想教育研究》1990年第5期，第45页。
② ［美］阿尔蒙德等：《公民文化》，徐湘林等译，华夏出版社，1989年，第13~23页。

治社会化过程，则不能称之为公民教育。阿尔蒙德认为，美国和英国是两个比较稳定和比较成功的民主制国家，其政治文化接近于公民文化。他以这两个国家特别是以美国的政治文化为标准模式，来衡量上述五国的政治文化①。

可见，西方人通常所说的公民教育，便是它们的思想政治教育。西方学校中的公民课程，便是它们的政治课程。这样，政治社会化与公民教育便成为同一涵义的概念并相互通用。

在我国，关于公民教育现有的研究比较集中于伦理道德方面。《公民道德建设实施纲要》颁布后出版的读本、发表的大量文章，大都是围绕《纲要》从面上对公民道德建设所进行的阐述，主要讨论了其中的道德教育问题。人们对于公民的概念和公民教育的内涵还缺乏应有的认识和全面的理解，学术研究还没有将公民教育作为一个完整的概念，给予全面系统的学理分析和科学论证。

三、有助于确定公民教育的地位与作用

西方人认为，民主的活力和民主的连续性，在很大程度上取决于每一代年轻人对民主生活方式的接受程度和对民主理念的信奉程度。良好的政治制度的构建与确立，其基础本身并不足以支撑立宪民主。他们知道，一个自由的社会最终必须依赖于它的公民，依赖于他们的知识、技能与道德。他们相信，学校赋有培育公民的使命。教育出良好的公民应当成为学校最为优先的任务。学校培育公民的使命就是为了增进公民理性与感情的特质，这些特质是在立宪民主内维护成功的政府所必不可少的。

西方人关于公民教育的理解，源自于民主社会中关于自治政府的理念。公民教育实质上就是民主社会中关于自治政府的教育。民主自治政府就是意味着：公民主动地参加到对自己的管理之中，而不是仅仅被动地接受他人的宣言，或是默许他人的要求。只有当政治共同体的每一个成员都参与其管理时，民主的理想才能实现。民主社会中的公民参与必须建立在知情的、批判性的思考之上，建立在理解与接受与其成员资格相适应的权利和责任的基础之上。

公民的品性、道德的能力和公民的能力与特质是一个自由社会幸福与否的决定性因素。作为政治统一的国家成员，公民要在最终一道程序上为国家的目标与

---

① [美]阿尔蒙德等：《公民文化》，徐湘林等译，华夏出版社，1989年，第480、497页。

方向执行仲裁。所以，为了维护宪政民主，公民必须获得一种"理性的习惯"和"感情的习惯"。而在民主社会中，这些习惯并不是遗传下来的，公民本身并不能够保证民主政治文化的世代延续。为了加强宪政民主的基础，他们必须在国家的管理下，通过言传身教而得到培育和养成，从而获得公民知识，学会公民技能，养成公民品性。

关于公民教育在国家政治生活中的地位与作用，西方人给予了突出的强调。如美国人认为，一个社会要培养出技术上胜任的人才，会相对容易一些，然而他们想要生活于其中的那种社会，他们想要拥有的那种政府，却是需要它的公民做出艰苦努力的。在那种社会和政府里，人权得到尊重，个人的尊严和价值得到承认，法治得以遵守，人们自愿地履行其职责，共同利益得到全体人民的关心。而美国人面临的最为重要的挑战和最为重要的工作，就是使那种社会和政府成为现实。民主并不是一个"自行运作的机器"，它必须由一代又一代的公民自觉地再造出来。因此，没有比培养出知情的、有效的和负责任的公民更为重要的任务了。假若公民缺乏对于民主基本价值和基本原则的理性认同，那么一个自由的和开放的社会便不能成为现实。

在我国，人们对于公民教育在社会主义现代化建设与发展进程中的重大意义与作用，还没有一种强烈的和紧迫的意识。对于公民教育丰富而深厚的内涵，公民教育与三个文明建设之间的紧密联系，公民意识对于市场经济、依法治国、以德治国的作用，还没有深入的认识和理解。

对公民教育进行政治学解读，会从宏观上确定公民教育的地位与作用，进而有利于充分认识实施公民教育的紧迫意义。

（刊于《郑州大学学报》2005年第1期）

灌输：道德教育学和思想政治教育学的语境分歧与理论共识

王 颖

[摘 要] 灌输论是思想政治教育学的基本原理和重要命题之一；但是灌输理论在当代道德教育领域却遭到强烈的理论批判和实践抵制。这种态度甚至影响了思想政治教育继续实践、深入贯彻灌输理论。梳理、研究道德教育和思想政治教育关于灌输理论的分歧与共识，进一步阐明灌输与思想政治教育本质的契合性，有助于明确思想政治教育学对灌输理论的积极态度，重新确立灌输的本体地位。

[关键词] 灌输；思想政治教育；道德教育

灌输是思想政治教育学的基本原理和重要命题，思想政治教育学对此一直持积极态度。但是，当代道德教育领域对灌输论所展开的理论批判和实践抵制，客观上也直接影响了思想政治教育领域对于灌输理论的继续坚持和深入贯彻，导致坚持灌输论的声音越来越小、越来越弱，甚至萌生了否定灌输论的思想倾向。全面考察灌输论的历史发展过程，一分为二地辩证分析各流派教育思想家的观点，根据灌输在道德教育和思想政治教育中的地位和作用，得出合理的历史结论；梳理、研究道德教育和思想政治教育关于灌输理论的分歧与共识，进一步阐明灌输与思想政治教育本质的契合性，有助于明确思想政治教育学对灌输理论的积极态度，确立灌输的本体地位。

一、"灌输"在不同学科语境中的概念差异

对于"灌输"的具体内涵，学术界大致有三种理解方式：一是认为"灌输"

即"晓之以理,就是传播与传递",灌输的过程就是文化传递的过程①。二是把"灌输"与"启发"对举,灌输是一种"非启发式"的教学方式。三是指偏重于道德认知领域的教学,将道德作为客观知识进行直接传授和强制学习,不重视教育对象的道德情感体验和道德实践。应该说,思想政治教育理解的灌输是前一种,道德教育理解的灌输是后两种。由于"一个人对灌输如何理解至少部分地依赖于灌输被定义的方式",② 思想政治教育和道德教育对于灌输理解的差异直接决定了灌输能否在其理论体系中作为操作方法付诸实践。

道德教育理论反对灌输,是因为他们基于儿童心理学认为幼小的心灵更需要尊重和选择。所以在他们看来灌输是一种"不好的教育",它妨碍人们运用自己的判断在道德上自主地理智思考。思想政治教育学对灌输的理解当然不能人云亦云,更多的注重过程的描述而不是性质的限定,灌输并不等于强制、封闭、僵化。灌输一词在《现代汉语词典》中被解释为"把流水引到需要水分的地方",引申意为"输送(思想)知识"③。马克思主义历来是坚决反对"强塞硬灌"的。1887年,恩格斯就曾告诫参加美国工人运动的德国工人阶级先进分子,不要把革命理论当作救世的教条硬灌给美国工人阶级。他强调:"我们的理论是发展着的理论,而不是必须背得烂熟并机械地加以重复的教条。越少从外面把这种理论硬灌输给美国人,而越多由他们通过自己亲身的经验(在德国人的帮助下)去检验它,它就越会深入他们的心坎。"④ 列宁针对当时人们把灌输误解为"硬灌"的倾向,特别指出:"我们不赞成的只有一点,那就是强制的成分。我们不赞成用棍子把人赶上天堂。"⑤ "共产党人的全部任务,就是要善于说服落后分子,善于在他们中间进行工作。"⑥ 列宁在谈到对农民的社会主义教育时也说:"每一个觉悟的社会主义者都说,不能强迫农民接受社会主义。"⑦ 在论及青年的理论教育时列宁更明确反对"简单生硬地把政治灌输给尚未准备好接受政治的

---

① 孙喜亭:《德育要拒斥任何意义上的灌输和传递吗?》,载《中国教育学刊》2000年第5期,第8~11页。
② [美]奈尔·诺丁斯:《教育哲学》,许立新译,北京师范大学出版社,2008年,第61页。
③ 中国科学院语言研究所词典编辑室编:《现代汉语词典》,商务印书馆,1973年,第369页。
④ 《马克思恩格斯选集》第4卷,人民出版社,1995年,第681页。
⑤ 《列宁全集》第20卷,人民出版社,1958年,第59页。
⑥ 《列宁选集》第4卷,人民出版社,1995年,第164页。
⑦ 《列宁选集》第3卷,人民出版社,1995年,第402页。

正在成长的一代"。①

思想政治教育学科语境中的"灌输",是对列宁灌输理论的直接继承和拓展,全面把握灌输的多重含义和多重属性,尊重历史和事实,辩证分析坚持和反对灌输理论的各种理论观点,既不故步自封,也不盲目引进理论,还要克制激愤的意气情绪,对于加强思想政治教育学科建设、完善理论体系,有效开展思想政治教育工作,具有重要的理论意义和实践价值。

对灌输做恰当的定性和语境分析,即有利于我们在理论上消除因语义理解而导致的偏见,我们认为,灌输的本意是传递、输送,并没有强制、封闭的含义。之所以道德教育界如此强烈地批判灌输的强制性、封闭性、僵化性,一方面是对道德知识传授和道德行为培养两者间的突出矛盾以及道德教育部分强制现象的放大,一方面出于树立鲜明的假设前提以便展开理论批判的学术逻辑。

二、道德教育学对于灌输的批判与回归

西方教育学和道德教育学中比较反对灌输的学者对灌输理论进行了比较系统的理论分析。霍尔和戴维斯采取要素主义方法来界定灌输:"灌输乃是一个涉及学科内容以及教育者目的或意图这两个方面混合的概念。"② "任何一套信念三番五次的重述,而在这样做的时候,这些信念的根据或证据却没有受到公开的检查。……灌输者需要人们接受他三番五次重述的那些信念,而同时又不允许人们批评这些信念。"③ 彼得斯则把灌输和教条联系起来:"无论灌输指的是什么,它显然与教条联系在一起","灌输作为一种教育过程,缺乏对学习者的尊重"④。杜威认为:"在传统学校里那么普遍的一种外部的灌输,不仅不能促进反而限制了儿童的智慧和道德的发展。"⑤ 价值澄清学派极力反对道德灌输,他们认为价值不是灌输得来的,需要自由选择,凡是企图将预先确定下来的"正确"价值

---

① 《列宁全集》第35卷,人民出版社,1985年,第422页。
② [美]霍尔、戴维斯:《道德教育的理论与实践》,陆有铨、魏贤超译,浙江教育出版社,2003年,第29页。
③ [美]霍尔、戴维斯:《道德教育的理论与实践》,陆有铨、魏贤超译,浙江教育出版社,2003年,第22~23页。
④ R. S, Peters. Ethics and Education. George Allen &nwin Ltd. 1966. 17。
⑤ 赵祥麟、王承绪编译:《杜威教育论著选》,华东师范大学出版社,1981年,第341、379、349页。

观塞给或强加于人们，实质就是灌输。保罗·弗莱雷总结了灌输式教育的 10 大基本特征①；威尔逊以一句致命的话宣布了灌输的宿命："灌输既不是一种教授道德的方法，也不是一种道德的教学方法。"②

在这些反对灌输理论思潮的长期影响下，西方道德教育在理论上出现了形式主义学派，实践中走向了道德相对主义和放任主义的极端，出现了许多社会问题。有识之士开始重新反思灌输的教育价值，并清醒地认识到"不用道德意识去影响青年是社会严重的失败"。③ 为此，20 世纪 70 到 80 年代间，西方教育理论界又出现重视道德灌输的呼声。

目前我国道德教育学界也有一种比较强势的立论，认为"灌输一直是道德教育中的最大痼疾"，强调灌输"在性质上，它是一种强制的、封闭式的教育；在目的上，它试图通过一切可能的方法和措施使学生接受并最终形成特定社会所要求的固定的道德价值观念和道德行为习惯；在内容上，所要传授给学生的乃是人们推崇并为大多数人一致认可的、具体的道德规则规范；在方法上，通常诉诸直接的问答式教学、规劝、说服、纪律、强迫执行、训诫、奖惩以及榜样等。这种教育实质上是一种僵化的教育形式，一方面，它无视儿童的兴趣和需要；另一方面，它与现实的社会生活无关。由于用一种固定的教条教育学生，因而在很大程度上禁锢了学生的思想，窒息了学生的自主性和创造性……在把人当作客体的灌输教育中，人本身不再是目的，这就是灌输的实质及其产生的基础"。④ 台湾学者李奉儒也认为灌输"意指这些人在人类的思维或活动的部分领域中，他们的心灵被封闭了，他们的信念或态度不对理性的检视有所开放，以致证据、论证

---

① 保罗·弗莱雷认为，灌输的特征有：（1）教师教，学生被教；（2）教师无所不知，学生一无所知；（3）教师思考，学生被考虑；（4）教师讲，学生听——温顺地听；（5）教师制订纪律，学生遵守纪律；（6）教师做出选择并将选择强加于学生，学生唯命是从；（7）教师做出行动，学生则幻想通过教师的行动而行动；（8）教师选择学习内容，学生（没人征求其意见）适应学习内容；（9）教师把自己作为学生自由的对立面而建立起来的专业权威与知识权威混为一谈；（10）教师是学习过程的主体，而学生只纯粹是客体。参见［巴西］保罗·弗莱雷：《被压迫者教育学》，华东师范大学出版社，2001 年，第 25~26 页。我们认为，这些特征绝大部分都是教育中的极端现象，并不代表教育或道德教育的常态和常规现象。也就是说，西方学者对于灌输的分析和批判往往都呈现出一种夸张状态，既不符合西方的现代教育生态，也不能代表其他国家的概况，其指向对象和理论假设可能还是中世纪的教会教育时代，之所以如此强调，也可能是对于灌输的一种警惕和醒思。
② 戚万学：《冲突与整合——20 世纪西方道德教育理论》，山东教育出版社，1995 年，第 24 页。
③ 吴君：《关于"灌输"的本质定位和实践走向的思考》，载《探索》2000 年第 2 期，第 38 页。
④ 王啸：《道德教育中灌输的实质及其根源》，载《教育评论》1998 年第 2 期，第 28~29 页。

或逻辑对他们一点影响也没有，无法撼动他们封闭的心灵"。① 这种观点批判灌输教育的强制性和服从性，主张从教育性质、目的、内容和方法四个层次上予以全面"否弃"和"拒斥"。这种主张也遭到了部分学者的严肃批评②。

不难理解，当前我国理论界反对道德教育灌输论仅仅是西方教育学部分观点的"理论旅行"，以国外某一特定时期的观点作为反对"灌输"的依据，忽视其教育史上"灌输"事实的完整性、复杂性和隐蔽性，是"人们对过去德育绝对主义、权力主义的一种矫枉过正的理想冲动"③，缺乏事实根据和科学的理论支撑。我们也不得不承认在目前的现实情况下，"个体在道德发展过程早期，需要基本的道德知识的积累。在以'传授'为主要获得方式的知识学习中，'传递'和'输送'意义上的道德灌输应该有助于这个过程的完成……实际道德知识传授中，特定内容和特殊发展阶段的灌输仍是一个客观的无奈的选择。而不加区分地'彻底否弃与拒斥'一切灌输，不能不说是一个值得商榷的观点"。④

三、灌输是道德教育和思想政治教育不可逾越的教育环节

涂尔干对于灌输感到很为难，他一方面承认"强迫学生去接受道德事实、道德价值和行为确实不好，但是我们别无选择"，另一方面又认为强制性的灌输未必就是一件坏事："因为，我们要成为的那种人是未来社会所要求的人，而由社会所需要的这种人与我们与生俱来的那些潜能之间存在的距离是如此之大，以至于不按社会的要求去限制、规范我们的行为、欲望，我们就不能形成一种社会人格，甚至不能成为真正的人。所以，这一过程虽然痛苦，却是必要的，如果说这就是灌输，那么灌输就是不可避免的"，"换言之，如果教育者不强制和灌输，就是不负责任，就剥夺了使儿童真正成为人的机会"。⑤ 涂尔干的困惑典型地代表人们对于灌输的复杂的感情。

---

① 李奉儒：《教育哲学：分析的取向》，扬智文化出版公司，2004年，第250~251页。
② 孙喜亭：《德育要拒斥任何意义上的"传递"、"灌输"吗?》，载《中国教育学刊》2000年第5期，第8~11页。
③ 班建武：《道德灌输的本体论意义及当代危机》，载《思想教育研究》2006年第9期，第60~63页。
④ 迟希新：《道德灌输的认知心理学释义》，载《教师教育研究》，2004年第1期，第12页。参见张丽：《论早期儿童道德灌输的合理性存在》，载《南昌高专学报》2005年第3期，第22页。
⑤ 戚万学：《冲突与整合》，山东教育出版社，1995年，第110页。

灌输是思想政治教育的必要环节和基本使命，思想政治教育是作为意识形态教育的重要途径。时代的发展带来的只是灌输的具体内容的变化，不变的是灌输的社会教化目的——维系国家社会的稳定。因此，不管人们是否承认，在每一社会形态中，意识形态的灌输是切切实实发生的事情。"任何社会，为了能存在下去……必须紧密地围绕保持其制度完整这个中心，成功地把思想方式灌输进每个社会成员的脑子里。"① "如果一个社会政治体系不能争取人们信仰某些原则、观点、某些共同关心的事情，甚至信仰某些联结一个民族的神话，那末这个社会政治体系就不能巩固它的基础。"② "有人说教师永远都不应该灌输。也有人坚持认为，在某些年龄阶段或某些内容上，灌输是必要的，但他们同时又指出，教师要理解在以后的日子里（当学生更成熟时），当学生提出有关信念之基础的各种问题时将会得到鼓励，只有在此前提下，才可以这样做。"③ 作为面向成人世界的思想政治教育，灌输完全是必要的，也是可以理解和接受的。

四、理解灌输作为任务的系统性、完整性和复杂性

灌输在思想政治教育语境中的理论定位有"原则说"、"方法说"两种理解，这表明关于灌输的理论定位和价值判断仍然有待进一步明确化、科学化。从意向或目的、方法、内容和结果等单一角度出发讨论灌输问题，均有其自身的合理性和片面性。这充分说明了灌输的复杂性以及综合考虑这一问题的必要性。"灌输论"是一个系统的理论，它包括灌输的前提、依据、内容、目的和保障等基本内容。在列宁那里，灌输是作为任务提出来的，"灌输"说的是有组织（工人阶级先锋队组织）、有领导（工人阶级优秀分子）的正面教育。简单地把灌输视为方法或单纯当作原则，都忽略了灌输的系统性、完整性和复杂性；至于有人把它与强制、注入等观点相提并论，更是风马牛不相及。有学者认为灌输论包括社会主义思想体系产生的理论；无产阶级历史使命理论；现代社会两种思想体系的理

---

① ［美］安东尼·奥罗姆：《政治社会学》，董云虎、李云龙译，上海人民出版社，1989 年，第 17 页。
② 联合国教科文组织国际教育发展委员会编著：《学会生存——教育世界的今天与明天》，1996 年，第 188 页。
③ ［美］奈尔·诺丁斯：《教育哲学》，许立新译，北京师范大学出版社，2008 年，第 60~61 页。

论；革命理论作用的理论；共产党领导作用理论①，亟待我们加以系统、深入的研究。

灌输是思想政治教育必要的知识传达与认知导向维度。马克思主义的创始人多次从不同角度强调了使工人阶级掌握"精神武器"、使科学理论转变为"物质力量"的伟大意义，实际上已体现了加强灌输任务的思想。在《共产党宣言》中，他们就鲜明地指出："共产党一分钟也不忽略教育工人尽可能明确地意识到资产阶级和无产阶级的敌对的对立"，以作为"反对资产阶级的武器"②。把灌输思想进一步系统化而形成完整理论的是列宁。列宁认为工人运动不能自发地产生马克思主义，马克思主义必须由工人阶级的先锋队组织从外部"灌输"进去。列宁指出："各国的历史都证明：工人阶级单靠自己本身的力量，只能形成工联主义的意识"③，"我们社会民主党的任务就是要反对自发性，就是要使工人运动脱离这种投到资产阶级羽翼下去的工联主义的自发趋势，而把它吸引到革命的社会民主党的羽翼下来。"④ 理论灌输是共产党的历史使命，"现代社会主义意识，只有在深刻的科学知识的基础上才能产生出来。……社会民主党的任务就是把认清无产阶级的地位及其任务的这种意识灌输到无产阶级中去"⑤。列宁还指出："阶级政治意识只能从外面灌输给工人，即只能从经济斗争范围外面，从工人同厂主的关系范围外面灌输给工人。……社会民主党人为了向工人灌输政治知识，就应当到居民的一切阶级中去，应当把自己的队伍分派到各方面去。"⑥ 由此可见，列宁意指的灌输并不仅仅是实现活动目的的中介和手段，而是一个完整的活动"实体"，是一个包含活动的主体、客体、内容、任务等方面的活动系统。而且，列宁还强调在灌输过程中要创造合适的学习条件，启发式地提高人民群众的政治觉悟和认识水平。

由此可见，列宁意指的灌输是一个完整的活动"实体"，是一个包含活动的主体、客体、内容、任务等方面的活动系统，并不仅仅是实现活动目的的中介和手段。关于这一点，毛泽东同志在《论持久战》中也明确指出："没有进步的政

---

① 陆庆壬：《人的发展和社会发展——思想政治教育学基础理论研究》，同济大学出版社，1994年，第225~226页。
② 《马克思恩格斯选集》第1卷，人民出版社，1995年，第306页。
③ 《列宁选集》第1卷，人民出版社，1995年，第317页。
④ 《列宁选集》第1卷，人民出版社，1995年，第327页。
⑤ 《列宁选集》第1卷，人民出版社，1995年，第326页。
⑥ 《列宁选集》第1卷，人民出版社，1972年，第293页。

治精神贯注于军队之中,没有进步的政治工作去执行这种贯注,就不能达到真正的官长和士兵的一致,就不能激发官兵最大限度的抗战热忱。"① 这里的"贯注"其实就是灌输,毛泽东并且强调了要通过具体的政治工作形式去实现这种"贯注",可见他也不是把灌输作为一种具体方法来看待的。

通过以上分析,我们认为,灌输本质上就是思想理论、道德观念的系统教育和宣传,是本体和任务范畴,它不隶属于原则或方法范畴②。灌输就是有组织、有计划地对党员、干部和群众系统地进行马克思主义理论的教育和宣传,以提高他们的思想政治觉悟,更好地改造主观世界和客观世界的任务。为了完成灌输任务,我们党形成了一系列的宣传教育原则和方法。毛泽东明确指出:"我们政治工作的根本的任务、根本的内容没有变,我们的优良传统也还是那一些。但是,时间不同了,条件不同了,对象不同了,因此解决问题的方法也不同。"③ 为此,邓小平提出并阐述了许多进行马克思主义理论教育、宣传的正确方法。比如,他强调理论灌输要坚持透彻说理、从容讨论的方法。他指出:"用大搞群众运动的办法,而不是用透彻说理、从容讨论的办法,去解决群众性的思想教育问题……从来都不是成功的。"④ 他还指出:"在党内和人民内部的政治生活中,只能采取民主手段,不能采取压制、打击的手段。"⑤ 新的历史时期,江泽民提出"以科学的理论武装人,以正确的舆论引导人,以高尚的精神塑造人,以优秀的作品鼓舞人"的指导方针,这些都是我们党关于如何顺利完成党的马克思主义理论灌输任务的宝贵思想。

如果把灌输视为一种在思想政治教育中必须遵循的、作为规律性反映的原则,会弱化灌输的地位和作用。如果把"灌输"视为一种方法,会窄化其实际作用范围,同时也为曲解灌输和攻击思想政治教育提供了诱因和口实。把灌输作为任务来理解,为完成灌输任务,不排斥任何有效形式和方法,任何有效的教育方法都是思想政治教育本质规定性与形式有效性的有机统一。这样,我们既避免了提供一种方法论意义上的原则,也不意味着灌输是一种十分具体的做法。

---

① 《毛泽东选集》第 2 卷,人民出版社,1991 年,第 511 页。
② 在道德教育学界和思想政治教育学界,持此观点的学者比较少。仅见班建武:《道德灌输的本体论意义及其危机》,载《思想教育研究》2006 年第 9 期,第 60~63 页;李晓霞、王宗枫:《对灌输的文本解读及其启示》,载《文教资料》2006 年 6 月下旬刊,第 174~175 页。
③ 《邓小平文选》第 2 卷,人民出版社,1994 年,第 119 页。
④ 《邓小平文选》第 1 卷,人民出版社,1994 年,第 336 页。
⑤ 《邓小平文选》第 1 卷,人民出版社,1994 年,第 114 页。

葛新斌认为，要顺利实现"灌输教育"至少应满足 5 个基本条件："第一，教育者将要灌输的道德正确无疑；第二，受教育者需要这些道德；第三，受教育者必将受益于这些道德；第四，受教育者不了解自己的真实道德需要或者虽然了解但却无力满足它们；第五，教育者有办法完成这种道德灌输……这些条件涉及到道德的正确性、受教育者的道德主体性、灌输道德的可能性等问题，缺乏其中任何一点的支撑，'灌输教育'都不能成功。"[①] 他在这里也是把灌输作为必须完成的一项任务来理解的。而且，这 5 个基本条件同时也是我们思想政治教育如何更好地完成灌输任务所面临的问题，认真思考完成灌输任务所需要具备的基本条件，所面临的方方面面的问题和困难，着眼于灌输任务的系统性、复杂性、全面性特点，而不是局限于方法的雕琢，才有利于推进党的思想政治教育事业的前进和发展，切实有效地提高思想政治教育的有效性，在此前提下讨论灌输才具有现实价值和指导意义。

（刊于《理论与改革》2010 年第 2 期）

[①] 葛新斌：《试论"灌输教育"的困境与出路》，载《教育评论》1997 年第 1 期，第 21~23 页。

思想品德心理结构形式细化的理论研究

刘文革

[摘　要] 思想品德结构包含有知、情、行等心理结构形式是目前大多数比较一致的认识和倾向。但知、情、行心理结构形式下，还有更加微观的成分需要细化。作为思想品德一级心理结构形式的知、情、行可以分别细化为各自所属的思想品德认识观念和思想品德认识能力等二级结构形式以及思想品德知识观念和思想品德价值观念等三级结构形式。

[关键词] 思想品德；心理结构形式；细化

德育是培养人的品德的教育，而"人的品德是在一定的心理背景下和活动过程中形成、发展的，因此，培养人的品德的德育就离不开心理学所揭示的心理活动的形式及其规律的指导"。① 思想品德的心理结构形式是完整的思想品德心理结构的有机组成部分，有了思想品德的心理结构形式才能装载思想品德的内容。目前，人们对品德结构是由哪些要素构成的虽然尚未形成比较一致的意见，但从我国80年代以来的探讨中，认为品德结构包含有知、情、行等心理结构形式是大多数比较一致的认识和倾向。② 然而，对于心理结构形式的进一步细化研究，即对知、情、行下各自包括哪些子系统或亚结构的研究却不够深入和系统，显得比较粗糙、笼统和零散。"对品德心理结构的分析并不是仅仅区分出诸如道德认识、道德情感、道德意志、道德行为，甚至加上道德动机、道德信念和道德评价就万事大吉。其实，在这些心理成分的内部，还有更加微观的心理结构需要探讨。"③ 对思想品德心理结构形式进行细化，不仅能促进思想品德结构和理论

---

① 黄济、王策三：《现代教育论》，人民教育出版社，1996年，第462页。
② 薛殿会：《论人的思想品德结构》，载《教育研究》1983年第1期。
③ 杨韶刚：《道德教育心理学》，上海教育出版社，2007年，第145页。

研究的进一步深化研究，同时也便于我们今后更加有针对性地、有效地培养学生的思想品德。

一

思想品德心理结构形式应该如何进行细化呢？首先，根据目前国内外比较通行的分法，把知、情、行作为思想品德的一级结构形式①，然后根据当前国内外对思想品德结构与理论的研究以及有关思想品德的评估测评和社会实践方面的要求等，对一级结构的知、情、行又进行了具体细化研究，分成了各自所属的二级和三级结构形式。见下表：

思想品德心理结构形式细化表

一级结构形式	二级结构形式	三级结构形式
知	1. 思想品德认识观念	（1）思想品德知识观念 （2）思想品德价值观念
知	2. 思想品德认识能力	（1）辨析问题能力 （2）解决问题能力
情	1. 思想品德认识情感	（1）情感认同 （2）情感信奉
情	2. 思想品德行为情感	（1）品德意志情感 （2）行为习惯情感
行	1. 思想品德意志能力	（1）确立目的 （2）调控行为
行	2. 思想品德行为习惯	（1）遵守习惯 （2）创新习惯

二

"知"是人的思想品德形成的基础和前提，正确的"知"是产生正确的思想

---

① 参考 1~3
1. 杨韶刚：《道德教育心理学》，上海教育出版社，2007 年，第 129~139 页。
2. 檀传宝：《德育原理》，北京师范大学出版社，2007 年，第 131 页。
3. 刘玉娟：《国内外品德心理测量的回顾与展望》，载《教育科学研究》2008 年第 4 期，第 46 页。

品德行为及行为习惯的先导。

"知"可以细化为思想品德认识观念和思想品德认识能力。"知",有人称为道德认识或道德认知,有人称为是品德认识或思想品德认识等。"知,即思想品德认识,它是人们对一定社会的思想道德关系以及关于这种关系的理论、原则、规范的理解和认识。"① 正确的完整的道德认知是对思想品德的本质和内部规律性的反映,是经过人的思考作用把丰富的感觉材料加以分析思考的结果,因此,道德认知离不开感觉、知识、经验和概念等认识观念,同时也需要人的思考、判断、辨析等认识能力。在实践中我们也发现,忽视对受教育者思想品德认识能力的培养和教育,只注重思想理论、政治观点和道德规范的知识性占有的所谓知识型德育是难以取得实效的,甚至会引起学生的反感。② 但另一方面,如西方一些道德认知论者"将品德发展和思维结构发展几乎等同起来,这未免言过其实了。实际上,道德思维的发展,反映了品德发展在认识方面的数量和质量上,都存在一个从不知到已知、从不成熟到成熟的过程。道德认识,也表现在各种道德范畴的观念,特别是道德是非观念上"。"道德认识表现在两个方面:一是道德思维发展的水平;二是道德观念变化的程度。"③ 由此可见,思想品德认识观念和思想品德认识能力组成了人们完整的思想品德的"知",在理论研究和具体实践中不能只强调一个方面而忽视另一个方面。

思想品德认识观念包括思想品德知识观念和思想品德价值观念。思想品德认识观念即人对道德的概念、规范和理论等的认识,所谓思想品德知识观念,就是对具体的思想品德概念、理论以及行为准则的认识和理解,对什么是道德和什么是不道德等方面的了解和把握,它是形成一切道德品质的基础,因而包括在思想品德认识观念之中。但思想品德认识观念的形成不仅意味着了解道德的概念、规范和理论是什么,还包括思想品德价值观念,即受教育者内心对所学习的思想品德对自己、对社会的意义和重要性的价值取向。这种价值取向"在品德心理结构中起着统领作用,是道德行为的'定向器'和'调节器'",④ 如果人有是非判断但在价值判断上与是非判断不一致,产生了分离,就不愿接受相应的思想品德理论知识,思想品德认识观念也就难以形成。例

---

① 陈万柏、张耀灿:《思想政治教育学原理》,华中师范大学出版社,2009 年,第 104 页。
② 郑永廷、张彦:《德育发展研究》,人民出版社,2006 年,第 249 页。
③ 林崇德:《论品德的结构》,载《北京师范大学学报》(社科版),1988 年第 1 期,第 62 页。
④ 章志光:《学生品德形成新探》,北京师范大学出版社,1993 年,第 24 页。

如，教师通过教学论证了"助人为乐"的合理性以后，有些学生在接受时仍然有很大程度的保留，"究其原因，不是学生认为'助人为乐'不对，而是觉得在竞争的条件下，'助人为乐'吃亏。"[1] 再如，一个学生如果认为德育是不可教的，或不是通过课堂讲授这种形式而教出来的，他就往往对上课有抵触情绪，不可能认真听讲。因此，思想品德的认识观念中不仅包括思想品德知识观念，还包括思想品德价值观念。

思想品德认识能力包括运用思想品德知识观念辨析问题能力和运用思想品德知识观念解决问题能力。运用思想品德观念辨析问题能力是人们依据一定的道德标准，对自己或他人的行为所作的是非、善恶的道德判断，也有人称之为是道德评价能力。"在日常生活中人们常把进行道德评价活动的能力称之为区分是非或明辨是非的能力。"[2] 提高和增强人们的分析、辨别能力也是社会主义教育事业的本质要求，"作为为社会主义正向发展服务的社会主义教育，就应该着力于培养具有认识人类社会发展规律的能力，能对现实社会实际发展方向独立作出正确判断的，真正坚持社会主义方向、能顶得住各种逆社会主义方向而动的潮流，具有各种独特才能和创造力的、并具有健全人格和丰富个性的人。社会主义社会如果不能培养出大批一代接一代的这样新人，社会主义事业的最终胜利就缺乏保证"[3]。思想品德认识能力还包括运用思想品德知识观念解决问题能力。这是因为一方面，人们的认识来源于实践，思想品德认识能力也正是在实践中通过解决一个个具体的思想品德方面的实际问题而产生和发展的。另一方面，人们认识能力也只有在解决生活中的各种实际问题中才能得到体现，发挥其应有的价值。"辩证唯物论的认识运动，如果只到理性认识为止，那么还只说到问题的一半。……如果有了正确的理论，只是把它空谈一阵，束之高阁，并不实行，那么这种理论再好也是没有意义的。"[4] 所以，思想品德认识能力不仅包括运用思想品德知识观念辨析问题能力，还应包括运用思想品德知识观念解决问题能力。

---

[1] 陈秉公、刘英莲：《论思想品德课教学的特殊"双主体结构"与教学规律》，载《教育研究》1998年第1期，第34页。
[2] 韩进之、王宪清：《德育心理学概论》，上海人民出版社，1986年，第99页。
[3] 叶澜：《教育概论》，人民教育出版社，1991年，第334页。
[4] 《毛泽东选集》（第1卷），人民出版社，1991年，第292页。

三

"情",也称为道德情感或者思想品德情感,对人的思想品德的形成和发展起着重要的催化、强化作用,在思想品德心理结构中占据着重要的地位。"情感是品德建构之核心",①"一个人从认同价值,产生动机,激励行为,并最终形成人格,其间都需要依助情感的作用"。②

"情"可以细化为思想品德认识情感和思想品德行为情感。对道德情感的细化,不能用一般的普遍的道德感形式如喜、怒、哀、乐、爱、憎等或者用道德情感的内容如责任感、羞耻感以及同情心等来代替。首先,道德情感是伴随着人们的认识而产生的,"道德情感是伴随着道德认知而产生、对人的道德需要是否得到实现所产生的一种内心体验;与道德信念紧密联系,而且道德情感与道德认知往往结合在一起,构成人的道德动机"。③ 所以,如果其知指对阶级、政党、国家、社会等的认识;其情,相应的就应该指阶级感情,爱党、爱国、爱社会主义的感情。其次,人们的道德行为也离不开道德情感,"一个人形成了某种道德行动习惯,一旦受阻就会引起消极体验"。④ 道德情感是伴随着人们的知与行的,"没有情感体验相伴随的规范认知是一种僵化的教条,无法实现其对行为的导向功能。没有情感驱动的规范行为是机械被动的盲目行为或虚假行为,失去了道德的本来意义"。⑤ 因此,"情"应该细化为思想品德认识情感和思想品德行为情感。

思想品德认识情感包括情感认同和情感信奉。以前研究中把思想品德认识情感分成了直觉的情感体验、道德形象获取的情感体验和伦理道德的情感体验三种形式。其实,我们可以把直觉的情感体验和道德形象引起的情感体验综合为思想品德的情感认同。直觉的情感体验虽然由直接感知而迅速发生,对道德规范或准则的理解和意识不清晰明显,但其产生也是建立在一定道德经验基础上的。⑥ 例

---

① 王健敏:《社会规范学习心理与品德建构》,载《教育研究》2000年第8期,第50页。
② 朱小蔓、其东:《面对挑战——学校道德教育的调整与革新》,载《教育研究》2005年第3期,第7页。
③ 陈琦、刘儒德:《当代教育心理学》,北京师范大学出版社,2007年,第406页。
④ 伍棠棣、李伯黍、吴福元:《心理学》,人民教育出版社,1982年,第177页。
⑤ 王健敏:《社会规范学习心理与品德建构》,载《教育研究》2000年第8期,第50页。
⑥ 韩进之、王宪清:《德育心理学概论》,上海人民出版社,1986年,第116页。

如，一个人由迅速感知到的危机情况而引起救人的行动，如果没有在过去良好的道德经验积累之上对道德准则的情感认同，是不可能产生这种行为的。由道德形象引起的情感体验是由于生动具体的道德形象符合了人们的道德需要而产生的情感认同。由于道德形象是社会标准的化身，因此对道德形象产生的情感认同也是对社会道德标准的情感认同。可见，直觉的情感体验和道德形象引起的情感体验都以对道德规范或准则的情感认同为基础。所以，我们可以把二者综合为情感认同。

伦理道德的情感体验"是一种最概括而比较深挚的道德感，是一种比较持久而富有强大动力作用的情感"①。因为这种情感是同人的理想认识、道德信念和道德理想紧密联系在一起的一种自觉性较高的情感体验，可以称它为情感信奉。情感信奉是建立在对道德关系或行为规范的深刻的认识与体验的基础上而形成的概括化与系统化的思想品德认识情感，"是情感与认知融合，形成价值信念的结果"。② 在思想品德认识情感中，情感认同与情感信奉都是不可缺少的。情感认同是情感信奉形成的基础，但有待于发展到情感信奉。因为情感认同的"认识与体验往往是感性的、零散的，有待于深入提高及概括化与系统化，才能形成一种具有高度适应性的稳定的调节机制"。③ 只有发展到了情感信奉，才会形成稳定的内在的思想品德需要。

思想品德行为情感包括品德意志情感和行为习惯情感。思想品德行为包括意志和习惯两个方面，而每一个方面都伴随着人们的情感。品德意志情感即伴随着人的思想品德意志而产生的相应的情感体验。思想品德意志和情感是密切联系，彼此渗透的，"实际上并不存在纯粹的、不与任何认识和情绪过程相关联的意志过程"。④ 情感的需要推动人对自己的行动进行调节，从而产生道德意志活动。"情感需要是活动赖以进行的基础，情感体验或信念是克服内心冲突，产生道德意志的重要条件。"⑤

积极的情感可以成为意志的动力，从而激励人顽强地实现自己的行动目标。

---

① 伍棠棣、李伯黍、吴福元：《心理学》，人民教育出版社，1982年，第169页。
② 王健敏：《社会规范学习心理与品德建构》，载《教育研究》2000年第8期，第50页。
③ 冯忠良：《结构——定向教学的理论与实践》（上），北京师范大学出版社，1992年，第311页。
④ 曹日昌：《普通心理学》，人民教育出版社，1987年，第364页。
⑤ 王健敏：《社会规范学习心理与品德建构》，载《教育研究》2000年第8期，第50页。

相反，消极的情感体验可能会成为意志的阻力，妨碍着意志行动的贯彻，造成意志过程的内部困难。而人经过意志努力克服内外困难时，会伴有积极的情绪体验，"经过意志努力而战胜懒惰、恐惧、疲劳会产生很大的情绪满意感，会体验到战胜了自己"。①

行为习惯情感即伴随着人们的思想品德行为习惯而产生的相应的情感体验。思想品德行为习惯是在实践中经过多次遵守道德行为规范才形成和巩固的，在此过程中，人们不断获得并丰富着相应的思想品德情感，并往往能从良好的思想品德行为习惯中得到道德情感上的深深的满足。日常所说的助人为乐就说明了这一点。"当一个人做了一件有益于他人、有益于社会的事后，他内心的愉快是没有别的东西可以替代的。……你越是沐浴在道德的光辉下，你就越是远离了一切烦恼。"② 如果一个人把社会的要求转化为了内心崇高的道德法则，不仅形成了遵守的习惯，而且能主动根据实情实景创造性地解决自己生活实践遇到的实际问题，做到随心所欲而又不逾矩的境界，那就会达到最高的道德情感体验。

四

恩格斯说："判断一个人当然不是看他的声明，而是看他的行为；不是看他自称如何如何，而是看他做些什么和实际是怎样一个人。"③ 行为是思想品德最重要的标志，是检验一个人思想品德的最终标准。

思想品德的"行"可以细化为思想品德意志力和思想品德行为习惯。"行，即思想品德行为，它是人们在认识、情感、意志和信念的支配下，在实践活动中履行一定的思想道德义务的实际行动。"④ 所以，人们的思想品德行为离不开思想品德意志力的支配和调节。

中外学者对思想品德的行包括思想品德意志力和思想品德行为习惯的看法是比较一致的，例如，"道德行动的训练，主要包括三个方面的内容：（1）道德行

---

① ［苏］A. B. 彼得罗夫斯基：《普通心理学》，龚浩然、伍棠棣、张世臣等译，人民教育出版社，1991年，第446页。
② 茅于轼：《中国人的道德前景》，暨南大学出版社，1997年，第299页。
③ 《马克思恩格斯选集》第1卷，人民出版社，1995年，第560页。
④ 陈万柏、张耀灿：《思想政治教育学原理》，华中师范大学出版社，2009年，第104页。

动的方式方法的掌握；（2）道德意志的培养；（3）道德行为习惯的养成"。① 西方一些学者，如美国品德教育代表人物之一的托马斯·里克纳，把道德行为分为了能力（Competence）、意志（Will）、习惯（Habit）三个方面。② 品德测评者认为："行为包括着意志行为与表现行为，因此对行为的测评实际包括着对意和行的测评。"③

思想品德意志力包括确立目的和调控行为。思想品德意志力是指一个人自觉地根据确定的目的来支配、调节自己的行动，克服各种困难，下定决心立志实现目的所作的意志努力。意志行动是有意行动的一种特殊形式，其特征首先是自觉确立行动的目的，其次是对自己行为的调节控制。人之所以这样做，是由人与其他物的不同所具有的特殊的本质和存在方式决定的。"意志是人的主观能动性的最突出的表现，也是人和动物在本质上相区别的特点之一。"④ 人不会像动物那样消极适应环境，他要在实践中改造世界，积极生存。为了达到自己的这一目的，就需要对自己的行动进行诸如发动和抑制等方面的支配或调节。"一方面，这种支配或调节是根据自觉的目的进行的；另一方面，正是通过这种对行动的支配或调节，自觉的目的才得以实现。"⑤ 所以，确立目的、调节行动是品德意志力所包含的两个主要方面。

思想品德行为习惯包括遵守习惯和创新习惯。培养良好的行为习惯是思想品德的最终归宿。我们要形成的思想品德行为习惯首先应该是遵守社会道德要求的习惯。道德具有规范和约束的属性，思想品德教育就是教育者把一定社会的思想观念、价值观点、道德规范转化为受教育者个体的内在素质，以形成一定社会所期望的思想品德的活动。所以，"品德结构不是人生来就有的生理结构，而是在人类个体的生活及学习过程中，通过对外在于主体的行为规范的影响的能动反映而构建起来的一种心理结构"，"品德结构不可能在行为规范的偏离经验的基础上产生。品德结构的构建同行为规范遵从态度的确立是一致的。品德结构即对行为规范的遵从结构"。⑥

---

① 潘菽：《教育心理学》，人民教育出版社，1983年，第172页。
② Thomas Lickona. Educating for Character: How Our School Can Teach Respect and Responsibility. New York: Bantam Books, 1991: pp. 53~62。
③ 萧鸣政：《德育测评》，吉林教育出版社，1993年，第151页。
④ 叶奕乾、何存道、梁宁建：《普通心理学》，华东师范大学出版社，2008年，第264页。
⑤ 曹日昌：《普通心理学》，人民教育出版社，1987年，第361页。
⑥ 冯忠良：《结构——定向教学的理论与实践》（上），北京师范大学出版社，1992年，第296页。

形成遵守的习惯是必要的，但思想品德行为习惯还应包括创新的习惯，思想品德的创新表现为人们能"随心所欲不逾矩"，即能根据当时的情况，发挥自己的主观能动性和创造性，从而做出更加符合道德要求的行为。思想品德创新习惯之所以必要是因为：一方面，人不能过于依赖习惯，"习惯是自动化了行为动作，过于依赖习惯，会使学生忽略对客观情景的分析，从而产生不符合道德要求的行为"。① 另一方面，人的主体性是一切道德活动的原动力，形成创新品质是社会主义思想品德培养的最重要的素质要求。有了这样的素质才会做到一切从实际出发，实事求是，善于"从理论和实践的结合上不断研究新情况、解决新问题……不断有所发现、有所创造、有所前进"。② 受教育者只有把遵守和创新习惯融为一体，才能主动自觉地进行自我教育，以不断形成社会所需要的思想品德素质，从而逐渐达到更高的思想道德境界。

以上对思想品德心理结构形式细化的理论研究是否合理，有待于我们今后再经过实践的多方面检验，并且需要编制有一定信度和效度的适合于研究知、情、行每个成分的评估工具，对每个成分内部的子成分以及不同成分之间的交互作用进行研究，以使这个理论结构更加充实和完善，正如有学者指出的那样，"要想真正揭开道德心理的神秘面纱，我们还有很长的路要走"。③ 因此，本文关于思想品德心理结构形式的细化研究希望为我们进一步理解和研究思想品德的心理结构提供一些有益的帮助和启示。

（刊于《思想教育研究》2010 年第 6 期）

参考文献：

[1] 薛殿会：《论人的思想品德结构》，《教育研究》，1983 年第 1 期。

[2] 班华：《思想品德结构与新时期德育任务》，《华东师范大学学报（教育科学版）》，1986 年第 2 期。

[3] 赵志毅：《思想品德三环结构理论初探》，《教育研究》，1987 年第 6 期。

[4] 章志光：《学生品德形成的动态研究与方法探索》，《北京师范大学学报（社科版）》，1988 年第

---

① 韩进之：《教育心理学纲要》，人民教育出版社，2003 年，第 283 页。

② 中共中央文献研究室：《十六大以来重要文献选编》（上），中央文献出版社，2005 年，第 377 页。

③ 杨韶刚、吴慧红：《确定问题测验与道德心理的结构成分探析》，载《教育科学》2004 年第 6 期，第 59 页。

1 期。

[5] 林崇德：《论品德的结构》，《北京师范大学学报（社科版）》，1988 年第 1 期。

[6] 冉乃彦：《对品德心理结构的重新认识》，《教育研究》，1990 年第 10 期。

[7] 黄金声：《试论思想品德的内在结构与形成过程》，《教育研究》，1991 年第 7 期。

[8] 刘惊铎：《品德结构新议》，《教育研究》，1992 年第 3 期。

[9] 王健敏：《道德学习论》，浙江教育出版社，2002 年。

[10] 檀传宝：《德育原理》，北京师范大学出版社，2007 年。

[11] 王海明：《论品德结构》，《湖南师范大学社会科学学报》，2008 年第 2 期。

全面提升思想政治理论课育人功能的路径初探

黄延敏

[摘　要] 充分发挥思想政治理论课的育人功能，在思想政治理论课教学中重视由知识体系向价值体系的转化，用社会主义核心价值体系武装当代大学生，是全面提高人才培养质量的关键。创新思想政治理论课的教学内容是基础；发挥思想政治理论课教师的引导作用是关键；创新思想政治理论课的教学方法和教学手段是重要途径；马克思主义理论学科建设是重要支撑。

[关键词] 思想政治理论课；育人功能；实践路径

思想政治理论课是对大学生进行思想政治教育的主渠道。在教学过程中教师自觉地将思想政治理论课的知识体系提升为价值体系，提升思想政治理论课的育人功能，是高校思想政治理论课教学的中心任务。笔者以为，进一步提升思想政治理论课的育人功能必须关注以下四个方面的问题。

一、创新教学内容是基础

创新教学内容，是提高思想政治理论课教学实效性，提升育人功能的基础。笔者认为，思想政治理论课在创新教学内容方面必须正确处理好以下几个关系：

第一，正确处理教材内容的稳定性与马克思主义中国化最新理论成果的关系。思想政治理论课具有很强的现实性和实践性。教材的内容一般都滞后于党的理论和实践。思想政治理论课教师要不断以党的最新方针政策充实自己的教学内容和知识体系。把党的最新方针政策准确、及时地传播给青年学生，增进学生对国情的了解，用党的最新理论方针政策武装青年学生。

第二，正确处理好思想政治理论课教学内容与社会现实之间的关系。坚持教学内容要更贴近时代、贴近社会、贴近学生的思想实际，增加思想政治理论课内容的历史含量、知识含量和文化含量，凸现思想政治理论课教学的思想品德素质教育功能，构建当代大学生的精神支柱。

第三，正确处理高校思想政治理论课程现有内容与中学已学政治课程内容的关系。高校思想政治理论课教师要经常调研中学政治理论课教学与学习情况。通过调研，了解中学政治理论课的教学内容和教学层次，了解中学生在思想政治理论教育方面的知识储备和层级，从而增强大学思想政治理论课教学内容的针对性。

第四，正确处理好理论阐释与事实分析的关系。思想政治理论课教师对重大理论和现实问题既要能在学理上做出科学的回答，做到以理服人，更要具备世界眼光，结合丰富的历史背景、充分的资料，用事实说话。以对中国特色社会主义的理想、中国特色社会主义的道路、中国特色社会主义的前途的评价为例，除了理论的阐释之外，更要能从横向上用世界眼光比较朝鲜今天的状况、俄罗斯的今与昔、金融危机下的欧美境遇，通过比较，孰优孰劣，明眼即知；这一问题又可以放在中国1840年以来的历史纵深，通过对比中国近现代社会各阶级道路探索成效、事功透视中国特色社会主义道路的正确；也可以用西方学者对中国道路的高度评价来说明中国特色社会主义道路的正确性，从而增强学生对中国特色社会主义的信心。

第五，正确处理知识学习与能力培养的关系。思想政治理论课教学必须突出问题意识，紧紧围绕培养学生的创新思维能力、提高学生分析和解决问题的能力安排教学内容。以《中国近现代史纲要》课教学为例，笔者在讲授太平天国农民起义时，通过对"拜上帝教"教义、太平天国的革命纲领《天朝田亩制度》、《资政新篇》的"外来西方元素"的分析，引导学生认识"较之古代的农民战争，太平天国农民运动新在哪里"？北京市教工委在首都师范大学做调研时，学生普遍反映通过思想政治理论课的学习"学会了分析问题的基本方法"。

只有正确处理了上述五个方面的关系，才能使思想政治理论课教学内容具有吸引力、说服力，在教学过程中提升思想政治理论课的育人功能。

二、发挥教师的引导作用是关键

高校思想政治理论课教师肩负着培养大学生坚定的共产主义信仰、高度的思想道德素养的职责，承担着培养社会主义事业合格建设者和接班人的政治责任。

提高高等学校思想政治理论课教育教学质量和水平，关键在教师。思想政治理论课教师要坚定理想信念，做青年学生信仰的引导者；要坚持正确的政治方向，做青年学生正确政治方向的引导者；要行为世范，做青年学生道德的引导者。惟其如此，思想政治理论课教师才能承担起培养青年学生的责任与使命，才能提升思想政治理论课的育人功能。

第一，思想政治理论课教师要坚定理想信念，做青年学生信仰的引导者。首先，思想政治理论课教师应当有坚定的理想信念。思想政治理论课教师要履行好育人职责，自身首先必须是一个马克思主义的坚定信仰者，其次才是马克思主义的传道者。讲马列，首先自己信马列。只有真信，讲起课来才能理直气壮，入情入理，从而增强理想信念教育的战斗力和说服力。实践证明，一些老师的思想政治理论课之所以受学生欢迎，除了其自身深厚理论功底外，更能引起学生共鸣的往往是他们发自内心地对党的忠诚和坚定的共产主义信念。其次，思想政治理论课教师要以人为本，将学生的全面发展、成才成长与国家前途命运结合起来。从理论上阐释理想对于人生的重要意义；讲清楚个人理想与社会理想的关系；个人价值与社会价值的关系。惟其如此，才能引起学生关注，入脑入心。

第二，思想政治理论课教师要坚持正确的政治方向，做青年学生正确政治方向的引导者。思想政治理论课教师必须把握正确的政治方向，具备深厚的政治素养，具有良好的政治敏锐性。涉及原则性、方向性的问题，必须与中央保持高度一致，这是由思想政治理论课的性质决定的，必须严格把握学术有自由、课堂有纪律的原则。只有把科学的、正确的理论传输给学生，并内化为学生自己的思想和认识，才能保证社会主义大学育人的正确方向。

第三，思想政治理论课教师不仅要向学生传播道德的理念、道德的要求，做知识的传播者，还要帮助学生明辨是非，排除不良道德的负面影响，更重要的是要用教师的道德实践去影响学生的道德养成，做学生良好道德品质的引导者。首先，思想政治理论课教师必须具备良好的道德品质。在教学过程中，能够爱岗敬业，诲人不倦；在与学生交往过程中，能做到公道诚信，包容友善；在社会公共领域，能做到关爱他人，保护环境，行为世范。其次，思想政治理论课教师身上要能够充分体现以爱国主义为核心的中华民族精神和以改革创新为核心的时代精神。思想政治理论课教师不仅是民族精神和时代精神的体现者，更应当在教育的过程中有意识地培养学生的爱国精神和创新精神。再次，做学生良好道德品质的引导者，思想政治理论课教师还要能够以专业的知识、冷静的思辨正确分析评判当前的道德境遇，激浊扬清，去恶扬善，帮助学生明是非、知荣辱，消除社会不良道德对学生道德养成的负面影响。

综上所述，思想政治理论课教师在教学过程中只有充分发挥引导作用，以教师自身的人格魅力去教育学生，才能使学生在学习过程中感受到信仰的魅力、知识的魅力、道德的魅力，这是提升思想政治理论课育人功能的关键。

三、创新教学方式是重要途径

思想政治理论课要更好地发挥育人功能，必须改变过去的单向度灌输式的讲授模式，采取灵活多样的教学方式，采用更加有效的教学手段。教学方式和教学手段的多样化是提升思想政治理论课育人功能的重要途径。

调查研究表明，由任课教师"满堂灌"的单一教学模式非常不适合当下大学生的认知特点、阅读习惯，很难取得较好的教学效果。教学的实践也证明，广大学生对课堂讨论、专题讲授、播放影视资料等教学形式非常欢迎，踊跃参加上述活动。笔者在教学形式的多样化、立体化方面做了如下的探索和尝试：

第一，专题讲授。思想政治理论课的教学内容、学科特点以及大学生的认知特征，要求教师将重要的知识、概念、理论、事件讲深讲透。各门课程可以根据教学大纲确定相关的专题进行讲授。专题讲授以知识的系统性、内容的完备性而成为教学中基本的教学形式。

第二，历史纪录片、影视播放。历史纪录片可以直观的表现历史的内容，把僵死的历史变成活生生的历史画面。教学实践表明，切合教学内容的历史纪录片乃至影视资料可以将学生带入历史场景，帮助学生形象的了解历史。同时，丰富生动的影像资料，往往能激发学生学习的兴趣。在讲授中国近代反侵略战争失败的原因时，插入清王朝落后的武器装备图片以及插播《世纪中国》栏目组采访老舍先生之子舒乙回忆清王朝与侵略者武器装备对比的访谈资料，使学生直观感受到这种差距。在讲授五四运动时，给学生播放电影《我的1919》时就引起学生强烈的共鸣，取得了非常好的教学效果。当陈道明饰演的驻美大使顾维钧在谈到"中国不能失去山东，就像欧洲不能失去耶鲁撒冷"时、当影片即将结束，顾维钧拒绝合约签字时，班内自发响起热烈的掌声。知识的学习和爱国主义情感的教育达到非常完美的结合。值得注意的是，形式永远是为内容服务的，历史纪录片与影视资料的选择一定要以服务教学为目的。同时，还应注意，对历史纪录片及影视资料的评析。

第三，课堂讨论、演讲。教学活动是教与学的统一。充分重视学生在课堂教学中的重要地位，是提高学生学习积极性，增强学习兴趣的重要基础。在教学活动中，就有争论性的话题展开讨论，对感兴趣的历史人物和事件进行演讲，对理论热点、难点进行辩论可以深化思想政治理论课的教学。课堂讨论、学生演讲要求指导教师能进行正确的引导以及高屋建瓴恰如其分的点评。

第四，充分发挥网络课堂的重要作用。据教育部最新公布的高校学生思想政治状况滚动调查数据显示："73.1%的学生获取社会信息最主要的渠道是'网络'，59.9%的大学生使用'微博'。"[①] 网络课堂既可以延伸课堂教学时间，扩大学习空间；又符合目前学生的信息接收渠道与学习方式的新变化。通过网络课堂，教师不仅可以在网上与学生进行互动交流、答疑解惑，而且还可以给学生提供更为丰富的学习资源。

四、学科建设是重要支撑

2005年，中共中央宣传部、教育部《关于进一步加强和改进高等学校思想政治理论课的意见》（简称"5号文件"）对马克思主义理论学科与思想政治理论课的关系进行了科学的界定："设立马克思主义一级学科，开展马克思主义理论体系研究，开展马克思主义发展史、马克思主义中国化研究，开展思想政治教育研究，为推进党的思想理论建设和巩固马克思主义在高等学校教育教学中的指导地位，为加强高校思想政治理论课建设，培养思想政治教育工作队伍提供有力的学科支撑。"[②] 具体而言，马克思主义理论学科建设对改善高校思想政治理论课教学的作用主要表现为以下三点：

第一，加强马克思主义理论学科建设，是增强大学生思想政治教育科学性和实效性的必要依托。马克思主义理论一级学科的建立，有利于加强对马克思主义理论体系的整体研究，巩固马克思主义在意识形态领域的指导地位；有利于引导大学生以马克思主义理论为指导，去认识世界、改造世界，观察问题、解决问

---

① 《97.9%学生认同社会主义核心价值体系》，载《北京日报》2012年6月5日。
② 《中共中央宣传部、教育部关于进一步加强和改进高等学校思想政治理论课的意见》（教社政[2005] 5号）。

题；有利于帮助大学生树立正确的人生观、世界观和价值观，切实增强大学生思想政治教育的科学性和实效性。

第二，马克思主义理论学科建设可以提升思想政治理论课教师教学的学术水平。马克思主义理论学科是教学和科研的统一、政治性和科学性的统一、理论性与实践性的统一。通过马克思主义理论学科建设可以提高思想政治理论课教师的学术研究水平，以学术研究增强政治理论课的科学性和说服力，从而提升思想政治理论课育人功能。

第三，马克思主义理论学科建设可以为高校思想政治理论课教学培养、造就和凝聚教学团队。马克思主义理论学科建设不仅可以培养和造就一支高素质的马克思主义理论研究和教学队伍，还可以以学科为依托吸引和凝聚马克思主义理论教学队伍。

应该说，经过近几年的马克思主义理论一级学科以及相关二级学科的建设，05方案中各门课程都有自己相对应的学科平台。但是，不可否认，目前思想政治理论课与马克思主义理论学科建设"两张皮"的现象仍然存在。为了进一步发挥马克思主义理论学科建设对思想政治理论课教学的支撑作用，笔者以为，在马克思主义理论学科建设服务思想政治理论课教学方面可以在以下三个方面做有益的尝试：

首先，从思想上高度重视马克思主义理论学科建设与思想政治理论课教学的关系。既要提高对马克思主义理论学科建设服务于思想政治理论课教学的功能定位的认识，又要切实提高思想政治理论课教师的学科建设意识，让更多的思想政治理论课教师参与到学科建设中来。

其次，马克思主义理论学科建设必须体现和反映思想政治理论课教学中的重点、难点、热点问题。国务院学位委员会、教育部2008年关于增设"中国近现代史基本问题研究"二级学科的15号文件中，明确提出"高校思想政治理论课'中国近现代史纲要'课教学重点、难点、热点理论问题和教学实践研究"的内容。[1] 实践性是马克思主义理论学科的特点之一。在重视进行基础理论研究的同时，更要以青年学生思想政治教育为中心，围绕青年学生关注的政治、经济、社会、文化等领域的热点问题、难点问题开展针对性的研究，以增强思想政治理论

---

[1] 《国务院学位委员会、教育部关于增设"中国近现代史基本问题研究"二级学科的通知》（学位〔2008〕15号）。

课教学的针对性，从而提升思想政治理论课的育人功能。

最后，马克思主义理论学科建设必须强调其政治性、阶级性、意识形态性。马克思指出："统治阶级的思想在每一个时代都是占统治地位的思想。"① 在中共中央宣传部、教育部《关于进一步加强和改进高等学校思想政治理论课的意见》中，对马克思主义理论学科的特征进行了科学的定位。"思想政治理论课教育教学所依托的学科是我国特有的一门政治性、科学性和实践性很强的学科。"② 因此，在马克思主义理论学科建设中在强调科学性的基础上，必须旗帜鲜明，理直气壮，毫不动摇地坚持以发展着的马克思主义为指导，强调其政治性和意识形态性。

总之，在思想政治理论课的教学过程中，必须重视教学内容的创新，充分发挥思想政治理论课教师的引导作用，创新教学方式和教学手段，大力加强马克思主义理论学科建设。惟其如此，才能提供思想政治理论课的科学性、针对性、吸引力，增强思想政治理论教育的教学实效性，从而提升思想政治理论课的育人功能。

（刊于《思想教育研究》2013年第11期）

---

① 《马克思恩格斯选集》第1卷，人民出版社，1995年，第98页。
② 《中宣部 教育部关于进一步加强和改进高等学校思想政治理论课的意见》（教社政［2005］5号）。

心理学视野中的感恩情绪研究

赵军燕　邢淑芬

[摘　要] 本文对感恩情绪的概念、感恩情绪在道德领域和心理健康领域的功能予以总结与评析,并思考如何利用我国本土化资源,使感恩研究在教育实践和心理干预及治疗中发挥积极作用。

[关键词] 感恩情绪;道德功能;心理健康;创伤干预

在人类思想发展的过程中,感恩有着久远的历史。几个世纪以来,道德哲学家、神学家以及作家认为,感恩是人类不可缺少的美德,是优秀的品质,人们在接受恩惠的时候在道德上有表达感恩的义务。然而,在心理学历史上,感恩却有着短暂的过去。感恩作为一种情绪,由于在情绪家族中地位的模糊性和不确定性,很少引起心理学工作者的注意,直到近几年来,随着人们对情绪复杂性的理解以及研究方法的进展,对感恩的理论和实证研究才逐渐兴起。

在不同的研究领域,感恩有着多重含义,如,它被看作一种情绪、态度、道德美德、习惯、人格特质,或者一种应对方式。在情绪研究范畴,研究者塞利格曼将感恩定义为:"人们在接受到他人、社会或自然的恩惠时产生的情绪体验。"① 尽管个体在接受恩惠的时候也会产生快乐、开心等正性情绪体验,但是感恩情绪和这些情绪不同,它拥有独特的认知评估模式。也就是说,个体在接受恩惠时要对施助者的行为进行归因,如果认为施助者的行为是出于助人的动机,而不仅仅是自我服务时,才会激发感恩情绪。下文将介绍感恩情绪在道德领域和心理健康领域的功能,并对感恩研究在教育实践和心理干预及治疗中的应用予以评析。

---

① Peterson C, Seligman M E P. Character strengths and virtues: A handbook and classification. New York: Oxford University Press, 2004. 553~568.

一、感恩情绪的功能

1. 感恩情绪的道德功能

感恩情绪和同情、移情、内疚和羞愧情绪一样，属于道德情绪。这并不是说感恩情绪本身或情绪的表达是道德的，而是由于感恩情绪既是道德行为的反应又是道德行为的动机。

感恩情绪具有道德动机功能。个体得到帮助时体验到感恩情绪，会激发其回馈行为的亲社会动机。有研究发现，在复杂琐碎的实验任务中，体验到感恩情绪的人不仅愿意努力地帮助施助者，而且也更乐于帮助与自己无关的陌生人[①]。这说明，感恩情绪并不仅仅是让受助者意识到交往中互惠互利的原则，从而产生针对施助者的亲社会行为，还通过影响其心理状态来激发利他性的行为动机。

感恩情绪具有道德强化功能。对于施助者而言，如果其行为得到认可或回报，会强化他的亲社会行为。研究者发现，那些由于善行而得到感谢的被试，和没有得到感谢的被试相比，在未来任务中愿意付出精力的会更多，他们会更加努力工作来表征自己[②]。

可见，感恩情绪使人们更加关注自己得到的帮助，并对施助者以及他人做出合适的反应来回馈曾经得到的帮助。这种回馈反过来又强化了施助者或他人的亲社会行为，形成螺旋式循环上升的帮助和相互支持系统，维持了良好的人际关系，使社会得以和谐发展。

2. 感恩情绪对心理健康的积极影响

感恩情绪对个体的心理健康以及主观幸福感也有着极其重要的作用。研究者发现，有感恩特质的人报告出更高水平的积极情绪和生活满意度，更低水平的抑郁和压力[③]。为什么感恩情绪可以提高幸福感？根据弗雷德里克森的正性情绪扩展模型理论，正性情绪可以有效扩展人的认知和行为指令系统，加强个体的心理

---

① Bartlett M Y, DeSteno D. Gratitude and prosocial behavior: Helping when it costs you. Psychological Science, 2006, 17 (4): 319~325.

② McCullough M E, Kilpatrick S D, Emmons R A, et al. Is gratitude a moral affect? Psychollgical Bulletin, 2001, 127 (2): 249~266.

③ Seligman M E P, Steen T A, Park N, et al. Positive psychology progress: Empirical validation of interventions. American Psychologist, 2005, 60 (5): 410~421.

弹性，构建并储存持久的个人资源，以便在需要的时候提取①。感恩情绪也一样，它拓宽了个体认知范围，激发了亲社会的互惠行为，构建了广泛而良好的人际关系资源，这些资源可以在必要时刻提供积极的社会支持，促进个体应对压力和逆境的能力，提高主观幸福感。

3. 感恩情绪在心理危机干预中的运用

由于感恩情绪对心理健康和良好社会关系的影响，研究者尝试将诱导感恩情绪和认知——行为干预合并起来，对临床抑郁、饮食障碍、睡眠障碍等心理症状进行干预，起到了积极的效果②。

某干预研究发现，在感恩条件下的被试，通过回忆一生中给予自己很大帮助的人并写信表示感谢的方式，其快乐水平在短期内提高了10%，抑郁程度显著降低，这在干预结束一个月后效果依然显著。在长期治疗中，研究者通过"计算恩惠"（counting blessings）的方法，要求人们每天记录生活中三件值得感激的事情，结果发现，在每次测量中都有快乐水平提升而抑郁水平下降的效果，这种效应一直延续到干预后的六个月③。

起源于日本的自我反省疗法——内观疗法，其实就是利用了感恩情绪，通过改变求助者的认知方式达到治疗效果的。内观法要求个体反省过去他人对自己的帮助以及自己为他人的付出，让个体体验到强烈的感恩，意识到以前同别人交往中存在的问题，以解决由于性格、生活经历中的非理性因素所造成的人际关系障碍及其所带来的心理困扰④。

因此，在日常生活中通过"内观"或"计算恩惠"方法，可以有效提高个体的心理、生理健康水平；经过一段时间的感恩练习，这种认知方式会影响个体的思维图式，形成感恩特质，使人更倾向于用感激和欣赏的眼光去看待世界，增强人们对生活的满意水平，从而发展和维持积极的人际交往和社会关系。

---

① Fredrickson B L. Cultivating positive emotions to optimize health and well-being. Prevention and Treatment, 2000, 3（1）: 1~25.

② Neto F l. Forgiveness, personality and gratitude. Personality and Individual Differences, 2007, 43: 2313~2323.

③ Seligman M E P, Steen T A, Park N, et al. Positive psychology progress: Empirical validation of interventions. American Psychologist, 2005, 60（5）: 410~421.

④ Wood A, Joseph S, Linley A. Gratitude-parent of all virtues. The Psychologist, 2007, 20（1）: 18~21.

二、多元文化背景下对感恩情绪研究的思考

我国正处于社会发展的转型时期，传统伦理逐渐解体，现代社会的伦理体系还没有完全形成，人们的价值观念呈现多元性和模糊性，出现了一些社会问题和道德失范现象。对此，教育者赋予感恩情绪很高地位，以期通过感恩教育，唤醒国民的感恩情绪，促进社会的和谐与稳定。然而，我国对感恩情绪的研究主要集中在德育领域，在心理学领域的相关研究很少；国外研究者对感恩情绪的心理学研究也才刚刚起步，许多有价值的研究结果尚需要进一步验证。因此，如何针对我国目前现状，在多元文化背景下开展本土化研究，是一个极其重要的问题。

1. 感恩表达和道德的关系

感恩是个体受益后的情绪反应，其体验和表达对道德领域的行为有着重要作用。在施助者看来，受助者的感恩表达了对施助者行为的认可，表示他们注意到了这种善意，并隐含着将来可能回报的意愿。然而，在不同的文化背景下，人们对感恩情绪表达的理解以及感恩对施助者的影响是不同的。

许多西方学者认为，感恩作为一种道德情绪是由于它源于道德行为并激发了道德动机，而并不是说感恩情绪的表达是道德的。古希腊学者亚里士多德甚至不赞同把感恩作为一种美德，他认为自我效能感强的人接受到帮助时不会轻易表达感恩，那意味着感激别人而贬低了他们自己的能力。许多美国人也认为感恩是一种不舒服的感受，而且，他们认为自己的道德和宗教行为是出于本身的内在动机，而不是受社会责任和报恩义务影响下的回馈行为[①]。

在我国传统文化中，感恩情绪指的是感激他人对自己的恩惠并设法报答的心理感受，通过回馈行为来表达感恩有着道德上的意义。如"知恩不报非君子"、"滴水之恩，当涌泉相报"的古训都强调了感恩的表达和回报行为是做人最基本的道德准则。感恩的表达除了针对施助者的报答行为，还可以是社会层次的感恩，个体通过增强社会责任感以及相关的亲社会行为来回馈社会、表达感恩。将来研究可以探察在我国当前多元文化背景下，人们对感恩表达的态度和个体价值观之间、人格特质和感恩表达的特点之间存在着什么联系，或许有时候羞于表达

[①] Naito T, Wangwan J, Tani M. Gratitude in university students in japan and thailand. Journal of Cross-Cultural Psychology, 2005, 36 (2): 247~263.

感激只是源于个体的文化观或人格特质等心理特性，而不具有道德上的意义。

2. 感恩情绪和亏欠感的关系

国外研究者认为，人们之所以有时候不愿意体验和表达感恩情绪，是由于感恩中暗含着感激和亏欠感相互矛盾的结构成分。感激是正性情绪，而亏欠感是使人不安的负性情绪，其内涵是个体得到了帮助就有义务去回报，这会引发受助者的回避动机[①]。

在我国传统文化中，知恩图报是传统美德，受到恩惠就有以某种方式回报的义务和责任。个体受到恩惠后，可能会因意识到回报的义务而产生亏欠的负性情绪。因此，在我国当前多元文化背景下，如何将知恩图报的传统道德和正性的感恩情绪结合起来，使国民积极感恩，并将感恩对象上升到社会层面，不是回馈施助者个体，而是回馈社会的良性循环中来，是有待于研究的重要课题；此外，从施助层面，如何减少功利性施助，使慈善真正做到人们内心深处，减轻受助者的压力和亏欠感，都是有意义的研究方向，从而使人的良知得以彰显，境界得以升华，生命得以完善，使我们的社会更加和谐。

3. 感恩情绪的应用研究

如前所述，感恩情绪在促进人际关系，提高个体主观幸福感以及减轻临床抑郁、睡眠障碍方面起着重要的作用，这说明，感恩不仅影响着个体积极的心理状态，而且对个体的身体疾病康复也有着显著疗效。针对感恩情绪的这些功能，将来研究可以进一步探察有感恩特质的人是否具有更积极的免疫系统，更良好的健康状态；感恩情绪的培养是否对青少年的问题行为修复、提高学校生活满意度以及提高学业成绩有促进作用；感恩情绪的干预是否能够提高人们的心理弹性，使人们面对灾难的时候有更积极的应对风格，都是构建和谐社会进程中非常有意义的课题。

（1）感恩情绪在青少年发展教育中的应用研究

在以往研究中，感恩情绪对身心健康的影响和干预一般都是针对成人群体，对青少年的研究很少。青少年阶段是人生中的"狂风骤雨"期，情绪体验具有两极性的特点，容易发生情绪失调或心理发展停滞现象。对此，通过培养青少年积极乐观的情绪，增强其对生活的满意度可以缓解这些现象的出现。

那么，能否用培养感恩情绪的方法提高生活满意度，从而减少问题行为呢？

---

① Tsang J A. The effects of helper intention on gratitude and indebtedness. Motivation and Emotion, 2006, 30 (3): 198~204.

近来某研究发现,通过"计算恩惠"的方法对学生干预两周后发现,学生体验到更高水平的学校生活满意度,减轻了他们的厌学情绪①。这就为将来研究提供了可行性,或许通过感恩情绪的培养和干预,学校生活满意度的提高可以使青少年去追求学业成功,提高注意力水平,发展和维持积极的同伴关系,这些结论尚需要使用纵向研究方式进一步来探察。

(2) 感恩情绪在创伤干预中的应用研究

2008年的汶川大地震造成了重大的人员伤亡,在灾难面前,许多地震的幸存者面对全社会各界力量的全力支持和救助,表达出强烈的感恩情绪。感恩情绪是个体在遭受到巨大身心创伤后的积极保护性因素,可使幸存者降低悲痛感以及创伤后失调行为发生的可能性,甚至会调整幸存者的社会关系,使他们重新思考人生的意义。同样,在美国的9.11事件中,感恩情绪也是当时幸存者普遍共有的情绪,强烈的感恩可以有效降低他们的心理悲痛感②。

此外,部分幸存者由于巨大伤痛可能会引发系列心理问题,甚至出现创伤后应激障碍(PTSD),产生各种精神障碍和躯体症状,他们拒绝接受残酷现实,感受不到当前的积极刺激,无法再像以前一样正常生活。由于感恩情绪作为增加个体心理弹性和主观幸福感的重要因素,可以尝试将"内观法"、"计算恩惠"或记录感恩日记等方法,应用到灾后对幸存者的心理干预和心理治疗中,拓宽个体的注意资源区间,构建更积极的认知评估方式和自我调节策略,使幸存者尽快走出灾难的阴影。将来这方面的认知研究也可以尝试,如利用信息加工任务能否有效检测,感恩情绪确实拓宽了个体的注意资源,使个体注意到更多的外部积极信息。

总之,感恩是一个非常有前景的研究领域,近几年感恩心理学在国外的兴起给了我们很多启示,在我国当前多元文化社会背景下,极其有必要进行这方面的研究,将感恩中蕴涵的传统道德观和现代文化密切整合起来,并应用于道德教育、心理干预和临床治疗,不断地修复和增强国民的凝聚力,实现人与人之间互养循环的幸福感,进而形成更加和谐共享的社会。

(刊于《北京教育(德育)》2012 年第 10 期)

---

① Froh J J, Sefick W J, Emmons R A. Counting blessings in early adolescents: An experimental study of gratitude and subjective well-being. Journal of School Psychology, 2008, 46 (2): 213~233.

② Fredrickson B L, Tugade M M, Waugh C E, et al. What good are positive emotions in crises? A prospective study of resilience and emotions following the terrorist attacks on the united states on september 11th, 2001. Journal of Personality and Social Psychology, 2003, 84 (2): 365~376.

国外抗逆力研究及对我国学校心理健康教育的启示

田国秀

[摘　要]　"抗逆力（resilience）"是近20、30年来欧美国家青少年研究领域的一个热点问题。抗逆力的发现推进了心理健康教育的范式变革，抗逆力是能力、过程与结果的统一。通过对"抗逆力模型"的解读，说明学校心理健康教育的工作要点是激活抗逆力。以"抗逆力轮"为依据，对我国学校心理健康教育的运作方法提出建议。

[关键词]　抗逆力；危机；学校心理健康教育

社会的飞速发展，竞争的日益加剧，促使人们日益关注青少年的心理健康状况，学校心理健康教育获得了应有的重视。然而，指导思想上、工作实践中表现出的一些不良倾向和不妥做法，让人倍感忧虑。如"德育工作的心理学化"、"心理健康教育的医疗化"、"心理教师与受助学生的医患化"，造成学生产生"问题认同"，心甘情愿承认自己有心理问题，问题反而成了逃避责任、回避学习、应付教师的理由。最终导致学生自我削弱，自认低能，不思改变，自我放弃，完全背离了心理健康教育的初衷。

上述状况的产生，原因在于心理健康教育的医疗化范式。20世纪以来，西方医学、心理学、社会工作学以追求专业化为宗旨，沿着实证主义的科学范式，根据理性——技术化的实践思路，去界定青少年的问题，诊断问题的本质缺陷，采取医疗模式，对问题进行治疗，以此恢复问题青少年的社会功能。美国学者萨力比（Saleeby）指出：这是一种"问题为本"的工作模式，将注意力和工作重心聚焦在青少年身上的问题，却忽视了他们身上的强势和力量，导致的结果是放大了问题，漠视了潜力。青少年身上的潜力是什么？什么时候表现出来？潜力发挥的机制是怎样的？青少年工作者如何利用这种力量？兴起于70年代，正在欧美各国方兴未艾的"抗逆力"研究,为回答上述问题打开了一扇窗,也为我们反思和调整学校心理健康教育提供了诸多启示。

一、发现抗逆力,学校心理健康教育转换视角

1. 抗逆力研究带来范式变革

1970年代中期,儿童精神病学家安东尼(Anthony,1974)在其研究中发现,某些出自父母精神异常家庭的儿童、青少年,并不像早期研究所说的都会出现精神问题或成长障碍,他们仍然保持了健康的情绪和生活适应能力,表现出较高的免疫力和成长胜任力,他称其为"适应良好的儿童(invulnerable child)"。其后 Werner(1992)、Rutter(1987)、Patterson(1996)等人的研究也得出了相近的发现,即有些生活在高危(at high risk)环境中的儿童、青少年具有良好的适应性和抗压能力,不但没有被危机和挫折压垮,反而能够自我调整,克服危机,发展良好。这种抵御逆境、抗击压力的能力受到众多研究者的关注,逐渐成为一个相对独立的研究领域,学者们称其为"抗逆力(resilience)"。

抗逆力研究源于对处境不利儿童的危险性研究(risk research)。早期的儿童危险性研究遵循的是线性解释范式,注重因果分析。研究从问题个体入手,如吸毒、学业失败、犯罪、精神疾患等,重点聚焦在探询他们的个人经历,挖掘他们的家庭背景,找寻他们成长过程中的危机或风险,如早产、遗弃、忽视、贫穷、性伤害、父母冲突、家族疾病等。结论是成长中的风险因素(risk factors)是导致儿童消极发展的根本原因,心理疾病或行为问题是风险因素的结果。

这一研究范式的局限性在于线性解释。任何个体的成长都会经历十分复杂的因素,既有个体内在因素,如人格特质、心理倾向、情感特征,又有大量的外在因素,如家庭结构、父母状况、亲子关系、社会地位、经济条件等等。事实上,个体发展的消极结果与单一的危险因素之间并不存在必然的、单一对应的关系,每一个体的心理疾病或行为问题都是多种因素综合作用的结果。更重要的是,现实生活中很多个体虽然经历了许多磨难和创伤,却表现出良好的适应能力,积极的恢复力和自我调整力。将注意力放在他们身上,探究个体具有的正向、积极、健康的一面成为近20年来青少年研究的新取向。

2. 抗逆力是能力、过程与结果的统一

抗逆力是一种能力。"抗逆力的核心因素在于复原，即重新回到压力事件之前所具有的适应的、胜任的行为模式的能力。"① 抗逆力是个体所具有的抗御困境并恢复正常适应的能力，是一种在生命的各个发展阶段能以不同行为表现出的促进并修补健康的能力。(Howard, 1996; Luthar & Zigler, 1991; Moris, 1998;; Werner, 1992)

抗逆力是一个过程。抗逆力是个体与环境的互动过程，环境中的危机与挑战是激发抗逆力的先决条件，换言之，抗逆力是危机的伴生物。"抗逆力并非一种绝对的能力，拥有抗逆力并不代表个人就能抵抗压力，一个人的抗逆力适用于何种压力情境，是增加、减少还是改变，取决于个人与环境的互动。"②

抗逆力是一个结果。抗逆力的结果抗击了困难，恢复良好的适应功能和行为结果，比预期的结果积极。"抗逆力是一种现象：尽管这种现象可能会对个人的适应和发展带来严重的威胁，但最终会有一个好的结果。抗逆力可以理解为处于危险中的个体获取幸福时的一种状态，也指一个人要获取幸福所应具有的特点和心理机制。"③

现实中，一个面对危机的个体，抗逆力的体现是能力、过程与结果的统一。正如加拿大学者 Michael Ungar 所说："抗逆力意味着个体面对明显的危机事件时，体现出的符合健康结果的能力、行为和保护过程。"④ 专门研究中学生抗逆力的学者 Nan Henderson 和 Mike M. Milstein 认为："抗逆力可以被定义为面对逆境时的回弹、回复和成功的适应能力，即面对当今世界各种各样的压力，能够发展出社会的、学术的和职业的竞争力。"⑤ 学校教育的重要任务之一是提升并激发学生的抗逆力，使其身处逆境也能健康成长。

---

① Garmezy N. : Children in poverty : Resilience despite risk . Psychiatry, 1993, 56.
② Rutter M. : Pathways from children to adult life. Journal of Child Psychology and Psychiatry, 1989, 30, 23~51.
③ Ann Masten A. S. : Resilience in individual development: Successful adaptation despite risk and adversity. Educational resilience inner-city: Challenges and prospects, 1994, 3~25. Hillsdale, NJ: Erlbaum.
④ Michael Ungar : Handbook for Working with Children and Youth : Pathway to Resilience Across Cultures and Contexts. 2005, instruction. SAGE Publications.
⑤ Nan Henderson & Mike M. Milstein, Resiliency in Schools: Making It Happen for Students and Educators. 2003, 7. Corwin Press, INC.

二、激活抗逆力，学校心理健康教育的有效抓手

1. 抗逆力运作机制解读

1990年Richardson及同事通过总结前人的成果和自己的实务研究，提出了"抗逆力模型"（Resiliency Model），用以说明个体如何产生抗逆力？与哪些因素有关？如何影响人的发展？得出的结论是：

第一，抗逆力是激发的结果。抗逆力是个体与生俱来的一种潜力，人在平安顺利的时候抗逆力得不到激发，以一种潜伏的状态存在。犹如人格中的一种宝藏，没有逆境与压力的刺激，也许永远就沉睡了。当危机、困难袭来的时候，抗逆力被激活，迸发出巨大的力量，帮助个体面对危难，聚集力量，渡过难关。每个人都有抗逆力，也许被唤醒，也许被埋没，逆境与压力是帮助个体唤醒抗逆力，展示潜能的一种外在条件。

第二，保护因素对生命历程具有决定作用。当外在压力、危机袭来时，个体自身和环境中拥有的保护因素会做出自动化反应，与外在压力构成交互作用。如果个体自身或其环境中具有适配的、得力的、恰当的保护因素，直接就可以产生两种能力。一种是自我平衡（homeostasis）能力，保证个体在压力和逆境面前维持舒适，平稳重构（reintegration to comfort zone）。另一种是抗逆力的启动，调整自我，应对压力，重构生命，获得良性发展。如果个体自身缺乏积极的保护因素，其生活环境也不具备有效、良性的保护因素，个体就会遭遇混乱，充满焦虑、纠缠、扭曲、心理瓦解。

第三，功能失调不是逆境的唯一结果。心理扭曲，生命瓦解意味着个体保护因素作用不利，没有抵御和应对压力与逆境的能力，但并不意味着生命的终结，混乱之后的生命仍然需要重构，会出现四种可能。一是功能失调（dysfunctional reintegration），比如酗酒、吸毒、犯罪或自杀企图。二是丧失性重构（reintegration with loss），如自我价值感丧失、低自尊、自卑、自我否定、能力缺失等，这些都是非适应状态的重构，不利于个体走向良性发展。三是平衡性重构（reintegration to comfort zone），个体保持稳定状态，继续拥有安宁舒适的生活。四是抗逆力的重构（reintegration with resiliency），激活生命潜能，积极应对，体现胜任力，战胜逆境，健康成长。

第四，抗逆力是个体与环境的交互作用。环境因素对个体抗逆力的形成至关

重要，协助个体形成抗逆力的内在保护因素也是环境作用的产物。抗逆力犹如生命中的一粒种子，正向的、和谐的、健康的生活环境，有利于这粒种子生根、发芽、开花、结果。当个体面对危机与挑战时表现出抗逆力，主动调整，积极应对，渡过难关。负面的、混乱的、恶劣的生活环境，会导致这粒种子过早地夭折、枯死，当个体面对逆境和压力时，束手无策，无计可施，酿成问题。个体面对危机时，是出现功能失调还是非适应反应，是表现为自我平衡状态还是抗逆力状态，取决于个体与环境的交互作用，平稳反应，积极应对，就是抗逆力的表现。

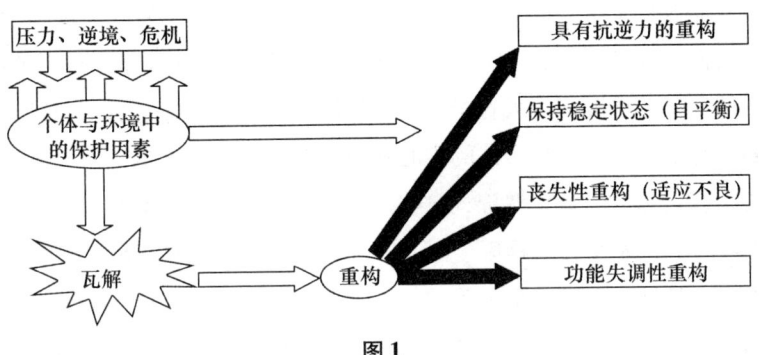

图 1

资料来源：Richardson, G. E., Neiger, B. L., Jenson, S., & Kumpfer, K. L. (1990). The Resiliency Model. Health Education, 21 (6), 33~39.

2. 优化保护因素促进抗逆力启动

"抗逆力模型"的研究表明：个体自身或环境中的保护因素是影响抗逆力形成和生命历程的决定性条件。多数研究者将保护因素分为两大类：内在保护因素和外在保护因素。内在保护因素指的是个体自身具有的能够应对危机情景，减少问题行为，帮助个体成功克服压力的心理能力和人格特质。外在保护因素指的是个体以外的环境中所具有的促进个体成功调试，积极应对，克服危机，获得良性适应的条件与资源，主要涉及三个领域：家庭、学校同辈群体和社区。

内在保护因素由个体心理能力与人格特质决定，具有明显的个性特征。内在保护因素是个体面对危机和压力事件时，即时性、情境性、特定性的反应，会受到时间、地点、事件、人物关系等具体因素的影响，其涉及范围很广，层面也很多。个体遭遇危机时，需要多个因素的组合和交互作用，才能激发抗逆力。哪些因素启动，各因素如何排列组合，这本身就是抗逆力的体现。"促进抗逆力的内在保护因素的功能在于为个体提供安全、情感支持、沟通、认同、解决问题和获得收益,帮助个体调整人格,应对危机。"①

外在保护因素存在于与个体关系密切的外在环境中,家庭、学校及同辈群体、社区生活中都有。家庭是个体成长的起点,亲子关系的血脉连接、密不可分使家庭成为首当其冲的外在因素。家庭当中能否富含保护因素,能否在个体心中种下积极的、良性的、建设性的抗逆力种子,取决于家庭自身的正向存在。家庭能够为孩子提供安全、稳定的氛围,搭建亲密、和谐的亲子关系,使孩子获得正向的情感支持,使孩子有机会结交他人、建立关系,形成清晰的人格界限,有利于孩子接触他人,适应社会,弹性地处理事务。

学校经验及同辈交往是个体形成外在保护因素的另一关键领域。学校生活中,教师扮演着极其重要的角色,是个体形成人格的重要他人。学校的教育教学、人际活动是个体成长的大背景,以潜移默化的方式渗透心灵。同辈交往的方式、内容、感受会深深影响个体的内心状态。较多获得正面感受的个体,对自己充满信心,有肯定性的自我评价,自我接纳,拥有乐观的人生态度。

学校经验、同辈交往及社区生活是一个极其复杂的外在环境,研究发现三项指标对形成保护性外在环境至关重要。(1)生活环境富有关怀:生活经历中获得他人的关怀,真诚的爱,无条件的接纳。至少获得一位成人的关心与爱抚,使个体体验过被爱的幸福。(2)给予积极期望:寄予高度的期望,相信成功的可能,现实而有目的的支持。(3)提供参与机会:在社会活动、集体生活中,有参与机会,并能在其中发挥作用,个人才能得到体现。以上三点是形成外在保护因素的必备条件,每一点都可以依据具体的社会空间加以分解、具体化和情景化。总之,如果个体的生活环境具有这些特点,有利于他们外在保护因素的形成,并与内在保护因素结合。在内外保护因素的良性互动下,个体的抗逆力机制得以诞生。

3. 学校心理健康教育提升学生抗逆力的运作方法

学校是帮助青少年提升抗逆力的关键场域,学校生活可以促进学生在社会适应、学术水平和职业竞争等方面发展抗逆力。"抗逆力轮"指出了学校落实心理健康教育的操作方法。包括六个步骤,两大部分,1~3步属于危机缓冲系统,重在帮助学生面对危机与压力时学会缓冲,作出调整。4~6步属于抗逆力建构

---

① Wolin S. J. & Wolin S.: The resilient self: How survivors of troubled families rise above adversity. New York: Villard. 1993. 319.

系统，重在促进学生建构抗逆力，提升心理能量。

第一，促进亲社会连结。研究证实，富有良性人际关系的学生陷入危机与逆境的几率相对较少，身边的亲人与朋友正面因素为主，做人积极，等于在其周围建立了正向保护因子。一旦遭遇危机或挑战，环境中的保护因子能够为当事人构筑一道安全屏障，帮助其缓冲，有利于促成抗逆力。促进连结的方法有很多，学校教育者应重视三个方面。一是积极组织学生活动，使学生之间多接触、多交流，相互学习，彼此鼓励，建立健康的同辈关系。二是创造机会吸引父母参与学校工作，使孩子与父母在共同工作中加强连结。三是在教育、教学环节中促进师生沟通，增进信任，加强关系，形成和谐民主的师生关系。

第二，建立清楚一致的界限。青少年之所以陷入风险与危机，源于他们界限模糊，自我失控，如酗酒、吸毒、暴力、团伙犯罪等。使学生明确是非界限，保持清醒头脑，把握好行为做事的分寸与尺度，是避免问题行为的关键措施。学校制定纪律规范，体现关怀淡化惩罚；让学生参加学校纪律的制定，包括执行步骤与奖惩措施；以多种形式加强宣传，保证持续不断的强化；将学生制定的纪律规范送到家长手中，保持家庭教育与学校教育的一致。学校以纪律和权利的方式将行为界限具体化，明确规定学生可以做什么，不能做什么。与每个学生签订协议，内容包括享受的权利、承担的责任、奖励条件、惩罚规定、教师如何关爱学生、学生如何履行责任等。[1]

第三，教授生活技能。学生需要掌握的技能有：与人合作、冲突解决方法、抵制、决策、沟通、解决问题、自我决定、压力管理等。必须充分地、不断地教给学生，促进他们真正领会、掌握和使用。通过学生讨论和同辈活动，将生活技能一一列出。按照一定的逻辑排序，每年一定的数量，第一年15个，逐年增加。也可以在15个的基础上，每年增加8个。不仅让学生明白，一定要有行为训练，确保学生真正掌握这些技能，成为自动化行动。[2]

第四，提供关怀与支持。关怀与支持是抗逆力形成的关键因素，缺少关怀的人几乎不可能克服逆境。关怀不只是亲人才能提供，老师、邻居、青年工作者、

---

[1] Nan Henderson & Mike M. Milstein: Resiliency in Schools: Making It Happen for Students and Educators. Corwin Press，INC. 2003，90.

[2] Botvin G. J. & Botvin E. M.: Adolescent tobacco, alcohol, and drug abuse: Prevention strategies, empirical finding, and assessment issues. Journal of Developmental and Behavioral Pediatrics, 1992, 13 (4), 29~36.

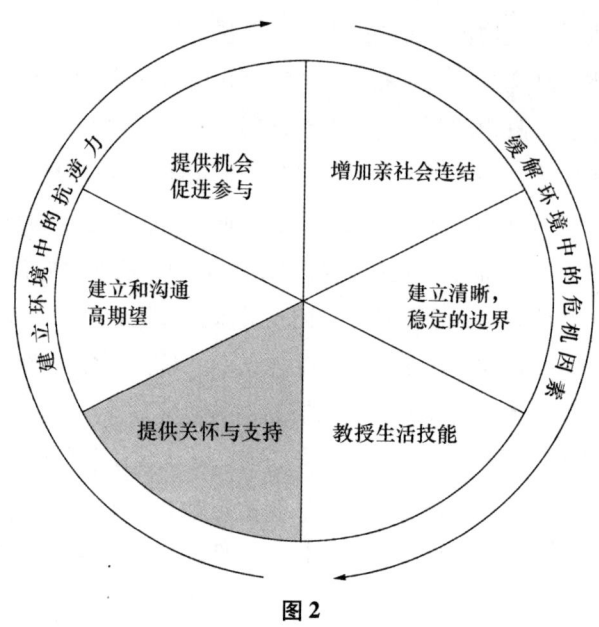

图2

资料来源：Nan Henderson & Mike M. Milstein: Resiliency in Schools: Making It Happen for Students and Educators. Corwin Press, INC. 2003, 12。

同辈伙伴，甚至宠物都可以提供关怀。Noddings 指出："显而易见的是，受到关注的时候，孩子们愿意为他们喜爱和信赖的人而努力学习，积极工作。"[1] 具体做法是：关注每位学生，迅速记住每位学生的名字，倾听学生，多用鼓励性话语，确认学生的积极力量，组织激励性活动，当学生处于困境时及时介入，等等。

第五，建立和表达高期望。强调合作，淡化竞争。教师通过关怀每个学生，表达对学生的殷切希望。决不放弃任何学生，帮助学生获得优异成绩，鼓励学生做课堂的主人。决不给学生贴标签，接纳每位学生的独特性。使班级和校园成为多元智能、多元方式、多种学生类型和谐共处的乐园。

第六，提供机会，促进参与。一定要把学生看成资源而不是被动的物品或麻烦，"学校不要做学生能做的事"应该成为教育者的座右铭。充分利用一切资源为学生提供参与机会，在美国一些学校把社区杂志、环境监督、学校管理的项目交给学生。有的学校对学生进行领导力培训。有的学校与课程教学结合，如围绕着商品的制造与买卖开设课程，学生一个学期都在参与，在确定产品项目、购买

---

[1] Noddings N.: School face "crisis in caring". Education Week 32. 1988. 22~30.

材料、烘烤、装瓶、营销、分售和使用利润等全部环节让学生主导，学生能力得到大步提高。①

总之，抗逆力的提升与建构是一个漫长的过程，不是一个人、一个家庭、一所学校就能完成的，需要全社会通力合作，这中间学校心理健康教育可以发挥核心与引领作用。

三、抗逆力研究对我国学校心理健康教育的启示

1. 心理健康教育的重点由"关注问题"转向"关注优势"

以往学校心理健康教育主要遵从的是弗洛伊德的精神分析取向，将学生问题等同于心理疾病，采用医疗模式予以干预。诊断成为重点环节，花费大量时间了解学生的成长经历、早年生活、父母关系、家庭状况、重要生活事件等，依据这些确定学生的问题（得了什么病），给与解释和分析，告诉学生他的致病原因，而后提供建议和改进措施，问题严重的还建议学生到医院治疗。这样一种工作模式突出的是问题本身，反而忽略了"人"。实际工作中，很多学校的心理咨询室形同虚设，原因之一是很少有学生愿意向心理老师求助。因为前来求助的学生往往被贴上"心理问题"、"心理疾病"的标签，严重影响他们的现实生活。因此，相当多的学生、家长害怕见心理老师，反而耽误了心理不适的及时疏解。

"淡化问题，关注优势"是当代学校心理健康教育的新视角。"优势视角"认为，问题存在于语言当中，并非个体本身。一个青少年身上的"问题"是被他周边的关系，通过社会互动内化和体验的结果。问题本身不是问题，如何看待问题才是问题。学校心理健康教育要转换视角，关注问题背后的意义。通过"问题"发现青少年的内在力量，挖掘他们"不良表现"背后的功能，青少年通过这些不良表现做出抵抗，坚持自我，捍卫自己的权力与地位。他们可能与众不同，可能叛逆古怪，可能我行我素，但这不意味着他们"有病"、"不正常"，而意味着他们独立、探索、主体性张扬。学校心理健康教育恰恰要支持和鼓励这种人格特征，保护独立，尊重差异，长此以往必将有利于创新人才的培养和激励。

2. 坚持发展性辅导为主，障碍性治疗为辅的价值取向

发展性辅导指的是以学生发展、人格成长为价值取向和工作主体的学校心理

---

① Nan Henderson & Mike M. Milstein：Resiliency in Schools：Making It Happen for Students and Educators. Corwin Press，INC. 2003，18~23.

健康教育。工作对象是全体学生，工作内容围绕青少年成长的常见问题、共性需要和一般困惑展开，主要形式采用团体辅导、心理讲座、班级心理活动，与日常教育教学紧密结合，通过营造健康和谐的校园文化、友爱互助的班级氛围、亲切尊重的师生关系得以落实。

障碍性治疗指的是以解决学生问题、干预心理障碍、防止疾病症状为价值取向和工作重点的学校心理健康教育。工作主体是问题学生，工作内容围绕心理障碍、心理疾病展开，主要形式是诊断、治疗、恢复，帮助问题学生恢复社会功能。

青少年学生存在心理问题、心理疾病的毕竟是少数，绝大多数面对的是发展主题或成长困惑，这是生命成长的必经环节，是人生走向成熟、掌握自己、对命运负责的储备与积累。因此，学校心理健康教育必须坚持面向全体，服务大多数的原则，实施全员、全科、全过程参与的整合模式，"小学要以游戏和活动为主，营造乐学合群的良好氛围；初中要以活动和体验为主，在做好心理品质教育的同时，突出品格修养；高中要以体验和调试为主，提倡课内与课外、教育与指导、咨询与服务的紧密结合"。

3. 把挖掘学生抗逆力作为心理健康教育的核心内容

以往学校心理健康教育的假设是，心理问题、行为障碍是危机处境引起的，遭遇危机的学生比没有遭遇危机的学生发病率高，逆境生活必然导致发展受阻。基于此，心理健康教育的重点放在了设法帮助学生避免危机，学校、家庭、社会对青少年过度保护，严加看管，避免受挫。如春游秋游取消了，文体活动减少了，校外实践放弃了。学校生活只剩下听课、作业、练习、考试，形式单一，内容乏味，缺乏生机，难以焕发学生，更不可能挖掘学生的内在潜力，使学生在广阔的天地中经受锻炼，获得成长。

重新认识危机与心理问题的关系是当代心理健康教育的鲜明变化。危机一定造成心理问题已经受到学术界的普遍挑战，危机对个体心理能量的激活，对抗逆力的启动得到普遍重视。研究表明，恰恰是压力与逆境唤醒了沉睡状态的抗逆力，推动个体调动内在潜能，挖掘外在资源，灵活组合，积极应对，这是生命意义的更大体现。抗逆力视角的提出使人们意识到，逆境或危机有可能带来问题，也有可能激活生命的潜能，唤醒生命中沉睡的部分，推动生命走向更高的发展。有很多经历过生命创伤或生活磨难的人，展示出的生命力量远远超出了预先的想象，他们将自己的生命带到了相当的高度。当代学校心理健康教育，处于一个高速发展、挑战不断的历史发展阶段，回避压力是不可能的，可能的是帮助青少年发展出应对挑战的能力和技术。因此，唤醒和发掘学生身上的抗逆力，应当成为学校心理教育的重要内容。

（刊于《课程·教材·教法》2007年第3期）

参考文献：

[1] Werner E. E. & Smith R. S.：Journey from children to midlife：Risk, resilience, and recovery. New York：Cornell University Press, 2001.

[2] Wolin S. J. & Wolin S.：The resilient self：How survivors of troubled families rise above adversity. New York：Villard. 1993.

[3] Nan Henderson & Mike M. Milstein：Resiliency in Schools：Making It Happen for Students and Educators. Corwin Press, INC. 2003.

[4] Michael Ungar：Handbook for Working with Children and Youth：Pathway to Resilience Across Cultures and Contexts. 2005. SAGE Publications.

[5] 李燕萍：《青少年研究的新趋势——恢复力研究述评》，《青年研究》，2005年第5期。

[6] 曾守锤 李其维：《儿童心理弹性发展的研究综述》，《心理科学》，2003年第6期。

浅谈心理疏导对于高校思想政治教育的现实价值

杨芷英

[摘　要] 心理疏导作为新时期思想政治教育的重要方法，是对西方国家提出的"心理辅导"和"心理疏导疗法"的借鉴与发展，是对我国传统思想政治教育方法的突破和创新。心理疏导是解决师生的心理困扰、促进心理健康的基本方法，是思想政治工作以人为本的具体体现，是构建和谐校园的重要途径。心理疏导对于高校思想政治教育具有协调价值、动力价值和塑造价值。

[关键词] 高校；思想政治教育；心理疏导；现实价值

党的十七大报告指出："加强和改进思想政治工作，要注重人文关怀和心理疏导，用正确方式处理人际关系。""人文关怀"和"心理疏导"首次出现在党的全国代表大会报告中，进一步丰富了思想政治工作的内涵，拓宽了思想政治工作的视阈，标志着我们党对在新形势下如何进一步做好思想政治工作有了新的思考和认识。高校作为人才汇聚、培养的场所，也是科学的渊薮、人文的殿堂，尤其需要人文精神的滋养。大学生作为承载社会、家庭高期望值的特殊群体，更需要具有良好的心理素质和道德品质。因此，心理疏导对于高校思想政治教育有着特别重要的现实价值。

一、心理疏导的科学内涵及现实意义

心理疏导作为新时期思想政治教育的重要方法，是对西方国家提出的"心理辅导"和"心理疏导疗法"的借鉴与发展，是对我国传统思想政治教育方法的突破和创新。我们要准确把握心理疏导的科学内涵，划清心理疏导与心理疏导疗法的学科边界。

1. 把握心理疏导的科学内涵

作为教育改革中出现的新观念,"心理辅导"最早产生于西方学校教育活动之中。它实际上是现代心理学、教育学、精神医学、生理学、社会学等多学科理论与学校教育实践相结合的产物。20世纪80年代中后期,"心理辅导"率先被我国心理学工作者所吸纳,并逐步在学校教育领域展开了实践和探索。所谓心理辅导,是指在一种平等、积极关注和"无条件接纳"的氛围中,辅导者根据当事人的心理和行为困扰,运用心理学理论与技巧,给当事人以合乎其需要的指导与服务,协助当事人摆脱心理和行为困扰的方法。心理辅导不同于一般的思想政治教育,它站在学生的立场上,更关心学生合理的内在需求是否得到满足,更关注学生的内在感受和体验;更强调在社会规范许可的条件下,满足学生的内在需要。其工作原则和方式有着更为鲜明的"心理学专业"特色,可以更快地走进学生的心灵。"心理疏导"借鉴了"心理辅导"的工作理念和方式,在思想政治教育中注重从心理学视角,遵循人的心理活动规律开展工作。

心理疏导有狭义和广义之分。狭义的心理疏导指心理疏导疗法,在心理治疗领域广泛应用,指设在医疗机构中,由受过专门训练的心理治疗人员运用心理治疗技术,对有心理障碍的患者进行疏通、引导,实施个别或集体的心理咨询与治疗,从而达到治疗心理疾病、促进心身健康的目的。"疏通"是指医患之间广开信息交流之路,通过信息收集与信息反馈,把病人心理阻塞的症结、心灵深处的隐情充分表达出来。"引导"即在系统获取信息的基础上,抓住症结,循循善诱,转变人的认知结构,把各种不正确的认识及病理心理引向科学、健康的轨道。

广义的心理疏导广泛运用于教育、管理领域,指遵循人的心理活动律,运用心理学理论与技巧,通过解释、说明、共情、支持和相互之间的理解,运用语言和非语言的沟通方式,疏通人们的心理和思想,影响人们的心理状态,改善或改变人们的认知、信念、情感、态度和行为等,以达到降低或解除不良心理状态、提高心理健康水平和社会适应能力的目的。其中,"疏通"与"引导"是心理疏导的两个重要环节,二者是辩证统一的关系。"疏通"是为了正确的"引导",是"引导"的前提;"引导"是"疏通"的目标,是"疏通"的继续。思想政治教育中的心理疏导指的就是这种广义的心理疏导。

在心理疏导的过程中,"疏导"不同于教导,也不同于指导。教导往往耳提面命,缺乏亲和力;指导常常居高临下,使教育对象产生距离感,不能真正解决教育对象的内心疑虑。而"心理疏导"不仅建立在对教育对象充分尊重的基础上，而且贴近教育对象的心理需要和思想实际，充分尊重他们的个性特点和心理诉求，重在解决他们的内心困扰，在这个基础上，施以正面的教育和引导，因而往往可以收到事半功倍之效，真正实现思想政治教育成效和价值的最大化。

但是，应该注意的是，思想政治教育中的心理疏导，不能完全等同于心理治疗中的心理疏导。因为，思想政治教育有其自身的性质、特点和目标。二者在指导思想、理论基础、教育内容、教育立场等方面都有较大的差别。因此，思想政治教育可以借鉴并运用心理疏导的方法，但不能完全照搬，也不能互相取代。

2. 认清心理疏导的现实意义

当前我国社会进入了发展的关键期和改革的攻坚期，社会矛盾日益凸显，心理问题不断涌现。对于高校而言，随着涉及师生切身利益的各项改革措施的出台，使教师面临的工作压力、竞争压力、发展压力不断增加，学生面临的学习压力、就业压力、生存压力越来越大，这就使得高校师生的精神负荷过重、心理困扰增多、心理失衡加剧、利益冲突凸显。这种客观现实要求高校思想政治教育以心理疏导、思想解惑和矛盾化解为重点，从情绪疏导、心理引导、力量团结、矛盾处理、困难解决、思想转化等渠道发挥思想政治教育的优势。这是新时期培养高素质人才的迫切需要，是构建和谐校园的必然要求，也是高校思想政治教育工作以人为本的具体体现。

心理疏导是解决师生的心理困扰，促进心理健康的基本方法。大学生正处于世界观、人生观、价值观形成的关键时期，他们往往自我定位高、成才欲望强，而社会阅历少、心理发展不成熟，因而当面临学习、就业、经济、情感和社会适应等方面的问题时，极易出现心理问题、道德困惑和精神危机。北京高校大学生2005年心理素质状况调查报告显示，2005级新生中13.86%存在中度以上的心理问题，而随着年级的增高，学习压力、就业压力、人际冲突、恋爱问题方面的困扰增多，心理问题也相应增加。四年级学生中有中度以上心理问题的比例最高，达到16.31%。其中，来自边远农村的学生有19.67%存在中度以上的心理问题。[①] 大学生因心理疾病、精神障碍等原因休学、退学的人数已远远超过肝炎、肾炎、肺结核等生理疾病，成为影响大学生顺利完成学业的首要因素。

就高校教师而言，由于社会对高校教师的高要求、高期待以及高校教育教学

---

① 《大学生思想政治教育"十个如何"研究》，高等教育出版社，2007年，第183页。

管理体制改革措施的出台，特别是与教师利益直接相关的聘用制度、竞争制度、学生评教制度、学生择师制度、劳酬结合制度的实施，给广大教师带来了极大的心理压力，产生不同程度的压迫感、焦虑感和不安全感，影响身心健康与工作兴趣。据中国人民大学公共管理学院组织与人力资源研究所与新浪教育频道联合启动的2005年中国教师"职业压力与心理健康"调查结果显示，82.2%的高校教师感觉压力大，近30%的高校教师存在严重的工作倦怠，近90%存在一定程度的工作倦怠。

医学心理学研究表明，心理问题是由长期的精神紧张、反复的心理刺激以及负性的情绪状态持续影响而形成的，如果得不到及时的疏导、化解，就会造成心理困扰、心理障碍甚至心理危机，引发多种心身疾患，甚至导致违法乱纪、反社会行为的发生。如暴躁、冲动、偏执等不良情绪和个性往往表现为冲动类型，引发非理性行为，造成对他人和社会的伤害。"马加爵事件"就是典型表现。因此，缓解师生的心理压力、疏导负性情绪、促进心理健康，成为高校思想政治教育的重要内容。

心理疏导是高校思想政治教育工作以人为本的具体体现。胡锦涛总书记在全国思想政治工作会议上深刻指出："思想政治工作说到底是做人的工作，必须坚持以人为本。"以人为本，就是尊重人的主体性、独特性、创造性，一切为了人的发展，一切服务人的需要。以人为本是思想政治教育的本质要求，也是思想政治教育的时代召唤。

思想政治教育是一项有意识、有目的、有计划地教育人、培育人和提升人，使人的主体性不断增强的实践活动。但是，传统思想政治教育过分强调其作为意识形态的"工具性"价值，而忽视作为实现人自身发展的"目的性"价值，导致关注政治多于关注人文、关注群体多于关注个人、关注思想多于关注心理、关注先进性多于关注群众性；过分注重政治思想理论的灌输，而忽略了疏通、启发、引导、共情等心理学方法的运用。受其影响，高校思想政治教育也存在着某种程度的"钝化"和"乏力"现象，其"应然效果"与"实然效果"出现分离趋势。

在思想政治工作中运用心理疏导，可以更好地体现思想政治工作以人为本的理念，更好地了解师生的心理需要、体察他们的心理感受、尊重师生的个性差异、提升师生的心理品质、促进师生的自我实现；可以更好地体现教育者和教育对象的平等地位，为教育对象提供宣泄情绪、发表意见的平台，以促进者、辅助者、合作者的身份与教育对象进行充分的心理互动，使教育对象的主体地位得到尊重；可以更好地发现教育对象的积极资源，挖掘其潜能，充分调动积极性，促进教育对象的自我完善和全面发展。总之，运用心理疏导，可以使高校思想政治教育由侧重"教育人"向侧重"服务人"转变，由注重"说服人"向注重"引导人"发展，最终增强思想政治教育的时代性、针对性和实效性，提高思想政治教育的吸引力、亲和力和感召力，实现思想政治教育价值的最大化。

心理疏导是构建和谐校园的重要途径。和谐校园是和谐社会的基础，广大师生是和谐校园建设的主要力量，对于高校的改革发展和社会主义和谐社会的构建具有重要作用。和谐始于内心，心理和谐是"和谐理念"、"和谐精神"、"和谐文化"的组成部分和心理基础，是人际和谐、社会和谐、人与自然和谐的精神支撑。人是一个身心统一体，身是心的基础，心是身的导向。没有高尚的心灵，健康的身体无异于行尸走肉。没有健康的体魄，崇高的精神也无所依傍。因此，身心健康、和谐统一一直是人的追求目标。人作为一个生命有机体，其自身必须具有自我调节、自我发展的功能。也就是说，他的身体、心理、智商、情商等各方面要素必须相互协调、均衡发展、运转有序。而随着高校师生精神压力、工作压力的加大，容易出现心理问题和行为偏差，影响师生的身心健康，影响高校的和谐稳定。通过心理疏导，可以引导师生广开言路，倾诉心理困惑和利益诉求，了解师生的深层情感和发展需要，并通过情绪疏导、认知引导、思想转化、行为调适等过程，调节情绪、化解矛盾、促进和谐。

二、心理疏导与思想政治教育的内在联系

心理疏导与思想政治教育具有内在同一性，二者在某些方面具有异曲同工之效。其内在联系具体体现在以下几个方面：

1. 心理与思想具有相通性

心理和思想都是人的精神现象，它们都以人脑为器官，都是人脑的机能，都以客观现实为源泉和内容，都以实践活动为场所。心理是思想的基础，思想是心理的高级形式，是在心理的基础上发展起来的。思想的发展变化受心理的影响和制约，心理活动的方向和内容受思想的支配。可见，心理和思想密不可分，紧密相连。人的思想观点的形成与变化发展，与心理活动的过程是同步的，思想的变化与整个心理活动密不可分。因此，要想转变人们的思想，使思想政治工作收到

实效，就必须遵循人的心理活动发展变化的规律，触及教育对象的认知、情感、意志，了解其需要、动机、兴趣，根据每个人特有的气质、性格、能力等个性心理特征有针对性地开展工作。

2. 心理系统是思想系统的重要组成部分

思想政治教育着眼于人们的思想，而思想是一个多要素的综合系统，它是全部制约人们行为的各种精神因素的总和。包括：直接支配人的行为的因素——动机系统，如"需要"、"兴趣"、"动机"等；调节人们行为动机的因素——心理过程系统，如"认知"、"情感"、"意志"、"信念"、"习惯"等；指导人们行为动机的因素——观念系统，如哲学观点、政治观点、伦理观点等。可见，心理系统是思想系统的重要组成部分。人的心理问题往往同世界观、人生观、价值观的形成交织在一起，难以截然分开。心理问题的解决，从根本上讲要以树立正确的世界观、人生观、价值观为前提。反过来，心理问题的存在，也必然影响正确世界观、人生观和价值观的确立。因此，思想政治教育不仅涉及人们的政治态度、政治立场、政治观点和思想观念，还必须从影响人的思想系统的重要因素——心理因素入手，运用心理学的理论与方法解决人的认知、情感、意志、信念、动机等方面的问题，提高心理健康水平，以促进人的心理素质与思想道德素质、科学文化素质和身体素质的全面协调发展。

3. 良好的心理素质是接受思想政治教育的前提和基础

心理是人脑的机能，是人对客观现实的主观能动反映。它包括认知、情感、意志等心理过程，也包括需要、气质、性格、兴趣、能力等个性心理特征。思想，亦称"观念"，是客观存在反映在人的意识中，经过思维活动而产生的结果，是心理活动的高级形式。所以，心理品质影响和制约着一个人思想品德的形成和发展，对思想品德的形成和发展起促进或抑制作用。积极的心理品质会促进高尚的思想品德和良好的社会行为的形成并巩固已经形成的思想品质；而消极的心理品质则会抑制高尚的思想品德的形成，甚至产生不良的思想品德。可见，健康的心理状态是形成正确的政治观念、良好的道德品质的基础，也是教育对象顺利接受思想政治教育，形成良好的社会行为的前提。因此，心理素质的提高在客观上可以为思想政治教育打下良好的基础。

4. 优良的人格品质是思想政治教育的最终目标

现代社会是一个飞速发展的信息社会。日趋激烈的竞争，不断更新的知识，以及科学技术的挑战，都对现代人才素质提出了更高的要求。面向21世纪的人才，不仅需要掌握现代科学技术，还要具备良好的心理素质、道德品德和健全的人格。因此，现代思想政治教育不再狭隘地局限于开会、听报告和开展轰轰烈烈的思想政治教育活动，而是更加注重人的全面发展，特别是人格成长和潜能开发。因此，通过心理疏导，一方面可以帮助人们处理好在学习、择业、工作、自我发展等方面遇到的矛盾和问题，消除心理障碍，提高心理健康水平，增强对现代社会的适应能力；另一方面，还可以帮助人们了解自己的心理特质和优势，扬长避短，更好地适应社会，开发潜能。可见，心理疏导的目标与思想政治教育的目标是一致的。

综上所述，心理疏导和思想政治教育的联系十分密切，二者在内容上相互交叉，在方法上相互补充。因此，心理疏导在思想政治教育中具有较大的发展空间和较强的生命力。

三、心理疏导对思想政治教育的现实价值

思想政治教育的价值同任何价值概念一样，是一个关系范畴，是指作为价值客体的思想政治教育活动，其功能和属性能否满足和能在多大程度上满足作为价值主体的人的全面发展和社会全面进步的需要这样一种关系。心理疏导对于高校思想政治教育的现实价值，是指心理疏导在高校思想政治教育中已经实现或正在实现的价值，它能使人们感受到心理疏导的有效性。具体来说，心理疏导对于高校思想政治教育具有协调价值、动力价值和塑造价值。

1. 协调价值——促进身心和谐，协调人际关系

心理疏导的情绪宣泄功能、心理支持功能和认知调节功能具有重要的协调价值，可以促进师生的身心和谐，协调人际关系，化解人际冲突，为大学生的健康成长，为教师的自我实现，为学校的改革发展与和谐校园建设奠定坚实的心理基础。

现代心理学认为，情绪宣泄是人们获得精神健康的重要"营养素"。通过宣泄敌对、不满、抑郁、委屈等消极情绪，有利于人们化解不良情绪，恢复心理平衡。心理疏导运用心理学的理论和技术，强调平等、积极关注和"无条件接纳"，为师生提供一种安全、信任、放松的氛围，使当事人能够敞开心扉，诉说自己的忧虑和烦恼，宣泄压抑的情绪和情感。这无疑为师生提供了情绪宣泄的机会和平台，避免了被堵塞的负性情绪的积累。

同时,心理疏导的过程也是双方共同讨论和磋商的过程,通过当事人的倾诉和双方的切磋讨论,给当事人以正面的引导、帮助和启发,使当事人在心灵上得到慰藉,在思想上受到启迪,在认知上得到改变。美国临床心理学家艾利斯认为,人们的很多负性情绪和心理失衡是由于认知失调导致的,往往与人们不正确的认知有关,如绝对化的观念、概括化的推断以及灾难化的认识等都是人们常见的认知错误。所以,艾利斯主张通过改变人们的不合理认知来调节情绪和行为。通过心理疏导可以帮助师生尝试从多个角度考虑问题,培养移情能力,学会换位思考,以开放的心胸和包容的心态接纳不同的观点,从而减少不平衡心态和人际冲突,保持健康、愉快的心境和良好的人际氛围。

2. 动力价值——激发精神动力,营造良好氛围

大学是人类文化的沉积汇集之地,是人文精神的创造凝聚之地。师生的精神面貌和人文底蕴,会直接影响到大学精神和大学文化的形成与积淀,影响到校园文化、学校氛围的创建与营造。因此,高尚的大学精神、优秀的校园文化和良好的校园氛围能够透射出其独特的感染力和强大的凝聚力,潜移默化地影响、召唤师生,浸润师生的心灵,成为师生巨大的精神财富和精神动力。

一个人的精神世界有三大支柱:科学、艺术、人文。科学追求真,给人以理性;艺术追求美,给人以感性;人文追求善,给人以悟性。可见,真善美是人们精神世界不可或缺的重要元素。但是,在现实生活中,当师生面对压力、遭遇挫折、体验失败时,往往会出现心理失衡的现象,表现为逃避现实、自我挫伤、一蹶不振甚至发生侵犯行为。此时,他们的精神世界是混乱、甚至是扭曲的,对真善美的追求也由此止步。而心理疏导往往可以成为师生心理世界的守护者和精神世界的播种者。

我国中医中有"痛者不通,通者不痛"之说,意指身体不适出于人体气血淤积不畅,阻碍了正常活动因而致痛。在心理疏导中,同样也存在着这种"痛"和"通"的关系及其运用的问题。心理疏导中的"痛"可表现为因种种生活矛盾与压力所造成的精神烦恼与心理失衡,以及由挫折与打击带来的行为异常。这种"痛"轻的如学业困难、人际冲突、工作不顺心、社会适应不良以及缺乏理想与追求等所带来的烦恼与苦闷;重的如遭受挫折和各种心理创伤而引起的精神痛苦。这两种情况都会对师生的正常情绪及工作、生活带来干扰,甚至产生心理危机。心理疏导中的"通"表现为人的精神烦恼的缓解及行为目标的确定。通过心理疏导,可以帮助师生进行自我探索、自我发现、自我审视,从而重新认识

自我，积极调适自我，找到个人和社会的契合点，找到生活的目标和行为的动力；可以挖掘师生的生命潜能，培养师生的自主精神、进取精神、创新精神、协作精神等与时代精神相合拍的精神品质，使师生在对理想的追求中，领悟生命意义、存在价值、生活目的，找到人生的精神支柱。当人们有了理想和追求，学会调节自身的情感和心理，才能有效消除忧郁感、孤独感、失落感等不良情绪，感到生活充实、精神愉快。

3. 塑造价值——塑造健全人格，促进学校发展

法国教育家斯普朗格曾经说过：教育绝非单纯的文化传递，教育之为教育，正在于它把一个人人格心灵的唤醒，其最终目的不是传授已有的东西，而是把人的创造力诱导出来，将生命感、价值感唤醒。由此可见，塑造健全人格不仅是现代教育的终极目标，更是高校思想政治教育的重要任务。崇高的理想、坚定的信念、顽强的意志品质、健康平和的心态既是思想政治教育的目标，也是优良人格的特质。教师的劳动是一种特殊的劳动。其劳动工具不是物，而是教师自身的个性品质和人格特征。因此，教师的人格具有比一般人更为强烈的道德意义。俄国著名教育家乌申斯基甚至认为，教师的人格就是教育工作的一切。因此，教师只有首先塑造自身完美的人格形象，并注意将高尚的道德规范、价值观念、审美情趣、人格素养及科学态度潜移默化地同化在学生的认知、情感、人格与审美结构中，才能促进学生的人格发展和健康成长。

在人格成长中，爱和情感支持是一种最重要的力量。当个体在面临困境时，得到来自家庭成员、亲朋好友、团体组织和社会其他方面的精神上和物质上的支持和帮助，会提高心理应激能力，获得战胜困难、人格成长的力量。相反，如果社会支持不足，会增加个人受挫情绪，产生悲观失望心态，甚至发展成为对社会的仇视、对抗心理，影响人格健康成长和社会安全稳定。当前，社会变迁较快，社会竞争的加剧、生活压力的增加、家庭结构的变迁、人际关系的复杂化，都使得师生的心理负荷越来越大，从而对社会支持系统的需求越来越强烈。而心理疏导提供的是一种专业服务，它使用一系列非医疗、非说教的手段，诸如对话、讨论、攀谈、共情、引导、启发等，以与"问题困扰者"平等交流、相互磋商的方式，共同探讨对客观世界的正确认识以及对事物的正确看法，帮助师生调整心理状态，纠正认知偏差，克服自卑、抑郁、怯懦、冷漠、悲观、焦虑或对人敌视、暴躁冲动等人格缺陷，以求得对客观世界的正确认识和人格的健康发展。因此，心理疏导在培养师生的健全人格方面具有重要的塑造价值。

总之，心理疏导对于高校思想政治教育具有重要的现实价值。心理和谐是一种能力、一种力量，是人生的重大课题。高校思想政治教育要积极推动师生的心理和谐，自觉在心理咨询、心理健康教育及思想政治教育之间建立起良性互动的关系和机制，为构建和谐校园、和谐社会提供良好的心理支持和人文环境，为培养高素质人才做出新的贡献。

（刊于《思想理论教育导刊》2009年第4期）

参考文献：

[1] 教育部高等学校社会科学发展研究中心：《大学生思想政治教育"十个如何"研究》，高等教育出版社，2007年。

浅谈高校思想政治工作与"心理疏导"有机统一的实现路径

杨芷英

[摘　要] 高校思想政治工作与心理疏导实现有机统一，不仅有其理论依据，而且有其实现路径。必须更新观念，营造有利于思想政治工作与心理疏导有机统一的舆论氛围；必须整合资源，形成高校心理疏导的网络系统；必须整体构建，拓展高校心理疏导的途径；必须积极干预，建立高校心理危机预防与干预机制，实现高校思想政治工作与心理疏导有机统一。

[关键词] 高校；思想政治工作；心理疏导

党的十七大报告指出："加强和改进思想政治工作，要注重人文关怀和心理疏导，用正确方式处理人际关系。"将"心理疏导"作为新时期思想政治工作的重要方法，是以人为本思想政治工作理念的具体体现。实现高校思想政治工作与"心理疏导"的有机统一，是解决师生的心理困扰、促进心理健康的重要途径，是新形势下破解矛盾、疏导情绪、转变思想、解决问题的重要方法，是维护社会稳定、促进校园和谐的迫切要求，也是加强和改进高校思想政治教育工作的必然选择。

一、更新观念，营造有利于思想政治工作与心理疏导有机统一的舆论氛围

关注人的心理健康和精神追求是社会进步的重要标志和人类发展的内在要求，也是新时期高校思想政治工作的重要内容。因此，实现高校思想政治工作与心理疏导的有机统一，首先要在师生中倡导"健康心理、健康人生"、"和谐心理、和谐社会"、"人文积淀、精神升华"等理念，为师生的精神世界注入丰富营养，为实现高校思想政治工作与心理疏导的有机统一营造良好舆论氛围。

1. 更新健康观念。人们习惯于把健康等同于躯体上没有疾病，这是对健康的片面理解。联合国卫生组织（WHO）早在 80 年代就给健康下了一个定义，即："健康，不仅仅是身体上没有缺陷和疾病，还包括具有良好的生理、心理状态和社会适应的能力。"可见，心理健康是健康的重要内容。特别是随着社会变革的加剧和高校改革的深化，师生面临的利益冲突和社会适应问题突显，精神困惑和心理问题增多。在这种情况下，高校的稳定与发展、师生的成功与成长都需要健康心理做支撑。高校思想政治工作的成败在很大程度上取决于师生的情绪是否理顺，心理困扰是否解决，成就动机是否激发。因此，要加强舆论宣传，提高师生对心理健康重要性的认识。

2. 培养和谐理念。人是身、心、灵的统一体，而身体状况、心理状态和精神面貌是三位一体、相互影响、相互作用的。中医经典《黄帝内经》上记载：喜伤心、怒伤肝、思伤脾、悲伤胃、忧伤肺、恐伤肾、惊伤胆。可见人的七情六欲与五脏六腑都紧密相连。同时，人的身心状况也会影响到人的精神状态，一个身心疲惫、情绪抑郁的人难以有积极乐观的精神面貌。因此，新时期的思想政治工作不能只关注人的精神领域和道德品质，还必须从身、心、灵三个方面关注教育对象，开展思想政治工作。比如，通过关心、关注师生的身体健康，引导师生珍爱自己的身体，接纳自己的身体，唤醒内心深处对自己的爱与认同感；通过心理健康知识培训，帮助师生提高心理素质，培养优良个性，获得成长感；通过引导师生参与社会实践，把"服务和奉献"作为生命的原动力，从中汲取力量和勇气，不断超越自己，获得成就感。新时期的思想政治工作只有对教育对象的身、心、灵进行全面关注和有机整合，改变传统思想政治工作关注政治多于关注人文、关注群体多于关注个人、关注思想多于关注心理、关注先进性多于关注群众性的工作理念，才能促进教育对象的个性完善和全面发展。

3. 提升人文意识。人文关怀需要人文意识的提升和人文素养的提高。一个人的精神世界有三大支柱：科学、艺术、人文。科学追求的是真，给人以理性；艺术追求的是美，给人以感性；人文追求的是善，给人以悟性。一个人的精神世界不能没有科学，也不能没有艺术，更不能没有人文。一个人的人文素养会在很大程度上影响人的综合素质和科学素质。比如，对历史知识的掌握使人具有洞察力，而哲学知识则可使人分析问题透彻、精辟、深邃，良好的文学功底可以帮助人更好地理解问题、阐述问题，而对音乐、舞蹈的了解则使人乐观、开朗，充满活力。可见，人文素养的提高可带给人的不仅是知识的补充、思维的更新，而且是文化精神的支撑。随着经济发展和社会进步，人文关怀的内涵不断丰富拓展。人文关怀已经从原来的侧重教化发展为进一步强化对人的主体地位的肯定和尊重，对人的生存状况的关怀，对人的尊严和符合人性的生活条件的肯定，对人类的解放与自由的追求。人文关怀是人类从野蛮落后到文明进步的重要标识，是人类自觉意识提高的集中反映。实现高校思想政治工作与心理疏导的有机结合就是人文关怀的具体体现。

二、整合资源，形成高校心理疏导的网络系统

1. 发挥高校心理咨询机构的专业优势。高校的心理咨询中心是开展心理疏导的专业机构和主要力量，担负着对学生进行心理素质课程教学、开展心理素质教育、进行个别咨询、团体辅导以及开展心理危机预防与干预等方面的工作。因此，高校要重视心理咨询机构的建设，发挥他们在心理疏导中的专业优势。通过制定完善的心理咨询工作制度和规范化的管理制度，为学生提供专业化、科学化的心理服务，使心理咨询中心成为师生心理疏导的主要场所，充分发挥出心理咨询机构在心理疏导中的作用。

2. 加强与高校心理学专业、校医院的横向联合。心理疏导是一项专业性较强的工作，既需要具有生理学、医学的相关知识，也需要有心理学的专业背景。因此，高校在开展心理疏导工作时，要加强同心理学专业和校医院的横向联合，充分发挥各自的专业优势，形成互补和合力，共同做好高校的心理疏导工作。比如，除了邀请校医院和心理院系相关专业的医生和教师做兼职心理咨询人员外，在校医院医生治疗师生身体疾病的过程中，如果发现心理问题可以及时转介到心理咨询中心，通过身心两个方面的治疗与调适帮助师生尽快恢复健康。此外，心理咨询中心可以借助心理院系的专业力量和实验设备开展学术交流、专业培训和科学研究。与此同时，心理咨询中心可以为心理院系提供实习场所和实践平台，最终实现相关专业和部门之间的横向联合和优势互补。

3. 强化对专职学生工作干部的专业培训。高校专职学生工作干部是大学生思想政治工作的骨干队伍，也是开展心理疏导的重要力量。他们在工作中接触学生广泛，了解学生深入，往往能够及时发现学生的心理问题。因此，依靠广大学生工作干部对学生进行心理疏导，有利于弥补我国高校心理咨询专业人员严重不足、学生一般性心理问题不能及时得到疏导等问题，把对大学生的心理疏导落到

实处。特别是在新的社会形势下，大学生的心理问题日益突出，阻碍了学生的健康成长。新时期专职学生工作干部不仅要成为学生政治思想的引导者、人生道路的领路人，而且还要成为学生心理成长的促进者、心理困惑的疏导者、心理康复的支持者和心理危机的干预者。因此，培训高校专职学生干部，使其具有一定的心理学知识与心理咨询技能，具备对学生进行心理疏导和开展心理素质教育的能力，是新形势下我国辅导员工作科学化、专业化的必然要求。

充分发挥专职学生工作干部在大学生心理疏导中的作用，不仅必要而且可行。目前我国高校心理咨询机构的人员构成主要有心理学和心理咨询专业毕业的专兼职教师、医务人员和专门从事大学生思想政治教育的德育教师、辅导员等。特别是早期从事大学生心理咨询工作的人员大多具有大学生思想政治工作的背景，对高校思想政治工作者进行系统的心理咨询专业培训后，可以使其胜任心理疏导工作。因为高校的心理咨询不同于医院的心理治疗，大多是大学生日常生活中遇到的心理困扰和轻度心理障碍，属于发展性心理咨询。因此，可以发挥专职学生工作教师的优势和作用，通过系统的专业培训，承担起对大学生开展心理疏导的任务。目前，北京市教育工委正在着手制定《北京市高校专职心理素质教育教师资格认证标准》和《北京高校学生心理辅导员认证体系》，准备对北京市高校从事心理素质教育的专职教师、兼职教师和学生辅导员分层次制定标准，统一培训，规范管理，持证上岗。现在已经开始对辅导员进行专门的心理素质教育培训，要求所有从事大学生思想政治工作的专职人员都要掌握心理疏导的基本方法。这一举措有助于加强高校思想政治工作与心理疏导的融合，使思想政治工作者同时成为心理疏导的行家里手。

4. 重视学生心理骨干在心理疏导中的基础作用。学生心理骨干是心理疏导中一支不可忽视的力量。他们生活在学生当中，对于同学的喜怒哀乐和思想动态最为了解，作为同辈群体也最容易被学生所接受。因此，开展心理疏导不能只靠专业人员和教师，还要重视对学生心理骨干的培养，通过成立心理社团，开设心理疏导课程，设置心理干部（如学生会设置心理部、班级设立心理委员、宿舍长负责宿舍心理建设）等措施建立学生心理骨干队伍，并对其进行专门训练与培养，使他们成为在大学生中开展心理疏导的基础力量。比如，有的高校开展大学生"阳光一帮一"活动，要求每一位心理骨干与一名需要心理帮助的同学结成对子，开展谈心和交流，帮助同学解决心理困扰，形成阳光心态。通过这种方式，可以提高大学生开展心理疏导和进行自我教育的能力，是指导学生心理骨干开展心理疏导的有效方法。

三、整体构建，拓展高校心理疏导的途径方法

1. 以面向全体学生的心理健康教育为重点。实现高校思想政治工作和心理疏导有机统一的途径之一就是开展面向全体学生的心理健康教育，以提高大学生的心理健康意识，增强大学生的自我心理调适能力为重点，而不是一味强调事后疏导。课堂教学是对学生系统传授心理健康知识、提高心理素质、化解心理困扰的主要渠道。可通过开设"大学生心理健康"、"大学生心理适应与发展"、"大学生职业生涯发展"以及"大学生心理辅导能力训练"等课程，形成必修课与选修课相结合的大学生心理健康教育课程体系。通过互动体验式的教学模式，案例分析式的教学方法，网络多媒体式的教学手段，探索大学生心理健康课程模式。在教学过程中注重情感体验、环境创设和课堂分享，避免空洞乏味的说教，使学生不仅获得心理健康的理论与方法，而且获得自我成长的能力和体验。

2. 以心理咨询为主渠道。心理咨询是运用心理学的原理和技术，对大学生在学习、适应、交往、恋爱、择业、自我发展等方面存在的问题给予指导和帮助，以提高学生的心理素质，增强社会适应性，促进个人成长和潜能开发的专业活动。高校的心理咨询与心理疏导密不可分。心理疏导是心理咨询经常采用的具体方法，通过同感、共情、疏通、引导等技术，帮助学生宣泄情绪、调节认知，获得情感安慰和心理支持，给学生提供科学化、专业化的心理服务和人生指导。心理咨询还可以针对学生的共性问题开展专题团体辅导，例如"感激中的爱和成长"、"生命的旅程"、"阳光、自信、成长"、"做自己的主人"等。这些内容丰富、针对性强的团体活动，可以启发大学生对人生深入思考，激发他们的生命热情，引导他们快乐生活、健康成长。

3. 以开展对大学生的深度访谈为基础。大学生是思想最为活跃的社会群体，接受信息快捷、观念变化迅速。同时，大学生又处于心理不稳定，身心尚未成熟，心理困扰频发的年龄阶段。因此，对大学生进行心理疏导不能坐等大学生主动求助，而要将心理疏导置于思想政治工作的大背景下，结合思想政治工作的谈心方法，积极主动地开展对大学生的深度访谈工作。通过深度访谈，了解大学生的家庭状况、成长环境、个性特征、心理困扰和思想动态，为大学生提供心理宣泄、情感支持和思想解惑的平台，把大学生的心理冲突、情感困扰和思想问题解

决在萌芽状态。

4. 以校园心理文化活动为载体。高校是科学的渊薮、人文的殿堂，充满着浓郁的文化氛围。校园文化活动不仅是高校学术氛围、精神风貌的重要标志，而且是高校思想政治工作和心理健康教育的重要载体。通过开展健康有益的校园心理文化活动，可以丰富大学生的文化生活，扩展大学生的求知领域，提升大学生的心理素质，陶冶大学生的思想情操，从而促进大学生健康成长。

四、积极探索，建立高校心理危机预防与干预机制

1. 建立高校心理危机预警机制。心理危机的干预、预警机制是心理疏导体系的重要组成部分，是尊重生命、以人为本的具体体现，也是维护校园安全稳定，实现社会和谐、家庭和谐的重要保证。尽管心理危机的发生具有一定的突发性和偶然性，但还是可以通过预警制加强心理疏导的预见性和超前性。比如，针对春季人的心理处于不稳定期，容易引发心理和精神疾病，是心理危机的高发期的特点，在春季到来之前即开展大学生心理健康的宣传和教育工作，以防患于未然；同时，要建立健全校园突发事件和重大危机事件的心理干预制度，对遭受心理创伤的师生进行心理干预和心理救援，以降低危机事件后师生心理疾病和精神疾病的患病率。

2. 加强对重点人群的心理疏导和心理监控。在开展心理疏导的过程中，要重视心理筛查，对筛查出来的重点学生和特殊群体，需要给予重点关注，如学习困难的学生、人际关系失调的学生、患有身心疾病的学生、遭受就业挫折的学生、单亲家庭的学生以及遭遇负性生活事件（父母冲突、亲人去世、重大生活打击）的学生。他们面临生活中的某种困境，在心理危机方面属于易感人群。如果他们的心理问题得不到及时疏导和解决，就有可能诱发心理问题，产生烦躁、冲动、偏执为特征的不健康心理，甚至导致一些公共突发事件，成为社会的不稳定因素。马加爵事件就说明了这一点。因此，要加强对重点群体和易感人群的心理监测和心理疏导工作，及时解决他们在工作、学习和生活中遇到的各种矛盾与冲突，尽量减少心理危机的诱发因素，保证心理宣泄渠道的畅通，避免大学生不良心态的积累、恶变，为构建和谐校园创造良好的心理氛围。

3. 开展生命教育，引导师生珍爱生命。教育的目的应当是向人传递生命的气息，教育过程应当充满着对生命的关注。教育不仅要使学生获得科学文化知识

和技能，更重要的是促进学生人格的发展和生命的成长。从根本上说，是要促进学生生命的更好发展。因此，高校要加强生命教育，把生命教育作为思想政治教育和心理健康教育的重要内容，纳入学校的教学计划，作为大学生的必修课。通过生命教育，引导大学生珍惜生命存在，注重生命质量，培养生命发展必备的心理适应能力与自我发展能力，实现生命的最大价值。

总之，实现高校思想政治工作与心理疏导的有机统一，需要我们在理论与实践层面深入思考，不断探索，这是新时期高校思想政治工作的重要使命。

（刊于《思想教育研究》2009年第10期）

参考文献：

［1］《中共中央国务院关于进一步加强和改进大学生思想政治教育的意见（2004年8月）》，《十六大以来重要文献选编》（中），中央文献出版社，2006年。

［2］袁贵仁：《提高认识　狠抓落实　大力推进大学生心理健康教育工作》，《思想理论教育导刊》，2004年第9期。

［3］《大学生思想政治教育"十个如何"研究》，高等教育出版社，2007年。

［4］马德秀：《注重人文关怀和心理疏导，增强高校思想政治工作实效》，《中国高等教育》，2007年第21期。

［5］胡江霞：《心理辅导与思想政治工作》，《光明日报》，2008年4月21日。

［6］樊富珉等：《心理素质：成功人生的基础》，北京出版社，2005年。

从德育功能的角度看道德灌输

——德育社会学的分析视角

杨启华

[摘　要] 从德育所具有社会性功能与个体性功能角度分析，道德灌输既有合理性，也存在不合理性。道德教育中的灌输与反灌输处于不断协调之中。为兼顾德育的社会性功能与个体性功能，避免灌输与反灌输之间的争端，应该力求做到道德教育的合目的性与合规律性的统一，道德教育的适应与超越目标的统一。道德教育的个体性功能更为根本。道德灌输只有在不违背学生的身心发展特点与发展需要的前提下才是合理的。

[关键词] 德育；功能；灌输；合理；不合理

中西方道德教育中，灌输都有着古老的历史。灌输，作为道德教育的方法之一，曾受到推崇，也遭受怀疑和诟病。近现代以来，对道德灌输的种种怀疑与责难主要集中在内容、方法与意图三方面：第一，从内容方面对道德灌输进行批判，认为教育者所教的内容，是没有得到公众普遍接受的证据所证实的教条；第二，从方法方面对道德灌输进行批判，认为教育者所采取的是强制的、非理性的方法，不考虑学生的特点与需要，并拒绝学生的怀疑和批判；第三，从意图方面对道德灌输进行批判，认为教育者的意图在于封闭、禁锢学生的思想，有意识地强迫学生只接受一些特定的观点或价值。对道德灌输的种种批评与反对，是主体意识觉醒的结果。人们在对道德灌输的理论探讨与实践探索中踽踽前行，其中有无奈，也有调和。例如，涂尔干在论及道德灌输时显得颇为无奈："强迫学生去接受道德事实、道德价值和行为确实不好，但是我们别无选择。"[①] 而在这种无奈中，人们又进行了一些调和，以避开无奈的尴尬。例如，有的学者从词源的角

---

① 戚万学：《冲突与整合——20世纪西方道德教育理论》，山东教育出版社，1995年，第110页。

度进行理解，认为"灌输"并不等同于"强制灌输"。"强制灌输"应该避免，而作为"引导"、"输送"的"灌输"却有存在的必要性①。本文认为，道德灌输是否合理，亦可从德育功能的角度进行分析。

"德育功能包括社会性功能、个体性功能与教育性功能。德育的社会性功能指的是学校德育能够在何种程度上对社会发挥何种性质的作用，主要指德育对社会政治、经济、文化以及生态环境等发生影响的政治功能、经济功能、文化功能、生态功能等。德育的个体性功能则是指德育对德育对象个体发展能够产生的实际影响。德育的个体性功能可以描述为德育对个体生存、发展、享用发生影响的三个方面。德育的教育性功能有两大含义。一是德育的'教育'或价值属性；二是德育作为教育子系统对平行系统的作用。"② 本文主要从德育的社会性功能与个体性功能角度分析道德灌输的合理性与不合理之处，而暂时不考虑德育的教育性功能的分析角度。一般而言，功能具有正功能与负功能之分，为分析方便，本文中的"功能"指的是德育所具有的正向功能。

一、从德育的社会性功能看道德灌输

德育对社会政治、经济、文化及生态发挥影响。因此，从社会角度而言，社会的有序运转与健康发展涉及较稳定的思想意识形态的形成、经济生活的伦理秩序的维持、民族文化传统的传承以及人与自然和谐关系的形成等方面。从个体角度而言，学生作为未成熟的个体，需要经过接受教育而成长为社会成员。学生社会化的过程，就是学习和掌握社会规范，自觉地调整和约束自己的行为，与社会相适应的过程。道德灌输的实施，便源自这样一种"美好"愿望：将优秀民族文化传统、社会主流价值观念及社会生活的普遍伦理原则"输送"给学生，使之能朝着社会要求的方向"社会化"，并能在今后积极参与社会生活。

为达至"美好"愿望，道德教育中的灌输在一定程度上无可避免。从以下几个方面可以看出道德灌输存在的原因及表现。第一，在教育目标方面，道德教

---

① 孙喜亭：《德育要拒斥任何意义上的"传递"、"灌输"吗?》，载《中国教育学刊》2000年第5期。

② 檀传宝：《学校道德教育原理》，教育科学出版社，2003年，第28~34页。

育服务于学生社会化发展的要求,目标在于将社会的伦理规范传递给学生。第二,在对学生的认识方面,学生被视为是未成熟的个体,是"边际人"。也就是说,"青少年学生作为一种不成熟的社会存在,作为正在准备进入成人社会的'准成人'来说,只是处在社会文化的边缘……他们正在学习这些成人文化,并准备在将来进入成人社会,或者,他们只是处在由少年儿童向成人过渡的阶段"。① 将学生作为"边际人"的预设,使道德灌输合理化。相对于成人世界,学生是"无知"的。只有学习成人社会的文化,才能跨过"边际"成为社会成员。将价值观念与道德准则从成人社会输送给青少年学生是必须的。第三,在师生角色方面,由于学生被视为是未成熟的"边际人",学习接受成人社会文化的过程,因而在师生角色方面,教师的角色是社会所赋予的,受社会的委托,代表成人社会对学生进行教育,他们是知识的拥有者。而学生则是知识的接受者,需要通过学习才能掌握知识,形成价值观念。从对师生角色的这一理解出发,教育活动就是文化知识与价值观念从教师流向学生、从成人社会流向未成熟个体的过程。第四,在教育内容方面,为促成社会成员较一致的意识形态的形成,社会主流价值观念、普遍的伦理准则成为道德教育的内容。这些内容具有不容怀疑的正当性,学生学习的过程就是内化主流价值观念与伦理准则的过程。

从德育之于社会的功能来看,道德灌输在一定程度上是必要的。"不少政治学家、社会学家乃至经济学家在内的现实主义者对灌输持接纳甚至必需的态度……正如美国政治学家奥勒姆所言:'任何社会为了生存下去都必须成功地向社会成员灌输适合于维持其制度的思想。'经济学家诺斯曾说:'如果没有一种明确的意识形态理论,那么我们在说明无论资源的现代配置,还是历史变迁的能力上,就存在着无数的困境。'……按照新制度经济学的说法,经济增长……很大程度上是制度安排和价值信念的结果。"②

二、从德育的个体性功能看道德灌输

尽管从德育的社会性功能角度看,道德灌输在一定程度上具有合理性。但从德育的个体性功能角度出发,人们对道德灌输的合理性提出了质疑。德育个体性

---

① 谢维和:《教育活动的社会性分析》,教育科学出版社,2000年,第126页。
② 朱炜:《文化视域中的高校德育研究》,华东师范大学博士学位论文,2006年,第52~53页。

功能是指德育对德育对象个体发展能够产生的实际影响,包括对德育个体的生存、发展和享用发生影响三个方面。生存性功能:即德育"要赋予每个个体以科学的价值观、道德原则和行为规范……使个体在社会性(即现实性)的生活中生存下去"。德育之个体发展功能的实质是"德育对个体人格的促进功能","个体发展功能的发挥中必须充分尊重道德学习个体的主体性"。① 德育的享用功能,即是说,"可以使每一个个体实现某种需要、愿望(主要是精神方面的),从中体验到满足、快乐、幸福,获得一种精神上的享受"。②

从德育之个体生存性功能角度出发,道德灌输的合理之处在于,期望能赋予每个个体科学的价值观、道德原则和行为规范,使个体能具备必要的素质在这个社会中很好地生存下去。然而,道德灌输的不合理之处,在于它忽视了德育个体功能之发展与享用功能,也就是说,忽视了道德学习个体的主体性,以及个体出乎本心的自由的道德发展。具体而言,道德灌输的不合理之处在于:第一,就教育目的而言,教育是一种培养人的活动,人的发展是教育的根本目的。道德教育的目的在于个体道德的自由主动的发展,只有自由的、自主的发展,才是真正意义上的发展。道德灌输却在很大程度上限制了、禁锢了学生的自由发展,学生被视为是被动的、可以被填塞的口袋。道德灌输的不恰当之处就在于它忽视了学生的需要与特点,忽视了教育是以人的自由、自主发展为目的。第二,从学生作为"年轻的成人"而非"边际人"的角度来认识学生,道德灌输忽视了学生的主体地位。学生作为"年轻的成人","它的基本含义是:一种尚未成熟的社会正式成员……对于成长和发展中的青少年学生来说,他们所面临的与其说是学习现成的文化,不如说是要和成年人一道在学习的过程中去建设新的社会文化……正是在这个意义上,青少年已经站在成年人或成人社会的行列之中了。由此,他们已经成为一名社会的正式成员"。③ 将学生作为"年轻的成人",是对学生文化、观念的肯定。学生不是空白的等待被填充的容器,他们有自己独特的文化,有自己的思考;教师也不一定永远在知识方面占据优势地位。因此,学生的学习不再仅仅是接受成人文化,为进入成人社会做准备的过程。教学活动,是教师和学生一起在学习的过程中去建设新文化的过程。由此,成人对学生的道德灌输也就失去

---

① 檀传宝:《学校道德教育原理》,教育科学出版社,2003年,第31~33页。
② 鲁洁:《论德育的个体享用性功能》,载《教育研究》1994年第6期。
③ 谢维和:《教育活动的社会性分析》,教育科学出版社,2000年,第129、131页。

了其合理性基础。第三，就师生角色而言，知识的更新速度加快，社会文化、价值观念及社会的行为规范体系发生着变化，信息获取渠道的多元化，各种因素导致教师在知识方面的绝对优势地位逐渐改变，教师作为知识拥有者及学生作为知识接受者的角色受到挑战。知识不再是从教师向学生的单向流动。道德灌输只会固化某些传统价值观念，固化教师的权威角色，这与知识、价值观不断更新，教师角色需要不断改进，学生主体角色的凸显的现实相违背。第四，就教育内容而言，由于社会的迅速发展变化，文化价值观念也处于发展变化中，而非一成不变的。以往道德教育内容中普遍的价值观念在文化价值多元化的背景下逐渐受到质疑。道德灌输仍然强调的是普遍价值观念的传递，忽视了个体的特点与文化价值的多元性。

从德育的个体性功能角度看，德育在于促进个体的生存与发展，并希冀使个体获得一种精神上的享受。关注德育的个体性功能，要求人们关注个体的生存与发展状态，期望德育对个体的生存、发展产生积极影响。然而从以上几点可以看出，道德灌输容易忽视教育活动中学生的地位和特点：忽视了学生的发展是教育的目的，学生是具有自主性与能动性的个体，学生是带着一定的文化和价值观念进入学校。道德教育不能忽视学生在教育活动中的地位与特点，不能将学生仅仅作为容器进行填充。从个体发展角度而言，学生不仅仅是作为社会成员的存在，更是具有主观能动性与个性需求的独特存在。随着对学生的主体地位、个性特点与需求的关注，道德教育中的灌输方法逐渐被其他方法所替代。

三、道德灌输与反灌输：不断的协调

从德育的社会性功能与个体性功能角度看道德灌输，它既存在合理性也存在不合理性。在德育实践中，人们也在不断地探索合理的教育方法，在灌输与反灌输中不断协调。追溯历史，可以发现，对灌输的批判与提倡并存。一方面，灌输式教育遭到怀疑、批判与否定。"20世纪以来，西方教育的最大变化就是对灌输式教育的彻底否定……其中影响最大的是杜威。""20世纪初，欧洲新教育运动和美国进步主义教育运动中的许多教育家也对灌输式教育进行了否定……进入30年代以来，一些属于新传统教育流派的教育家也加入了声讨灌输式教育的洪流中……50年代以后，西方教育中的存在主义教育思潮、结构主义教育思潮等也对灌输式教育进行了批判和否定。"① 另一方面，对道德灌输的坚持与提倡仍隐现于教育活动中。对道德灌输的反对，使德育走上了形式主义道路，完全忽视德育内容，德育成为"无道德的道德教育"。此外，对价值多元的过分强调，也使得道德教育走上了放任主义的极端。20世纪60年来，西方社会道德危机正说明了价值相对主义的危害。因此，20世纪七八十年代，西方又出现了重视道德灌输的呼声。在很大程度上，偏重德育的社会性功能导致对道德灌输的过分强调，偏重德育的个体性功能导致对道德灌输的强烈反对。德育中是否需要灌输？在道德教育中，如何实现既兼顾德育的社会性功能与个体性功能，又尽量避免道德灌输与反灌输的无休止争端？本文仅从以下几个方面进行探讨。

1. 道德教育的合目的性与合规律性的统一

道德教育既服务于社会发展的要求，为维护社会良好的政治、经济、文化秩序贡献力量，又服务于个体发展的要求，促进个人达至幸福美好的生活。道德教育中应协调社会发展要求与个体发展要求之间的矛盾。一方面，灌输社会伦理道德规范，合乎于促进社会稳定的目的，但这一目的必须与学生发展的规律相统一。具体而言：向学生输送传递有关的道德行为规范与价值准则，使学生能具备基本的道德素质，也使社会的普遍伦理道德规范得以传递并成为人们的共识。社会基本道德规范在学生这一年轻的社会成员中的存续，才能保证社会的稳定与和谐发展。从这个意义上说，道德灌输有其合理目的，但这一目的必须与学生发展的规律相统一。以往对灌输的质疑，多源于灌输的强制性，认为道德教育"目中无人"，忽视了应当依据学生的特点和需要进行教育。因此，需要对过分强调社会目的的道德灌输进行协调，在道德教育中，必须凸现学生的主体性，充分考虑学生身心发展特点及个性需要，遵循学生成长规律进行教育。道德教育，不是单纯地灌输道德规范与行为准则，而是要实现个体道德行为的养成和道德素养的提升，而这个目的只有在个体接纳并认同某些道德规范，具有自由选择和自由行为的能力才能实现。因此，道德教育促进社会稳定的目的必须与学生发展的特点与需要相统一。不能只重视德育的社会性功能而片面强调道德灌输。另一方面，对道德灌输的反对，在很大程度上合乎于促进个体自由发展的目的，但这一目的必须与社会发展的规律相统一。具体而言：由于个性需要的独特性、价值文化的多元性，反对灌输，是为了使个体能在多元价值中主动寻找出自身道德成长的方

---

① 郭法奇：《灌输式教育：从怀疑、批判到否定》，载《比较教育研究》2004年第11期。

向，但过于放任自由，容易导致青少年成为"迷惘的一代"，也容易使社会陷入混乱与无序。尽管人们否认存在不容置疑的、绝对的价值，但对于社会的发展而言，却必须存在某些维护社会秩序的主流价值观念。因此，从社会发展角度而言，主流价值观念与道德规范的灌输仍然是必不可少的。道德灌输是为了保证社会较一致的道德行为规范延续，保证社会成员具有较稳定的价值观念，这样才能在社会稳定的前提之下，为个体的道德发展提供良好的环境。总之，道德教育中，促进社会发展的目的，必须与个体发展的规律相统一，相似的，促进个体发展的目的，也必须与社会发展的要求相统一。德育的社会性功能与个体性功能二者不能偏废，强调德育的社会性功能，有助于保证社会较一致的道德原则和行为规范的延续，保证社会的和谐发展；强调德育的个体性功能，体现了对学生主体地位的尊重，对学生的发展特点与需要的重视，以促进个体的道德发展为根本目的。道德教育要在社会发展功能与个体发展功能之间进行协调，使道德教育既合乎于促进社会和谐的目的，也合乎于个体发展的规律与需要。

2. 道德教育的"适应"与"超越"价值取向的统一

教育的价值取向是多方面的，不同的文化传递模式影响着教育的价值取向。美国文化人类学家玛格丽特·米德（Mead. M.）从文化传递模式将人类文化分为：后喻文化、同喻文化和前喻文化。后喻文化是一种面向过去的、世代复制的文化。在后喻文化这种传递模式的影响之下，教育的价值取向表现为"复制"传统文化，强调成人社会的知识价值的权威性，并倡导知识从教师向学生的传递。同喻文化是面向现在的文化，如果说后喻文化强调的是对过去的传统的复制，同喻文化强调的是对现实的复制，其本质仍然是"复制"。同喻文化影响下，教育的价值取向表现为"适应"现有文化，强调学生对现有文化的接受与适应。"前喻文化是一种全新的以开拓未来为使命的文化传递模式……其传递路径是：前辈向晚辈学习。年轻人按照自己的首创精神自由行动，它们能在未知的方向中为长者引路。"[①] 也就是说，后喻文化与同喻文化强调的是"适应"，而前喻文化强调的是"超越"。从这三种文化传递模式与教育价值取向的视角出发来考虑道德教育问题，我们认为，只有推进道德教育的"适应"价值取向与"超越"价值取向之间的统一，才能协调道德灌输与反灌输之间的冲突。"适应"意

---

① 张义兵：《文化传递模式与教育价值取向：一种社会学分析》，载《南京师大学报（社会科学版）》2000年第9期。

味着在现有文化状态下进行活动。道德教育就是面向现代文化或传统文化，将文化的精华传递给学生。"适应"取向的道德教育，强调的是对传统文化的复制与传承，有助于传统精神文化的世代传递。但是，"适应"取向的教育，面向的是过去与现在，偏重于关注传统与现有文化的不容置疑的价值，而学生的学习成为适应与接受这些文化价值的过程。这是一种单向度的文化流淌，即传统与现有文化从成人社会向学生的流淌，学生无需也不能质疑，只能认可与接受。在这个单向度的价值传承过程中，道德灌输很难避免。诚然，传统与现有文化的精华自然应当传承下去，但是，随着后工业社会的来临，社会发展具有了差异性、多样性、开放性等特征，在迅速发展与变革的社会背景下，学生掌握与获得信息的能力不断增强，家长与教师在文化方面所占据的主导地位已渐渐受到挑战，学生已不再是知识的容器，他们因为更快更迅速地掌握了新的信息而在很多方面具有了一定的发言权，前喻文化作为面向未来的文化传递模式已经崭露头角。因此，如果只是单纯的接受现有文化，人自身的发展以及人对文化发展的推动力量将变得非常有限。前喻文化模式影响下的道德教育价值取向，应当追求"超越"价值，道德教育不仅仅应适应现有文化，更应超越现有文化，面向未来，具有前瞻性与发展性。对未来文化进行憧憬，提倡尊重学生的主体性和创新能力。也就是说，道德教育不应只复制和传递传统价值，不能把学生当作被填塞的容器来对待，而应该在道德教育过程中，充分发挥尊重学生的自主地位，发挥学生的创新精神，给学生的道德发展创造自由的空间，既尊重学生群体的文化的价值，又激发学生主动探索与实践道德精神。"学校德育既要继承传统道德文化的精华，又必须前瞻，吸收未来文化的朝气，倡导属于未来但合乎历史潮流的伦理精神。"① 总之，为了避免片面追求道德教育的"适应"价值所带来的道德灌输问题，应追求道德教育的"适应"与"超越"价值取向的统一。这是在尊重与传承传统与现有文化价值的基础之上，更强调学生在现有文化背景下，发挥主动性与创造性，实现自由的价值判断与价值选择，并创造性地超越现有文化实现面向未来的发展。

3. 道德教育的个体性功能是根本

教育是一种有意识有目的的活动，为实现某种预设和目的，教育中常常使用灌输方法。"教育是为了维持在社会中占统治地位的价值需求而被设计、被创造

---

① 孙喜亭：《德育要拒斥任何意义上的"传递"、"灌输"吗？》，载《中国教育学刊》2000 年第 5 期。

的文化的一种形式。""道德作为维系人们之间的和个人与社会之间关系的行为规范的总和,在任何社会,它都要通过各种形式的教育的和社会舆论的力量,使人们具有善与恶、荣誉与耻辱、正义与非正义的概念,并以此调节人们的行为。"由此看来,德育的社会发展功能使得道德教育中的传递、灌输具有合理性。但是,与德育的社会性功能相比,德育的个体性功能更为根本。原因在于:第一,教育活动是培养人的社会活动,人的发展才是教育的根本宗旨所在。脱离了人的发展特点与发展需求的道德教育,是"不道德"的教育。"灌输"的合理之处,在于其对于德育社会性功能实现的促进作用。但无视学生特点与需要而进行的道德原则与行为规范的灌输,却是需要避免的。只有充分考虑学生的身心发展特点与发展需要,合理地传承道德原则与行为规范才是值得提倡的,因为,学生的发展是教育的根本宗旨。第二,道德教育的目的在于人的道德行为能力的养成。只有学生所掌握的道德知识被认同、内化,并且转为学生自觉自愿的行为,道德教育的目的才真正得以实现。道德行为的实施涉及到主体自由的选择与行为,道德灌输只能灌输知识,却不能自然而然地通向自由自觉的道德行为。因此,必须给予主体道德学习过程中的充分的自由与自主,使学生能在自由思考与判断的基础上,掌握道德知识,做出合理的道德判断,实施恰当的道德行为。在这个意义上来说,道德教育的个体性功能更为根本,道德教育就是要促进学生的道德发展,促进学生自由自觉的道德行为能力与行为习惯的养成。在此,强调道德教育的个体性功能之于社会性功能更为根本,并非全盘否定道德灌输。前述观点已经说明,合理地传承价值观念与道德原则有其存在的必要性与恰当性。然而,如果这种传承是一种强制,如果无视了学生的发展特点与发展需要,那它就应当被避免。我们所主张的,是尊重学生主体性、重视学生发展特点与需要的道德规范的合理传承;追求的是道德之于个体的生存、发展,乃至享用功能的实现。

从德育的社会性功能或个体性功能的角度分析,既能从一定层面上探究德育中的灌输是否合理,同时又为协调灌输与反灌输之间的对立找到一种协调的方式。在以道德教育的个体性功能为根本的前提下,做到合目的性与合规律性的统一、"适应"与"超越"价值取向的统一,才能保证道德教育中的传递、输送、教导不致成为强制灌输,而成为促进学生的自由健康发展的力量。

(刊于《教育探索》2008年第12期)

第四篇

公民与社会

我国推行公民教育有待解决的若干问题探讨

高　峰

[摘　要] 随着新时期我国改革开放步伐的逐步加快，公民教育问题日益凸显。目前，我国推行公民教育还存在若干有待解决的问题：需要对公民教育进行马克思主义的解读，使之进入社会主义的话语体系；需要处理好现代公民教育与传统道德教育的关系，使之更具时代特征；需要加强对公民教育理念的宣传推广力度，使之获得社会的广泛理解与认同。

[关键词] 公民教育；马克思主义；道德教育；理念

随着新时期我国改革开放步伐的逐步加快，公民教育问题日益凸显。目前我国推行公民教育的外部环境不断改善，公民教育的社会氛围逐渐形成，尤其是社会主义市场经济的发展，内在地规定了实施公民教育的必要性；十届人大二次会议通过的宪法修正案明确规定了"国家尊重和保障人权"，为公民教育提供了重要的法理依据；建设社会主义和谐社会理念的提出，为公民教育的推行创设了良好的社会条件。但是，我们也要清醒地认识到，我国目前推行公民教育仍然存在着许多有待解决的问题。

一、需要将公民教育置于马克思主义的话语体系之中

公民教育是伴随着资本主义的确立和发展而发展起来的。公民与公民教育虽然字面意义很简单，但却涉及民主、人权、自由、宪法、宪政、体制、制度等与现代国家密切相关的一系列重大社会政治问题。过去，社会主义国家之所以对公民教育持有戒备心理和排拒态度，原因就在于把公民教育与资本主义直接画上了等号。

因此，要想在真正意义上实施公民教育，就必须首先给公民教育以马克思主

义的解读，用马克思主义的基本原理为公民教育提供充足的理论根据。只有释解了公民教育在人们心目中的种种疑虑，才有可能使公民教育得到社会的广泛支持与积极倡导。

目前，学术界对于公民教育的许多问题都进行了深入研究和探讨，但是，关于公民教育与马克思主义之间的关系问题，却并没有引起足够的重视。应该指出的是，由于时代主题、时代背景的不同，马克思主义经典作家未曾对公民教育问题作过直接的论述，不过，在马克思主义经典作家那里，与公民和公民教育相关的论述，关于公民教育所涉及的核心理念的表述，却是相当丰富的，需要我们进行深入的挖掘和研究。

比如，与公民教育密切相关的信仰自由问题，马克思当年就曾对普鲁士宪法中的逻辑矛盾进行过尖锐的批评。中国共产党人也曾为争取思想信仰的自由进行过不懈的斗争。毛泽东在《向国民党的十点要求》中提出："信仰为人人之自由，而思想乃绝非武力所能压制者。"① 他在《关于正确处理人民内部矛盾的问题》中也明确指出："我们不能用行政命令去消灭宗教，不能强制人们不信教。不能强制人们放弃唯心主义，也不能强制人们相信马克思主义。"②

公民的平等地位问题是公民教育所要讨论的重要方面。针对这一问题，恩格斯曾指出："一切人，或至少一个国家的一切公民，或一个社会的一切成员，都应当有平等的政治地位和社会地位。"③ 列宁也指出："政治自由就是人民处理自己全民的、国家的事务的自由。"④

人权问题是公民教育的核心理念之一。对于这一长期被视为禁区的论题，马克思和恩格斯早就指出，在刚刚推翻资本主义建立的共产主义社会的第一阶段即社会主义社会，仍"不可避免"地要按照"资产阶级的权利"原则来规范社会。⑤ 列宁也曾经指出："如果不愿陷入空想主义，那就不能认为，在推翻资本主义之后，人们立即就能学会不要任何权利准则而为社会劳动。"⑥ 这就是说，社会主义社会还需要用人权原则来规范社会。可见，简单地将"人权"概念作

---

① 《毛泽东选集》第 2 卷，人民出版社，1991 年，第 723 页。
② 《毛泽东文集》第 7 卷，人民出版社，1999 年，第 209 页。
③ 《马克思恩格斯选集》第 3 卷，人民出版社，1995 年，第 444 页。
④ 《列宁全集》第 6 卷，人民出版社，1986 年，第 331 页。
⑤ 《马克思恩格斯选集》第 3 卷，人民出版社，1995 年，第 305、304 页。
⑥ 《列宁选集》第 3 卷，人民出版社，1995 年，第 196 页。

为资产阶级的东西予以排斥的做法并不可取。

早在 1843 年 3 月，马克思就指出，"一个最寻常的荷兰人也比一个最伟大的德国人强，因为不管怎样他总算是一个公民"，而德国人却还活在"极其可恶的专制制度"之下，马克思感到一种"民族耻辱"，"羞愧得无地自容"。① 可见，在马克思看来，人应该是民主制度下的人、是追求现实幸福的人、是自由自觉地活动的人、是全面发展的人。这正是现代公民教育所要追求的目标。

邓小平等党和国家领导人在新时期社会主义建设过程中提出的许多新的思想和观点，成为马克思主义理论宝库中的宝贵财富，同时也为公民教育的推行提供了充分的理论支撑。1982 年中共十二大报告正式明确提出要"加强宪法和公民权利、公民义务、公民道德的教育"。十二届六中全会把"公民"作为精神文明建设的主体，确立了"培育有理想、有道德、有文化、有纪律的社会主义公民"的目标。会议还对人类历史上新兴资产阶级和劳动人民在反对封建专制制度的斗争中所形成的民主和自由、平等、博爱的观念给予了肯定，认为这是人类精神的一次大解放。这对公民道德建设具有重要的指导意义，也为公民教育的提出奠定了重要的理论基础。十四届六中全会进一步对公民道德建设的任务、方法、内容、措施等作了精辟的阐述。公民、社会主义公民、公民素质、公民个人合法权益等问题被提到了十分突出的地位。除了论及社会主义精神文明建设的一般原则外，全会决议还反映了社会主义初级阶段"市场经济建设和法制时代"道德建设的新问题和新趋向，即公民由道德建设次主体到显主体的日渐显露，现代"公民"主体与传统"人民"主体获得同样的关注。从突出阶级道德到凸显公民道德，显示了不同时代道德建设主题的扩展与变化。2001 年 9 月，中共中央颁布实施《公民道德建设实施纲要》，标志着中国特色社会主义公民道德建设理论的系统提出，是当代马克思主义对公民道德建设及公民教育问题作出的新回答。

马克思主义在改革开放的新时期与时俱进，实现了与当代中国具体实践相结合的历史性飞跃，得到了极大的丰富和发展，被赋予了新的时代内涵。以邓小平为主要代表的中国共产党人提出了许多新的思想和观点，在为马克思主义的理论宝库增添新的内容的同时，也为重新解读公民教育，使之进入马克思主义的话语体系，提供了重要的理论支撑。

---

① 《马克思恩格斯全集》第 1 卷，人民出版社，1956 年，第 407 页。

二、需要处理好现代公民教育与传统道德教育的关系

公民教育主要是有关个人与国家之间关系问题的教育，这些问题又集中体现在公民的权利与义务之间如何取得平衡上。一般而言，任何社会的公民教育，对于公民的权利和义务关系的处理，均是不可或缺的重要内容。相对于现代国家注重培养公民的权利意识，我国过去长期以来一直将侧重点放在对人们的义务意识的培养上，忽略了对公民权利意识的培育。

在封建社会，盛行的是一种"臣民"意识，专制君主几乎可以主宰一切，个人及群体的自由和权利湮没于皇权之中。从而表现为一种单向度的国家权利与个人义务，即国家拥有无限度的权利，而个人则有尽不完的义务。建国后，由于受"左"的思想路线和计划经济体制的影响，我们仍然对"公民"及其应有的权利缺乏足够的认识。改革开放以来，随着社会主义市场经济的建立，人们的权利意识逐步得到了恢复和发展，但这种重义务、轻权利的传统道德教育模式仍然存在。从1986年以来开展的几次公民法律教育，都只强调守法教育，即对法律条文、注释的遵守，忽视了培养和塑造现代公民的法律意识尤其是法律权利意识。中共中央于2001年9月颁布实施的《公民道德建设实施纲要》，也是侧重于对公民的责任与义务的教育，尽管这对我国的公民教育来说是一个巨大的推进。

因此，在推行公民教育的过程中，需要正确处理好现代公民教育与传统道德教育的关系问题，将权利意识的培养提到重要的议事日程。推行现代公民教育首先应对"权利"进行分析研究，使其与"以义务本位为轴心"的传统思想道德教育相区别。以法制教育为例，进行遵纪守法教育当然是必要的，但绝不能使人误以为法制只是"刀把子"，忽视了法制也是保障公民权利和利益的重要手段。把公民当作权利主体而不是义务主体，可以增强其主体性意识和自我价值感体验，更有益于他们以主体性的自觉态度承担社会责任、践行义务。

需要指出的是，我们这里并不是贬低传统道德教育的价值，而是想要强调公民道德的时代特征。现代的公民教育，应该突破传统道德教育的狭隘性，关注个体在公共领域范围内所应具备的行为规范，而要培育这种素质恰恰要以培育每个公民的权利和义务意识为前提。公民教育的核心在于把公民在公共生活领域内的行为准则内化为公民意识，成为其自主行为的一部分。公民道德并不属于私人或个体道德的范畴，而是公民参与国家生活、公共生活时所表现出来的公共性要

求。由此,从"公民"角度提出道德教育问题,在内容上体现了时代性,使公民道德教育更加系统化。

强调权利与义务的对等性,培育公民的权利意识,是我国社会主义现代化建设对公民道德的诉求,决定了传统道德人格走向公民人格的必然趋势。因为传统道德人格的依附性、服膺性、绝对性,无法适应现代公民人格的主体性、独立性和契约性的要求。市场经济的运行规律,强化了公民的个体意识,培养了公民的独立人格,锻炼了公民的独立判断能力、独立行为能力和开拓创新能力。而我国传统道德观念则强调人的整体性,轻视人的个体性。这种对人的个体性的忽视,极易形成依附性人格,呈现以服膺、依附、无我、不自由为特点的传统"臣民人格"。很显然,传统道德人格与现代公民人格的异质性不利于公民人格的形成,因此,消除传统道德人格对现代公民人格重塑的负面影响,进行"公民教育"显得尤为重要。

同时,与公民教育相匹配,深化体制改革,从制度层面对公民权利加以保障,也具有十分重要的意义。对制度保障问题,邓小平在《党和国家领导制度的改革》一文中曾深刻地指出:"我们过去发生的各种错误,固然与某些领导人的思想、作风有关,但是组织制度、工作制度方面的问题更重要。这些方面的制度好可以使坏人无法任意横行,制度不好可以使好人无法充分做好事,甚至会走向反面。""我们今天再不健全社会主义制度,人们就会说,为什么资本主义制度所能解决的一些问题,社会主义制度反而不能解决呢?"他还在文章中提及苏联的问题,指出:"斯大林严重破坏社会主义法制,毛泽东同志就说过,这样的事件在英、法、美这样的西方国家不可能发生。""领导制度、组织制度问题更带有根本性、全局性、稳定性和长期性。"①

总之,公民教育有其相对稳定的内容和精神旨趣。尽管各个国家的历史、国情不同,但在进行公民教育时的一些共同追求是值得我们借鉴的。比如公民的主体意识和公共理性,公民的道德品质和守法精神,公民的爱国意识和对民主理想的追求,等等。政治民主、人的权利具有自身相对的独立性,其自我完善可以反作用于经济发展,可以提高民众文明程度,促进道德规范。

三、需要获得社会对公民教育理念的广泛理解与认同

应当看到,目前我国开展公民教育的条件已经基本具备,但是,由于社会对

---

① 《邓小平文选》第 2 卷,人民出版社,1994 年,第 333 页。

公民教育理念的陌生、误解与疑虑，使它的真正实施又异常艰难复杂。目前我们应该加大对公民教育理念的宣传推广力度，使公民教育得到社会的广泛理解与认同。尽管"公民"与"公民教育"这两个词汇我们都并不感到陌生，但其真正含义却并不被大多数人所认知。

有的把公民教育等同于素质教育，冠之于"公民素质教育"而大加讨论；有的把公民教育等同于道德教育，冠之于"公民道德教育"而大谈特谈；有的则侧重于"公民消防安全教育"，等等。虽然这些内容都是公民教育所应该包含的重要方面，但却不能概括公民教育的本质与真正含义。此外，社会中还存在着许多关于公民教育的种种疑虑，如"公民教育不适合中国国情"、"倡导公民教育会对社会稳定造成威胁"等。在进行学术研究中，有的部门将"公民意识的培育与提升研究"课题列入哲学学科，实际意味着将该课题归入了伦理学。还有观点认为，既然我们一直实施的思想政治教育已经包含了公民教育的内容，那么再提出实施公民教育就是多此一举。种种现象表明，人们对于公民教育的真正内涵还缺乏应有的认识，甚至产生种种误解和疑虑。

就公民教育的基本理念而言，应该指出的是，"公民"本质上是一个法律的特别是政治学的范畴，它首先涉及公民与国家之间的关系问题，因而总是和民主政治紧密相连的。从历史发展来看，"公民"（citizens）是由"臣民"（subjects）发展而来的。公民以独立的人格为前提，独立人格就是既不是附属他人的，也不只是从一个阶级的属性和社会的态度来区分的。公民以权利和义务相统一，就是说，作为一个公民，在一个国家和社会里面，就有对这个国家和社会的义务，也有相应的权利，但是前提是以独立人格作为基础的。人们经常说，公民是国家的公民；但我们更应该说，国家是公民的国家。公民教育本质上是一种排斥封建臣民意识的政治教育。

从目前世界各国的公民教育情况来看，现代公民教育一般包括四个方面的内容：一是培养公民对国家制度、法律制度的合理性认同，主要是以宪法意识为核心的权利意识和义务意识，认识到作为一个公民必须对国家和社会具有不可剥夺的权利和不可推卸的责任，其核心是一种社会主体意识的培养；二是培养公民权利与义务相统一的观念，使其认识到不尽义务的权利是一种特权，而不享有权利的义务必然会导致盲从和被奴役，二者都是与现代民主法治精神相悖的；三是培养民主、平等的现代精神，这种现代精神是现代社会公共生活的基本准则，是现代公民的基本素质；四是对公民进行道德教育，使公民具有社会普遍认可的道德行为规范。

强调公民教育，适应了我国当前社会主义市场经济建设、民主法治建设以及和谐社会建设的迫切需要。社会主义市场经济的发展，要求公民具有独立意识、平等意识、权利和义务意识等，并在市场竞争中遵纪守法，积极主张权利、履行义务。正是在这个意义上，我们说市场经济的发展为公民教育的实施提供了可能，提出了公民教育的诉求。社会主义民主的实质与核心就是人民当家做主，而要实现这种"当家"与"做主"的权利，就要求公民具有强烈的民主意识、自觉持续的政治参与意识以及与此相适应的民主法制知识、参与技能和公民德性。社会主义和谐社会的提出，要求公民在社会交往中具备宽容之心、团结之意和友善之情。而所有这些意识的培育，所有这些行为的养成，都有赖于公民教育的有效实施。此外，公民意识、公民行为又与每个公民的日常生活紧密联系在一起，因而公民教育具有目的的明确性、任务的可感性和方式的有效性。作为一种民主教育，公民教育要求我们在社会、家庭和学校中建立起一种民主、平等、相互尊重的交往模式和氛围。同时，公民教育也要求我们逐渐培育成熟的公民社会，为公民提供实践民主、开展公共生活的广阔空间和土壤。

今年，胡锦涛主席在访问美国时，就中国民主政治问题提出了"没有民主就没有现代化"的论断。他向世界坚定地承诺：今后的中国，就是要"依法保障人民享有自由、民主和人权，实现社会公平和正义，使13亿中国人民过上幸福生活"。[①] 由此可见，从本质上讲，社会主义社会应该是更为自由和民主的社会，体现着人类文明发展的更高阶段。如果说现代西方资本主义国家受其特定社会形态的制约，不能完全彻底地真正实现其自身提出的公民教育的基本理念、基本价值和基本目标，那么现代社会主义国家理应发挥自身的制度优势，将社会主义公民教育纳入马克思主义的意识形态体系之中，实现公民意识在更高层次上的提升，实现公民教育在更高形态上的历史性飞跃。在人民民主政权建立将近60年的今天，公民教育应该在我国社会主义意识形态体系中占有重要的位置，进而得到国家、各级政府和社会各界的积极倡导与支持。

（刊于《教学与研究》2006年第11期）

---

① 《胡锦涛在美国耶鲁大学演讲》，http://news.sina.com.cn/z/huvisitusa。

公民身份与公民人格：和谐社会的
身份基础与教育诉求

王 颖

[摘 要] 公民身份是和谐社会的社会成员的基本身份，也是现代社会人们处理相互关系的身份基础。公民教育作为社会的公共事务，是发展公民人格，实现优良的公共生活的必要的政治制度安排。国家和社会肩负着培养合格公民的责任，国家应该通过开放公共生活、扩大公共交往和公共参与等方式，发展公民教育，培养公民人格。

[关键词] 公民身份；公民人格；和谐社会；公民教育

公民是现代国家中普遍的成员身份与法定地位，是"人的自然依赖性所能采取的惟一的合法形式"，① 是现代社会人们处理相互关系的身份基础，沃尔泽认为："在人类某些共同体里，我们互相分配的首要善是成员资格。我们在成员资格方面所做的一切建构着我们所有其他的分配选择：它决定了我们与谁一起做那些选择，我们要求谁的服从并从他们身上征税，以及我们给谁分配物品和服务。"② 确定社会成员身份是决定其他社会安排的前提和基础，这样才能"使所有共同体成员能够基于那些确定他的成员身份的条件，尽可能好地生活，这是社会共同体的利益所在，也是伙伴关系的原则所要求的"。③ 公民身份有助于维系社会规则、协调社会关系、凝聚社会价值。构建和谐社会，必须以公民身份为基础和依托，开展公民教育，发展公民人格，培养合格公民。

---

① [美] 巴伯：《强势民主》，彭斌译，吉林人民出版社，2006年，第258页。
② [美] 迈克尔·沃尔泽：《正义诸领域》，褚松燕译，译林出版社，2002年，第38页。
③ [英] A. J. M. 米尔恩：《人的权利与人的多样性》，夏勇等译，中国大百科全书出版社，1995年，第46~47页。

一、公民身份是构建和谐社会的身份基础

公民身份牵涉到人与人、人与国家的复杂关系,而且这种关系还处于发展变动之中,所以很难有一个简单、静止、古今中外一体适用的定义。佛克认为:"公民身份指该社会成员的特定地位,其内涵包括了各种权利、法律与社会责任,并坚持平等、正义与自治的价值。"① 托马斯·雅诺斯基认为:"公民身份是个人在一民族国家中,在特定平等水平上,具有一定普遍性权利与义务的被动及主动的成员身份。"② 我们认为,公民身份包含着权利和义务两个维度,它是公民直接与政治共同体尤其是共和国之间发生分配、调整权利和义务关系的资格。

中国古代历史上未曾出现过公民身份,它产生于古代希腊的城邦国家,随着西方市场社会的崛起,内容慢慢获得充实,从社会的一小部分团体逐步地向全体社会成员扩展。英国社会学家马歇尔比较系统地阐述了公民身份的历史演化进程。它表现为公民身份民事的要素、政治的要素和社会的要素(即三种基本的权利)以及与之相关的社会制度安排的发展过程③。"在马歇尔看来,公民身份问题从本质上讲在于如何保证每个人被作为完整而平等的社会成员来对待。要保证这种意义上的成员资格,就必须不断增加公民权利。"④ 就中国而言,1949 年中华人民共和国建国之始,就首先通过计划经济体制下的社会保障制度建立了社会权利,惠及社会上大部分成员。公民身份的另外两种权利,即私人权利和政治权利则相对萎缩。改革开放后,私人权利的一部分要素首先得到发育:社会成员个人自由缔结契约和占有财产的权利以及与之相应的法律体系也得到了发展。但是,社会权利却急剧地削弱了,教育、医疗、住宅、养老等社会保障和社会福利制度无一例外地在转型期遭受了市场化的冲击。政治权利则在城乡社会的村委会和街道社区等微观基层层面上缓慢发展。公民身份的这种发育虽然不够均衡,但对于构建和谐社会和发展成熟的公民社会仍然具有重要价值。

---

① 齐斯·佛克:《公民身份》,黄俊龙译,巨流图书公司,2003 年,第 9 页。
② [美]托马斯·雅诺斯基:《公民身份与文明社会》,柯雄译,辽宁教育出版社,2003 年,第 11 页。
③ [美]托马斯·H. 马歇尔:《公民身份与社会阶级》,载马德普主编《中西政治文化论丛》第五辑,天津人民出版社,2006 年,第 515~574 页。
④ 许纪霖:《共和、社群与公民》,江苏人民出版社,2004 年,第 238 页。

褚松燕认为："以公民社会为依托的现代公民资格由于涵盖以公共权力为后盾的公民权利、政治权利和社会权利，从而为公民个人存在和平等发展提供了全方位的保护。"① 具体来讲，公民身份的保护作用和重要价值在于：第一、公民身份将具有不同自然身份与社会身份的社会成员整合成现代国家的成员，在全社会范围内确立起普遍适用的成员关系，使得人们能够形成有效的社会预期。第二、公民身份通过政治与法律安排的形式落实了主权在民原则，赋予人们设计、制定与实施社会规则的权利和参与解决利益分歧与冲突的资格。公民身份不仅能够"依据尊重他人权利的原则以及为这些权利所依赖的共同体的存续所负起的义务，来治理社会"，② 还"具有强大的能量，可挑战社会内部以及社会之间的不正义"。③ 第三、公民身份是达成政治共识和维持统治的关键，它"可以创造出合乎正当性的强烈认同。公民身份主张所有人应彼此平等对待，所以能够消解造成社会紧张，威胁社会秩序的根源。其次，由于能够同时照顾到权利、法律与社会责任等理想，建构出所有成员荣辱与共的社会生活方式，公民身份也能以合乎正义的方式，解决资源分配与管理问题"。④ 第四、公民身份也是公共生活交往的身份基础。市场经济的发展使人口流动空前加剧，大大拓宽了人们的交往范围和社会接触面，社会也从"熟人社会"转变为"陌生人社会"。公民身份作为"陌生人社会"中"一般他者"之间交往的身份形式，使交往摆脱了亲情关系和感情关系，降低了交往成本，有助于社会成员发展交往与合作。由此可见，现代大型社会和民主国家只有在公民身份的基础上才可能组织和谐有序、文明的公共生活。

构建公民身份与构建和谐社会是同步的事情。中国社会正处于转型期，转型社会的最大特征就是原来由政府提供的公共服务逐步地市场化，社会成员承担的权利和义务的重新调整容易导致种种不和谐的因素。要克服转型社会的"断裂"和"失衡"（孙立平教授语），构建和谐社会，必须从构建公民身份着手来构建和谐社会。如果国家能够逐步克服官民对立思想和多数重要思想，尊重、善待其公民，尊重公民个人的独立性、公民关系的平等性与公民在国家中

---

① ［美］褚松燕：《公民资格定义的解释模式分析》，载《天津社会科学》2002年第3期。
② ［美］托马斯·雅诺斯基：《公民身份与文明社会》，柯雄译，辽宁教育出版社，2003年，第232~233页。
③ ［美］托马斯·雅诺斯基：《公民身份与文明社会》柯雄译，辽宁教育出版社，2003年，第151页。
④ ［美］托马斯·雅诺斯基：《公民身份与文明社会》柯雄译，辽宁教育出版社，2003年，第8~9页。

的主体性地位，合理划分不同公民应该承担的权利与义务，在物质上与心理上不对公民实施任何制度性歧视和差别对待，保障公民具有参与社会管理的平等机会，为提升公民能力创造条件，那么，这样的国家和社会必然是和谐的、文明的国家和社会。

二、公民人格是和谐社会教育的目的性诉求

在现实生活中，社会成员拥有宪法和法律所承认的公民身份并不等于他们就会自觉地履行公民的责任和义务，"每个社会成员只有行使了公民责任和义务，才算是一个真正的公民"。① 成为合格公民，意味着要形成公民意识、养成公民人格，真正发挥公民的价值和作用。所谓公民人格，指的是公民在社会的政治的、法律的公共生活领域中应当具有的稳定的心理状态。对公共事务有着强烈的关怀、富有公民道德、热心政治参与是公民人格的体现。

我们以马克思为例来说明公民人格，这样有助于我们直观地理解公民人格所体现的强烈的认同本质。1848年3月，马克思正在荷兰旅行，通过阅读当地报纸，马克思切身感到活在"极其可恶的专制制度"之下的德国人与当时荷兰人相比而言，"一个最寻常的荷兰人也比一个最伟大的德国人强，因为不管怎样他总算是一个公民"，"连最缺乏民族自尊心的人也不能不感到这种民族耻辱"，"这种民族耻辱"让马克思"羞愧得无地自容"。② 可见，公民人格包含着公民对于公民身份、政治共同体、公民彼此间的相互认同。公民身份使得公民能够参与公共生活，获得公共承认和尊重，"比起其他各种社会身份，更能够满足人类的根本政治需要，也就是黑格尔所说的'获得承认的需要'，赋予一个人公民身份意味着这个人为整个共同体接纳，承认他对共同体的贡献，同时也承认他的个体自主性性格"③。

公民对于共同体的认同要通过参与公共生活来完成，这种参与应该是一种决策和选择阶段的介入和能力建设。健康的共同体离不开积极的公民认同和公民行动，"不参与公共行动的公民至多是一群潜在的公民"。④ 通过普遍的、高品质

---

① 徐贲:《知识分子——我的思想和我们的行为》，华东师范大学出版社，2005年，第75页。
② 《马克思恩格斯全集》第1卷，人民出版社，1956年，第407页。
③ 齐斯·佛克:《公民身份》，黄俊龙译，巨流图书公司，2003年，第7页。
④ [美]巴伯:《强势民主》，彭斌译，吉林人民出版社，2006年，第269页。

的参与,"个人将他们自己界定为公民,并且聚合起来直接解决冲突、达到目的或执行政策时,这个概念才能获得一种具体感和纯粹的真实。……公民身份使公民行动知晓了公共性和正义的必要常识,而政治活动则教会了个人作为公民如何进行公共的思考。政治成为了其自身的大学,公民身份成为其自身的训练场,并且参与成为其自身的老师"①。马克思也认为,市民本身在市民社会中只是作为处在国家之外、与政治国家没有关系的一个私人而存在着的,市民"要成为真正的公民,获得政治意义和政治效能,就应该走出自己的市民现实性的范围,摆脱这种现实性,离开这整个的组织而进入自己的个体性,因为他暴露出来的个体性本身是他为自己的公民身份找到的唯一存在形式。……只有在他同各种单独存在的共同体的矛盾中,只有作为个人,他才能成为公民"②。他还从政治解放和人类解放的角度阐述了公民回归社会的现实意义:"只有当现实的个人把抽象的公民复归于自身,并且作为个人,在自己的经验生活、自己的个体劳动、自己的个体关系中间,成为类存在物的时候,只有当人认识到自身'原有'的力量是社会力量,并把这种力量组织起来因而不再把社会力量当作政治力量跟自身分开的时候,只有到了那个时候,人类的解放才能完成。"③

只有在公民积极主动地参与管理公共事务,消解权利和责任之间的虚假对立的过程中,公民才不会视政治参与为自己生活的妨碍,也不会把社会公共事务看作是强加于己的外在负担,而是自觉地认同自己作为国家和社会主人的政治身份,把自身发展与共同体的要求联系起来,把自己日常生活的目标与政治共同体的需要结合起来,把公共事务看作是自己的事务,实现公民与政治共同体这一"政治现实的两个方面"④ 本质上的和谐与统一,实现公民的价值与意义。

更为重要的是,通过参与,公民容易分享共同的政治心理情感与价值观念,学会善待公共生活中的其他公民,不将他人视为障碍和对手,这些都是公民必须具备的公民道德。从本质上来看,公民道德是一个发展健全的公民社会自我培育的道德,是社会成员通过公共生活领域中共同的生活经验确定下来的普遍规则和

---

① [美] 巴伯:《强势民主》,彭斌译,吉林人民出版社,2006年,第182页。
② 《马克思恩格斯全集》第1卷,人民出版社,1956年,第341页。
③ 《马克思恩格斯全集》第1卷,人民出版社,1956年,第443页。
④ [美] 巴伯:《强势民主》,彭斌译,吉林人民出版社,2006年,第257页。

共同习惯，是一种通过公共生活交往实践而积累的社会资本①。公民道德在个体品性中，仅仅是与政治生活或公共生活相关的基本德性，不是个体的所有德性；公民道德在社会领域中，仅仅是与政治法律的公共领域相关的道德，不是一切社会领域的道德。凡此种种，强调的都是公民道德的自治、协调、补充与形塑的价值，因之公民道德被视为公民社会的维系力量，也是和谐社会的润滑剂。

三、公民教育是和谐社会的公共事务和制度安排

现代国家的政体基本上以民主政体为主，提高公民的政治参与能力、判断能力和选择能力是一个关乎民主存续的政治命题。一方面，民主"不仅仅要求有效的私人利益，更重要的是要求有效的公共判断。为了满足这个需要，我们必须发展一种政治意识，它将扩大对利益驱动的个人的理解和同情，将他们转变为能以新创制的共同规范和新设想的公共物品来创新评估自身以及自己利益的公民"。② 另一方面，公民本身就是"学会怎么做出各种公共判断并且能够运用各种公共术语来评价各种善的个体"，③ "如果没有公民教育，民主的选择不过是私人偏见的表达和集合"。④ 再者，所有的政体都必然按照自己的政体精神推行自己的政治教育和道德教育，"保全政体诸方法中，最重大的一端还是按照政体（宪法）的精神实施公民教育"。⑤ 所以公民教育不仅是社会成员的个人事务，也

---

① 廖申白教授认为，公民道德更适宜称作公民伦理。因为公民伦理是我们在公共生活中可以相互提出的那些有效性要求，即每个人对于他人的恰当的尊重态度和出于这种态度的恰当的行为习惯，它只在人们面对同陌生人（一般他者）的关系，并且把他（们）当作与自身地位同等的公民而相互对待时才存在。基于对公民伦理观念的这样一种"弱意义"的概念界定，公民伦理概念可以在一个适当广泛的意义上使用。一方面它所指涉的那一类诉诸对他人的恰当的尊重态度、方式和出于这种态度、方式的行为习惯在人们的观念中被建构为共同的而不是某一组特定的规范；另一方面，它可以适用于所有可以对私人交往和公民交往做有意义区分的社会，而不必以明确成形的公民社会和公共领域为分析前提。再者，在"公民道德"一词被同时理解为公民私人道德和国家与社会意识形态而意义含混、不易分析的理解环境下，"公民伦理"概念本身更易于揭示其在公共生活、公共交往中的自生自发性，以及它在更深层上对于国家法律的影响和形塑。参见廖申白：《公民伦理与儒家伦理》，载《哲学研究》2001年第11期；《论公民伦理——兼谈梁启超的"公德"、"私德"问题》，载《中国人民大学学报》2005年第3期。

② ［美］巴伯：《强势民主》，彭斌译，吉林人民出版社，2006年，第205页。

③ ［美］巴伯：《强势民主》，彭斌译，吉林人民出版社，2006年，第187页。

④ ［美］巴伯：《强势民主》，彭斌译，吉林人民出版社，2006年，第320页。

⑤ （古希腊）亚里士多德：《政治学》，吴寿彭译，商务印书馆1965年，第275页。周光辉、彭斌：《理解公民》，载《马克思主义与现实》2006年第6期。

是社会公共事务,是国家和社会重要的政治制度安排。成为合格的公民,不仅要求公民个人自觉地履行作为公民应尽的责任与义务,真正发挥公民应起的作用,还要求国家通过公民教育的方式担负起培养公民的责任,发展公民人格,提升公民能力。

"在公共生活中,公民教育实质上是使社会成员从'群众'转化为公民的政治行动。"① 公民教育是为了公民的教育,"公民身份教育不只是教授有关政府制度或宪法原则的基本事实的问题,它还是一个灌输特定的习惯、德行与认同的问题"。它是针对社会成员担任公民角色的质量展开的,培养符合当前国家、社会和个人发展方向的"好公民"的教育。它通过适当的教育手段帮助公民形成对自身主体身份的正确认识,塑造公民人格,发展公民能力,使之能准确地把握自己同国家、社会之间的权利和义务关系。在中国,公民教育不是哪一个人群教育另外一些人群的问题,而是一种全民教育,涉及到每个社会成员,所有的人都有必要进行公民学习和教育。除了在学校中实行公民教育外,社会单元本身如单位、社团、社区、体制内的企业等提供的学习式的或参与性的教育也是公民教育的重要部分,如何将关乎公民的教育贯穿于广义的各种学习和参与活动中,这是一个值得我们思索的主题。

当公民教育与中国历史悠久的道德教育相遇时,公民道德教育自然成为培育公民的一种新的教育方式。但是,公民教育显然不能简单地化约为公民道德教育(我们认为我国公民道德教育仅是传统道德教育回应现代公民精神缺失并实现向公民教育转向的一种建构性策略)。我们必须强调,公民教育是以公民为对象,通过公共生活参与(包括学校的公民生活),以培养"好公民"为目的的一种政治教育和道德教育。教育与生活的不可分离性使生活成为伟大的教育者,"教育要通过生活才能发出力量而成为真正的教育"②,"通过公民生活实现公民教育"③ 都是蕴涵着重要价值的教育战略思想。这意味着教育生活应该被发展或改造成为参与性和公共性的生活,"因为无论如何,只有直接的政治参与——明显具有公共性的活动——才是一个民主公民教育完全成功的形式"。④ 为此,国家

---

① [加]威尔·金里卡:《自由主义、社群与文化》,应奇、葛水林译,上海译文出版社,2005年,第350页。
② 《陶行知教育文选》,教育科学出版社,1981年,第201页。
③ 檀传宝:《通过公民生活,实现公民教育》,载《生活教育》2006年第1期。
④ [美]巴伯:《强势民主》,彭斌译,吉林人民出版社,2006年,第276页。

和社会要着力于开放公共生活、扩大公共参与，构造发展公共交往生活和实践，使得公民生活同公民社会相接触，发生密切的、现实的联系。

总之，共同建设、共同享有的"民主法治、公平正义、诚信友爱、充满活力、安定有序、人与自然和谐相处"①的和谐社会既离不开经济的发展和政治的清明，也离不开社会成员平等的公民身份来规范和维系。公民身份作为与每个社会成员的实际利益和日常生活紧密相关的政治安排，其作用的发挥也要通过公民生活和公民教育，使拥有公民身份的人具备公民人格，成为合格公民，发展相互尊重、民主协商、互惠合作的社会生活，最终促进个人发展、社会和谐与人类进步。

（刊于《中国德育》2007 年第 12 期）

---

① 《中共中央关于建构社会主义和谐社会若干重大问题的决定》，载《人民日报》2006 年 10 月 18 日。

论公民道德建设的外在机制

王淑芹

[摘　要] 综观世界各国的公民道德建设的类型，可归类为三种范式：一种是"由思想到行为"的偏重思想道德认知教育的模式，二是"由行为到思想"的注重行为合规则的模式，三是"思想与行为双向互动"的教育与制度管束有机结合的模式。基于我国市场经济发展初级阶段的实情以及当下公民道德素质的参差不齐的现状，我们在坚持思想道德教化的同时，尤其要推进行动道德的制度化建设。

[关键词] 公民；道德建设；外在机制

F. A. 哈耶克曾提出一个值得深思的伦理学问题："一切道德体系都在教诲向别人行善，……但问题在于如何做到这一点。光有良好的愿望是不够的。"① 由于遵规守德不是人的天性，加之道德是以提倡、劝戒、建议为特征的价值导向，为人们提供了较大的自主选择行为的空间，即人们守德与背德，依靠的是个体的道德追求，凭借的是个人的觉悟和自觉性，而事实上光靠个人自身内在的思想觉悟往往难于抵制各种利欲诱惑，为此，社会必须建立道德的制度保障机制，使道德提倡的价值观念和行为类型在社会中得以保护和推行。质言之，道德需要借助制度规范要求的明确、具体、稳定以及强制而弥补其自身的软弱性，完成道德自身力量无法实现的规范要求。无疑，强化公民道德意识，提高公民道德水平，除了一般性的道德教育外，在我国目前的国情下，更需要法制、社会管理等外在机制的强力促进。

---

① ［英］F. A. 哈耶克:《致命的自负——社会主义的谬误》，冯克利、胡晋华译，中国社会科学出版社，2000年，第9页。

一、公民道德建设的外在机制何以必然

1. 人性的局限性

要考察公民道德建设的外在机制问题,我们不能撇开人性本身而空谈,因为人是道德活动的主体。而人性自身的一些局限性,则直接预制了公民道德建设外在机制构建的必然性。

对于人性,我们惯常从哲学的眼光来审视,即从人与动物相区别的视角来把握,所以经常看到的只是人的思维、意识、理性的光辉在社会中的普照以及由之支撑的人的活动的社会性。但人既非动物也非神,而是具有生理、心理、理性等综合特征的有感觉、能思维的生命有机体。人的感性的冲动性和自保自利的倾向性,既是道德何以产生的必要条件,同时也在一定程度上不可避免地构成了对道德的挑战性与破坏性。而人具有理性以及人的活动的自觉性和能动性,只表明人"能够"具有这种功能,究竟每个个体是否把这种"能力"发挥出来以及发挥多少,却不能一概而论。柏拉图在其《理想国》中所持"社会上的优秀公民,能够自知如何适度地做事而无需法律的外在强制"的思想①,仅是站在"类"的理性能力上,看到的是社会中优秀人的道德感悟力和行为的自觉性,却忽视了"个体"理性能力的有限性及其人之自然属性的为我的放任性所产生的大量的非"优秀的人群"。因此,我们不能指望社会成员天生地"自觉"守德。

2. 个体道德形成机理的他律性

社会性是人的一种存在方式。这种存在方式内蕴出一种秩序要求,并凝结出行为规范。而人异于动物,就在于人不仅能够意识到秩序的需要,而且能够主动制定规则,所以,道德既是人类基于人性的完善和社会生存与发展的客观需要的产物,也是人类为自己立法的表现。作为人类以实践——精神的方式把握世界的道德,其规范要求的客观规定性和社会历史性,就决定了一定社会的道德关系及其规范对具体的现实个人的既定性和先在性,从而预示个体道德观念形成的后天性。人的道德的这种非自因性,意味着人的道德意识和行为不是天然形成的,而是从他律到自律的发展过程,即是个体随着年龄的增长、理性的成熟及社会交往的增加,逐渐由服从外界权威、成长要求的外在道德转化为根据平等精神,遵从

---

① 柏拉图:《理想国》,郭斌和、张竹明译,商务印书馆1986年,第141页。

一系列人伦之道和根据自己的价值观选择、坚持普遍原则的自律道德的过程。个体道德形成的这种由他律到自律的机理，在皮亚杰①和科尔伯格②的道德发展心理学中都得到了确证。社会道德实践表明，人们对社会道德原则的认同、接受、服膺的内化进程、效果及其自律程度，不仅取决于内化过程中的个体的主动性、价值追求等主观因素，而且也与是否建立一个适宜道德生长的社会生活环境密切相关。而制度则是环境结构状态中的重要部分。

3. 奖惩与道德行为模式形成的联动性

现代心理学研究表明，人的行为是受动机支配的。而人的动机从驱动源来看，又可分为内驱动性动机和外驱动性动机。内驱动性动机是由自我的内在追求和满足而产生的活动动力，如自己的价值追求、理想和信念等；外驱动性动机是由活动以外的某些外部刺激而对人们诱发出的推动力，如行为后果的风险性、惩罚性、奖励性、获益性等。实践表明，社会的奖励和惩罚是影响人们外驱动性动机形成的重要刺激因素，以致能够强化或消退人们的某种行为。具言之，人作为行为活动的意识主体，不仅了解行为的目标，而且会基于自己目标实现概率的高低及行为后果的利与害，调适行为的方式，选择对自身具有最高效用的行为类型，即人们对行为的期望、对行为后果利害的预测，是影响行为决策和行动方向的重要考量，因而，一种行为模式或行为类型的形成，不光取决于行为主体对其价值合理性的认同，也与行为恒常后果对行为主体的利益损益密切相关。一旦某一行为模式经常损害其活动主体，无论它在社会推崇的价值系统中具有多高的位置，潜在的负价值会消融人们践行的积极性。因此，要想使公民普遍具有良善道德，就必须建立奖惩机制，使守德者受到褒奖且得利，无德者受到谴责且亏利，即凭借法律及管理规章规定的明示和利益的奖惩机制，促成人们趋利避害，择善而为。正是由于社会成员对公民道德的遵守与践踏，在一定程度上与社会制度对恶德的惩治密切相关，所以，香港学者慈继伟先生在其《正义的两面》一书中

---

① 皮亚杰认为，儿童的道德发展分为道德他律和道德自律两个阶段。在道德他律阶段，表现为尊重父母和成人的权威以及由此给出的规则；在道德自律阶段，认识到规则是由人们根据相互之间的协作而创造的且可以改变，规则不再被当作自身之外的强加的东西。

② 柯尔伯格把人的道德发展划分为三个水平、六个阶段：1. 前道德水平：第一阶段是服从与惩罚的道德定向阶段；第二阶段是朴素的工具快乐主义道德定向阶段。2. 服从习俗角色的道德水平：第三阶段是维持良好关系、受他人赞扬的好孩子的道德定向阶段；第四阶段是遵从权威与维护社会秩序的道德定向阶段。3. 自我认可的道德原则的道德水平：第五阶段是契约的、个人权利的和民主地接受法律的道德定向阶段；第六阶段是个人良心原则的道德定向阶段。

指出:"如果社会上一部分人的非正义行为没有受到有效的制止或制裁,其他本来具有正义愿望的人就会在不同程度上仿效这种行为,乃至造成非正义行为的泛滥。"① 即是说,道德一旦对利益的获取不构成筛选网,"非正义局面的易循环性"就会诱致败德行为的泛滥,因为"具有正义愿望的人能否实际遵守正义规范取决于其他人是否也这样做"②。而美国政治学家威尔逊和犯罪学家凯琳提出的"破窗理论"③ 也表明,如果不对人们的不道德的行为进行及时的制止和惩处,破坏性行为的消极示范就会怂恿其他人效仿。毋庸置疑,要避免各种败德行为的循环,使公民道德得以普遍践行,就必须要借助对破坏规则行为的严惩机制。因此,通过法制和社会管理,建立道德的奖惩机制,是加强公民道德建设系统工程的一个重要环节。

4. 规章制度的道德价值传递性

无论是法律规范还是具体的规章制度,它们都是由一定的价值理念和思想凝结而成的,而蕴涵其中的思想原则本身不仅是对事物的根本性质、发展规律的揭示和概括,而且也包含了对客观事物的价值评价及其价值追求。因此,各种规章制度本身就在向人们传递着某种正确的价值观念。在这个意义上,规章制度对人的思想的形成和转化具有直接的作用。由于制度作为稳定的行为规则,它具有给一定条件下的行为建模的功能,所以,制度建立的规范、惯例和做事程序,在长期的作用下,就会使人们形成行为习惯乃至内化为个人的自我价值取向,从而对人们的价值观念和行为方式具有根本性的指导意义。

5. 道德自身的不完满性

由于道德调节人们利益关系和人性完善的指向更多是带有普遍性的,因而,道德法则通常是笼统的抽象性原则,它对人们行为的规范和约束常常是一般性的导引,而不是具体的严格规定。如人道原则,它是一种普遍性的价值规则,至于如何做到爱人、尊重人、重视人,则需要相关制度的具体法则的补给和保证。道德规则的这种普遍的指导性虽具有广泛的渗透力,但它往往不能把道德目标和内容化为行为的具体要求,容易导致空泛的说教和道德标准的不确定性,不利于具体道德行为的形成。另外,道德要求具有劝导性。由于道德的维系力量是社会舆

---

① 慈继伟:《正义的两面》,三联书店,2001年,第1页。
② 慈继伟:《正义的两面》,三联书店,2001年,第1页。
③ 如果有人打破了一个建筑物的窗户玻璃,而这扇窗户又得不到及时的维修,别人就可能受到某些暗示性的纵容去打烂更多的窗户玻璃。

论的褒贬、榜样的感化、良心的内控等,因此,与法律规范的必行性、强制性不同,道德的规则要求是劝戒的、提倡的和建议的。道德的这种劝导性虽能显现人的主体性和人格意志,但在社会秩序体系不稳固、人们道德觉悟水平不平衡甚或低下的社会环境下,道德的劝导性就会缺乏感召力而表现为软弱性。因为道德作为一种倡导性的要求,人们可以有选择的意志自由,加之道德规范本身的多元化以及缺乏权威性的确认,致使光靠道德的内控力不足以推动人们从知到行的普遍转化。道德自身无法对破坏它的行为给予强制性严惩的先天性不足,在客观上就需要一种强制性的规则体系加以弥补。"当道德对应受保障的利益无法维持,则就会诉求于法律形式,致使相关的道德理念和原则融入法律。"①

（6）根治公共生活领域陋习的客观需要。

社会公德作为公民道德的重要组成部分,既是社会个体文明素质的体现,也是一个国家或地区社会文明程度的重要标志。社会公德规范要求的底线性和普适性,表明它作为公民道德建设的基础性和重要性;而当下我国社会公德的严重缺失,又无不凸显了加强社会公德建设的紧迫性。由于社会公共生活领域的存在和发达是社会公德得以产生的客观基础,因此,随地吐痰、乱穿马路、乱扔垃圾、不排队、大声喧哗等陋习,在一定意义上可以说,与我国漫长的农业社会公共生活空间的狭小密不可分。对于这种传习而来的不守公共秩序、公德意识淡漠等丑恶行径,除了加快城市化进程,促进公民城市文明行为的形成外,还必须要启动社会管理系统,运用法律、行政、经济等综合手段,遏止人们的不良行为习惯,因为习惯作为人的第二本性（西塞罗语）具有稳定性和不易更改性,需要借助制度的外力强制和惩罚加以转变。

二、公民道德建设的外在机制何以可能

人有思想和意识,使人能够意识到社会发展及人类完善方向的某种客观需要,从而使人类能够按照一定的目标或秩序的要求,主动制定相关的法则、规章制度来协调人们之间的关系和引导人们的行为,因此,在公民道德建设中,我们能够根据当前我国的市场经济发展状况和公民素质的实际情况,来制定相关的管理制度,为公民道德的生成创设良好的制度环境。人具有理智,使人能够按着一

---

① [美]罗斯科·庞德:《法律与道德》,陈林林译,中国政法大学出版社,2003年,第155页。

定的要求控制自己的行为，以避免个人意志的任意性，从而使人遵守行为规范成为可能。人行为选择的趋利性，可以通过经济的、行政的手段和法规，启动人们的自利倾向而促发人们的道德利他性，因为"个体预期他们行动的可能后果，之后采取最符合其利益的那些行动"①。为此，一些发达国家或地区推行以私利之心制衡私利之为的制度，如实行垃圾收费制，在客观上就培育了公民的环境保护意识和行为；一些国家为节约能源，规定汽车上高速公路必须坐满四人，这类举措无不促进了人我两利的助人行为的实现。

三、公民道德建设的外在机制何以实现

公民道德建设的途径是多样的，且唯有社会各种手段密切配合的合力才能达至良好的效果。因此，我们在强调道德教化（学校、家庭、单位等组织进行全方位道德教育）作用的同时，还必须注重公民道德建设的外在机制的建设，为公民道德的生长创设适宜的制度环境。

第一，建立维护公民道德的法律制度及其社会管理制度。一个社会、一个国家，是通过各种制度来实施管理的，而良好的法律制度及其社会管理制度，既可以使社会形成良好的利益格局，为道德的践行创造广阔的空间，又可以通过其外在的强制力，凸显规则的权威性，从而维系道德的向度。如对于诚实守信的公民道德要求，我们就绝不能仅仅停留在一般的倡导上，必须加强信用方面的法律体系的建设和公民信用记录和资质方面的社会管理。由于信用信息的发布和公开涉及主体的权益、隐私等法权问题以及信用管理机构的诚实记录、公正评价等诸多问题，为此，信用信息公开的范围、程度和使用的程序等，需要获得法律的支撑，即国家要以法的形式对信用信息的征信、服务等活动进行规范以及对失信行为制定出处罚条例，以保障被征信人、用信人和信用管理公司各自的利益。比如美国，有关信用的基本法律有 16 部。具体地说，美国就是通过健全信用的法律制度及建立个人信用档案，并以网络为平台，使个人的信用记录和资质成为公共信息和交往的通行证，从而使每一个信用活动都对人们的当下及未来的利益发生重要影响来制约人们失信行为的投机性。我国伴随着市场经济的发展，虽已颁布了大量的与信用相关的法律法规，但专门的有关征信、评价、咨询等信用方面的

---

① ［美］詹姆斯·马奇等：《规则的动态演变》，童根兴译，上海人民出版社，2005 年，第 6 页。

法律至今仍是空白，而法律法规对失信行为缺乏具体而严厉的惩处所出现的"法律空场"以及由此导致的失信收益大于成本和风险的扭曲关系，无不加剧了失信唯利的消极社会效应。因之，建立健全相关的信用制度，消除制度缺位的漏洞，既是我国社会信用体系建设的当务之急，也是加强公民道德建设的必须。

第二，建立公民道德的外围支撑性的管理制度。爱国守法、明礼诚信、遵守公共秩序、爱护环境等公民道德要求，不是高悬在口头上的道德戒律，而是每天发生在人们日常生活中的具体道德行为。而道德行为作为一定境遇下的行为方式，不仅与行为主体的道德素养相关，而且也与特定的社会环境密不可分。通常情况下，具体道德行为的发生需要具备如下条件：合理的道德规则、具有按规则行事能力的人①、维系道德的社会制裁力以及适宜道德生长的社会环境。简而言之，公民良好道德行为的养成，绝不只是道德的认知教育问题，也是一个维系道德的环境创设问题，因为有时的客观环境会使人想道德而不能道德，如公交车运力的不足以及管理的混乱，使乘客拥挤上车而无法守序。因此，我们要发挥政府的管理职能，把公民道德建设纳入城市的管理系统和提升城市文明形象的建设工程中。一方面，营造文明的硬件环境，制定城市管理的细则。如根据区域面积和客流情况，规定垃圾桶的摆放距离间隔；根据各路公交的运载能力和乘客需求，规定合理的发车间隔时间，加强运行的规范管理，设置排队栏杆，强迫人们排队上车。另一方面，各地政府要以政府令的形式制定和颁布城市管理的处罚条例，为人们的行为立标建章，严惩不道德行为。如通过加强市容管理，对于随地吐痰、乱扔垃圾、破坏环境等行为，施以重罚，严惩违规者。通过惩罚性教育，使人们逐渐改正行为恶习。扼要概之，公民道德生长环境的外围支撑制度的建设，能够在广泛而经常的日常活动中培育人们的道德观念和行为方式，使人们在生活中感受道德的意义和价值，从而催生人们的道德信念。

第三，建立公民道德的舆论监督机制。社会舆论的褒贬是道德维系的重要机制，故此，公民道德建设离不开道德评价的舆论场。道德评价对人们行为善恶价值的判明、行为道德责任的确认，以及所形成的是非善恶的社会舆论和群众心理，是维护良善道德和排斥恶德的强大力量，为此，我们要建立道德的导向机

---

① 具有按规则行事能力的人，是指行为者具有一定的道德意识、具有选择行为的抉择能力（具有基本的道德判断和推理能力和一定的道德经验）、具有控制行为的意志能力。这意味着不能超出当事人的道德判断力和行动的能力而要求他（她）按某种道德规则行事。

制、针砭机制和公示机制。具言之，在社会价值多元化的时代，政府、传媒机构、具有公共责任的知识分子等社会组织或个人，要对社会存在的荣辱颠倒的混乱道德价值及时给予澄清，以引导社会成员树立正确的道德价值观；对具有典型性和重大性的守德善举或背德的丑恶行径，政府要利用和发挥电视、报纸等传媒的广泛性和快捷性的优势，组织社会团体和民众进行广泛的讨论，针砭丑恶和彰显善德；通过建立不同范围的道德公示制，促使人们注重自身的品行，形成责任意识，尤其要善于在街道或社区，利用熟人社会的舆论监督优势和中国人的"面子"心理，启动人们的荣誉感和耻辱感来褒善责恶。综括而论，发挥社会舆论的扬善抑恶功能，给行善者以道德鼓励，对行恶者以道德惩罚，是加强公民道德软环境建设的必需。

（刊于《道德与文明》2008年1期）

美国公民教育的特点及其发展趋势

张鸿燕

[摘 要] 美国是一个实施公民教育比较典型的国家,不仅有着较为长久的公民教育的历史,而且与时俱进、一直走在世界的前列。本文通过研究美国公民教育的理念、目标、内容、方法等,揭示其在发展过程中所形成的特点和未来的趋向,以期对我国目前正在兴起的公民教育有所启迪。

[关键词] 美国;公民教育;特点;发展趋势

美国是一个非常重视公民教育的国家,无论是在理论研究还是实践探索上都一直走在世界的前列。早在18世纪末美利坚合众国成立之初,其教育就被赋予了培育公民的使命。1790年,出版了最早的关于美国历史、政府和公民教育的教科书,并在中小学开设了"公民科",从此公民教育在美国正式诞生。此后,美国的公民教育随着社会的变迁不断发展。进入20世纪,美国的公民教育发生了重大转折。1916年,全美教育协会(NEA)就公民教育的内容、方式、课程设置等向全国学校提出了建立"社会科"的建议报告,标志着美国现代公民教育的开始,从此,美国的公民教育即由注重政治教育转变为注重公民能力的培养和公民整体素质的提升。进入20世纪90年代以后,由于政府的高度重视,美国的公民教育进入到快速发展的时期。良好的公民教育成为美国在新世纪所追求的主要教育目标之一。纵观美国公民教育的发展,结合其公民教育的理念、目标、内容、方法等,可以发现其具有五大特点:

一、以自由、民主、责任为核心,强调公民教育的政治性

"公民教育,是或应该是一件基本的事务。没有什么比培养一个有知识的、有能力的、负责任的公民更重要。美国人应该认识到公民教育是支撑我们民主政

治的根本。思维习惯、坚持民主的倾向不是与生俱来的。民主政治不是靠自身来运转的机器，它需要一代接一代的人们用意识来维护和完善它。"① 这是美国公民教育的基本主张。美国的公民教育深深扎根于美国的宪政思想，为宪政式民主国家培养有能力并负责任的社会、政治参与者始终是其坚持的目标。为了实现这一目标，美国的公民教育把对民主政治制度的研习作为基本且最为重要的内容。众所周知，美国民主政治制度的核心价值是自由、民主，受其影响美国的公民教育表现出浓厚的自由主义倾向，充分肯定个人的平等性、自主性、自由权利的优先性，承认价值多元。1951年美国社会科审议会在《第二十二册年刊》中列举的好公民的特征是，重视平等、自由、基本权利、法律和其他政治价值。20世纪80年代末，随着社群主义思潮的发展和逐渐确立，责任成为美国公民教育的基本价值取向。1988年美国公民教育中心主持编制的《六至九年级公民教育培养方案》明确规定，要对学生进行责任教育（Responsibility Education）。责任教育的内容具有开放性，它将学习内容蕴于学生所生活的社区之中，使学生在参与社区管理和各项活动中，体验如何成为"宪政式民主社会中有能力、负责任的社会、政治参与者"。1994年版的《公民与政府科课程标准》序言中指出，公民与政府课程标准内所列的各种建议，目的在于协助各中小学培养有能力、负责任的公民，这些公民对于保存与发扬美国宪政式民主政治的基本价值和原则都能有出乎理智的信诺。200多年来美国的公民教育虽然历经多次变革，但始终不改其自由、民主与责任的本色，并在一次次公民教育改革中不断得到增强。由此看来，美国公民教育的本质内涵实际上是一种政治教育，它具有鲜明的和强烈的意识形态性，其根本任务就是为了培育美国资本主义政治制度下的合格公民，其最终目的是为了维持美国现存的社会政治经济制度，维持资本主义社会的秩序和稳定。

二、以提升公民整体素质为目标，重视公民教育的人文性

美国在实施公民教育的过程中，不仅强调政治概念和道德原则的传授，而且还非常注重公民社会所必需的知识、技能与品性的传授和训练，致力于公民整体

---

① Margaret Stirmmann Branson. The Role of Civic Education. Associate Director Center for Civic Education, 1998, p. 12.

素质的提高。首先，从美国学校的课程设置来看，体现公民教育的课程是一门综合性学科——"社会研究"（social study）。该学科整合了许多人文课程，它除了"公民学与政府"（civics and government）是直接的公民教育课程之外，还包括历史、地理、社会学等。这其中，美国尤为看重历史课程在公民教育中的地位与作用，把历史课当作公民教育的核心课程。美国人认为，"公民学与政府"这门课程只是把政府的组织运作程序告诉给学生，而这背后所隐含的价值观要真正内化到学生的头脑中，则需要依靠历史课进行持续不断的传授。只有知晓历史，才能使学生明白立国原则等各项重要的政治理念。美国在历史等文化遗产的知识传授中，不仅传递着美国的价值观，而且还传递着人类各种文明的精华，从而扩大学生的视野，培养学生的人文精神。

其次，从美国中小学公民课程的目标设定来看，也充分体现了其对公民整体素质提升的追求与重视。美国公民教育课的目标包括四个方面：知识的目标：主要是让学生通过学习人文、社会学科，了解各国社会制度的历史发展，当代美国政治、经济、全球性问题的前因后果等方面的知识，使学生懂得普遍人类价值观和世界观的历史演进；能力的目标：主要是让学生在学习各门学科中，培养思维及推理能力，学习分析问题的能力，学会自我做出决定的能力以及自我评价的能力；价值观的目标：主要培养具有一般的道德品质又具有个性的人，让学生了解在相互依赖的社会中具有关心、容忍，尊重他人的价值观；社会参与的目标：主要培养学生以负责任的态度积极参与他们所生活的社会的各种活动。

再次，美国注重通过各种途径和渠道使公民教育的基本内容得以传播。从不随地吐痰、不乱扔果皮纸屑，到坐公交车要礼让老弱妇孺这些公民教育最基本的内容，一直到懂得什么是政党制度、文官制度；懂得什么是对权力的制约平衡、司法独立；懂得什么是市场经济、法制国家、宪政国家；懂得以法律保护自己的权利和权益等。这些知识的普及，对于提高美国公民的整体素质具有重要的作用。

三、以培养公民行动能力为着力点，注重公民教育的实践性

为了适应民主社会的要求，美国人特别重视公民能力的培养。他们认为，学生需要经历民主，而不是简单地传授民主。公民教育要想取得成效，就必须让学生把民主的准则运用到实践中去，通过民主的实践训练学生。"公民教育的目

标，是对政治体系有所了解以及如何在实际上和理论上去开展工作，养成参与公民生活的技巧，增进公民能力，奉行民主制度原则的道德标准，同时要有能力分析这些道德标准所产生的结果以及养成自重的习惯，而且所有参与公民生活的人，都能感觉由于其自身的参加而有所区别。"[①] 在这种思想指导下，美国的公民教育不仅仅局限于课堂、课本，而是延伸到课堂以外的校园生活和社区，让学生在广泛地参与中接受教育。产生于 70 年代的社会行动理论及其模式为培养学生的社会行为能力提供了方法。该模式将社会行动与学科教学一体化，从而使学生的社会探究、社区服务以及干预社会公共政策的行动得到学科教师的支持和指导，同时也赋予学科教学更多的社会现实性，以及更加鲜明的行动取向。从 80 年代起，美国把参与社区活动作为培养公民行动能力的一种重要方式，让学生通过自愿的社区服务来感受作为公民的意义。社区活动内容主要包括改善环境，帮助老人，支持慈善事业等。1990 年美国国会通过了《国家、社区服务信托法》法案，把国民服务正式定为国家政策。1992 年拨款 7300 万美元用于支持主要由教育机构资助的边服务边学习的活动。如今，社区已成为美国学生了解、接触社会的良好平台，在社区中重视民主的价值信念的实践与技能的培养，是当代美国公民教育的一个突出特点。

四、以研究公民教育理论为突破点，推动公民教育的科学化

20 世纪 60 年代以后，由于美国的政治思潮和反叛文化在社会上的流行，引起了美国政府对公民教育的高度重视，也推动了公民教育理论研究的"科学化"、"专业化"发展。社会学、心理学、政治学等领域的专家学者们从各自的角度出发对公民教育进行研究，取得了大量的成果。其中，政治社会化理论被认为是关于如何加强人们政治观念和理想信念的专门的公民教育理论。阿尔蒙德等政治学家们在研究 20 世纪 60 年代美国社会的各种危机时发现，不同的社会有着不同的政治文化，它直接影响着国家机器的运转方式和人们的政治行为及政治活动。而政治社会化过程决定了各种政治文化的继承和发展，决定了不同社会的人民特有的政治信念、政治准则和政治态度。那么如何优化政治社会化过程、实现公民教育的价值目标？美国缅因大学的威廉·F. 斯通教授认为优化人的认知结

---

① ［美］富兰克·布朗：《美国的公民教育》，陈光辉译，东大图书公司，1988 年，第 89 页。

构、提高人的自我认同，使人的情感外倾是政治社会化的有效方法。比较政治学者认为，在个体政治社会化过程中家庭、学校、政党、传媒等机构的一致性是至关重要的，从而提出了连续与强化、合力、专门化机构、明示与暗示等方法。坚持社会控制论的学者则把社会看作是一个系统，认为公民教育的目的就是为了使社会个体了解控制系统，知道在这个系统中什么时候可以干什么，不可以干什么，应该成为一个规矩人。因此，舆论压力、法律控制、教育与习俗的社会暗示、宗教熏陶、艺术感化等都应该被认为是有效的公民教育方法。这一时期的公民教育理论除了政治社会化理论，还有价值澄清理论、道德认知发展阶段理论、社会行动理论等，它们都为美国公民教育的科学化奠定了理论基础，并在一定程度上推动了美国公民教育的发展。

五、以创新公民教育方法为重点，提高公民教育的实效性

美国主要是通过学科教学和课外活动两种基本途径实施公民教育的。在学科教学方面，采取的方法主要有直接教学法、反思探究法、讨论法、角色扮演法和价值澄清法等。其中，反思探究法是现行美国公民教育颇为流行的一种方法，它强调学生对教学过程的参与，通过学生的反思探究来分析主要的社会问题，培养学生的价值分析和决策技能，从而培养民主社会的参与性公民。在课外活动方面，创造了学生政府活动方式和服务学习法。学生政府活动方式是将学生视为学校的"公民"，为每个学生提供选举代表和参与学校、班级决策活动的亲身经历。有效、开放的学生政府使学生能够积极地参与学校社团的管理过程，使学生有机会就学校社团面临的实际问题发表见解、进行分析并设计解决方案，从而大大提高了学生的自治能力和参与能力。服务学习法（Service-Learning）是一种将学术内容与直接的服务活动联系起来的教育方法，它于20世纪80年代后期在美国兴起并迅速发展起来。服务学习强调反思，鼓励学生运用在社区活动中获得的经历，批判性地思考民主的本质；在活动中强调培养学生的社区主人翁意识和自豪感，其目的在于使学生通过实践加深对课堂知识的理解。由于服务学习不单是通过为社区提供服务来促进学生知识的学习，更着眼于培养学生的公民意识、社会责任感、风险及合作精神，因而在公民教育的领域得到了大力的推广。研究表明：该方法不仅广受青少年的欢迎而且颇见成效。参加服务学习活动的小学生和初中生增强了公民责任感和服务意识；高中生则提高了政治积极性，更多地参与

投票等政治活动；大学生对民主与政治生活也有了更深刻的理解，愿意去考虑如何影响社会变革。服务学习法在美国被认为是进入新世纪公民教育的主要方法。

美国公民教育的特点当然不止上述五个方面，进入20世纪80年代以后，其最为明显的特点是与时俱进，公民教育与时代发展的联系愈加紧密。随着全球化时代的到来，如何从本国具体的、特殊的公民教育的传统和现实出发迎接新的挑战，培养出具有多元文化资质的"世界公民"，成为美国教育界倍加关注的问题，并影响到美国公民教育的发展趋势。现任美国课程发展与管理协会主席S.拉姆勒指出，为培养21世纪的公民，我们必须不断设法帮助学生学会用他人的眼光、心理、心态来看待事务，建立一种要求我们为地球上人们更好地生活负责的价值体系。美国作为一个"民族大熔炉"的国家，由于民族、种族、语言、信仰以及生活方式、社会习俗等不同很容易导致诸多的矛盾，如何应对这些矛盾和困惑，就成为美国学校公民教育努力的方向。

首先，愈加重视多元文化价值的教育。美国是一个多元文化的国家，实施多元文化教育，可以有效地解决由于文化、种族、宗教信仰等不同所导致的社会问题。美国实施的所谓"多元文化教育"，是指"基于对民主的珍视和信仰，在有文化差异的社会中和多种文化相互依赖的世界中确认文化多元化的一种教学和学习取向"。[①] 多元文化教育主张在多元文化社会里少数民族成员有权自由地保留其特有的文化方式，只要这些传统能与整个社会和谐共存。而要实现这种"共同利益"则必须依靠公民教育。因此，美国未来的公民教育必须积极、详尽地来规划多元文化教育。

第二，更加注重全球意识的培育。1986年美国就有学者主张以全球教育（世界公民）观念来改造现有的社会科课程模式，将人类价值、世界联系、全球问题等引入课程之中。进入90年代，社会各界对全球化问题在教育领域中的重要性基本达成共识，并在课程内容的选择上得到体现。1994年出版的《社会科课程标准：卓越的期望》（Curriculum Standards for Social Studies：Expectations of Excellence）正式将全球教育（Global Education）作为公民教育的主要内容。该课程标准写道：全球观念的培育"应当包括全球联系和全世界相互依存方面的学习。全球相互依存的现实，要求加强对其日益增强的重要性的认识，世界性的社会事务中，存在着多种多样的全球联系。分析国家与国家之间的利益关系以及

---

① Kerry J Kennedy, Citizenship Education and the Modern State . The Falmer Press, 1997, p.220.

争夺全球优先权而造成的紧张局势，在诸多领域中提出可能解决的方案，这些领域包括健康保障、经济发展、环境质量、人类普遍的人权等。分析世界文化中一些典型关系，如经济上的相互竞争与互相依存、旧时代的种族敌视、政治上和军事上的联盟等，可以帮助学生仔细审查有关国家和全球性的政策选择"。[1] 由此不难看出，美国学校公民教育的愿景，就是培养具有全球开放意识的"世界公民"。

第三，注重科技、社会和人文的整合。美国学校的公民教育在很大程度上是通过社会科的教学予以实施的。根据全国社会科审议会的界定，社会科就是社会科学和人文科学的整合，其涉及的知识范围包括：社会学、文化学、政治科学、经济学、人类学、历史学、地理学、心理学诸学科领域以及法律、公民与政府、民主等方面的知识和问题；涉及的基本价值为正义、平等、自由、尊重、关爱、责任等；涉及的认知和行动技能主要包括收集和遴选信息的能力、组织和运用信息的能力、人际交往和社会活动的能力。社会科的开设，实现了社会科学与人文科学的整合。但随着高科技在经济和社会生活中的主导地位的日益增强，除了资源枯竭和环境恶化之外，人类社会还面临着更多、更新的问题，诸如核技术和基因工程的不当应用、心和脑的移植以及其他器官的跨物种移植、网络伦理、安乐死等。这对于科技发展走在世界前列的美国社会来说更是亟待解决的问题。因此，自20世纪90年代起，美国教育界开始着手开发科学、技术与社会STS三者联络的课程，以利于社会成员更好地了解和认识科学技术对社会共同体生活和人类未来发展的意义。注重科技、社会和人文三者的整合，是美国学校公民教育课程改革的一个重要趋势。

(刊于《首都师范大学学报》2007年第1期)

---

[1] National Council for the Social Studies, Curriculum Standards for Social Studies: Expectations of Excellence. Maryland, Fourth Printing, 2000, p. 29.

英国学校公民教育新解

高 峰

[摘 要] 英国学校长期以来公民课程的缺失,并不意味着英国学校不存在公民教育,也不能得出英国大众普遍缺乏公民意识的结论。英国社会和学校的总体教育在几个层面上提供了某种形式的公民教育:英国资本主义的民主制度在宏观层面上对学校的公民教育产生影响;英国学校教育的整体生活在中观层面上起到了公民教育的作用;英国学校的多门学科在微观层面上具有公民教育的因素。英国学校的公民教育是在传统与变革之间的相互融合中协调渐进的。

[关键词] 英国;学校;公民教育

对英国学校的公民教育进行解读是比较困难的。在国内为数不多的关于国外公民教育的研究中,英国总是缺失的一块。[①] 对英国公民教育的有限研究,得出的结论也是令人沮丧的。[②] 其原因就在于公民课程体系在英国学校的缺失。英国学校公民课程的发展情况,似乎难以解释英国作为西方资本主义民主社会这一基本现实。

本文认为,英国中小学公民课程的缺失,并不意味着英国学校公民教育的缺失,也不能得出英国大众普遍缺乏公民意识的结论。对英国学校教育的总体情况进行一些考察,我们会发现不少公民教育方面的因素。英国学校公民教育的实施,主要通过其他途径开展。随着英国现代教育的改革与发展,其学校的公民教育也在不断发展。直接的公民课程由国家政策规定被引入了中小学教育。

---

① 例如:朱晓宏著《公民教育》(教育科学出版社,2003年)和李稚勇、方明生编著《社会科教育展望》(华东师范大学出版社,2001年)等,均没有英国公民教育方面的内容。

② 吴文侃主编《中小学公民素质教育国际比较》(人民教育出版社,2002年)一书认为:"英国作为世界上第一个工业革命的国家,似乎有理由成为公民素质教育的摇篮,但事实并非如此:英国大众的公民意识比较薄弱。"(第371页)

一、英国学校时隐时现的公民课程

与其他国家一样，学校教育是英国公民教育的主要渠道。但是，长期以来，英国教育的发展与其社会政治经济的发展是不一致的，公共教育制度的发展一直缓慢滞后。由于历史传统、政治和社会等原因，公民教育的专门课程时隐时现，没有形成系统的模式。

在英国的学校中，对青少年进行公民教育并不是一种新出现的现象。事实上，公民教育在19世纪的最后10年就开始在英国的学校中出现。1933年，纳粹的入侵促使教育家们在1934年创建了公民教育协会（The Association for Education in Citizenship，简称AEC），它的根本宗旨是将学校教育作为加强自由民主、抵御法西斯威胁和共产主义威胁的手段。1936年，公民教育协会出版了《中学的公民教育》（Education for Citizenship in Secondary Schools）一书。在该书的前言中，公民教育协会主席海多（W. H. Hadow）指出，公民教育是当前的"一个共同而又紧急的任务"。在战争期间，作为对当时出现的欧洲极权主义的反应，公民教育被频繁引入学科之中。但是在大多数学校中，它还不属于正式课程，教学方式各不相同，并常常带有个人色彩。1938年的《斯宾斯报告》、1943年的《诺伍德报告》和1944年的《巴特勒教育法案》都没有鼓励直接的公民教育，政府始终没有着手管理公民教育的有关事宜。

随着形势的发展，中央政府对待公民教育的态度逐渐有了变化。1949年，教育部发行了第一本针对公民教育的官方出版物《公民在成长》，但除了主张重新解释谦逊、贡献、自制、尊重个性等价值观外，它并未给教师提供多少帮助。1959至1968年间，在教育部和学校顾问团发行的与中等教育有关的出版物中，也涉及了公民教育。但在实践上，没有教育部和皇家督学团更多强有力的支持，教师难以将这些指南运用于课堂实践。

与官方的做法形成鲜明对比的是，一些非官方组织为公民教育提供了专业支持，如社会科学教学协会（1963）、政治协会（1969）、公民基金会（1989）、列斯特（Leicester）大学国家公民研究中心（1991）等。只是这些组织的支持也不足以改变公民教育不受重视、缺乏统一指导的局面。

在国内外形势和全国教育管理逐渐集权化的推动下，公民教育的状况终于在20世纪的最后十年得到了改变。1990年，全国课程委员会颁布了《课程指导8：

公民教育》。这是继 1949 年《公民在成长》之后第二本直接针对公民教育的官方出版物，它将公民教育作为 5 个交叉课程主题之一正式纳入国家课程。同年，国会下议院发布了题为《鼓励公民教育》的报告，强调公民教育的重要性。公民教育终于由官方文件规定，在英国学校教育中确立了法定的地位。接着，新工党政府在其首份教育白皮书《优质学校》（1997）中，作出加强学校中的公民教育和政治教育的决定。同年 11 月，国家教育与就业部部长戴维·布鲁克特（David Blunkett）宣布成立以伯纳德·科瑞克（Bernard Crick）为首的公民教育与学校民主教育顾问团，目的是为学校中的公民教育提供有效的建议。顾问团组织进行了一系列的咨询和讨论，于 1998 年提出了他们的最终报告，简称《科瑞克报告》（The Crick Report）①，它对随后出台的国家公民教育政策的形成起了重要的作用。《科瑞克报告》就公民教育的必要性、目的、内容、方法、重点等作了阐述。2000 年，政府将专门的公民课程引入中小学，公民科成为国家课程体系中的一门基础学科，从 2002 年 9 月起在中学正式实施。在新近颁布的英国中小学国家课程中，公民的权利与义务作为一门基础学科，要求 5~16 岁的学生发展以下技能：调查和批判性思维；讨论与辩论；商谈与调解；参与学校和社区活动。而在所有的中学生（11~16 岁）中，公民的权利与义务成为法定国家课程中的基础科目之一，每个中学生都必须修习。至此，可以说中央政府已完全担负起对公民教育的管理，公民教育在国家正式课程中占有了重要的一席。

科瑞克报告的主要方法和重点在推行过程中得到了普遍的接受，随后出台的与公民教育有关的政策在总体上也获得了普遍的认可。人们在许多方面形成共识，认为把公民教育引入到修订后的国家课程中，是迈出了正确的一步。虽然在一个健康的民主制度中公民教育不是成为积极公民的充分条件，但在许多人看来它至少是必要条件。

二、英国学校不同层面的公民教育

与其他国家相比，在提供一种由国家政策规定的系统性公民教育方面，英国的确比较落后。然而，作为西方一个老牌的资本主义民主国家，英国学校又不可

---

① Crick, B. (1998), "The Presupposition of Citizenship Education", Journal of Philosophy of Education, Vol. 33 (3).

能没有某种形式的公民教育，英国国民也不可能没有某种程度的公民意识，否则，英国资本主义的民主制度便缺乏了深厚的根基。

美国著名政治学家阿尔蒙德等人对五个国家进行了实证考察，其研究结论佐证了这一点。他们在其政治文化比较研究的权威性著作《公民文化》中指出，在英国和美国这两个"比较稳定和比较成功的民主制国家"中，"存在着维护稳定的民主程序的一种政治态度的模式和一整套隐含的社会态度"。从而得出结论说："这两个国家的政治文化近似于公民文化。"其中"在英国，参与政治的人非常多。接触政治、利益和卷入的程度以及能力意识相对来说都比较高"。[①] 这一研究结论应该是比较符合实际的。

综观英国学校的总体教育，我们认为，其公民教育的实施就在如下几个层面上展开着：

1. 英国资本主义的民主制度本身具有公民教育的功能，因而在宏观层面上对学校的公民教育产生影响

这里所讨论的是民主制度的公民教育功能问题，它超出了学校公民教育的范围。然而，它却对包括学校青少年学生在内的整个社会大众的公民意识的形成，具有深远的影响，因而构成学校公民教育的一个重要方面。英国最早建立资本主义，有着完备的资本主义制度，因而其民主制度在执行公民教育功能方面有着优越性。民主制度本身能够为公民获得政治认知、培养公民独立性格以及宽容、妥协的政治品质提供一个发展的平台，提高人们在现代政治生活中的公民意识。

首先，民主实践可以使人们学得政治参与的相关知识、技巧与经验。民主实践是公民教育的最为重要的形式。在民主实践活动中，人们通过参与政治，评价政治公众人物，了解国家的公共政策，表达自己的利益诉求和政治见解，学到了民主规范和政治游戏规则，掌握了讨价还价和处理复杂关系的诸多技巧。因此，生活在英国这一资本主义民主社会中的青少年学生，便通过广泛参与各种各样的公民社会组织，不断接受着实实在在的民主公民教育。

其次，民主生活有助于提升人们的主体意识，培养独立、宽容、妥协的政治品格，并进一步激发公民意识。在民主政治的实践活动中，人们除了能够获得政治知识和政治技能、经验以外，更为重要的是能够形成自己独立、宽容的政治人

[①] ［美］加布里埃尔·A. 阿尔蒙德、西德尼·维伯：《公民文化——五个国家的政治态度和民主制》，徐湘林等译，华夏出版社，1989年，序言第1页，第517、497页。

格。在民主社会中,国家对社会的管理和控制力度较弱,人们自由行动的制度空间较大,独立行动的能力在增强。由于参与渠道较多,人们可以根据自己的利益和兴趣,选择适当的方式、方法与途径,对国家的公共政策、公众人物产生影响,逐渐增强自己的政治功效感和政治义务感,逐渐树立自己的权利责任意识、信法守法意识,逐渐习惯以宽容和妥协的态度、理性的方式对待各种政治问题。

再次,民主活动能够对人们的精神面貌和思想道德进行深刻的改造。政治体系的一项重要功能就是通过政治社会化过程,塑造人们的政治心理和政治意识,使其成员接受某种特定的政治信息、政治情感和政治信仰,并按照共同的模式进行政治活动。法治社会强调制度至上,强调在法律、制度、规则面前人人平等,这就为人们参与公共事务,养成合作、宽容的精神气质提供了一个较好的制度平台。民主实践的作用就是塑造人们的公民意识,并营造一个平等、参与的氛围。民主政体下的人们在实践过程中受到民主价值的熏陶和浸润,形成了对民主的认同和信仰。

总之,借助于民主制度的教育功能,青少年学生的公民意识不断得到滋养而逐渐发育成熟。尤其是经常性的民主实践,使他们对民主制度由陌生到熟悉,由熟悉到接受,由接受到适应,最终形成民主的习惯,并将民主制度内化为自己的价值体系,成为其人格气质的组成部分。

2. 英国学校教育的民主化发展规定了学校教育的整体生活,因而在中观层面上起到了公民教育的作用

英国学者帕特丽夏·怀特在其所著《公民品德与公共政策》一书中指出:"学校的全部课程和学校的组织都会反映民主的价值,但是,对民主的价值产生怎样的社会信任,学校的组织将发挥更大的作用。这是因为组织将依据这些价值在现实的生活中指导学生。""学校的精神状态在任何一个方面都应该做到,学生和职员在互动中促进对民主价值的信仰。"该书在最后结语中写道:"学校这一机构应该怎样才能构造成一种制度,在其中,学生能够成为有着适当的自爱,知道怎样、在什么时候信赖和不信赖,以及信赖和不信赖的是谁,能够体验到友谊的巨大快乐的满怀希望、自信、勇敢、诚实和自尊的公民。"[1]

英国《1944 年教育法》(又称《巴特勒法》)提出了人人都受教育的理念,废止了原来相互不衔接的贵贱分明的初、中等教育,建立了小学 6 年和初中 4 年

---

[1] [英]帕特丽夏·怀特:《公民品德与公共政策》,朱红文译,教育科学出版社,1998 年,第 18~19、118 页。

的免费义务教育制度，真正实现了二战前发表的《青少年教育报告》（又称《哈多报告》）中所提出的教育民主精神，体现了现代民主意识。到20世纪60年代，随着教育民主化思想的影响，自由、民主的观念开始深入人心，英国出现了"宽容社会"的理念，初等教育发生了一些积极的变化。到20世纪70年代后，英国基本实现了人人都能平等地接受初等教育的理想。同时，"儿童中心主义"成为战后英国初等教育的一大特色。

中等教育也不断地向着民主化和大众化的方向发展着。社会民主意识的不断增强，使各界越来越激烈地反对原来贵贱分明的中等教育三分制（即文法中学、现代中学和技术中学并立），加上1957年苏联人造卫星的上天，使得英国人强烈地感到有必要将极少数人的精英教育转变为提高全民族科学文化素质上来。1965年发布的《中等教育的组织》第10号通告，提出了中等教育综合化的计划。

据1988年教育法，英国一改以往国家不决定学校教育课程的历史，开始在全国实施"统一课程"，这可以说是战后英国教育改革的最重要举措。1999年9月，英国政府对1989年开始执行的全国统一课程进行了修订，颁布了新的全国统一课程，并从2000年秋季新学期开始实施。其主要内容有：在中等学校实施公民教育的必修课，重视英语、数学课程，充实信息教育，明确发展目标等等。旨在通过进一步的课程改革，适应21世纪知识经济时代激烈的国际竞争。

此次课程改革除保留了1988年的全国统一课程中注重信息技术及表现力等的学习外，还进一步增加了发展目标、基本技能等更明确的要求。在确定新的全国统一课程的1996年教育法中，将学校的任务明确确定为促进学生的"精神、道德、社会、文化的发展"，但在此次课程改革中，则强调通过课程学习促进学生的"精神、道德、社会性的发展"，并更加具体化。

这次课程改革一改原来只确定传授内容的做法，对学科的价值、目标及课程的目的等进行了详尽的说明。其中，特别是把自我、人际关系、社会及环境等现代社会（包括学校）所必须的共同价值观列入了全国统一课程体系中。

英国的基础教育在二战后不断地向民主化方向迈进的过程，为在学校中实施公民教育提供了保证，同时，学校教育的民主化发展本身就起到了一种公民教育的作用。

3. 英国学校教育的多门学科包含着公民教育的性质，因而在微观层面上具有公民教育的因素

英国中学的公民教育传统上主要是在社会科（Social Studies）领域开展的，

以历史和地理为主轴。公民教育虽未单独设科（非国家规定课程科目），没有国家课程标准，然而与公民有关的课程，如宗教教育、道德教育、社会科学教育、人文教育、个人与社会教育等均有授课，为每周 2~4 小时定时教学。

首先要提及的是英国学校的宗教教育。人们一直将其视为英国教育保守性的一个显著特征。但是，这仅仅是问题的一个方面。如果仔细审视一下英国现代宗教教育的内容，我们就会发现，它已经与早期的宗教教育大为不同。它早已摆脱了排他性的特征，不再是以灌输基督教教旨为主体内容、以培养圣职人员为目的的了，而是将宗教教育作为促进英国年轻一代的人生观、价值观以及精神、道德发展的必要手段，并以开放性、多元性的宗教教育为依托，培养他们宽容、理解的国际公民素质。这是英国公民教育的一种独特的方式，它采取了一种独特的民族文化传统的形式。它把新的内容装进传统的外壳，使古老的形式与时代精神相结合。我们应当看到英国发展中的这种独特性：保守之中的变革性和变革之中的保守性。在传统与变革之间，英国选择了协调的路。① 因此，可以肯定，英国学校的宗教教育中包含了许多公民教育的因素。

其次，我们来看一下英国中学普遍开设的一门叫作 PSHE（Personal, Social and Health Education，即个人、社会与健康教育）的课程。学校的教学大纲规定，该门课程的教学目的是倡导健康的生活方式，使学生在生活技能、表达能力、学习新知识、思考能力、与人相处以及道德修养等方面都得到提高。根据英国《国家课程》的规定，正确使用物质财富、性教育、家庭生活教育、安全、锻炼身体、食物和营养、个人卫生、有益于健康的环境和自然因素等等，都是这门课的内容。也就是说，这门课程几乎涉及学生成长过程中会遇到的所有问题，而且教育内容贴近实际生活，讲究实用性。

从 PSHE 课程框架中，我们可以看出它的公民教育性质。PSHE 第 1~2 阶段（4~11 岁）课程框架是教授四项相互关联的知识、技能和理解力：（1）培养自信心和责任感，最大限度地开发学生的能力；（2）让学生准备扮演积极的公民角色；（3）养成一种健康、安全的生活方式；（4）发展良好的人际关系，尊重人们相互间的差异。PSHE 第 3~4 阶段（11~16 岁）课程框架，是在学生自身经验和第 1~2 阶段工作的基础上，补充完成课程中的公民品德，涉及与健康、

---

① 钱乘旦、陈晓律：《在传统与变革之间——英国文化模式溯源》，浙江人民出版社，1991 年，第 3 页。

法律和家庭相联系的公共政策两难推理。所教授的 3 项相互关联的知识、技能和理解力，包括了 1～2 阶段的（1）（3）（4）的 3 项内容。可见，英国中小学所谓的 PSHE 课程，其实就是一门公民课程。

最后，我们来审视英国中学的历史教育。与其他一些国家一样，英国传统上也曾把历史作为"社会科"（Social Studies）中的一门，主要目标在于使学生"对于英国传统文化遗产有良好的掌握"、"认识英国公民之权利与义务的历史发展过程"以及"培养民族意识"、"培养道德"等①。对于历史学科与其他社会学科综合设置的问题，曾经在英国教育界和史学界展开过激烈的争论，但结果是历史学科课程的地位得到巩固和明确，历史课在中学单独开设，并被视为一门核心课程。历史教学的目的中就包括了"树立认同感"、"训练思维"、"获得有关社会责任和公民权利、义务等的信息"等项目。② 由于历史课程所具有的社会或公民教育价值，即为年轻人转向成人生活、承担公民责任作好准备，所以在历史课程中提供了许多这方面的内容。总的来说，英国史，特别是其政治、宪法和文化方面的遗产是历史学习的重心。通过学习，使学生具备相关的知识和技巧、培养自决能力，学校课程所教授内容是与学生逐渐发展、成熟的智力水平相一致的。可见，无论是作为"社会科"中的一门，还是单独开设，英国学校始终将历史教育视为是进行公民教育的一个重要方面。

至于其他方面的课程，也有不少具有公民教育的性质。所以，透过学校教育的总体情况，我们可以肯定：英国中小学一直实施着某种形式的公民教育，尽管长期以来，它没有设置公民教育的专门课程。

三、英国学校公民教育的协调渐进

英国是最早建立资本主义、最早进行工业革命的国家。然而，英国又是一个具有古老文化和根深蒂固的传统的国家，原则上与资本主义并不相容的门第观念、等级观念等一直没有消除，在教育方面有着强大的保守势力。同时，在世界性的现代化潮流冲击下，英国也不可避免地一直进行着变革。这些复杂的情况交织在一起，使英国学校的公民教育呈现出一种复杂的状况，具有了一种与其他西

---

① 余伟民主编：《历史教育展望》，华东师范大学出版社，2002 年，第 156 页。
② 余伟民主编：《历史教育展望》，华东师范大学出版社，2002 年，第 168 页。

方国家有所不同的独特性。仅仅依据学校公民课程的开展情况，对英国学校的公民教育做出简单的结论，是不尽合理的。

在英国的发展进程中，一直存在着两股不同的势力：传统上根深蒂固的保守主义势力和坚持变革开拓前进的激进主义势力。随着这两股力量的不断冲突斗争，英国社会也在冲突与和谐中不断前进。英国社会中的这两种势力都不是极端的政治派别和思想体系，它们在一定范围内可以互相渗透、互相转换。因此，与其他一些国家不同的是，这两种力量斗争的结果在英国不是一方吃掉另一方，或一方完全压垮另一方，而是双方都在斗争中自我更新，最后融合成为一种新的文化。这就是传统与变革的融合，是历史长河中的协调之路。英国发展方式就体现着这种斗争相融的特点。① 对此，阿尔蒙德等人指出："公民文化在英国的发展可以被认为是现代化和传统主义之间一系列冲突的产物，这些冲突的尖锐程度足以引起文化的重大变化，但又不至于尖锐或集中到最终导致崩溃或两极分化的程度。"②

这样，我们便不难理解，英国社会中表面看来似乎是相互对立的现象能够共存于一个统一体中的现实。一方面，英国近代几百年的历史让人觉得耀眼、辉煌：整个世界所开始的全新的近代历史时代，是以英国的资产阶级革命为标志的。近代英国为世界贡献了最先进的政治思想以及在资产阶级革命中产生的共和制、议会君主制、君主立宪制、两党制等政治制度。革命期间产生的霍布斯、洛克、密尔顿等伟大思想家成为欧洲资产阶级启蒙运动的先导。它还是工业革命的摇篮，是世界上第一个进行工业革命的国家。在1700年以来的二百多年中，英国作为近代工业革命和科技的领头羊独领风骚，它带给世界以进步，使资本主义在不到百年的时间里所创造的生产力比过去世代所创造的生产力的总和还要多、还要大。另一方面，在英国的传统精神中，门第观念、等级观念、不求变、安于现状的守成思想成为现代英国发展中的一大障碍，导致了英国资本与人才的外流，影响了人们的积极性和创造性，也使英国的经济效率低下。英国虽然是近代自然科学最早发展的一个国家，理性也在英国最早取得胜利；但英国就其民族整体来说从来就不信奉无神论。一个伟大的自然科学家可以相信上帝的存在，而上

---

① 钱乘旦、陈晓律在其所著《在传统与变革之间——英国文化模式溯源》一书中，对此有详尽的论述，为解读这一现象提供了一种独特的视角。
② [美] 加布里埃尔·A.阿尔蒙德、西德尼·维伯：《公民文化——五个国家的政治态度和民主制》，徐湘林等译，华夏出版社，1989年，第7页。

帝的存在并不妨碍他发现最伟大的科学定律。一个优秀的生物学教师毫不犹豫地传授进化论知识，而同时又在教堂中虔诚地相信上帝造人。这就是冲突中融合的精神在思想领域的具体体现。

这种特点同样可以解释英国学校中的公民教育现象。在政治社会化和公民教育方面，官方一直回避对学校的指导。英国在建立公民教育课程体系方面，理应为世界其他国家树立一个样板。然而，事实却并非如此。

一方面，英国教育长期存在着贵贱分明的双轨制，直到1944年第二次世界大战即将结束时，才形成了由初等、中等和继续教育组成，并一直延续至今的三级一贯制的现代教育体制。战后，其统一的学制才得以确立和发展。在20世纪的大部分时间里，对学校课程的控制变得间接而分散。在公民教育方面，人们普遍认为，在课堂中处理政治问题可能会产生偏见。英国资产阶级革命的不彻底性以及君主立宪制度的建立，使其政治文化和公众意见仅包含了最为模糊的立宪概念，其中缺少一种普遍认同的关于政治权利的分配观念，这是英国宪法含混性和现实政治制度的模糊性所造成的结果。

另一方面，人们又认为，通过通常的学校活动（如学风），能够使学生获得公民意识，公民教育的任务可以通过学校的一般性活动来完成。因此，英国学校一直倾向于以一种分散的方式来实施公民教育，即把公民教育分散到课程结构、教育策略、学校组织中去。人们很少讨论具体的政治问题，因而也缺乏关于政治问题的系统的见解。

面对日益加剧的经济和社会变革，为了应对英国人对政治的理解水平和参与程度下降，尤其是选举中投票人数急剧减少的现实，英国社会也在设法改变公民教育非强制性，公民教育对学校的指导作用变得最小，且往往被忽略的状况。科瑞克在其报告中就指出，这种状况是一种"无法原谅的、破坏性的结果，必须而且能够予以补救"。这就是由政府出面干预，实行国家强制性的公民权利与责任教育课程。

英国学校公民教育的这种复杂性，其成因可以从如下几个方面加以解释。

首先，英国的资产阶级革命早于法国资产阶级革命近150年，但是从革命的深度和广度上看，却远远不及法国资产阶级革命。革命的不彻底性使其选择了君主立宪的政治制度。1688年，英国建立了君主立宪的国家，以资产阶级和贵族的阶级妥协结束了革命，实现了二者联合专政的资本主义制度。这种情况使得英国学校的公民教育呈现出一种集保守与激进为一体的混杂的特点。它带有一种保守的色彩，因为这一政治制度造就了一代又一代从心理上忠诚于女皇陛下的臣民，他们倾向于安于现状，不问政治，不太关心与政治相关的公民概念、公民权利和公民义务；同时，这一政治制度又在人们的内心深处构筑起一种对民主与法治的普遍诉求。因此，"英国人的政治文化在某种程度上体现着臣民和参与者两种角色的更有效的结合"。①

其次，英国早期的经济繁荣使英国选择了市场意义上的民主概念，对民主作一种现实的理解，从经验的角度来看待民主社会中的公民。落实到教育上就是强调培养公民的责任心、忠诚感、奉献精神与遵纪守法的行为规范，教学方面更多地体现在传授知识和训练技能方面；同时，市场经济中内蕴的利益追求，又使得公民要经常对自己所应有的权利加以考量，因而又树立起某种权利意识。与美国相比，"两国都实现了公民的积极角色和消极角色之间的平衡，但是在美国，这种平衡似乎有点儿侧重于积极的、参与者的这一方面；在英国，平衡有点儿倾向于臣民的、依存的这一方面"。"虽然英国公民已成为一名积极的参与者，但他并没有失去他对独立的政府权威的尊敬，而在美国所发生的却非如此。"②

再次，英国的教育起源于宗教，并长期由教会控制和管理，因此教育的实质就是宗教教育。③ 英国的教育虽然曾经出现过从服务宗教到服务国家的变迁，但教育权仍掌握在教会手里。国家虽然讨论过接管教育的问题，并通过拨款干预教育，但完整的国民教育制度却迟迟未能建立。19世纪30年代国家开始干预教育事业后，纯宗教性的教育受到了冲击，学校中的宗教教育逐渐演变成为学校教育中的一个部分。《1944年教育法》为英国确立了现代教育体制，但法案中明确规定了宗教教育的地位。《1988年教育改革法》虽然没有将宗教教育列为国家课程中的一门，但宗教教育在学校教育中的地位仍然十分突出。之后，20世纪90年代的一系列法规、法案又进一步强调了学校宗教教育。"从某种意义上说，所谓的公民教育在很大程度上等同于道德教育，而道德教育就是宗教教育。"④

与此同时，作为学校课程的一个重要组成部分，英国现代的宗教教育与其他

---

① ［美］加布里埃尔·A.阿尔蒙德、西德尼·维伯：《公民文化——五个国家的政治态度和民主制》，徐湘林等译，华夏出版社，1989年，第498页。
② ［美］加布里埃尔·A.阿尔蒙德、西德尼·维伯：《公民文化——五个国家的政治态度和民主制》，徐湘林等译，华夏出版社，1989年，第541页。
③ 祝怀新：《英国基础教育》，广东教育出版社，2003年，第229页。
④ 吴文侃主编：《中小学公民素质教育国际比较》，人民教育出版社，2002年，第374页。

学科一样，要对学生的个人、社会与健康教育以及公民教育作出贡献。它着眼于志愿的和慈善的活动，为发展积极的公民意识提供机会；它着眼于对学生的权利与责任意识的激发发挥作用；它帮助学生理解和尊重生活在不同信念、种族和文化背景下的人们，促进民主社会中公民所需的价值观与态度的发展；它帮助学生考虑现代社会背景下生活的目的和意义，从而使他们对宗教、道德和社会问题作出合理而明智的判断，为他们适应多元社会中公民的角色做好准备。

英国学校的公民教育就是在传统与变革的相互融合中协调渐进的。正如阿尔蒙德所引述的两位英国政治研究学者的评论："在英国的历史发展中，民主的公民文化，尤其是在主动性和参与制度方面，是与强调臣民的义务和权利的古老政治文化相融合的。""英国的政治文化把对权威的尊敬，与强烈的公民主动权利结合在一起。"①

（刊于《首都师范大学学报》2007年第3期）

---

① ［美］加布里埃尔·A. 阿尔蒙德、西德尼·维伯：《公民文化——五个国家的政治态度和民主制》，徐湘林等译，华夏出版社，1989年，第41页。

法国学校公民教育浅析

高 峰

[摘 要] 法国学校公民教育的近代传统丰厚,公民教育的组织化程度高,其人权教育的地位突出。教学目标的中心是强调把学生培养成既有社会责任心,又能行使自己公民权利的理想社会公民。其内容包括三个方面:民主国家的基本价值观和法律知识;各种国家的政治制度;法国在世界事务中的地位和作用。相应的教育实施有相当部分是在课堂和学校活动中进行的,同时也建立了系统的公民教育社会参与机制。

[关键词] 法国;公民教育;人权;民主;统一管理

法国是现代公民教育的首创国。作为资产阶级革命的产物,其公民教育以自由、平等、博爱等资产阶级思想观念为主要内容,在维护资本主义制度以及培育这一制度所必需的公民方面,发挥了巨大的作用。法国的公民教育反映了西方现代资本主义最为本质的东西,体现了西方发达国家的理念特点,成为资本主义世界公民教育的典范。法国学校的公民教育,对于我国公民教育体系的构建具有启示和借鉴意义。

一、法国的政治文化传统及其对学校公民教育的影响

与其他西方国家相比,法国公民教育的独特性在于:近代传统丰厚,公民教育的组织化程度高,其人权教育的地位突出。近代以来,法兰西以其强大的国力在欧洲纵横驰骋,几百年不衰;法兰西人更以其独特的思辨,使法兰西大地成为近代人类民主的发源地。

18世纪,在法国出现了一场伟大的思想解放运动。在封建王权与资本主义矛盾的激烈对抗中,法国启蒙运动的出现,无疑为新兴的资产阶级提供了强大的

思想武器，同时也敲响了封建王权的丧钟。1789 年的法国资产阶级革命，在城乡人民广泛的反封建斗争的推动下，进行得十分彻底，其最直接的成果就是推翻了封建王朝的统治，建立起资产阶级专政的法兰西共和国。大革命爆发后，制宪会议宣布废除了封建特权和封建权利；不久又制造出足以令世人震惊且名垂青史的《人权和公民权宣言》。法国人首创了"人权"学说。

在对待过去传统的态度上，英国和法国两国的革命有着重大的不同。英国表现为谦卑温顺的虔敬，而法国则表现为义无反顾的决绝。这种差异无疑是英法两国民族性格与民族精神差异的深刻反映，它规定着两国革命政治文化不同的发展趋势，也规定着两国革命不同的政治行为方式、历史影响和历史地位，同时也对各自学校的公民教育实施产生了不同的影响。

关于法国的大革命，列宁讲过这样一段经典性的名言：法国大革命"被称为大革命不是没有道理的。这次革命给本阶级，给它所服务的那个阶级，给资产阶级做了很多事情，以致整个 19 世纪，即给予全人类以文明和文化的世纪，都是在法国革命的标志下度过的。19 世纪在世界各个角落里只是做了一件事情，就是实行了、分别地实现了、做到了伟大的法国资产阶级革命家们所创始的事情"[1]。显然，法国的大革命具有某种非同凡响的特殊意义。

法国大革命政治文化的最为重要的特征，就是其"同旧世界彻底决裂"的观念或信念。对此，恩格斯有一段著名的比较分析："法国大革命是资产阶级的第三次起义。然而这是第一次完全抛开了宗教外衣，并在毫不掩饰的政治战线上作战；它也是第一次真正把斗争进行到底，直到交战的一方即贵族被消灭而另一方即资产阶级获得完全胜利。在英国，革命以前和革命以后的制度之间的继承关系、地主和资本家之间的妥协，表现在诉讼程序被继续应用和封建法律形式被虔诚地保存下来这方面。在法国，革命同过去的传统完全决裂；它扫除了封建制度的最后遗迹，并且在民法典中把古代罗马法……巧妙地运用于现代的资本主义条件；它运用得如此巧妙，以致这部法国的革命的法典，直到现在还是包括英国在内的所有其他国家在财产方面实行改革时所依据的范本。"[2] 革命导师揭示了英法两国革命的强烈的反差：英国妥协、保守，法国激进、彻底。

1870 年，法国巴黎又发生了更具划时代意义的无产阶级革命。"巴黎公社"

---

[1]《列宁选集》第 3 卷，人民出版社，1995 年，第 851 页。
[2]《马克思恩格斯选集》第 3 卷，人民出版社，1995 年，第 395 页。

为革命的无产阶级建立自己的政权,提供了足资借鉴的历史经验与教训。1870年之后的一百余年间,巴黎公社的深远影响彻底改变了人类的历史。

在近代史上,法兰西民族素以"政治民族"著称。马克思曾说法国无产阶级是欧洲无产阶级的"政治家"。人们也常说,两个法国人走到一起必谈政治。他们不是那种只关心生活中的非政治性事务、对自己与国家政治过程的关系毫无意识的狭隘观念者,也不是那种消极被动地接受政府行动影响的顺从者,而是那种把国家政治事务看作与自身利益休戚相关的事情,并相信自己可以通过努力去对其施加影响的参与者。法兰西民族正是这样一种具有高度政治自觉性和政治积极性的民族。①

法国的这种政治文化传统,深刻地影响了法国学校的公民教育。早在大革命时期,为了击退国内外封建势力的疯狂反扑,保卫革命果实,革命领导人就意识到在全体公民,首先是军人和学生中灌输共和主义精神的必要性。在向士兵宣传共和主义政治理想的同时,革命者在学校做了不少工作,积极地向青少年学生传授自由资本主义的政治道德观念,努力"培养他们进入资产阶级的行列"②。1793年,在制定法兰西共和国《公共教育法》时,就把资产阶级革命的纲领性文件——《人权宣言》和宪法,列为中小学学生"绝对必需的基本知识内容"。1881年颁布的实施教育改革的《费里法案》,又在全国实行十年义务教育制,在公立学校里普遍废除了宗教课,代之以"共和国公民的伦理与道德",开设公民教育课。这种"世俗化"的做法以后几经变动,最终成为法国中小学公民教育的一个传统。

法国公民教育的内容和形式,随着社会政治经济的发展而变化、充实和丰富。

总体来讲,由于受到这种政治文化传统的深刻影响,法国学校的公民教育具有政治教育的性质,其中最为强调的是权利意识的增强,把权利看作是更有意义和价值的东西。

早在战前的1923年,小学各年级就把公民权利和义务教育列入了教学大纲。后来,为了使学生具备必要的社会生活常识,1938年在小学结业班开设了

---

① 关于法国大革命的政治文化以及法兰西民族政治参与意识的文化心态根源,高毅在《法兰西风格:大革命的政治文化》(浙江人民出版社,1991年)一书中,进行了很好的论述、剖析和揭示。

② [美]摩里斯·贾诺威茨等:《军人的政治教育》,郭力等译,解放军出版社,1987年,第9页。

"公民生活基础知识"课题。1939年第二次世界大战爆发，学校各年级普遍开展了"公民爱国教育"，从小学生到全体公民都在爱国主义精神教育感召下，为维护法国的尊严而战斗。坚持"团结一致"的口号被看作教育有效性的主要标志。在此期间，政府给小学实施义务教育以优先地位，特别强调要效忠国家和国家元首。直到1940年，"公民训练一直是整个公共教育的关键"。① 政治家和民众都对公民训练为社会制度的巩固所起的中心作用深信不移。它甚至被看作是共和思想乃至共和国的主要支柱之一。

1945年以后，公民训练再度得到复兴，通过法国的青年反抗运动而赋予活力。

在1947年编写教学大纲时仍将公民义务教育放在首要地位。可见，国家的需要和民族的利益乃是当时法国进行公民教育的出发点和归宿。然而，批评也接踵而来，且1968年的革命带来了一片谴责之声。公民训练从法国教育的舞台上消失了，由官方以"道德与公民教育"取而代之。而且，这场"文化革命"不但影响了名称上的改变，它还使得学校内这类学科的必要性和作用受到了质疑。20世纪60年代，西方社会民主运动高涨，尤其是1967年的"五月风暴"，有力地推动了社会各方面的改革。法国教育改革中，公民教育强调权利与义务相结合。由于法国的政治和宗教中存在着严重的派别对立，因而在学校公民教育中特别强调要保持"中立性"。课程的名称为"公民道德教育"。20世纪80年代以来，法国再度反思公民教育的成败得失。1984年，法国官方明确指出，学校公民教育要以"人权"为核心，强调要遵循1789年的公民《人权宣言》和1948年联合国通过的《世界人权宣言》，把公民的权利放在突出位置，使所有公民都享有自由、集会、结社权，以及表决权和劳动权。因此，从小学一年级，有的甚至从幼儿学校就开始了有关民主和权利的启蒙教育，通过教学和各种活动为学生提供一些典型事例，使他们体验和了解现实民主生活的情景。

二、法国学校公民教育的高度组织性与目标追求

法国人在公民教育的实施和管理方面，具有高度的组织性。这一特点在法国学校的公民教育中是极为显著的。法国学校公民教育的这种高度的组织性，与其

---

① Nicolet, Claude. L'Instruction Civique et la Justice. Philosophie Politique, 1996 (9), p.136.

公民教育的政治性教育目标是密切相关的。

　　法国的公民教育由国家直接干预。法国教育部统管全国的公民教育事业，制定统一标准，设置课程年限、大纲，规定教材甚至参考资料，任何人不得更改。各地教育行政部门设立专门机构或指定专人负责学校公民教育，规定由班主任担任公民学的教学。公民教育课程每周一至二节。这是因为法国是属于中央集权制的国家，教育的权利因此也集中在中央。法国学校的公民教育由国家统一领导，这在西方主要发达国家之中是一个例外。法国的这种模式渊源于拿破仑时代制定的"帝国大学制度"，是国家政权与教会争夺教育领导权斗争的产物。

　　法国教育行政体系是中央设立教育部，全国划分为26个大学区，其下分设省级督学处。教育部统管全国教育工作，权限广泛而集中，中央对地方实行垂直领导，地方教育机构往往充当"处理事务的机器零件"，作用非常有限。在法国，学校教师为国家公职人员。法国的这种高度集中的体制，不断受到社会的批评与指责，1968年的大学潮就是反对集权制的示威。二战以后，法国逐渐增大地方教育行政机关的权限，1982年公布有关地方分权法，1983年又公布新的权限分配法，其中包括下放权力的措施。但是，总体来说，在公民教育方面，由教育部统一规划的格局没有改变。因此，法国政府在学校公民教育中所起的作用，比起美国、英国、德国等其他欧美国家要直接和明显得多，与日本、新加坡等亚洲国家相近似。正是由于法国政府对其公民教育的这种集中统一管理，显示出较高的组织化程度，因此，据国外一些研究表明，与其他西欧国家相比，法国青少年学生的政治参与意识和政治参与能力都是最强的。

　　法国学校将公民教育课程的名称定为公民道德教育，在公立学校普遍开设。设置的年限、基本范畴、教学大纲、具体内容、授课时数以及所有的教材资料等均由教育部统一规定。其具体的教学目标因不同的历史背景而有所变化，但中心是强调把学生培养成为既有社会责任心，又能行使自己的公民权利的理想的社会公民。

　　法国学校的公民教育从小学开始延伸至初中，一直贯穿整个义务教育阶段，并在高中阶段得到了加强。就普通教育与技术教育的高中阶段而言，公民教育课程涵盖了三个年级的各个专业，成为高中教育的必修课程之一。其目标在于帮助学生掌握公民资格这一概念，探究什么是"公民资格"以及如何将其付诸实施。从教学大纲的规定来看，初中和高中阶段的公民教育课程试图围绕着"人类的人"和"公民"两大概念来组织，并随着年级的递增而逐步深入。

初一年级的公民教育从人的权利和义务的概念出发来构建。初二和初三年级围绕着构成民主社会的价值观念来展开，如平等、团结、自由、安全和正义等。初四年级则突出法兰西共和国、欧洲和当今世界中的公民资格维度。初中的公民教育课程目标定位在对国家制度、价值观念等的了解上。法国公民教育《初中教学大纲》规定："公民教育必须使学生理解民主生活准则及其基础，了解国家机构及其历史渊源，并对当今世界尊重人权的条件和方式进行思考，即宽容、团结、种族平等、民族共存；公民教育应使学生能够满足他们滋生对自由与正义的要求，并能负责地面对当代的各种问题与挑战。"1986年的公民课教学大纲规定：初一学生要了解地方级的政治组织和政治基本概念；初二学生应了解省级的政治组织和政治基本概念；初三学生须了解社会服务事业，感受社会成员的相互依存关系；初四学生应了解中央的政治组织及简单理论，并了解国家经济建设的基本要领。

高中公民教育课程作为整个公民教育的结束，从某种程度上来说，其目的也反映了整个公民教育的最高追求。1998年，法国高中设置"公民、法律及政治教育"课，其中包括法律史、政治制度、共和国体制、劳动法、公共辩论中数学信息的运用、社会重大问题、口头辩论。2000年颁布的公民资格教育大纲规定高中三个年级的学习主题依次为"从社会的生活到公民的资格"、"制度和公民资格实践"、"经受当今世界变革考验的公民资格"。同年颁布的"公民、法律和社会教育"（education civique / juridique et sociale）课程教学大纲，在其总则中指出："到时候会出现一个成年的、自由自主的公民，他将通过积极参与国家生活而宣扬自己的批判理性。"大纲的导言认为，人不是生就的公民，而是成为公民的。公民不是一种状态，而是一种永远的赢取；公民是能够介入国家生活的人，为此他需要具备一定的表达能力，形成深思熟虑的见解，认可公众辩论的形式。导言因此认为，公民资格是一种介入国家生活的能力，或者甚至只是一种敢于介入的能力。高中的"公民、法律和社会教育"课程目标是一种以能力目标为参照的课程。其中一个重要的目标取向，是要使学生形成这样一种认识，即社会和国家生活是可以理解的，其规则和制度是有其起源的，是可以变化的；从而帮助学生认识到社会规则是人制定和供人使用的，它具有一定的时空限制。[1] 新版教学大纲更指出，在这一新课程中，学生应当经历三个"时刻"：了解规则和

---

[1] 汪凌：《法国普通高中公民教育课程》，载《全球教育展望》2001年第7期，第55页。

制度出现的背景和条件、认识社会行动者对规则的使用、专注于关于规则的"论说"。

在法国学校，公民教育的实施没有采用美国和日本等国的综合性社会科模式，但是，在历次的教育改革中，也出现过公民教育分科教学和综合教学等的多样性状况。其中综合性的教学被称为"启发学科"和"人文科学"，类似美、日等国的"社会科"。从比较的观点来看，由于法国教育重视学术的传统，其公民教育课程较之美、日所采用的综合性社会课程，更加倾向于分科的模式。一般是以历史学科和地理学科为代表，通过分化的学科来实施公民教育。无论是采用综合性学科，还是分科的形式，法国学校的公民教育都具有政治教育的性质。

以法国高中目前开设的"公民、法律和社会教育"为例，它原本就是从"公民、法律和政治教育"改名而来的。在具体负责"公民、法律和社会教育"教学大纲制定的学科技术小组组织召开的研讨会上，法国多方专家认为，政治是公民资格的重要维度，"进行公民教育，就是为政治恢复地位"。① 在 1948 年 5 月 10 日的高中公民教育文件中，使用了公民和政治教育这样的字眼；不过这些文件也指出，所有的学科都应该为公民教育出力。这种情形一直延续到 20 世纪 70 年代。此后，人们开始对是否仍使用"公民教育"的称呼而犹豫不定，1978 年以后，初中和高中的公民教育课程被取消，1985 年再度恢复，其目的是希望回归某些价值观。而 20 世纪 90 年代，历任教育部长都将公民和政治教育放在其教育计划的重点位置。但是，他们出于某种即时的环境所需，缺乏对公民教育课程做长期化的考虑。强调公民教育之政治维度的另一原因在于，法国社会对公民资格之政治性的淡化。有专家指出，在 20 世纪 80 年代中期，当向高中学生问及"如何定义公民资格"这一问题时，大部分学生的回答是"选举"；而至 90 年代时，对于同样的问题，人们的回答却是"与他人友好相处"。

正如"公民、法律和社会教育"中的法律教育不是向学生们教授法律方面的技巧，而是让他们发现法律作为自由之保障的意义一样，向学生们进行政治教育也不是培养学生成为政客，而是让他们了解国家制度的运作和自己作为公民所拥有的权利与义务。

---

① 汪凌：《法国普通高中公民教育课程》，载《全球教育展望》2001 年第 7 期，第 56 页。

三、法国学校公民教育的内容架构和教学方法

根据1985年法国政府对公民道德教育课的教学大纲所进行的改革，法国公民教育的架构可以概括为三大要点：民主国家的基本价值观、法律知识；各种国家的政治制度；法国在世界事务中的地位和作用。具体内容主要包括：使儿童青少年熟知法兰西民族和法兰西共和国的历史，了解法国民主政体的基本准则、行政机构、宪法与法律，懂得一个公民应尽的义务和应享有的权利。除公民教育的专门课程外，法国学校还将公民教育贯穿于学生的班级生活和学校生活，融于不同学科的教学活动和每个教师的所有实践活动之中。

法国小学的公民课内容按三个阶段进行安排。预备阶段为幼儿园到小学一年级：探索社会生活基本准则，熟悉公民一般生活情况；懂得努力学习和工作的意义；爱护学校财物和公用设备；尊重自己和他人，初步了解自制和责任的含义；承认他人权利和各种族间的平等；发扬合作和互助精神；了解法兰西共和国，懂得玛利亚娜、三色旗、《马赛进行曲》、7月14日国庆节等国家象征物。基础阶段为小学二至三年级：学习各种制度的初步知识；在学校生活范围内介绍个人、财产以及合同的概念；讲述祖国统一、民族团结、自由、平等、博爱的信条；讲解选举权、普选的含义以及总统、总理、众议员、参议员、乡长、市长、市议员的职权和作用。中级阶段为小学四至五年级：了解法国在世界上的地位；了解1789年的公民人权宣言和1948年的普通人权宣言；理解关于自由和权利的含义；了解建国以来的成就和法国制度；介绍一些全国性大型公立机构及作用、社会保险和交通安全规定、社会合作互助、情报和探测；了解法国的军队和实力及在世界和欧洲和平中的地位；了解国家、民族和人类、人道主义和社会文明等含义。

法国中学公民教育课的内容和实施，按照初中四年和高中三年的学制进行安排，在小学基础上扩大和深化。初一学生了解所在市镇地理、历史、行政管理、不同市镇之比较及与国家的关系；初二学生了解所在省的地理、历史、行政、管理等情况；初三学生要走向社会、调查参观，了解社会职能及服务项目，了解市镇、省、地区各级经济与社会组织，了解城市公共机构职能；初四学生了解国家政治机构及原理，与地理、历史课相配合；高一年级将公民课与地理、历史混合，分组授课。授课内容是讲授一般政治理论（法国立国精神）和法国宪法的原则与功能等组织原理及其运作；高二年级仍将公民课与地理、历史混合，讲授

法国在国际组织中的作用和国际关系；高三毕业班讲授世界经济重大问题、现代国家中主要经济和社会机构及运作原理以及法国和国际目前的"重大问题"。

法国自20世纪70年代以来一直使用该大纲，1978年对之进行了改革，将公民教育与历史、地理、哲学、经济等科目结合起来，内容广度和深度都得到了拓展，形式也更加灵活多样。1985年对公民课又进行了新的改革，把内容表述为三大要点，但是以上的基本大纲线索没有根本的变化。①

近年来法国国民教育部最为关注的问题是：要使学生积极生活于现代社会，行使公民权利，学校应该提供哪些知识和能力；学生如何获得这些素质。1996年，弗卢委员会在上呈国民教育部长的报告中提出，学生应在16岁义务教育结束时掌握"首要知识"。这些首要知识是与公民生活、日常生活和职业生活紧密相关的。它包括会读、会写、会说、会算，掌握关于基础图形和体积的知识，理解有关时空的概念，学会理性地观察和思考，能够进行自我健康保健和安全保护，具备一定的艺术感受能力，掌握社会通行的和公民应了解的符号和价值观念。

法国国民教育部认为，能力的培养胜于单纯知识的传授，并且在教学改革中采取了实质性的措施。相应的教育措施有相当部分是在课堂和学校活动中实施的，同时，系统的公民教育的社会参与机制也得以建立。

国民教育部鼓励教师采用差异教学法，即以学生为中心，采取适合每个学生学习节奏的教学策略，引导他们达到既定的教学目标。在这一方面，小学和母育学校中教学阶段的划分，为差异化教学提供了一个富有弹性的体制。1980年以后，又将小学和母育学校划分为三个教学阶段，即学前学习阶段（母育学校小班和中班）、基础学习阶段（母育学校大班和小学一、二年级）和加深学习阶段（小学后三年）。与此相应，设立了阶段教学目标，摒弃以往的学年教学目标，使学生在2至3年内就可以按照自己的学习节奏达到教学目标。同时要求教师对学生进行跟踪教学。法国一直强调教育的持续性，教学阶段的建立使得母育学校和小学的联系更加紧密，不仅有效地加强了学科知识的学习和学习能力的培养，而且还极大地增强了学生的自治能力和与他人共同生活的能力。

除学校之外，地区、市和学区的信息与资料中心和图书馆，在学生认知素质的培养方面也发挥了重要作用，它成为学生掌握资料使用和查询技术、自主学习手段最为主要的途径之一。在法国，几乎每一所学校都配有资料和信息中心，有

---

① 冯增俊：《当代西方学校道德教育》，广东教育出版社，1993年，第184~186页。

专门的资料员管理，在教师和资料员的帮助下，学生有时集体参与解决学习问题，有时独自查阅感兴趣的书籍。

法国高中特别注意培养学生具有个人工作能力、推理和判断能力、交际能力、承担职责的能力、参与国家生活的能力，最为重要的就是表达与维护自己认识的能力。为了培养自主的公民，让他们通过积极参与国家生活而张扬自己的批判理性，法国中学特别注重公共辩论能力的培养。2000年的公民资格教育大纲强调辩论法教学，辩论法教学过程包括四个步骤：首先与学生选择一个主题；其次组织学生着手辩论的准备工作，进行工作分工、小组工作和协调。可以通过报刊、网站、访谈或调查来收集资料；然后展开辩论，按照师生一致同意的方式，选择一位学生担任辩论主席，指定报告人来表述其小组收集的论据和资料，主席对各方论点进行总结；最后进行成果报告，学生可以进行口头或书面综合报告，也可以展示其成果，如展览等。经过这样几个步骤，培养学生的合作、协商、交谈、辩论等民主技能。

为了使公民教育行之有效，法国还建立了公民教育的社会参与机制，鼓励社会参与。自20世纪70年代后，法国教育改革突出强调自治和参与，制定了一系列有关法律来保障公民教育的社会参与，保证参与过程的正常进行。法国公民教育的社会参与主要有三个方面：一是家庭的参与。法国教育部在20世纪70年代的教育改革方案中就提出，"学校教育与家庭教育互为补充"，应当使"教师与学生家长之间的关系制度化"。二是学生的参与。主要是扩大学生对教学活动的参与，使学生有能力自己安排学习，对他们的学习要"善于增加难度"。三是参与指导机构的建立。1988年前，法国有两个全国性的社会参与管理机构："国民教育高级委员会"和"普通教育和技术教育委员会"。1989年法国颁布了《教育指导法案》，对政府、社会团体、家庭在青少年公民教育中的地位、作用和权利义务作了全面而具体的规定，它是法国公民和组织参与公民教育的法律保障。根据这一法案成立了"教育高级委员会"，协调青少年的公民教育工作，统一领导社会对公民教育的参与，取代了前两个机构。

法国学校公民教育课程的设置历经百年，在公民教育方面积累了丰富的经验。认真研究法国公民教育的做法，有助于为我国社会主义的公民教育建设提供启示与借鉴。

（刊于《首都师范大学学报》2005年第2期）

当代俄罗斯公民教育的嬗变及发展趋势

张鸿燕

[摘 要] 从苏联社会主义话语体系中的公民教育到俄罗斯社会转型初期现代意义上的公民教育的确立,再到新世纪俄罗斯公民教育体系的初步建立,俄罗斯的公民教育具有明显的时代变革印记。研究俄罗斯公民教育的变革与发展的原因及其不同时期的内涵与特质,对于加强和改进我国学校的公民教育具有借鉴价值。

[关键词] 俄罗斯;公民教育;变革;发展

苏联解体后引发了其社会结构、文化教育、伦理道德等深刻的变革,俄罗斯的公民教育也不例外。进入 21 世纪以后,在世界公民教育思潮的影响下,俄罗斯联邦政府大力推动本国公民教育的改革,逐步形成了新的公民教育体系。对俄罗斯公民教育变革的原因及其特质进行分析,研究其未来发展的走向,对于改进和完善我国学校的公民教育大有裨益。

一、苏联时期公民教育的内涵及其特质

苏联作为世界上第一个社会主义国家,其公民教育具有与现代资本主义国家公民教育不同的独特内涵。苏联时期的公民教育力图把青年学生培养成为合乎共产主义建设所需要的、具备共产主义思想和道德品质的公民。因此,共产主义道德品质教育就成为苏联社会主义话语体系中"公民教育"的核心内容。具言之,包括马列主义基本原理、共产主义理想和信念、爱国主义和国际主义、思想品德、集体主义、公益劳动和生产劳动等方面的教育,内容涵盖了思想政治教育、道德教育和劳动教育三大部分。随着时代的发展,苏联的公民教育逐渐增加了法制教育、经济教育、美育、环保教育等内容,形成了比较完整的内容体系。

然而，苏联社会主义话语体系中的公民教育并非现代意义上所指的公民教育。由于苏联是一个政治社会，即以异常膨胀、高度密集的政治权利全面统辖、支配所有社会生活为基本特征，所以其政治体制在整个社会体制的构架中居于核心、主导的地位，成为左右社会发展的最主要的、决定性因素。在这种形势下，苏联各级学校实施"公民教育"更多的是从"人民"的角度，而忽视了从"公民"的角度实施公民教育，体现在教育教学内容上不仅政治色彩十分的浓厚，而且明显地存在着重视义务教育而忽视权利教育，以及公民教育形式主义、教条主义蔓延等问题，这直接影响了苏联时期公民教育的有效性，同时也表明苏联时期的公民教育并非现代意义上所指的公民教育。现代意义上的公民教育，重在通过社会化过程的各种渠道，培育人的国家意识、法制意识、权利意识、责任意识、参与意识等，而非局限于"共产主义思想品德教育"。这也是苏联解体后，人们更乐意接受以公民教育的表述来代替共产主义思想品德教育的原因之一。

二、转型期俄罗斯公民教育的变革与得失

1. 推动俄罗斯公民教育变革的原因

苏联解体后，以叶利钦为总统的国家政权在宣布取消苏联共产党的合法地位、改社会主义制度为资本主义制度的宣言中，走上了独立之路。这巨大的社会变革引发了社会意识形态的改变，政治、经济局势的动荡以及社会风气和道德的危机。据俄罗斯有关部门调查，1992～1994年，俄罗斯人普遍存在政治冷漠、与社会疏离的心态，绝大多数人不关心社会正义，而对极端个人主义的支持从1989年的17%飙升为1994年的33%。莫斯科青年研究所所长说："俄罗斯青年像整个社会一样经历了价值危机。极权主义的灭亡带来以前的理想和价值的破灭——而这些使人们内心世界的部分——精神的真空形成。"[①] 由此可见，苏联解体给俄罗斯带来的不仅是经济上的倒退、种族冲突的加剧和社会危机，还有意识形态的真空、人们道德价值的丧失，这一切迫使俄罗斯必须迅速重建本国的公民教育。公民教育的成功与否在很大程度上关系到俄罗斯法制国家的建设及其公民社会的形成。除了国内因素，世界公民教育思潮的全球化对于俄罗斯公民教育的开展也有一定的促进作用。

---

① 唐克军：《比较公民教育》，中国社会科学出版社，2008年，第161页。

2. 转型初期俄罗斯公民教育的变革与得失

"叶利钦时代"的俄罗斯，其教育发展的主要特点为去意识形态化，去集权化，多样化、个性化、人道化和人文化。随着激进民主化进程的不断深入，1993年出版的俄罗斯《教育百科全书》中首次出现了"公民教育"的词条。其主要指形成公民素质的教育，基本要素包括道德修养和法律修养，并综合体现为人的自尊感、纪律性、对他人及国家政权的尊敬和信任、完成责任的能力、爱国主义、民族主义、国际主义的情感。教育内容是伦理、政治、经济、生态及其他知识的整合。此后，俄罗斯教育部通过一系列决议和文件，如《对俄罗斯联邦宪法及公民教育的研究》、《关于俄罗斯联邦普通教育机构中的公民教育》等，将公民教育纳入普通教育体系之中并作为人文教育的一个基本目标。这给俄罗斯公民教育的发展带来了重要契机。公民教育的官方机构和非政府组织纷纷成立并开展各种活动，他们通过举办各种研讨会议、教师培训班、出版各种教科书和参考书等积极推动公民教育的发展。1999年成立了国家公民教育中心，对全国的公民教育进行指导与协调。正是在国家政府的大力推动下和社会的积极响应中，现代意义上的公民教育概念在俄罗斯教育界得以确立，公民教育如火如荼地开展起来。但是，"叶利钦时代"的俄罗斯公民教育，在很大程度上是受西方、尤其是受美国的影响。来自美国的公民教育专家不仅向俄罗斯的同行们介绍美国的经验，提供大量的教学材料，而且帮助俄罗斯人开发相关的课程，传授西方教育的发展理念和教学方法。因此，这一时期的俄罗斯公民教育在指导思想上带有明显的激进特点，在形式和内容上基本是照搬美国的教育模式，具有"西化"、"美国化"的色彩。而这与俄罗斯政治传统是相背离的，与俄罗斯人对公民意识的理解也是不相一致的。

三、新世纪俄罗斯公民教育的发展及其趋向

进入21世纪后，俄罗斯的公民教育工作者开始反省完全模仿西方的做法，认为"只是简单地、不加批判地照搬外国公民教育的经验只能引起相反的效果，必须在兼顾国际经验与国家现实的基础上实行公民教育"。[①] 经过十几年的摸索与实践，俄罗斯公民教育日趋理性化，确立了公民教育新的目标、内容、方法途

---

① 付轶男：《俄罗斯公民教育概览》，载《外国教育研究》2003年第11期，第43页。

径以及相应的课程，初步形成了较为完整的公民教育体系。

1. 新世纪俄罗斯公民教育的发展

首先，明确了公民教育的目的和任务。在俄罗斯国家公民教育中心制定的《公民教育理念》（草案）中，提出"公民教育以培养拥有一定的知识（法律、政治、经济等知识）、技能（批判性思维、分析、综合等）、价值观（尊重人权、宽容、互让、自尊、公民自觉性等）以及参与社会政治生活积极愿望的民主社会公民为首要目的"。[①] 并将之具体化为 5 项任务：第一，指导学生正确认识个人与社会关系并树立公民理想，成为社会经济、政治、文化生活的真正参与者；第二，促进学生个人道德品质发展；第三，培养学生形成积极的法律意识，使他们理解"公正"、"平等"、"自由"、"尊严"、"人权"、"民主"等概念的内涵，并在日常生活中用以指导自己的行为；第四，培养学生对公民社会的积极且富于理性的情感；第五，培养学生认真负责的交际态度和交际能力，不断强化学生的公民自觉意识，形成批判性思维和语言表达能力。

其次，构建了较为完整的公民教育的内容体系。新时期俄罗斯公民教育的内容主要包括以下几个方面：（1）公民政治意识教育。旨在使学生具有鲜明的政治倾向性和参与政治生活的积极性。（2）爱国主义和国际（族际）主义教育。这是公民教育的核心内容，旨在培养学生热爱祖国，崇尚自由、平等、统一和各民族兄弟情谊的真实情感。（3）全人类价值观教育。旨在引导学生成为促进世界和平、人类进步的积极参与者。（4）法制教育。强调与道德教育的有机结合，目的在于使学生形成公民的自觉性，使每个人都积极自觉地履行道德和法律规范。（5）道德教育。这在当今俄罗斯复杂的社会条件下道德教育具有特殊重要的意义，不仅可以帮助学生了解基本的道德准则，提高明辨是非的能力，而且有利于培养其形成善良、正直、诚实、勤劳、遵纪守法等良好的道德品质。（6）生态教育。目的在于培养学生的生态素质，端正对待自然的态度，形成与自然交往及保护自然的技能技巧。除了上述内容，俄罗斯的公民教育还包括经济教育、社会及社会心理教育、劳动教育等内容。

再次，创新公民教育的实施途径与方法。为了培养民主自治的公民，俄罗斯学校采取多种途径如课堂教学、课外活动、学校民主生活、网上教育等开展公民教育。其中，构建学校民主生活制度是有效开展公民教育的新尝试。俄罗斯教育

---

① 付轶男：《俄罗斯公民教育概览》，载《外国教育研究》2003 年第 11 期，第 43 页。

界认为,只有在民主的学校中,才能培养出民主社会的公民。如果学校不民主,任何公民或社会课程都不能独立地培养真正的公民。学校民主生活的要素包括:教学过程民主化;鼓励自由、公开讨论学校的公共生活规则,并由学校集体的所有成员共同参与制定;公开听取意见;公开选举由教师、学生、学生家长组成的学校管理机构;在学校内设立人权、儿童权利保护制度;让学生广泛地参与学校、地区乃至社会的活动。在方法方面,俄罗斯不再将传统的灌输式作为公民素质培育的主要方法,而是针对公民素质培育的目标、内容,采取了以师生"互动"为主导的教育教学方法,运用讨论、竞答游戏、小型专题报告、角色扮演、冲突情境、社会问题方案设计等方式进行。

2. 俄罗斯公民教育未来发展的趋向

在历史进入新纪元之际,普京接替叶利钦成为俄罗斯的新一任总统,他发表了被称之为"纲领性"文献的《千年之交的俄罗斯》,提出了"俄罗斯新思想"。内容包括"爱国主义、强国意识、国家作用和社会团结"四个要点,其中强调了爱国是最基本的,只有爱国才能努力强国。"俄罗斯新思想",既是普京政府施政方针的理论基础,同时也为俄罗斯公民教育在新世纪的发展指明了方向。

(1)强化爱国主义教育,注重公民教育的民族性。进入新世纪,俄罗斯联邦政府颁布了《俄罗斯联邦国家教育论纲》,进一步明确了俄罗斯公民教育的战略目标和发展方向,指出"保护、传播和发展民族文化的历史继承性,在珍惜俄罗斯人民历史文化遗产教育的基础上,培养爱国守法、具有民主和社会意识、尊重人权和个性自由、具有较高道德修养的公民"。[①] 尊重传统,秉承历史,以传统文化、民族精神作为公民教育的依托,把"强国精神,爱国思想"作为公民教育的主要内容,体现了俄罗斯公民教育注重民族性的特点。为了强化爱国主义教育,加快实现俄罗斯的强国之梦,俄罗斯政府连续出台了《2001~2005年俄联邦公民爱国主义教育纲要》和《2006~2010年俄联邦公民爱国主义教育纲要》。这两个《纲要》的出台,一方面标志着新时期俄罗斯爱国主义教育体系的重构;另一方面也表明了未来俄罗斯公民教育的实施重心和发展方向。

(2)构建"公民教育空间",力促公民教育的社会化。为了培养民主社会素质合格的新一代俄罗斯公民,俄罗斯政府创建了"公民教育空间",即由学校、家庭、宗教组织、补充教育机构、青少年组织、社会研究机构、大众传媒等共同

---

① 冯绍雷、相蓝欣:《转型中的俄罗斯社会与文化》,上海人民出版社,2005年,第236页。

组成的公民教育系统。在这一系统中，学校承担公民教育的主要使命与职责；家庭、宗教组织、补充教育机构、众多的青少年社会组织、大众媒体等被纳入进来成为公民教育的实施主体。这一举措既反映了俄罗斯公民教育实施主体与方式的多元化，也表征了俄罗斯公民教育正在走向全民参与的社会化进程。

（3）顺应时代发展，逐步实现公民教育的现代化。为适应世界公民教育发展的潮流，提高公民教育水平，2002年俄罗斯联邦政府颁布了《2010年前俄罗斯教育现代化构想》。该构想在强调教育应该成为国家和社会优先发展战略的同时，提出了俄罗斯国家教育政策的首要任务即全面实现教育现代化，这其中也包括实现公民教育的现代化。为此，在课程内容的价值取向方面做出重大的转变，即注重对广大公民进行世界性公民教育。尽管俄罗斯在教育现代化的道路上布满荆棘，但从俄罗斯政府所推行的政策和实施的公民教育改革的价值取向来看思路是明确的，这就是通过改革与国际接轨，逐步实现俄罗斯公民教育的现代化。

（刊于《教育探索》2012年第3期）

香港公民教育的变革与发展

张鸿燕

[摘 要] 香港回归是香港公民教育的转折点。十年来，香港的公民教育有了较为显著的变化和发展，并初步形成了自身的特点。本文拟就对香港学校公民教育的发展历程、特点和原因进行阐述和分析，以增进内地学校对香港公民教育的了解与借鉴。

[关键词] 香港；公民教育；发展历程，特点

香港公民教育伴随着其社会的变革而不断向前演进，特别是1997年香港回归祖国成为香港公民教育发展的一个重要转折点。从此，香港的公民教育逐步摆脱了殖民统治的阴影和各种限制其发展的因素，走上了一条具有划时代意义和自身特色的发展之路。

一、香港回归前后公民教育的变革与发展

1. 20世纪80年代中期以前的公民教育

20世纪80年代中期之前，香港的公民教育一直不被重视而处于"边缘化"的状态。从早期的"无"公民教育的概念，到20世纪20年代被动容纳非本土化内容与性质的公民教育课程，再到"非政治化"和"无国家民族"概念的公民教育的提出，都体现了这一特点。长期以来，港英政府为配合殖民统治的需要，其所推行的教育政策无不渗透着殖民主义的色彩。如50年代开设的公民科，其课程内容主要就是灌输殖民宗主国的意识形态，培养学生对资本主义的认同感；70年代将公民科改为"经济及公共事务科"，在淡化政治偏重经济内容的同时，强调香港是一个殖民地，公民的责任是守法和服从。港英政府还通过立法对教育实行严厉控制，禁止学校进行政治活动及带政治性的讲

授、教育和宣传等。由此可见，这一时期的香港公民教育是以服从和非政治化为特色的，其本质上是疏离和"子民取向式"的，因为其所传递的公民观念是片面和扭曲的。香港的公民教育一直排斥甚至排除国家民族教育的内容，不鼓励学生认同自己的族群、本土文化和本地社会。按香港学者的说法：《中英联合声明》发表以前，香港学校的公民教育可以说是"无民族"、"无政治"的"疏离式的子民教育"，其后果造成许多香港青年学生国家意识淡薄，对自己的国民身份认同非常模糊。

2. 过渡期间的香港公民教育的变革

自1985年《中英联合声明》的发表到1997年香港主权回归中国，香港进入过渡时期。为了适应香港政制改革的需要，香港教育署于1985年8月颁发了《学校公民教育指引》，向全港所有中小学校推行公民教育。该《指引》的发表对于香港公民教育的发展具有重大意义：（1）它首次以教育行政部门规章的形式确立了公民教育在学校教育中的地位和作用，有利于改变学校一贯忽视公民教育的倾向；（2）它提出了公民教育实质上是政治教育的观点，打破了长期以来统治学校教育的政治禁令；（3）它制定了从幼稚园到大学预科公民教育的大纲，为香港公民教育逐步走向规范化、序列化、制度化的轨道奠定了良好基础。随着"九七"的临近，香港教育署又对《学校公民教育指引》进行了修订，并从1996年9月开始实施。《96指引》的颁发，反映了香港学校公民教育在理论认识和实践水平上的新进展：第一，国家、民族观念的培养得到加强。《96指引》第一次提出把培养对中国的归属感作为公民教育的宗旨，这不仅有利于当时香港的平稳过渡，也体现了香港公民教育在回归后发展的方向。第二，更加重视公民素质的培养，公民教育由注重知识传授走向注重价值、态度和能力培养的范式。第三，推出了多样化的公民教育的模式，以促进学校公民教育活动的开展和公民教育效果的提高。《96指引》被誉为"香港学校公民教育的新里程碑"，对回归后的香港学校公民教育的未来走向具有重要的影响。

3. 回归后香港公民教育的快速发展

1997年7月1日，中国政府对香港恢复了行使主权，香港成为中国的一个特别行政区，从此，香港的公民教育发生了根本性变革。首先是教育宗旨的变化，公民教育的目的是为未来的香港社会培养港人治港的人才和特区的公民；其次是教育内容的调整，国家观念、民族意识的教育得到加强，并把加深学生对《基本法》及中国的社会与政治制度的认识,培养对国家和民族的归属感作为公民教育的重点;再次是课程设置上,从 1998 年 9 月起公民教育科被作为独立科目在初中阶段设立,后扩展到小学和高中,成为中小学生的必修课。香港回归祖国怀抱,还为香港开展爱国教育创造了良好的氛围和契机。以增强青年学生对祖国历史文化的了解,培养青年一代归属感、自豪感和使命感的爱国教育,受到教育界的普遍重视并迅速地蓬勃开展起来。

21 世纪的香港,是一个知识型经济的社会,随着社会科技和经济的发展,对人才素质的要求日益提高,不仅要拥有知识和技术,还要懂得与别人和睦相处,有责任心和正确的生活态度。因此,在 2001 年 6 月,香港特别行政区发表了《学会学习——课程发展路向》的报告书,推行新的课程改革。在此次改革推行的四个关键项目中,公民教育被列为首要发展项目,并建议中小学优先培育学生五种价值观和态度:坚毅、尊重别人、责任感、公民身份认同及承担精神;强调以学生为本的方针,鼓励学校将学生身边发生的事情灵活地融入课程设计中。此目标的制定,既回应了现今香港的社会情况及未来对人才的要求,也预示了香港学校公民教育的未来发展的方向。

二、现阶段香港学校公民教育的特点

1. 倡导"以学生为本"的教育理念

香港现行的学校公民教育理论框架和推行体系是在 1996 年修订的《学校公民教育指引》(简称《96 指引》)基础上建立和发展起来的。在《96 指引》中明确提出"以学生为本"作为学校公民教育的基本理念,所谓"以学生为本",是指以学生为主体,旨在强调培养充满主动性和积极性的公民。《96 指引》中屡屡出现的"积极参与"、"多做贡献"、"负责任"、"建设性"、"具有批判性思考素质"等字眼,皆是对这一思想的表达。香港倡导"以学生为本"的公民教育理念,除了强调在教育过程中要积极发挥学生的主动性外,还有包含多重意义:(1)今日的学生是未来社会的栋梁,他们的主动性和积极性都应该在学校的生活中得到培养和发展,这是学校义不容辞的责任。(2)公民教育不应只满足于学生对文化的继承,更应期望他们能发展我们国家民族的优秀文化,因此要着力培育学生的批判性的思考素质。(3)公民学习不同于其他学科,它不单是智性的学习,还包括情意和行动两方面。情意不能强迫,行动也不能勉强,而是需要学习者自动、自觉，才能有效。① 上述思想理念在香港公民教育的内容范畴的设置上、教材的编排上以及教学过程中都得到了较充分的体现。如在教材内容编排方面采取了"螺旋递进"式，即根据青少年知识经验的增长和心理的发展过程，按幼儿园、初小、高小、初中、高中几个阶段，螺旋式由浅入深地安排公民教育的内容，使公民教育的进行随着学生年龄的增长而逐渐深化。在教学过程中，把学生作为学习活动的中心，采取以问题形式呈现内容的方式，通过"问题—指导—思考—行动"的过程，使学生的主动性和积极性得到培养和发展。

2. 突出国家民族意识的教育内容

加强学生对国家民族认同感和归属感的培养，是回归后香港学校公民教育的重要内容和必然选择。长期以来，港英政府在香港推行的是"疏离教育"和"子民教育"，一方面淡化政治、淡化国家和民族观念，蓄意以社会代替国家，回避国家、民族观念教育；另一方面加强宗主国意识渗透和英国制度、文化优越性教育，试图从青年人的思想观念上把香港从祖国母体中分离出去。1985年香港进入过渡期后，教育政策的殖民色彩虽有所淡化，但疏离式的子民教育并没有根本改变。这一年颁发的《学校公民教育指引》，只谈政治参与，仍回避了"国家"、"民族"等观念。所以，特区行政长官董建华任职后明确指出：主权回归后"我们必须加紧公民教育，让青年人加深对中国、中国文化和历史、'一国两制'的概念和《基本法》的认识，培养青年人对国家的感情和关注，感到自己与祖国息息相关，以身为中国人而自豪，并随时愿意为中华民族的福祉做出贡献"。② 强化国家民族意识的教育，包括帮助学生确认香港的新的政治身份，积极建立新的国民身份；培养学生积极的态度和价值观，增强对香港及中国的归属感；加强对祖国文化的认同。现代意义上文化、民族与国家是不可分离的，在公民教育中加强文化认同，不仅能弥补港人在国家与民族认同上的不足，而且随着"港人治港"的落实，港人的政治责任感、民族自豪感和文化认同度都将得到提升。这一切有助于推动香港公民教育的进一步发展。

3. 注重公民素质的全面培养

香港的公民教育并不局限于理解和获得知识，而是侧重对人的价值、态度、

---

① 李荣安：《香港学校公民教育新指引中的国家民族教育》，载《比较教育研究》1997年第3期，第1~5页。

② 董建华：《公民教育将加紧推行培养青年对国家情感》，载《文汇报》1997年7月4日。

信念和能力的培养，公民的价值、态度、信念和能力被视为公民基本素质的四个方面，是学校公民教育的重要目标。目前在香港的大多数学校里，公民教育与德育实际上是相互交融，并行进行的，注重个人品行的培养，注重正面价值观和态度的培养，是现阶段香港公民教育的一个突出特点。为了能有效地帮助儿童与青少年建立积极和正面的价值观，新课程改革提出以"生活事件"作为公民教育主要的学习内容，即以学生熟悉的事情作为切入点，以互动和有趣味的学习模式，鼓励学生将课堂上学的道德价值观点和态度应用到日常生活中，或是让学生将自己日常生活中所遇到的事情带入课堂做反思和讨论，来不断改善和提升自己的价值观。[①] 香港公民教育把培养学生正确的价值观作为重点，主要有两个目的：一是希望学生具有抗拒社会各种诱惑的能力，在良莠杂陈的社会价值观中仍能坚持正确的原则和生活态度；二是希望能提升青少年学生作为中国人的自豪感，以充满自信、不卑不亢的态度与不同的国家的人进行交往，为国家和世界的福祉做出贡献。

4. 重视通过多种途径开展公民教育

为了取得公民教育的良好效果，香港采取多种途径实施公民教育。因为公民教育本质上不单涉及知识、技能和态度的学习，更重要的是通过反思和行动将公民价值观、信念和能力加以内化，从而在家庭、邻里社会、地区社会、国家民族社会以及在全球环境中实践出来。采取多途径推行公民教育的做法更为符合现代公民教育的特点。目前，香港学校普遍通过四种途径推行公民教育：（1）正规课程，即学校在时间表内安排特定的课时引入公民教育作为独立课程，进行公民知识的讲授，如《政府及公共事务科》、《经济与公共事务科》、《公民科》、《社会科》等；（2）渗入学科，即教师在不同的科目中，渗透一些相关的价值思考和活动。如在中国历史课中加入中国近年所取得巨大成就和在世界政治舞台上的重要角色的内容，培育学生对祖国的自豪感和对国民身份的认同。（3）主题周、学校集会及班主任课，通过举办一系列培育学生品德的活动，如"礼貌周"、"敬师周"、班际比赛和各种学习活动，改善学生的行为和态度。（4）实践活动，如让学生到医院、老人院等地进行探访和义务服务；参观戒毒中心和惩教署、旁听立法会议、出席金紫荆广场的升旗仪式等；举办一些训练学生独立能力和坚强

---

① 张永雄：《德育及公民教育在香港课程改革中的理念、策略和实践经验》，载《中国德育》2006年第3期，第36~43页。

意志的活动。可喜的是，自香港"回归"以后，许多学校为了让学生能加深对国家的认识和关心，纷纷举办不同类型的内地参观和交流活动，这对于提高学校公民教育的效果具有积极的意义。

三、香港公民教育快速发展的原因

香港学校公民教育在过去短短的十年间快速崛起并发展起来，这在香港历史上是空前的。回归后香港公民教育之所以获得快速发展，笔者认为主要有如下的原因：

特区政府对公民教育的高度重视。香港回归后，特区政府和高级官员在思想意识上非常重视在香港推行公民教育，并为之做了大量的工作。在1998～1999年度的财政预算中，有721万港元用于推广公民教育。在推进公民教育的细节方面，特区政府积极开展不同类型的资助计划，如"赤子情、中国心"资助计划；鼓励本地学校与大陆学校联姻，组织学生到内地进行学习交流；采取各种形式加强香港与大陆之间资源和信息的广泛共享；有计划地、有针对性地进行师资培训，提高教师对中国历史、文化、国情的认识；开发公民教育教学资源，协助教师在校内推广公民教育；举办不同类型的主题活动，推动公民教育的社会化进程。正是在特区政府的大力推动下，香港的公民教育得到了前所未有的重视。

积极推进学校公民教育的改革。虽然香港的公民教育强调"以校为本"的原则，学校可根据本校的情况、特质、学校文化资源以及学生的实际需要，选用不同的模式推行公民教育，但他们都很重视学校公民教育课程的目的、内容、形式、方法等方面的改革。如各级学校都非常强调学生的主体性，主张公民教育课程的目的不只是传授知识，而是帮助学生发展自我教育、独立思考、创造性思维和实践能力，养成正确的价值观和态度；在内容上，为了加强学生对国家民族的认同感和自豪感，不同版本的教材都适时地增加了对本国优秀文化、历史知识的学习比重；与此同时，也增加了世界公民教育的内容，以适应日益加快的全球化和国际竞争。在课程设置上，1998年以后大部分的中小学都开设了独立的公民教育科，并采取多样化和活泼的教学方法开展教学。现在，香港特区经过公民教育专门培训的教师越来越多，公民教育课程设计更加趋于合理，教材跟进和教育资源积累等方面都有了长足的进步。

将公民教育作为一种系统工程实施。美国比较政治学家阿尔蒙德指出，影响公民政治社会化的因素是多种多样的，即家庭、聚居区、教会、学校系统、正式组织、大众传媒、政党、立法机关、行政机构，以及社会政治、经济等运动和变革都会影响到公民的政治社会化。香港特区的公民教育充分考虑到了政治社会化的这一特点，在推行公民教育的过程中，一方面通过学校的正规课程、非正规课程、课外活动、校风建设等全校师生共同参与的模式，不断提升公民教育在学校中的地位；另一方面重视学校、家庭、社会三方面力量的配合，通过调动和发挥各种团体的力量的优势，特别是社会传媒的积极作用，以及挖掘公民教育的各种可利用资源，鼓励社会机构和团体广泛参与，共同营造公民教育的社会氛围。这实际上是现代整体思维方式在公民教育政策和推行模式上的表现，也是香港公民教育带给我们的一条十分有益的启示。

（刊于《新视野》2008年第5期）

第五篇

时代与青年

当代马克思主义在青年中传播的工作主体研究

——主体构成及其社会认知

石国亮

[摘 要] 从理论上说，当代马克思主义在青年中的传播主体包括实质主体和实践主体两个层面，前者包括党和政府，后者包括单位党组织和宣传部门、教育机构、群团组织、大众传媒、青年社团和青年自组织。其中，实质主体对马克思主义传播进行总体设计和控制，实践主体根据总体设计具体实施。对于实践主体，青年和党政领导对主体认知既有共性，又有相当多的差异。从最重要的工作主体看，青年认为是各级党委成员和思想政治理论课教师，党政领导则认为是各级党委成员、各级政府领导和宣传部门成员；从对工作主体的信仰程度评价看，青年和党政领导都认为信仰程度最高的是各级党委成员和各级政府领导；从工作主体的必备素质看，他们都认为一名优秀的马克思主义传播工作者必须具备的最重要的素质有两条，即政治立场坚定和道德品质好，但青年的判断遵从道德优先的标准，党政领导则把政治素质放在第一位。

[关键词] 当代马克思主义；青年；传播；工作主体；构成；社会认知

在完整的信息传播链条中，传播者处于第一个环节，是传播活动的发起人，也是传播内容的发出者。传播者依据某种目的，遵循信息传播的规律，从事信息的生产和流通，其基本的职能就是收集信息、处理信息和传播信息。传播者不仅决定着传播活动的存在与发展，决定着信息内容的质量与数量、流量与流向，而且决定着对人类社会的作用与影响。从这个意义上讲，传播者实际上就是传播的工作主体。当代马克思主义在青年中的传播，也有一个传播的工作主体的问题。从工作主体的内涵看，当代马克思主义在青年中传播的工作主体，涉及三个方面：一是传播工作主体的构成及其社会认知；二是工作主体的马克思主义素养；三是工作主体对当代马克思主义传播的态度。本文着重分析传播工作主体的构成及其社会认知,主要从理论层面和实践层面进行研究,其中,实证调研数据主要来源于 2009 年 3 月至 7 月进行的"当代马克思主义在青年中的传播现状"调查①。

一、理论上的工作主体

主体是一个哲学概念,主体与客体构成了一对哲学范畴。前苏联《大百科全书》认为:"主体(源出拉丁语 Subjectus——放在下面的,作为基础的,由 Sub——在下面和 jacio——投下,奠基构成)是指对象实践活动和认识的承担者(个人或社会集团),是以客体为目标的能动性的根源。"②《西方哲学词典》认为可从两个方面去界定主体:"(1)与对象相对而言,指认识和实践活动的实行者,可以是个人或社会集团。(2)与属性相对而言,指属性、状态和作用的基体。"③而我们一般所探讨之哲学主体,更多的是指向于人类的认识与实践活动,即探讨的是作为人类认识与实践活动的主体,而不是作为属性的主体。就马克思主义传播而言,主体的涵义,主要不是讲数量,而是指在马克思主义传播中的地位作用。按此理解,马克思主义传播主体应是马克思主义传播的承担者、发动者和实施者。它与马克思主义传播客体相对应,是对一定的客体实施马克思主义传播活动的主体。马克思主义传播主体的最根本的特点是具有主体性。马克思主义传播主体的主体性,表现为马克思主义传播主体的主动性、主导性、创造性、前瞻性等属性,即主体能动性。主动性,是指能积极、主动地进行马克思主义传播;主导性,是指在马克思主义传播过程中始终起主导和支配作用;创造性,是指在马克思主义传播中勇于探索、开拓创新,具有创新精神和创新能力。前瞻性,是指马克思主义传播既要立足现实,从受教育者的现实状况出发,又要放眼未来,引导受教育者养成与社会未来发展需要相适应的思想政治素质。

---

① 2009 年 3 月至 7 月,笔者在上海、河南和贵州等 3 个省(直辖市)14~35 周岁的青年及其所属单位和社区的党政领导中进行了"当代马克思主义在青年中的传播现状"的问卷调查。共发放青年问卷 696 份,回收问卷 609 份,回收率为 87.5%;其中有效问卷 584 份,有效回收率为 83.9%。共发放党政领导问卷 156 份,回收问卷 147 份,回收率为 94.2%;其中有效问卷 136 份,有效回收率为 87.2%。所有数据录入和统计通过 spss15.0 进行。

② 田祚雄:《世纪之交思想政治教育主体素质的反思与前瞻》,载《湖北师范学院学报(哲学社会科学版)》2000 年第 2 期,第 50 页。

③ 谭鑫田:《西方哲学词典》,山东人民出版社,1992 年,第 612 页。

从传播学角度来讲，信息的传播一般包括两个部分，即传播主体和受众主体。在某种程度上，我们可以将马克思主义的传播主体，理解为马克思主义传播的工作主体，也就是信息的传播者和释放者，他们的主要工作就是将马克思主义通过各种途径或媒介传播出去，与之相对应的即马克思主义的受众群体或接受群体。

从所处的地位和所起的作用来看，当代马克思主义在青年中传播的工作主体包括两个层次：一是实质主体，二是实践主体。其中，实质主体对马克思主义传播进行总体设计和控制，实践主体则根据实质主体的总体设计进行具体实施。

马克思主义传播具有很强的政治性，这里的"政治"主要是指阶级或国家的政治。马克思主义传播的发动者、组织者首先应该是统治阶级，它最初是直接面向本阶级成员，间接面向全体社会成员。当一个阶级掌握了政权之后，就一个国家这一大的区域来讲，掌握马克思主义传播主动权的不是别人，就是统治阶级。马克思主义传播由统治阶级所发动，传输的也是统治阶级的主导观念，目的也在于培养统治阶级所需要的人。在阶级社会中，国家的政治利益与统治阶级的政治利益基本上是一致的。虽然国家表面上宣称代表的是全体人民的利益，事实上"它照例是最强大的、在经济上占统治地位的阶级的国家，这个阶级借助于国家而在政治上也成为占统治地位的阶级，因而获得了镇压和剥削被压迫阶级的新手段"。① 国家的政治统治主要展现的是统治阶级的统治，国家的政治思想主要是统治阶级政治思想的体现。"思想的历史除了证明精神生产随着物质生产的改造而改造，还证明了什么呢？任何一个时代的统治思想始终都不过是统治阶级的思想。"② 这样，统治阶级利益与国家利益达到了高度的一致，成为一体，马克思主义传播的主体由统治阶级转化为国家。马克思主义传播的主体是统治阶级、是国家，我们可将它命名为"实质主体"，意为这一主体是马克思主义传播最原始的发动者，是马克思主义传播的深层设计者与控制者，也是马克思主义传播最终成果的享有者。国家作为马克思主义传播的实质主体，不仅仅是指国家是某项马克思主义传播活动的设定者，而更多的是指国家具有设定、控制马克思主义传播体制的权力，可以将相关教育内容以法律法规的形式固化下来。具体到我国，中国共产党作为执政党，自然是马克思主义传播的实质主体，那国家是不是

---

① 《马克思恩格斯选集》第 4 卷，人民出版社，1995 年，第 172 页。
② 《马克思恩格斯选集》第 1 卷，人民出版社，1995 年，第 292 页。

呢？长期以来，在中国马克思主义传播的理论研究与实践中，人们往往将马克思主义传播看作是党的事情，与国家特别是与行政系统无涉，这实际上是一种片面的认识。一般而言，一个政党要发挥领导核心作用就需要把党的主张变为国家意志，即经过立法转换，使党的理论、纲领、路线、方针以法律条款的形式变成国家政权、社会组织和公众行为必须遵循的普遍准则。这是因为"执政党的执政活动不能简单地等同于在一个政党内部贯彻自身的决定、指示的活动。在政党内部，其决定、指示只要通过党内章程所规定的程序表现为政党内部的文件就可以。这种文件对政党内部成员有纪律约束力。但一个政党内部的决定、指示对党外成员并不自然地产生约束力。面对全体公民，执政党必须将本党的理论、纲领、路线、方针提交出来，由国家立法机关代表人民决定是否上升为法律。这种由执政党提交主张、由人民做出决定的过程，在实践上就是立法的过程"[①]。中国共产党取得执政地位以来，不断适应形势的发展和情况的变化，完善领导体制，改进领导方式，不断将党的意志变为国家意志，以增强执政能力。党的领导主要是政治、思想和组织的领导，党必须"支持人民代表大会依法履行职能，善于使党的主张通过法定程序成为国家意志"[②]。与此同时，中国共产党是中国工人阶级的先锋队，同时是中国人民和中华民族的先锋队，代表中国最广大人民的根本利益。党的利益与人民利益、党的意志与人民意志相一致。这样，党的意志和人民的意志统一于国家意志。反过来讲，国家意志是党的意志和人民的意志相一致的产物，国家意志也必须体现党的意志和人民的意志。由此，国家自然应该担负起马克思主义传播的任务，马克思主义教育不仅仅是党内的教育，更是面向全体国民的教育。

党和政府发挥马克思主义传播主体的职能，是通过一定的实体来完成的，一定的实体就是组成国家的各种机构、组织等。但是，这些实体的主体地位与党和政府的主体地位是不同的。他们的主体地位是党和政府所赋予的，是党和政府的依托者和代言人，是马克思主义传播的实际组织者、发动者和实施者，可以称之为"实践主体"。表面上看，实践主体可以自由阐释自己的思想，但这一切都以不违背个人所在群体的意志以及国家意志为根本原则，绝对不能超越主导价值体

---

① 桑学成：《依法把党的主张变成国家意志》，载《唯实》2006 年第 5 期，第 12～13 页。
② 胡锦涛：《高举中国特色社会主义伟大旗帜为夺取全面建设小康社会新胜利而奋斗——在中国共产党第十七次全国代表大会上的报告》，载《人民日报》2007 年 10 月 25 日。

系的规范,必须与执政党意志和国家意志相一致。比如,2004年8月26日中共中央、国务院下发的《关于进一步加强和改进大学生思想政治教育的意见》中就强调:"所有从事大学生思想政治教育的人员,都要坚持正确的政治方向,加强思想道德修养,增强社会责任感,成为大学生健康成长的指导者和引路人。在事关政治原则、政治立场和政治方向问题上不能与党中央保持一致的,不得从事大学生思想政治教育工作。"①

马克思主义传播的工作主体,在不同时期不完全相同。过去,由于强调政治挂帅,从事马克思主义传播的工作主体都是国家和党政机构。换句话就是,国家和党政机构既充当了实质主体,又担当了实践主体。改革开放以来,随着马克思主义传播的大众化,马克思主义传播的主体也开始趋向多元化。尽管实质主体仍然是国家、执政党和政府没有变,但是实践主体中除了单位党组织和宣传部门、教育机构、群团组织(包括工会、共青团和妇联)外,大众传媒、青年社团和青年自组织成为当代马克思主义传播中重要的实践主体。

二、青年眼中和党政领导眼中最重要的工作主体

根据分工的不同,工作主体在当代马克思主义的传播中发挥着不同的作用。若用广大青年的眼光和领导者的眼光来看,这些工作主体在当代马克思主义传播中的作用,也有直接或间接、重要和次要之分。

从被调查的青年的回答情况看(见表1),青年对当代马克思主义传播者重要性的评价大体可以分成三个层次。其中,青年认为最重要的或者说得票数最高的传播者有两个,分别是各级党委成员和思想政治理论课教师。从被调查的领导的回答情况看,虽然他们对当代马克思主义在青年中传播的工作主体的重要性评价也大体上可以划分为三个层次,但是领导的选择和青年的选择却出现了差异。在领导者看来,第一个层次(得票50%以上)分别是各级党委成员、各级政府领导、宣传部门成员。同时,党政领导对这三种传播主体的选择率比青年的选择率要高出许多,意味着党政领导对这三种传播主体的重要性认知远比青年群体的认知更为深刻。

---

① 中共中央文献研究室:《十六大以来重要文献选编》(中),中央文献出版社,2006年,第187页。

表1　　　　　　　　　青年和党政领导眼中的重要传播主体

	青年眼中的重要传播主体	党政领导眼中的重要传播主体
第一层次 （选择率≥50%）	各级党委成员（51.6%） 政治理论课教师（50.4%）	各级党委成员（70.5%） 各级政府领导（59.7%） 宣传部门成员（58.9%）
第二层次 （50%＞选择率＞30%）	宣传部门成员（48.6%） 各级政府领导（44.3%） 教育部门领导（40.9%） 组织部门成员（34.2%） 党报党刊编辑（34.1%） 专业课教师（33.5%）	政治理论课教师（42.6%） 团干部（39.5%） 教育部门领导（38.0%） 党报党刊编辑（31.8%） 组织部门成员（31.0%） 学校领导（30.2%）
第三层次 （选择率≤30%）	学校领导（29.2%） 电视广播理论栏目编辑（26.7%） 团干部（26.2%） 家长（19.7%） 网站理论栏目编辑（15.1%） 其他报刊编辑（8.8%）	专业课教师（28.7%） 电视广播理论栏目编辑（17.1%） 家长（13.2%） 网站理论栏目编辑（12.4%） 其他报刊编辑（5.4%）

从两类群体对最重要的马克思主义传播工作主体的评价差异来看，我们可以推论出马克思主义传播者与被调查群体的关系呈正相关。如前所述，党政机关是马克思主义传播中最主要的主体，干部特别是领导干部是党的路线方针、政策的制定者和执行者，也是党和国家机关、企事业单位的掌权者。它的传播主体的地位无人能够企及。无论是青年群体还是领导群体，都认为在马克思主义传播过程中，各级党委成员的重要性最高，他们把握着整个社会的理论走向，是国家意志和党的意志的代表。此外，青年群体和领导群体对最重要的传播者的评价及划分就完全不同了，青年的选择是思想政治理论课教师，而领导的选择是各级政府领导和宣传部门成员。对青年来讲，他们获得马克思主义理论的主要场所是学校，而学校中马克思主义理论的传授者或讲授者则是思想政治理论课教师，他们是在当代马克思主义传播中直接面对青年的工作主体。对于领导来讲，他们则更偏重于政府部门及宣传部门在当代马克思主义传播中的作用。

三、青年和党政领导对工作主体的评价

开展当代马克思主义在青年中传播的目的，就是用马克思主义理论教育和启发青年的觉悟，帮助他们确立正确的立场、观点和方法，提高他们认识世界和改造世界的能力。青年对当代马克思主义传播，一是看讲得是否有道理，是否切合实际，二是看传播者自己是否照着去做，有时后一条更为重要，言传身教，以身作则是当代马克思主义传播者必须要具有的品质。如果当代马克思主义传播者言行不一，青年就不会相信所讲的道理。传播者做不到的事情，是不可能要求接受者做到的。因此，作为当代马克思主义的传播者，首先自身的马克思主义信仰程度要高。在调查中，青年和领导分别对各类马克思主义传播者的信仰水平进行了评价。在本项目中，调查者采取打分制，满分为5分（见表2）。

表2　青年和党政领导眼中传播主体对马克思主义的信仰程度　　单位：分

	青年对工作主体信仰程度的评价		党政领导对工作主体信仰程度的评价	
	平均值	众数	平均值	众数
各级党委成员	4.19	5.00	4.14	5.00
各级政府领导	4.02	4.00	4.04	5.00
政治理论课教师	3.92	4.00	4.02	4.00
组织部门成员	3.91	4.00	4.01	4.00
团干部	3.89	4.00	3.98	4.00
教育部门领导	3.86	4.00	3.88	4.00
宣传部门成员	3.83	4.00	4.04	4.00
专业课教师	3.77	4.00	3.82	4.00
党报党刊编辑	3.77	4.00	3.76	4.00
学校领导	3.76	4.00	3.83	4.00
电视广播理论栏目编辑	3.47	3.00	3.19	3.00
网站理论栏目编辑	3.21	3.00	3.22	3.00
家长	3.20	3.00	2.65	3.00
其他报刊编辑	3.15	3.00	3.08	3.00
青年	2.92	3.00	2.80	3.00

青年认为，传播者中对马克思主义的信仰程度最高的是各级党委成员和各级政府领导，其次是思想政治理论课教师、组织部门成员、团干部、教育领导部门和宣传部门成员，再次是专业课教师和党报党刊编辑和学校领导，青年对青年群体的打分是最低的，只有2.92分，也是唯一的一个平均分在3分以下的群体，即信仰程度未达到及格线的群体。

在党政领导看来，传播者中对马克思主义的信仰程度最高的也是各级党委成员，各级政府领导和宣传部门成员并列次位，第三梯队的是思想政治理论课教师和组织部门成员；团干部、教育部门领导、学校领导、专业课教师和党报党刊编辑得分也较高。党政领导对青年和家长的马克思主义信仰程度打分均低，对青年评价还低于青年群体自身的评价，平均分只有 2.80 分，低于青年群体自身评价 0.12 分。更值得注意的是，党政领导给家长的马克思主义信仰程度的平均分仅为 2.65 分。这就意味着党政领导对家长的马克思主义信仰程度的评价非常低。家长的马克思主义信仰程度低，必然会影响青年的马克思主义信仰，制约着马克思主义传播的有效性。

从两类群体对工作主体的评价来看，信仰程度最高的都是各级党委成员和各级政府领导。这表明，领导干部的马克思主义理论素质、理论水平如何，关系到当代马克思主义在青年中传播的成败。这是因为，党的正确路线确定之后，干部就是决定性的因素。如果我们的政权掌握在马克思主义者手中，他们有很高的政治觉悟和道德素质，那么，他们就是人民利益的根本代表。这样的政权就是无产阶级的人民大众的政权。如果我们的干部牟取私利，受贿索贿，贪污盗窃，那么这样的政权就会蜕化变质成官僚资产阶级统治的政权。干部的马克思主义思想政治素质如何，还直接关系到能否彻底粉碎"和平演变"的阴谋。

四、青年和党政领导对工作主体的素质期望

2009 年 12 月 15 日，李长春在中国思想政治工作研究会第九次会员代表大会上的讲话中强调："做好思想政治工作，归根到底靠队伍、靠人才。"要"按照政治强、业务精、纪律严、作风正的要求，努力打造一支数量相对稳定、学历水平逐步提高、年龄构成日趋合理、知识结构和专业特长互促互补，思想理论好、综合素质高、具有丰富党务工作和群众工作经验的复合型政工干部队伍"。① 马克思主义传播工作主体是思想政治工作队伍的重要组成部分，是深入开展中国特色社会主义理论体系宣传普及活动、大力推动当代中国马克思主义大众化的主要力量，是巩固社会主义意识形态主导地位的意识形态工作者。他们的一些关键素质，在很大程度上影响和决定了青年受众对当代马克思主义的接受程度、喜爱程

---

① 李长春：《以改革创新精神加强改进思想政治工作 为推动党和国家事业发展提供有力的思想保证和精神力量》，载《人民日报》2009 年 12 月 17 日。

度和认可程度。但是，作为当代马克思主义传播的工作主体，他们身上到底是哪些方面的素质更受青年受众的重视，党政领导又是以什么标准来选择和配备当代马克思主义传播者？也就是说，具备哪些素质的当代马克思主义传播者更能有效地向青年传播当代马克思主义，哪些人更容易纳入当代马克思主义传播者的队伍之中？

表3　青年和党政领导对工作主体素质的期望

	青年对工作主体素质的期望	党政领导对工作主体素质的期望
第一层次 （选择率≥60%）	道德品质好（71.6%） 政治立场坚定（64.7%）	政治立场坚定（85.7%） 道德品质好（72.9%）
第二层次 （60%＞选择率＞30%）	善于沟通（42.1%） 良好的语言表达能力（37.7%） 理论水平高（35.7%） 渊博的知识（33.0%） 学习能力强（32.5%） 乐于接受新事物（30.7%）	乐于接受新事物（35.3%） 平等的意识（33.1%） 言行一致（33.1%） 善于沟通（32.3%） 扎实的专业功底（30.1%）
第三层次 （选择率≤30%）	言行一致（28.8%） 扎实的专业功底（27.7%） 平等的意识（26.6%） 人格魅力（26.6%） 熟练运用网络（12.8%）	渊博的知识（28.6%） 学习能力强（27.8%） 良好的语言表达能力（27.1%） 人格魅力（24.8%） 理论水平高（24.1%） 熟练运用网络（15.0%）

表3的调查结果显示，无论是青年，还是党政领导，他们都认为一名优秀的马克思主义传播工作者必须具备的最重要的素质有两条，就是政治立场坚定和道德品质好，这两项素质被选中的比例远远高于其他选项。但是，青年和党政领导对这两项的排序有差异，反映出两个群体之间对马克思主义传播者的认知差异。对于青年来说，他们判断当代马克思主义传播工作主体，遵从道德优先的标准；作为党政领导选人用人来说，政治素质是第一位的。这种差异也就要求在培养和配备当代马克思主义传播工作主体时，要遵从青年受众的视角，首先强调工作主体的道德品质，再强调政治素质，这样才能更好地保证传播效果，也才能更好地培养和造就一支高素质当代马克思主义传播者队伍。

从第二层次的素质来看，青年受众视角与党政领导视角差异明显。在青年看来，他们更加强调工作主体的传播能力和专业能力；党政领导更加重视工作主体的自身素质和平等意识。或许正是这种差异性，使当前在选择和培养当代马克思主义传播者的工作中存在一些误区，并没有真正找准青年受众对当代马克思主义的传播需求，过多地从当代青年的特点出发推而广之地求证具体工作的要求。其实，对于当代马克思主义传播这项具体工作来说，首先应该遵循传播学的基本原理，即工作主体善于传播更能达到传播的目标。因此，当代马克思主义传播工作主体，尤其是与青年受众直接接触的传播者，提升包括与青年的交往能力、沟通能力、语言魅力以及表达能力等方面的传播能力已成当务之急。值得注意的是，工作主体网络使用能力的高低，青年和党政领导认为都不是紧要的事情。这也就反映出一个基本事实，最本质、最核心和最基础的素质是决定当代马克思主义传播工作效果的关键要素。为此，培养和造就一支高素质当代马克思主义者，首要的核心的任务是培养和提升核心能力，其次再强调锦上添花的素质，绝不能反其道而行之。

（刊于《中国青年研究》2011 年第 3 期）

当代马克思主义在体制外青年中的传播模式研究

石国亮

[摘　要] 体制外青年占据职业青年的大多数，当代马克思主义在体制外青年中的传播处于重要地位。针对体制外单位当代马克思主义传播机制的主要特征，形成了多环节日常化的综合传播模式。这种模式主要通过学习、濡化、体验和日常化等环节，通过传统媒介以及以手机和互联网为代表的新媒体作为贯穿始终的传播载体，形成双向反馈互动的传播模式。其最大特征在于显隐结合、渗透濡化。其运行机理在于保持日常化领域与非日常化领域的独特性与区别性的基础上，将非日常化领域的政治传播日常化为生活内容，并且通过制度设计、基层组织的服务、人际关系的辐射、生活质量的提升和闲暇文化的潜移默化等形式予以充分展现。

[关键词] 当代马克思主义；体制外青年；传播模式

模式建构是一种重要的科学研究方法。模式是指"某些事物的标准形式或使人可以照着做的样式"[①]，可分为物质模式和思想模式两类。"所谓物质模式是通过图形和程式对某一事项或某一实体进行直观简洁的描述"；思想模式是"指客体在人们思想中理想化的纯化的映像或摹写，它使人们根据客观规律进行信息处理的结果"[②]。当代马克思主义在青年中传播模式，属于思想模式，是对当代马克思主义传播要素、传播环节、传播过程和传播效果在青年群体中的描述与概括。随着我国青年群体的急剧分化，当代马克思主义在青年群体中加强了分层分类引导，逐步形成了当代马克思主义在青年中传播的三类模式，分别是当代马克

[①] 中国社会科学院语言研究所：《现代汉语词典》，商务印书馆，1981年，第791页。
[②] 高蕴奇、林克诚等：《教育传播学》，上海教育出版社，1992年，第226页。

思主义的全体青年传播模式、体制内青年传播模式和体制外青年传播模式。在相当大的程度上来说，体制外青年是职业青年和社会青年的主要群体，也是当代马克思主义在青年中传播的难点。因此，加强当代马克思主义在体制外青年中的传播，有必要总结并完善当代马克思主义在体制外青年中的传播模式。

一、体制外单位马克思主义传播机构设置的特征

1993 年，时宪民在《体制的突破——北京西城区个体户研究》（中国社会科学出版社，1993 年）一书中，率先提出了社会体制转型带来"体制内"和"体制外"并存的体制二元结构的理论观点。此后，体制内和体制外作为一种重要的社会结构属性纳入研究视野。

1. 体制外单位内涵与体制外青年的特征

新中国成立以后，单位组织在我国社会结构中逐渐成为基本社会单元，其基本特征是具有国有或集体所有的本质属性。改革开放以后，出现了在国有或集体所有之外的各类经济组织和社会组织。作为两类不同属性的单位组织，在资源分配、就业保障、机构设置和功能实现等方面的差异日益凸显，这种社会结构中的分化日益呈现为体制内单位与体制外单位的明显区别。体制外单位代表新形势下的一种特别有活力的组织形式，主要是指新经济组织和新社会组织。从 20 世纪 90 年代中期以来，城镇新增就业岗位的 70% 以上是由体制外单位提供的，从农村转移出的劳动力 70% 以上也在体制外单位就业。

所谓的体制外青年，就是指在体制外单位就业创业、学习或无业的青年，主要包括农村留守青年、进城务工青年、海归青年、非公有制经济组织青年以及社会闲散青年。相对于党政机关、国有企业和事业单位的就业青年而言，体制外青年的收入由市场调节和供给，他们的升迁主要由业务能力决定。从当代马克思主义传播对青年素质的要求来分析，体制外青年具有以下三个方面的明显特征。第一，体制外青年的世界观、人生观和价值观已经基本定型，已经形成了对马克思主义较稳定的认知水平和认同态度。因此，当代马克思主义在青年中的传播，其实质就是在体制外青年既定思想价值观念基础上的继续政治社会化过程。第二，体制外青年是以职业青年为主，他们的主要任务是职业适应和职业发展。因此，当代马克思主义的学习和传播，在体制外青年面临的社会任务中是处于其次的地位，其重要性次于职业发展。在这个意义上看，当代马克思主义的学习和传播对

体制外青年是一定选择空间的社会行为。第三，体制外青年能否成功的决定因素中，职业素质和能力是首要的，政治素质的重要性并不凸显。相比于体制内青年能否成功的职业评价标准，由业务能力的单一性标准代替了政治素质与业务能力的综合评价标准。

2. 体制外单位马克思主义传播机构设置的特征及其功能

体制外单位区别于体制内单位的特征主要有三个方面：一是很难直接获得国家财政资源的支持；二是其单位的经营和管理不直接受到国家政府各部门的计划调配；三是体制外单位以经济效益或社会效益为主要目标、甚至是唯一目标，机构设置围绕精简、效益原则进行设置。结合当代马克思主义传播对一个组织的要求，体制外单位具有三个方面的明显特征：第一，在传播机构的设置上看，体制外单位缺乏专门的马克思主义传播机构和传播主体。第二，从传播载体的丰富上看，课堂、政治学习等直接传播当代马克思主义的载体基本没有，传统媒体、互联网以及人际关系互动传播承担着马克思主义传播的主要责任。当代马克思主义在体制外青年中的传播，不属于主渠道传播系统之中，而是属于社会文化传播系统下的青年。第三，从传播时空的有效上看，当代马克思主义在体制外青年中的传播，在时间上缺乏保障、在空间上缺乏场地、在时空结合上缺乏有效的社会支持和组织支持。

体制外单位中当代马克思主义传播机制的现实情况，决定了体制外青年中进行马克思主义传播的困难。党和政府面对这些困难和困境，并不是畏缩不前，而是积极采取措施，加强当代马克思主义在体制外青年中的传播，强化体制外单位中当代马克思主义传播机制的建立和完善。近年来，党中央坚持把法律确定和保护的非公有制经济组织的各项权益结合起来，既继承发扬党组织建设的具有普遍意义的基本原则与经验，又根据体制外单位的性质和特点进行新的创造，实事求是地确定其党组织的地位和作用，明确党建工作指导思想，建立和完善党的工作机制，逐渐形成了马克思主义在这些体制外单位中进行传播的创新机制与组织形式。体制外单位中党组织或者有党组织生活存在日益普遍，党的组织建设工作积极采取灵活、小型、业余、务实、有效的工作方式，越来越为体制外青年正常的组织生活提供保障。

二、当代马克思主义在体制外青年中的传播模式及其运行

针对体制外单位马克思主义传播机构设置与广大体制外青年的特征，各级党

组织通力合作，积极探求和创新工作路径，基本形成并在实践中不断发展完善了多环节日常化的综合传播模式。当代马克思主义在体制外青年中的多环节日常化的综合传播模式，是指体制外青年对当代马克思主义，通过学习、濡化、体验和日常化等环节，通过传统媒介以及以手机和互联网为代表的新媒体作为贯穿始终的传播载体，形成双向反馈互动的传播模式。在这个传播模式中，体制外青年可以从当代马克思主义传播的多个环节进行参与，在接受信息的同时发表自己的见解并进行信息反馈，根据自身实际和现实需求体验当代马克思主义的相关内容与批判武器的力量，可以从生活与工作中的各个方面得到当代马克思主义的濡化和熏陶，从而达到当代马克思主义在体制外青年中进行传播、获得认同并积极践行的传播效果。

1. 学习

理论传播作为形成社会广泛认同的共同价值标准的根基，历来是党推进马克思主义传播的基础。改革开放以来，在总结历史经验教训的基础上，党充分认识到理论传播要以说服传播为主，要以理服人，要让体制外青年理解党的理论，并争取体制外青年的理解和支持。从经典马克思主义理论的宣讲开始，到邓小平理论的深入学习，到"讲学习、讲政治、讲正气"的开展，保持共产党员先进性教育活动，到"三个代表"重要思想的学习贯彻活动，到以"八荣八耻"为主要内容的社会主义荣辱观宣传教育活动，再到深入学习实践科学发展观活动，"学习传播"始终是进行当代马克思主义理论传播的重要渠道。

在重视以学习为主渠道的理论传播实践中，党始终根据形势的发展和需求加强马克思主义传播的实践建设，把理论传播落实到生产和生活的各个领域，避免了马克思主义传播和其他工作脱节的"两层皮"和"一手硬、一手软"的现象。特别是近年来，通过各种"公益活动"、创建精神文明单位活动的开展，引导体制外青年树立正确的世界观、人生观和价值观，使理论传播与实践活动实现了有效结合，并逐渐实现细化、层次化和基层化。同时，对于体制外青年来说，课堂学习、组织化学习、开会学习、文件学习等学习途径基本没有了，取而代之的主要是通过传统媒介、手机和互联网进行马克思主义理论的传播，是由体制外青年可以主动选择的信息接受方式。因此，体制外青年对当代马克思主义的学习，表现了一种自觉的、分散的、在引导下的个体学习为主的特征，而非强制下的单向要求的集中式的学习。

2. 濡化

1948年9月，美国文化人类学家赫斯科维茨出版了《人和他的工作》（Man and His Works）一书，"濡化"一词就是在这一本书里最早使用的，"原指年长一代向年轻一代通过部分有意识、部分无意识指示、引导并强迫年轻一代接受传统的思想观念和行为方式的文化传承机制"①。他把"濡化"定义为："人区别于其他动物的学习经历，人在生命开始和延续中借此获得适应自己文化的能力。"濡化常常作为"社会化"的同义语使用，在社会学、社会心理学、发展心理学中用的很多。濡化和社会化两词有稍微不同的地方，即前者更郑重于文化，人在社会中的相处，更重要的是在社会的文化环境中的相处。社会包括许多广泛的组织，不同种类的组织，但培养"有文化的人"的组织，例如学校和各种文化团体，及其他文化环境，对人们的精神上的感染，是潜移默化的，其力量是巨大的。② 首先，濡化是一种文化传承的社会机制，是通过将社会结构中比较稳定的社会文化通过制度安排传递给新进入社会结构的社会成员，通过社会化进程来实现主流文化的传承。其次，濡化是一种社会的精神维系机制。文化濡化就是一种在文化稳定的发展中实现创新，在保持核心文化稳定基础上的持续创新，由此确保社会稳定的持续发展。第三，濡化是一种主流的意识形态。文化濡化是对主流意识形态的外化，是主流意识形态的载体。

我国的文化建设，是在当代马克思主义理论指导下的文化建设，文化建设的成果也在相当大程度上直接或间接地体现、反映着当代马克思主义的最新成果。文化濡化在一定程度上也就是当代马克思主义的濡化。因此，濡化也是当代马克思主义在全社会传播的一种社会机制过程。濡化在相当大程度上，也正是当代马克思主义适应从事职业的社会群体而形成的新的传播方式，在体制外青年中体现更加明显。对他们来说，濡化是一种覆盖面广、以隐性传播方式为主的传播方式，也是适应他们对马克思主义学习时间零散化、无规律化的特征。

3. 体验

体验是主体和对象的融合，是指建立在个体的内部知觉基础上的一种特殊的活动，是以主体在认识过程中和心理过程中所积累的经验内容为对象的，是对经

---

① 孙芳：《文化濡化与场域视阈下的大学生社会主义核心价值体系教育探析》，载《道德与文明》2009年第4期，第83页。

② 王炳照主编：《陈元晖教育文集》，江苏教育出版社，2011年，第34页。

验带有感情色彩的回味和体味,是个体生命成长中不可或缺的独特感受。人的知识结构的构成源于直接经验与间接经验两个渠道,传播类课程就是一类需要在实践中领悟的课程。因此,在马克思主义传播中,体验可以有效地帮助被传播者接纳所传达的理论知识,并内化为自己的情感或意志。所以,具有强制性、封闭性、单向度性和简单化的灌输只能对受众形成马克思主义意识发挥外部作用,受众的自身品质需要其自身的体验来完成意识和行为建构。

拥有一定的知识背景和社会实践是体制外青年的一个现实背景。他们面临的社会问题越来越多,需要深入思考和解决的人生问题也越来越多。对这些问题的思考和解决,需要一种思想理论的武器,需要从精神层面获取有效的批判的武器,需要当代马克思主义为其提供理论指导和现实批判能力。因此,对于体制外青年来说,当代马克思主义只有为青年构建起认识社会解决问题的人生体验,以及一定的信仰和精神家园,才能真正实现在体验中认同,在认同中信仰。当代马克思主义在体制外青年传播方法已经逐渐从硬性灌输的方式走向体验。通过认识—体验的方式,把马克思主义传播内容带进体制外青年的生活情境,与个体的生活经验及其感受联系起来,从而促进他们进一步理解价值、体验价值、力行价值。

4. 以手机和互联网为代表的新媒体

当代马克思主义传播的载体是丰富多样的。但对体制外青年来说,相当多的途径和载体付之阙如,也难以在体制外青年中产生重要影响。当前,手机和互联网在相当多的体制外青年中普及,手机和互联网成为了体制外青年的生活方式和闲暇的主要载体。因此,传播媒介是当代马克思主义在体制外青年中传播的主要载体和途径,尤其是以手机和互联网为代表的新媒体在其中扮演着越来越重要的角色。手机和互联网为代表的新媒体,是计算机、通信及网络技术发展的产物,是信息时代的重要标志。随着计算机、互联网以及手机日益网络化的发展,网络传播信息越来越具有明显的优势,传播速度快,传播具有交互性和自由性,传播范围广,传播效果立体化,从而给当代马克思主义的传播带来了新的机遇。

三、当代马克思主义在体制外青年中传播模式的主要特征及其内在机理

当代马克思主义在青年中传播的全社会模式、体制内青年传播模式和体制外

青年传播模式，由于对象的差异性比较明显，其主要特征及其内在机理也有较大差异。

1. 体制外青年中的当代马克思主义传播模式呈现为显隐结合、渗透濡化的特征

显性传播是当代马克思主义传播的主体方式，是当代马克思主义在青年中传播的全社会模式和体制内青年传播模式的主要特征和基本特征。它是通过有意识的、直接的、外显的传播活动使受众自觉受到影响的有形的马克思主义传播形式，具有目标明确、条件可靠、效率显著等特点和优势。隐性传播是通过无意识的、间接的、内隐的传播活动使受众不知不觉地受到影响的马克思主义传播，具有目标上的有意识性、传播影响的间接性、传播方式的内隐性、传播范围和内容上的广泛性等特点。对于体制外青年来说，已经不具有显性传播的传播基础，必须配备更为适合体制外青年特征的隐性传播方式，通过日常渗透和文化濡化的途径进行当代马克思主义的传播。目前，体制外青年中当代马克思主义传播模式正逐渐从显性传播转向显隐结合、以隐为主、渗透濡化的方法，如建设文化环境，开展文化活动，使体制外青年在耳濡目染、潜移默化中受到马克思主义文化的熏陶和渗透，既注重了知识传授的一般特征，又强调了体制外青年的主体性特征。

2. 当代马克思主义在体制外青年中传播模式的日常化机理

人的生活根据活动场域和活动方式，可以区分为非日常生活和日常生活。日常生活的适度政治化是政治社会的本质需求，日常生活理论是探讨当代中国马克思主义传播的重要视阈，在日常生活中浸淫马克思主义和中国化的马克思主义是当代马克思主义在青年中进行传播的一个显著特征。改革开放以来，随着经济转轨、社会转型、体制转换，整体性社会中逐渐扩大了日常生活与非日常生活两个生活领域的差异，日常生活与非日常生活同一混合的局面不断发生改变，社会日益分化为日常生活与非日常生活两个领域。更重要的是，曾经主宰日常生活的非日常生活，慢慢地从社会成员的日常生活中退出，有效地恢复了日常生活的地位和纷繁复杂的本质特征。传统的以国代家、家国同构的社会结构，逐渐被政党与政府、政治与经济、国家与社会、单位与家庭、集体与个人等关系中两者关系相对独立所取代。这些基本关系中经过不断的博弈而更加趋于一种动态的平衡，在动态平衡过程中逐渐形成良性互动关系，从而为当代中国马克思主义适应社会结构转型而在不断分化的社会群体和社会生活形态中进行更有效的传播奠定了基础。

但是，日常生活并不必然地完全脱离非日常生活领域。20世纪80年代，邓小平曾经提出的一手硬一手软的现象，总结的关于对青年教育最大的失误是思想教育等论断，与日常生活与非日常生活截然割裂、忽视马克思主义在日常生活中的传播有着直接关系。就当前我国的体制外青年来说，最大的特点是马克思主义传播的工作主体力量以及工作制度难以与体制外青年的日常生活紧密结合，难以有效吸引体制外青年自觉地参与非日常生活并对其非日常生活领域发挥积极影响和作用。因此，本身属于非日常生活领域的当代中国马克思主义，只有通过有效地指导政治、经济等活动，坚持其在意识形态领域的领导地位，同时必须经过理论在日常生活领域的广泛传播才能达到在体制外青年中广泛传播的目的。

3. 当代马克思主义在日常生活领域对体制外青年传播的载体与形式

体制外青年日常生活领域的传播模式，隐含的前提条件是全社会模式是稳固的、可靠的、有效的，并能及时与体制外青年传播模式互动并不断修正。当代马克思主义在非日常生活领域和日常生活领域的传播，必然是相互协调和相互支持的。就当前情况而言，当代马克思主义在体制外青年日常生活领域中的传播，主要通过五种载体与形式来进行。

一是贯彻、体现和执行党的意志、党的理论和党的思想的政策制度对体制外青年的影响。当前，我国社会成员的利益和资源分配越来越为面向全社会的制度和法规所决定，体制外青年生活在法律法规、政策文件、制度措施等一整套社会制度编织的社会生活体系之中，体制外青年日常生活的边界为社会的基本制度和规范所决定。作为执政党的中国共产党，通过把当代中国马克思主义的精髓、党的思想和理论以及党的意志，通过合法合理的途径，科学地置入整个社会的制度体系之中。遵从和遵守全社会的基本规范和制度，也就接受了当代中国马克思主义的基本要义和主张。与此同时，在中国共产党领导下的政府职能不断完善、相关政策法规更能确保体制外青年的发展与各方面合理利益、更能提供体制外青年成才和获得向上流动机会的社会环境，也就更能吸引体制外青年学习和认同当代中国马克思主义。

二是基层党团组织面向体制外青年的全方位服务。中国共产党及其领导的中国共青团，在企业、农村、机关、学校、科研院所、街道社区、社会团体、社会中介组织、人民解放军连队和其他基层单位中，基本上都建立了党的组织和团的组织。据统计，到2010年底，农村、社区党组织基本实现全覆盖。全国建制村、社区党组织覆盖面达 99.9%，农民专业合作社共建立 1.23 万个党组织；非公有制经济组织、社会组织中党组织和党的工作覆盖面不断扩大。具备建立党组织条件的非公有制经济组织党组织覆盖率比上年增长 0.2%；社会团体和民办非企业单位党组织覆盖率分别比上年增长 5.7%、1%。律师和注册会计师行业实现党的组织和工作全覆盖。正是这些在体制外青年身边建立起的党团组织，在积极为党员和团员服务的同时，积极履行了组织青年、引导青年、服务青年与维护青年合法权益等工作，直接影响和服务于体制外青年。

三是个体党员以人际关系辐射体制外青年群体。体制外青年生活在党员组织的社会网络之中。党员干部是当代马克思主义武装起来的优秀社会群体，是当代马克思主义传播效果的最真实的实践者和传播效果的现实见证者。2010 年中国共产党党内统计数据显示，全国发展党员 307.5 万名，中国共产党党员总数为 8026.9 万名。青年党员数量稳步增长，全年发展 35 岁以下党员 251.6 万名，占发展党员总数的 81.8%。同时，非公有制经济组织、社会组织中党员数量持续增长。2010 年，在非公有制经济组织中发展党员 13.1 万名，在社会组织中发展党员 8.3 万名，在新的社会阶层中发展党员 1.6 万名。当然，只有党员干部真正体现出当代马克思主义的思想水平、理论水平和工作水平，真正体现并践行当代马克思主义的思想精髓，才能为广大体制外青年树立起全方位的无处不在的传播主体。

四是以生活质量提升为核心的物化载体。日常生活领域的核心是生活质量，生活质量的提升是当代中国马克思主义科学性、合理性、适当性的确证。体制外青年日常生活亲身体验到"政策好"、"制度好"、"理论好"，"具体的、个人的日常生活遭遇在当代中国马克思主义框架下被建构为普遍化理论的具体表现，日渐富裕的个人日常消费生活成为当代中国马克思主义真理性与价值适切性的最重要的体现，建立起宏观、抽象理论与微观个体具体日常生活的直接关系"①。

五是闲暇文化对体制外青年的潜移默化。我国的文化产品，大部分坚持以中国马克思主义为指导，有的是直接或间接地传播当代中国马克思主义。可以说，当代中国马克思主义在闲暇生活和文化消费中，作为一种隐含产品被体制

---

① 谢加书：《论当代中国马克思主义面向日常生活的传播》，载《思想理论教育》2009 年第 23 期，第 12 页。

外青年所消费，通过潜移默化的形式发生作用。当前，红色网站或网页、反映革命和建设的影视、文学、艺术等作品，都是向体制外青年传播当代马克思主义的良好载体。此外，要在体制外青年生活、居住、游玩、闲暇等不同方式进行聚集的地方，以基层图书馆、社区活动中心等基层文化设施为基地，举办更多的面向体制外青年、更符合体制外青年需求的各种讲座、论坛等，积极影响体制外青年。

（刊于《学校党建与思想教育》中旬 2011 年第 10 期）

人文关怀视野下的大学生思想政治教育

韩 华

[摘 要] 时代的进步和发展,内在地呼唤从人文关怀的视野来审视大学生思想政治教育,充分认识到大学生思想政治教育注重人文关怀的必要性和重要性。大学生思想政治教育注重人文关怀,必须坚持以马克思主义为理论指导。当前,我们应积极探索和构建实现大学生思想政治教育人文关怀的保障体系,以提高大学生思想政治教育的针对性和实效性。

[关键词] 大学生思想政治教育;人文关怀;马克思主义

一、大学生思想政治教育人文关怀的理论基础

思想政治教育靠人实施,以人为对象,其最终目的是改变人的思想,促进人的全面发展。因而,人是思想政治教育的中心环节,在大学生思想政治教育中注重人文关怀,必须以对人的深入研究为基础。纵观人类思想发展史,马克思主义对人给予了特别的重视,充满了极其丰富的人文关怀精神,这些思想奠定了大学生思想政治教育人文关怀的根本指导思想和理论基础。

第一,对人的需要、利益的尊重和重视。人的需要和利益是马克思主义人学思想的重要范畴,注重人文关怀的思想政治教育不仅要了解现实中的人的各种需要,而且还要了解他们的具体利益。满足大学生的尊重和需要是大学生思想政治教育取得实效、启发大学生的自觉性的重要前提。马克思主义认为,人的需要是和人性、人的本质联系在一起的,它是人类认识和实践活动的原动力。由于社会生活丰富多彩,正如马克思所指出的:"在现实世界中,个人有许多需要。"① 这些需要构成了一个包括物质需要、精神需要和社会需要在内的统一体。在社会生

---

① 《马克思恩格斯全集》第3卷,人民出版社,1960年,第326页。

活中，人的需要的多样性、层次性决定了人们利益追求的多样性、层次性，并从中折射出人的精神状态和人生追求的差异性。从某种意义上讲，利益是思想政治教育的起点和归宿。马克思说过："人们奋斗所争取的一切，都同他们的利益有关。"① 离开利益的思想政治教育是空洞的，毫无内容的，当然也是没有效果的。毋庸置疑，关心大学生的利益，及时满足大学生的合理需要是提高大学生思想政治教育针对性和实效性的关键环节。

第二，对人的主体性的高度关注。人的主体性是人的重要本质属性，也是思想政治教育人文关怀得以有效展开的基本条件。在马克思主义看来，人的主体性主要是指人在创造自己历史的活动中所表现出来的自主性、能动性和创造性。对于主体性在思想政治教育人文关怀中所具有的基本条件意义，马克思主义经典作家进行过多方面的阐述。马克思一再强调："人始终是主体。"② 在这里，我们不仅承认自我的主体性，同时也承认他人的主体性，这种关系是互动的，而非主动与被动的。人的主体性决定了在大学生思想政治教育中受教育者不是单纯被规定的对象，而是能够凭借自身理性去审视，去自主选择、建构、发展的主体。教育的实施、工作的展开、素质的提高，都离不开主体性的弘扬，否则将是没有效果和效率的。可见，主体性理论提供给大学生思想政治教育一种对人与人关系进行研究的新视角与理论预设，它在总体上要求教育者将受教育者置于目的境地来看待，教育者与受教育者之间应平等交流。从这个角度出发，大学生思想政治教育应摆脱过去主客体之间的等级性，将意识形态的教育置于"我—你"的平等关系，而不是"我—它"的占有关系。

第三，对人的全面发展的执著追求。促进人的全面发展，是马克思主义人学理论体系的必然结论，也是思想政治教育人文关怀确定任务、目标的重要理论根据。马克思、恩格斯从《德意志意识形态》开始，在一系列著作中，从历史观和价值观统一的基础上，提出并系统阐述了"人的全面发展"理论，这是马克思主义思想政治教育人文关怀思想的高度概括。他们明确指出："我们的出发点是从事实际活动的人"③，并主张"从现实的、有生命的个人本身出发"④ 来研讨人类和社会的发展问题，凸现了马克思主义对人本身的深切关怀。在马克思主

---

① 《马克思恩格斯全集》第1卷，人民出版社，1956年，第82页。
② 《马克思恩格斯全集》第42卷，人民出版社，1979年，第130页。
③ 《马克思恩格斯选集》第1卷，人民出版社，1995年，第73页。
④ 《马克思恩格斯选集》第1卷，人民出版社，1995年，第73页。

义看来，人的全面发展既包括个人生理与心理、体力与智力、文化与思想的全方位和谐发展，也包括人与人、个人与社会、人与自然的协调性可持续发展。在此基础上，大学生思想政治教育注重人文关怀，必须符合大学生的身心发展规律，提升人性，建设人本身，以大学生的全面发展为目标。

二、人文关怀何以成为大学生思想政治教育的新起点

在全面建设小康社会条件下，高校作为培养全面发展人才的地方，在思想政治教育中注重人文关怀，既要坚持教育人、引导人、鼓舞人、鞭策人，又要做到尊重人、理解人、关心人、帮助人，这就蕴涵着一种全新的思想政治教育观。当前，从人文关怀的视野来反思和思考大学生思想政治教育，具有重要的现实意义。

第一，加强人文关怀是高校贯彻落实科学发展观的具体体现。高校承担着人才培养、知识创新和社会服务的重要任务，加强和改进大学生思想政治教育对于高校贯彻落实科学发展观至关重要。正如社会的发展需要科学发展，大学生思想政治教育同样存在一个科学发展问题。科学发展观作为高校各项工作的指导思想，它要求大学生思想政治教育实现"科学发展"，坚持"以人为本"的价值理念，具有自身发展的全面性、协调性和可持续性。这种发展既要符合客观规律、以科学化为指向，又要把人文关怀包含在内，具有明显的价值指向性。适应新的时代要求，大学生思想政治教育融入人文关怀，通过具有内在联系的全面教育和各种实际活动，确立协调发展、可持续发展和人的全面发展三位一体的发展模式，促进大学生的内在与外在、德与智、知识与能力、生理与心理等各个方面的发展，形成具有整合发展思想的大学生思想政治教育的新局面。这就创造性地回答了高校"培养什么人"、"如何培养人"这个根本问题，关系到大学生思想政治教育能否以科学的方法实现既定的目标任务。显而易见，加强人文关怀，这不仅是以人为本的科学发展观的有机组成部分，也是高校深入贯彻落实科学发展观的具体体现。

第二，加强人文关怀是大学生思想政治教育与时俱进的创新基点。在经济全球化、高等教育国际化发展进程中，在综合国力竞争、人才竞争日益激烈的形势下，大学生思想政治教育原有模式已很难应对纷繁复杂的思想流变，在新的实践问题前表现出了回应的迟钝与乏力。然而，高校要切实担当为祖国培养建设者与

接班人的重任,就必须不断创新大学生思想政治教育的理论与实践。事实表明,尽管影响大学生思想政治教育实效的因素很多,但缺少人文关怀无疑是一个重要因素。党的十七大提出"加强和改进思想政治工作,注重人文关怀和心理疏导"的新要求,指明了新时期大学生思想政治教育创新的新视角。当前,人文关怀作为大学生思想政治教育创新的一个重要载体,与大学生思想政治教育具有共同的价值取向。从本质上讲,现代思想政治教育是一种培养人、塑造人、转化人、发展人、完善人的社会性教育活动,具有广泛而深厚的人文关怀内涵。只有将人文关怀融入大学生思想政治教育,强调充分关注大学生个体,关注大学生的生存状况和生存意义,关注大学生自我完善与发展,大学生思想政治教育才能迈出现实的困境,不断从实践中吸取营养以丰富和发展理论,不断使自身与时俱进。

第三,加强人文关怀是促进大学生健康成长的内在需要。大学生思想政治教育的内容和对象,都与大学生的身心发展、思想行为有关。随着对外开放的不断扩大和社会主义市场经济的深入发展,大学生所面对的是一个更加复杂、多变、新奇的世界,交往范围的扩大,各种文化观念的冲击,不同角色和行为方式的转换,必须引起大学生思想活动的独立性、选择性、多变性和差异性明显增强。在现实中,一些高校对思想政治教育的社会功能、社会价值比较看重,而对其内蕴的促进大学生身心全面发展、关注大学生终极追求的人文关怀价值则重视不够。基于此,大学生思想政治教育对象的主体性特征需要外界给予人文关怀,以帮助他们正确地选择和确定自己的追求目标。大学生思想政治教育融入人文关怀,在深入了解大学生的基础上,剖析大学生的思想变化,疏导大学生的心理问题,帮助大学生在不同思想观念的比较中确立正确的世界观、人生观和价值观,促进大学生自身思想政治素质、科学文化素质和健康素质协调发展。

三、大学生思想政治教育人文关怀保障体系的构建

随着社会的发展和时代的变革,大学生思想政治教育人文关怀既面临有利条件,也面临严峻挑战。为此,我们需要从方法论原则和有效机制两个方面,进一步探索和构建实现大学生思想政治教育人文关怀的保障体系,从而将思想政治教育的过程真正变成培养全面发展的人的过程。

1. 大学生思想政治教育人文关怀的方法论原则

大学生思想政治教育人文关怀的方法论原则,是实施人文关怀时应该遵循的

行为准则，是保障思想政治教育取得良好成效的必要条件。方法论原则如何定位，直接关系到大学生思想政治教育人文关怀的发展方向。

第一，公平、公正的原则。促进教育公平、公正是当前和今后一个时期大学生思想政治教育人文关怀的重要任务，这是由大学生思想政治教育本身的特点和规律决定的。在以往的大学生思想政治教育过程中，教育者与受教育者双方彼此是以主体、客体区分的，二者之间缺乏作为人的平等的关系，单项灌输成为传统思想政治教育方法的显著特征。注重人文关怀的大学生思想政治教育，强调教育者、受教育者的民主、平等、和谐、合作的教育关系，在教育者的指导、引导下，教育者和受教育者共同参与思想政治教育过程，努力将教育的外在权威转化为内在权威，让大学生体验到被尊重、被关爱的精神满足。这就要求必须以人的全面发展为重点，不断健全公平、公正的机制、规则和环境，为大学生提供一个公平、公正的发展空间、竞争机会和生活待遇，从而引导大学生思想行为的健康发展。

第二，共性教育与个性教育相结合的原则。长期以来，大学生思想政治教育目标的定位缺乏对大学生身心发展特点以及发展水平的考虑，存在着"一刀切"的简单做法，导致了思想政治教育的低效化状态。众所周知，大学生思想政治教育人文关怀的对象是现实生活中的大学生，其思想行为受着多种层面、各种角度的社会关系的制约。社会生活越复杂，社会发展越快，教育对象的层次性就会越突出。大学生思想政治教育注重人文关怀，应根据不同类别不同层次教育对象的具体情况，坚持共性教育与个性教育相结合的原则，从受教育者的生理、心理和思想实际出发，注重个体发展的差异性和丰富性，用人的方式去理解教育对象的个性，做到因人而异、因材施教、因事制宜。与此同时，要通过各种有效方式激发大学生的主体发展自觉性，为每个人的自主发展提供创造空间，让其展示独特的个性优势，彰显能动性与创造性，切实感受到自己是教育的主体和目的，从而实现大学生思想政治教育人文关怀的价值使命。

第三，显性教育与隐性教育相结合的原则。大学生思想政治教育方法一直以公开、显性、直接为特征，在现代社会条件下，表现出比较明显的局限性。在大学生思想政治教育中注重人文关怀，科学的态度应该是，不断改进显性教育方法，积极发展隐性教育方法，使显性教育与隐性教育相互渗透、相互补充，共同发挥出最大效益。在这里，隐性教育方法主要是指在大学生思想政治教育人文关怀的过程中，充分利用日常生活中本身存在的形式和过程来对大学生进行思想政治教育。其最显著的优点在于能够有效避免受教育者产生逆反情绪，激发其参与意识，提高思想政治教育人文关怀的实效性。当前，通过整合学校、家庭和社会中隐性的思想政治教育因素，使之成为一个开放的、立体的、网状的教育形式，使受教育者切实感觉到思想政治教育的实在性和人文性，克服价值观念上存在知行分离的倾向，充分发挥人文关怀的功效。

2. 大学生思想政治教育人文关怀的有效机制

任何工作，在指导方针和原则确立之后，机制问题就显得特别重要。良好的机制，是思想政治教育人文关怀的重要保障。大学生思想政治教育人文关怀要取得切实的效果，就必须抓住机制建设这一关键环节，把人文关怀贯穿于高校教育、管理和服务的全过程，构建大学生思想政治教育人文关怀的有效机制。

第一，构建大学生问题的信息收集、反馈和解决机制。当代大学生面临着学习、成才、学费、就业、人际交往和心理上的巨大压力，切实帮助他们解决这些问题是我们义不容辞的责任。从一定意义上讲，思想政治教育既是一个教育人、塑造人的过程，也是一个对信息进行传递、收集、反馈和调整的过程。在大学生思想政治教育人文关怀中，要坚持以学生为本，突出学生的主体地位，做到贴近实际、贴近生活、贴近学生。通过定期举办涉及思想、学习、生活、工作等方面的座谈会，及时了解、分析学生实际情况，作出科学评价；通过制定辅导员深入学生制度和导师制度，倾听学生看法，真正对学生思想行为起到引导、规范作用。在此基础上，构建一个多层次、多渠道、多触角的大学生问题的信息收集、反馈和解决机制，找准思想政治教育和大学生学习、生活的结合点，与大学生的思想特点和成长需求结合起来，进一步发挥大学生思想政治教育人文关怀潜移默化的作用，不断提高大学生思想政治教育的针对性和实效性。

第二，构建全员、全程、全方位的育人机制。大学生思想政治教育注重人文关怀，必须坚持育人为本、德育为先，把人才培养作为根本任务，建立全员、全程、全方位的育人机制。具体来说，在全员育人中要善于利用校内外两方面资源，在校内应积极寻求学校及相关部门的支持，提升学校教学、管理、服务的育人效果；在校外要努力开拓合作机制，积极营造大学生健康成长的良好社会环境。在全过程育人中注重精细化管理和人性化服务相结合，按照"以人为本"和"科学管理"的工作原则，建立健全为大学生办实事办好事的制度机制，形成从关心大学生学习生活的一点一滴做起、从大学生反映的一个个问题抓起的工作规范。在全方位育人中培养具有综合素质的创新型人才，通过思想引导，注重将马克思主义理论教育与大学生社会实践活动相结合；通过能力培养，引导学生从思想理论教育高度总结实践过程中的所思、所感、所学、所得。总的来说，构建全员、全程、全方位的育人机制，将社会教育资源、家庭教育环境和高校内部工作人员都纳入大学生思想政治教育人文关怀的范围，将人文关怀贯穿于高校教育、管理和服务工作的各个领域，从而解决大学生的后顾之忧，形成积极进取、健康向上的心态。

第三，构建学校党委统一领导、党政齐抓共管的领导机制。健全领导机制是形成大学生思想政治教育人文关怀有效机制的关键要素，是真正落实人文关怀目标任务的重要组织保证。《关于进一步加强和改进大学生思想政治教育的意见》明确指出："大学生思想政治教育工作队伍主体是学校党政干部和共青团干部，思想政治理论课和哲学社会科学课教师，辅导员和班主任。"①[6](P187) 当前，高校党委要统一领导，党政要齐抓共管，党委书记、校长要亲自抓，有针对性地研究大学生思想政治教育人文关怀的理论和实际问题，发挥宏观规划、政策统筹、决策咨询、工作指导等方面的重要作用。与之相适应，要进一步通过责任制度、管理制度和评价制度，组织和协调有关方面的力量，明晰育人职责，把大学生思想政治教育人文关怀的目标任务分解落实到党委的组织、宣传、学生工作等部门，分解落实到教务、科研、总务等行政部门，分解落实到院（系）、教研室等部门，分解落实到思想政治理论课和哲学社会科学课等教学单位，形成各方面关心和支持大学生思想政治教育工作的整体合力。

第四，构建心理危机干预、预警和宣泄缓释的心理疏导机制。当代大学生作为一个特殊群体，他们面临着怎样的心理环境以及他们的心理是如何成长的，已经成为大学生思想政治教育所面临的重要问题。这是因为一个人的心理健康是有效地接受思想政治教育、促进思想高尚的重要基础。实践证明，"疏导"更加注重人文关怀和人性审视，有效的心理疏导常常可以使思想政治教育效果事半功倍。在大学生思想政治教育中，应该根据大学生的心理个性特征，依据人文关怀的基本理念，在发展他们自由个性的同时，重视大学生的心理波动、心理感受和心理需求，把思想教育与心理疏导有机结合起来。针对大学生易发生的心理问题，积极开展心理健康教育和心理辅导、心理咨询服务，开设心理辅导讨论或心

---

① 中共中央文献研究室编：《十六大以来重要文献选编》（中），中央文献出版社，2006年，第187页。

理咨询热线，创造倾诉沟通的机会，探索建立心理危机干预、预警和宣泄缓释机制。通过充满人文关怀的心理疏导机制，给大学生以心灵的归属感和精神性寄托，帮助他们全面深刻地认识自我、认识社会，合理地规划人生，引导大学生形成健康的心理素质，促进他们更好地应对人生和社会的各种问题和矛盾。

（刊于《思想理论教育导刊》2009年第2期）

制度安排：增强大学生思想政治教育有效性的重要维度

韩 华

[摘 要] 从制度安排入手，健全大学生思想政治教育日常工作制度，探索创新大学生思想政治教育运行机制，实现大学生思想政治教育的法制化，从而使思想政治教育的各组成要素处于合理、协调的状态，是增强大学生思想政治教育有效性的重要维度。

[关键词] 大学生思想政治教育；有效性；制度；机制；法制化

任何工作，在指导方针和原则确立之后，制度安排就显得特别重要，甚至成为制约该项工作成败的关键性因素。同样，增强大学生思想政治教育的有效性，必须健全思想政治教育的制度与机制，使思想政治教育的各组成要素处于合理、协调的状态，科学建构适合中国国情、具有时代特征的大学生思想政治教育管理模式。实践证明，制度的建设与变革，一直以来都是推动思想政治教育发展的动力所在。我们党正是在不断探索思想政治教育客观规律的基础上，逐步建立、完善了适应大学生思想政治教育的日常工作制度、运行机制、法制化道路，进一步提高了大学生思想政治教育的针对性、实效性和吸引力、感染力。

一、健全大学生思想政治教育日常工作制度

大学生的思想认识、思维方式、价值观念和行为规范是在日常生活和学习中形成的。大学生思想政治教育的有效开展，需要完善的日常工作制度为其支撑。通过制度设计与创新，可以使党对大学生思想政治教育的领导和管理具体化和可操作化，推动大学生思想政治教育者又好又快地完成各项任务。从一定意义上讲，健全大学生思想政治教育日常工作制度，是实现大学生思想政治教育规范

化、科学化的组织保证。面对新形势新任务，应主要从三个方面健全大学生思想政治教育的日常工作制度。

第一，落实思想政治教育会议制度。大学生思想政治教育总是通过各种活动进行的，组织好各种活动是增强大学生思想政治教育有效性的重要措施。大学生思想政治教育会议制度，通常是指商议大学生思想政治教育的有关问题，对大学生进行集中的宣传教育活动以及交流思想情况等各种形式的集会。凡涉及目标方向的确定、工作任务的部署等重大问题，都必须由思想政治教育会议集体讨论，作出决策。这样可以听取各种不同的意见，集中集体的智慧，对问题进行全面、具体的分析研究，保证决策的正确性。比如，各省（直辖市、自治区）要建立由主管领导挂帅、各高校党委副书记、副校长参加的大学生思想政治教育工作联席会，有针对性地研讨影响大学生思想政治教育工作的实际问题，充分发挥在大学生思想政治教育的科学研究、决策咨询、工作指导等方面的重要作用。当然，落实大学生思想政治教育会议制度，要从实际出发，既要坚持开好必须召开的会，又要提倡少开会、开短会、开有准备有结果的会，以便有更多的时间深入实际，扎扎实实地为大学生解决思想和实际问题。

第二，完善定期的思想分析制度。思想政治教育工作的目的是解决学生的思想问题。当代大学生面临着学习、成才、学费、就业、人际交往和心理上的巨大压力，而学生个体思想品质、个性、心理和生理的状况千差万别，各自的需求也是不同的，导致大学生思想政治教育面临的问题也是多种多样的。搞好思想情况分析，是解决思想问题的前提条件，也是增强大学生思想政治教育有效性的关键环节。定期的思想分析制度，必须坚持一切从实际出发，突出学生的主体地位，广泛开展谈心活动，做到贴近实际、贴近生活、贴近学生。通过定期举办涉及思想、学习、生活、工作等方面的座谈会，制定辅导员和班主任深入学生制度和导师制度，及时了解、分析学生的思想状况，进行科学决策，制定思想政治教育的工作方案，有目的地做教育引导工作，真正对学生思想行为起到引导、规范作用。在此基础上，思想政治教育者能够了解大学生思想领域存在的主要问题是什么，大学生普遍关心的问题是什么，大学生迫切需要解决的问题是什么，从而把思想政治教育与大学生的思想特点和成长需求结合起来，把个人自觉与组织的严格管理结合起来，不断增强大学生思想政治教育的针对性、实效性和主动性。

第三，明确思想政治教育岗位责任制。在教育过程中，思想政治教育者是思想政治教育活动的组织者、管理者和实施者。《关于进一步加强和改进大学生思想政治教育的意见》明确指出："大学生思想政治教育工作队伍主体是学校党政干部和共青团干部,思想政治理论课和哲学社会科学课教师,辅导员和班主任。"① 明确大学生思想政治教育者的职责范围,把思想政治工作的目标和任务具体落实到各层次思想政治教育者身上,使各层次思想政治教育者都有明确的分工和职责,并对各自所在岗位的工作负责。这对于大学生思想政治教育工作能否得到落实、能否取得实效,具有特殊的重要性。当前,加强和改进大学生思想政治教育,必须坚持育人为本、德育为先,把人才培养作为根本任务,构建全员、全程、全方位的育人机制,将社会教育资源、家庭教育环境和高校内部工作人员都纳入大学生思想政治教育的范围,将思想政治教育人文关怀贯穿于高校教育、管理和服务工作的各个领域,从而解决大学生的后顾之忧,形成积极进取、健康向上的心态。

二、探索改进大学生思想政治教育运行机制

"机制"一词源于希腊文,本意是指机器运转过程中各零部件由于某种机理形成的因果联系和运转方式。所谓大学生思想政治教育运行机制,就是指大学生思想政治教育作为一个复杂的系统工程,基于内部构成要素之间的有机关联性,以及同外部诸因素之间的有机关联性,而形成的因果联系和运转状况。当前,增强大学生思想政治教育的有效性,迫切需要在运行机制上进行探索和创新,以建立符合党的教育方针、体现社会主义高校办学特点的思想政治教育新机制。

第一,健全思想政治教育的领导机制。健全领导机制是形成大学生思想政治教育有效运行机制的关键要素,是真正落实思想政治教育目标任务的重要组织保证。为此,加强和改进大学生思想政治教育迫切需要解决的问题之一,就是要创新和强化思想政治教育的领导机制,按照思想政治教育总体目标的要求进行科学决策和协调,并根据分解目标对各部门履行职能的过程进行质量监控,确保各项机制的有效运行。当前,高校党委要统一领导,党政要齐抓共管,党委书记、校长要亲自抓,有针对性地研究大学生思想政治教育的理论和实际问题,发挥宏观规划、政策统筹、决策咨询、工作指导等方面的重要作用。与之相适应,要组织

---

① 中共中央文献研究室编:《十六大以来重要文献选编》(中),中央文献出版社,2006年,第187页。

和协调有关方面的力量,明晰思想政治教育的育人职责,把大学生思想政治教育的目标任务分解落实到党委的组织、宣传、学生工作等部门,分解落实到教务、科研、总务等行政部门,分解落实到院(系)、教研室等部门,分解落实到思想政治理论课和哲学社会科学课等教学单位,形成各方面关心和支持大学生思想政治教育工作的整体合力。

第二,强化思想政治教育的动力机制。思想政治教育的发展过程表明,当思想政治教育拥有较为适度的动力的时候,它才能保持其持续、稳定的发展趋势。满足大学生的合理需要,关心大学生的利益,是大学生思想政治教育取得实效、启发大学生的自觉性的重要前提。正如邓小平所指出的:"革命精神是非常宝贵的,没有革命精神就没有革命行动。但是,革命是在物质利益的基础上产生的,如果只讲牺牲精神,不讲物质利益,那就是唯心论。"① 经济全球化、政治多极化和多元文化迅猛发展的时代背景下,仅仅依靠精神鼓励显然不能解决所有的问题,还必须通过解决物质利益问题来推进思想政治教育。也就是说,大学生思想政治教育运行的动力机制应该是物质、精神双驱动模式。在物质利益方面,一是要研究如何通过解决大学生学习、生活的实际问题来做好思想政治教育;二是要探索解决思想政治教育者的生活待遇、职级晋升、职称评定和工作经费等问题,从而为做好思想政治教育提供必备的理论人才。在精神鼓励方面,要采用表扬、嘉奖、记功和授予各种荣誉称号等方式来表彰先进,树立榜样,形成良好的社会风气,既能使先进奋发向上,又能形成大学生思想政治教育的良好氛围。

第三,建立思想政治教育的保障机制。在思想政治教育的运行过程中,必然会遇到许多内部和外部问题。"在管理中为这些内部和外部问题的解决提供各种有利条件的行为,就是对思想政治教育工作的保障。"② 显然,要确保思想政治教育系统的顺利运行,思想政治教育目标的最终实现,都离不开强有力的保障机制。实践证明,保障机制是否健全、完备,保障措施是否得力,在某种意义上影响和决定着大学生思想政治教育的有效性。针对大学生的思想实际和特点,建立思想政治教育的保障机制,就是领导机关为确保思想政治教育工作正常、有序地运行,保证思想政治教育的目标和任务落到实处,通过制度和具体措施,为大学生思想政治教育工作在组织领导、队伍建设、资金投入、硬件建设等方面提供相

---

① 《邓小平文选》第 2 卷,人民出版社,1994 年,第 146 页。
② 吴潜涛、刘建军:《新时期思想政治教育史论》,安徽人民出版社,2004 年,第 203 页。

应保障，从而更好地发挥大学生思想政治教育的服务和保证作用。

第四，构建思想政治教育的评估机制。从一定意义上讲，思想政治教育既是一个教育人、塑造人的过程，也是一个对信息进行传递、收集、反馈和调整的过程。所谓大学生思想政治教育的评估机制，是指在党委的直接领导下，运用一定的方法对思想政治教育的实际效果进行价值判断，通过建立思想政治教育效果的反馈系统，收集有关思想政治教育工作质量方面的信息，对存在的问题及时纠正与调控，对教育系统实行有效管理，进行全面提高思想政治教育的质量。实践证明，思想政治教育效果的评估，必然使思想政治教育的决策部门时刻从实际效果出发考虑问题、安排工作，从而增加思想政治教育的计划性和针对性，减少盲目性。当前，我们必须坚持一切从实际出发，突出学生的主体地位，做到贴近实际、贴近生活、贴近学生。在此基础上，构建一个多层次、多渠道、多触角的大学生问题的信息收集、反馈和解决机制，找准思想政治教育和大学生学习、生活的结合点，从而充分发挥大学生思想政治教育潜移默化的育人作用。

三、实现大学生思想政治教育的法制化

大学生崇高的思想觉悟、高尚的道德品质、良好的行为规范的培育和形成，最基本的要靠教育、靠法制。法制既是大学生思想政治教育的重要内容，也是增强大学生思想政治教育有效性的重要途径。改革开放以来，大学生思想政治教育的指导思想、基本原则、目标任务和工作机制逐步确立，党对大学生思想政治教育的领导和管理朝着法制化方向发展。

第一，强调大学生思想政治教育法制化的重要性。从对思想和行为的约束来看，思想政治教育属于"软约束"，而法律法规作为人们必须遵守的行为准则，是各种行为规范的总和，属于"硬约束"。尤其是针对当前大学生思想政治教育存在的薄弱环节，大学生思想政治教育更加需要加强法制化建设，纳入法制化轨道。正如邓小平所指出的："加强法制重要的是要进行教育，根本问题是教育人。"[①] 在新的历史时期，要切实增强大学生思想政治教育的有效性，必须针对大学生的身心发展特点和教育规律，将法治思想和有关法律法规作为思想政治教育的重要内容，用法律法规的有效形式将思想政治教育的目标任务进一步明晰化

[①] 《邓小平文选》第3卷，人民出版社，1993年，第163页。

规范化，从而把思想政治教育的软约束手段与法律法规的硬约束手段有机地结合起来，以法律法规弥补思想政治教育强制性弱、约束力弱之不足。只有通过培育大学生的法治意识，使大学生对法律法规有正确的认识和理解，那么就会使大学生思想政治教育不断走向科学化和规范化。

第二，明确大学生思想政治教育法制化的建设目标。建立健全大学生思想政治教育的法规约束机制，是保证大学生思想政治教育健康发展的重要措施。适应新形势的需要，进一步加快规章制度的制订和完善，把马克思主义、社会主义、集体主义以及爱国主义等教育内容融于各项管理工作之中，把思想引导与法律法规相结合，形成用制度规范行为、按制度办事、靠制度管人的机制。它通过告诉大学生什么可以做，什么不能做，以及做了不能做的事会受到什么样的惩罚等来约束人们的行为，并以此来培养大学生良好的政治思想品德素养和良好的行为习惯。总体而言，只有使大学生思想政治教育工作建立在法制化基础上，做到有法可依，有法必依，执法必严，违法必究，才不会使已有的各项制度流于形式，使大学生思想政治教育工作由虚变实，由软变硬，将自律与他律统一于人们的实践活动之中，从而有效地提高大学生思想政治教育的严肃性和权威性。

（刊于《思想教育研究》2009 年第 2 期）

试论高校理性德育视域下大学生的非理性因素培养

杨芷英

[摘 要] 在人的精神属性中，包含着理性因素和非理性因素，它们共同构成了人的精神世界。然而，目前部分高校德育存在唯理性德育的弊端，即注重道德知识和道德规范的灌输，关注大学生道德认知的发展，而忽视情感、意志、直觉、灵感、需要、信念等非理性因素在大学生德性生成和发展中的作用，导致德育的实效性不强。实践中，我们应当注重对大学生道德非理性因素的培养，激发其道德需要，培养其道德情感，磨炼其道德意志，强化其道德信仰。

[关键词] 理性德育；非理性德育；高校

人的道德领域包含两大类因素：一类是理性因素，即系统的道德知识和道德理性认识；另一类是非理性因素，包括道德情感、道德意志、道德需要、道德直觉、道德信念等。它们作为人类道德世界的两翼，一起构成了人的道德素质。然而，当前部分高校德育较为注重理性因素的培养，即注重大学生道德认知的发展，以使大学生理解、掌握系统的道德规范、道德理论为主，而忽视非理性因素的培养及对道德形成和发展的促进作用。笔者以为，强调大学生理性道德教育与非理性道德教育的有机统一，是未来高校德育的基本走向，也是高校思想政治教育需要研究的重要课题。

一、唯理性德育的弊端

1. 理性与非理性辨析

理性与非理性是同属于人的精神领域的相对应的范畴。理性因素是人类特有的区别于动物的一种基本特征，充分显示了人类的能动性和创造性，展示了人类认识自然、改造社会的能力。《辞海》中这样界定理性："理性一般指概念、判断、推理等思维活动或能力；理性还是划分认识能力或认识发展阶段的用语。"理性具有逻辑性、自觉性和抽象性的特点，它支配人们按照事物发展的客观规律和自然进化原则来考虑问题，通过符合逻辑的推理而非依靠表象来获得结论和行动的理由。

非理性是理性之外的心理因素，是人内在心理结构中的重要组成部分。它包括三个方面的涵义：从认识论层面看，它属于认识结构中的非逻辑的认识形式，即那种不自觉的、不必通过理性思考、无固定程序和操作步骤就能迅速获得某种认识的一种心理形式，主要包括直觉、灵感和顿悟等。其特点在于非逻辑性、不自觉性、突发性、奇特性，其对科学发现、创造发明、文学创作等认识和实践活动具有不可多得的作用。从意识论层面来说，它属于心理结构中的本能意识，即没有进入到个人意识层面的潜意识。从人性论层面说，它是指那些以表现和实现主体的内部欲求为主要功能，直接参与人的意识活动的心理形式，如欲望、兴趣、情感、意志和信念。非理性因素对人的道德认识活动的发生与停止，对人的认识能力的发挥与抑制，对人的道德判断的结果与选择起着重要的控制和调节作用。

但是，同其他任何矛盾着的双方一样，理性与非理性既相互区别又相互影响和渗透，二者是辩证统一的关系。既没有纯粹的理性，也没有纯粹的非理性。人的理性常常受到非理性的干扰，而人的非理性中又蕴涵着理性，在潜意识和本能中受理性的支配和左右。二者共同作用于人的精神领域，对人的心理和行为起调节作用。

考察理性因素和非理性因素的辩证关系，应力戒偏执一方，否定另一方的观点。应当看到二者的差异和对立是相对的，不存在不可逾越的界限，没有脱离非理性的完全的理性，也没有脱离理性的纯粹的非理性。

2. 部分高校存在唯理性德育的弊端

在部分高校德育中，常把理性德育放在首位，德育的意义被禁锢在认知层面，被窄化为一种理论的灌输和知识的记忆，缺失了情感、意志、直觉、灵感、需要、信念等非理性因素的参与，导致教育效果低下。其弊端具体表现在以下几个方面：

首先，忽视大学生的主体地位和道德需要，容易引起大学生的抵触情绪。大学生不是机械、被动接受教育的群体，他们有着丰富的情感、需要和独立的人格。然而，部分高校德育则把大学生当作被动接受的工具，在教育方式上体现出封闭性、强制性、单向性的特点，缺乏生机和活力，一定程度上制约了大学生非理性精神因素的发展，抑制了大学生的积极性和创造性，容易引起大学生的厌烦情绪和抵触心理。

其次，忽视对大学生的心灵育化和情感关怀，导致大学生道德情感的缺失。情感是心理成分中的重要组成部分，它不仅对认知起着引导和深化的作用，而且对大学生的道德行为起着引发和支持作用。高级的社会情感，如民族自豪感、社会责任感、集体荣誉感、正义感等常常有助于大学生形成崇高的道德理想和道德信念，并产生高尚的道德行为。因此，从某种意义上说，没有道德情感，就没有个体良好的道德品质。然而，唯理性德育片面注重道德概念、道德理论的传授，而忽视道德情感教育，致使大学生缺乏道德情感体验，道德情感苍白冷漠，缺乏热情和社会责任感，一旦遭受挫折，很容易表现为盲目、脆弱、冲动、失去理智，甚至产生极端行为。在这种状态下，他们的道德认识往往难以反映客观现实，更不能践行正确的道德行为。

再次，忽视对大学生道德行为的引导，导致大学生知行脱节。道德行为是在一定的道德意识支配下表现出来的对待他人和社会的有道德意义的活动，是人的道德认识的外化，也是评价人的道德品质的重要依据。大学生的道德行为易受到道德情感的激发或抑制。当道德情感与道德认知产生共鸣时，就会使道德认知转化为道德行为。反之，当大学生缺乏道德情感时，其道德认知能力就会受到抑制，道德行为将难以实现。因此，如果高校德育片面强调道德认知的发展，忽视情感、意志、需要、信仰等非理性因素对道德行为的促进作用，是难以培养大学生知行合一的道德品质的。

因此，高校德育应充分重视大学生情感、意志、直觉、信仰等非理性因素的培养，促进大学生道德理性与非理性的和谐发展。

二、非理性因素对道德形成的作用

现实生活中，非理性因素诸如欲望、情感、意志、直觉、顿悟等会在一定条件下直接影响人们的道德行为和价值选择。比如：情感因素对于道德善恶的判断具有重要影响，仁爱和同情是影响道德行为的首要因素，直觉是影响道德选择的重要因素，等等。非理性因素对道德的影响具体表现在以下几个方面：

1. 道德认知中的诱导、调节作用

诱导作用是指兴趣、情感、意志等非理性因素，在认识过程中对主体在诱发、引导方面所产生的影响。兴趣和爱好不仅能诱导主体去认识存在的事物，而且会诱导主体做出带有明显倾向性的选择。在德育过程中，强烈的好奇心、浓厚的兴趣和高涨的激情可以诱发大学生的想象力和创造性，推动道德认知向更高的层次发展。同时，在道德认知过程中，情感作为认知主体的一种重要的非理性因素对道德认知具有支配作用。积极的情感有助于激发道德主体的主观能动性，促使道德主体在认知活动中克服困难，勇往直前。

此外，在道德认知过程中，意志、直觉等非理性因素对道德认知还具有调节作用，使认知在同化和顺应之间平衡，促使思维定势的形成；另一方面又可以调节思维活动，排除来自主体自身与认知毫无关联或相反的信息，促进和加速认知主体对有用信息的吸收、加工和整合。这种抑制和促进作用使道德认识活动得到控制，使道德认知更加深刻、准确，从而推动道德认知活动的进程和德育目标的实现。

2. 道德判断中的评价、选择作用

道德判断是个体根据道德准则对道德现象做出断定，判定善恶并赋予道德价值的认识活动，是人们进行道德选择和道德评价的一个环节。道德判断是否有大脑加工机制？传统道德心理学普遍认为道德判断是认知推理和高级认知的结果，即道德判断在早期被视为由理性加工的。然而，近20年来自认知神经科学的研究发现，直觉、情绪过程和社会性等非理性加工影响着人们的道德判断。换句话说，道德判断应是理性加工和非理性加工共同作用的结果。道德判断既是"认知的"也是情绪的过程，而且情绪过程有时还起主要的作用。

3. 道德行为中的强化、支配作用

大学生的道德行为是主观见之于客观的活动，在这一过程中，非理性道德因素如道德意志、道德情感、道德信念以及直觉、顿悟、灵感、欲望等无一不参与到道德实践活动中去，对道德行为起到强化与支配的作用。比如，当道德认知与道德情感发生冲突时，人们的道德行为往往受道德情感的支配。同时，在实现道德目标的过程中，道德情感与道德意志的结合，赋予了道德主体对道德目标的执著追求，促进道德认知的深化和道德实践的发展。总之，作为非理性因素的情感、意志和直觉等正是通过动机导向、认知强化、过程调节、行为控制来约束道德主体始终遵循一定的道德目标去完成道德行为。

三、注重对大学生道德非理性因素的培养

大学生作为道德主体，是一个有意志、有情感并有认知能力的统一整体，其任何心理意识要素（理性与非理性因素）都会参与到道德认识与道德实践中来。因此，高校应该积极应对时代发展对高校德育的挑战，注重大学生理性因素与非理性因素的共同发展，使大学生的道德品质从"实然"状态向"应然"状态不断超越。

1. 激发大学生的道德需要

人的一切活动都源于需要，道德作为人类活动的一个重要领域也与需要密切相关。人的道德需要是多层次的，按照由低级到高级的发展水平来划分，可以将道德需要概括为：承担道德义务的需要、实现道德良心的需要和追求道德完善的需要。高尚的道德需要是个体的一种理想性的需要，它是一个人生命需要的重要组成部分，是提升个体生命质量和精神价值的重要方面。因此，道德就其本意而言，是人们自己创造、建立的一种自我肯定、自我发展的手段，是人们探索、确证、完善自我的一种重要方式。

反思当代道德教育面临的困境与挑战，在很大程度上是由于部分教育者把道德与人的需要、情感、享受与幸福相脱离，过分强调道德的约束性，忽视了个体对道德的内在需要。"道德的领域应是自由的领域、创造的领域、选择的领域，一旦将这些核心内涵排除，道德也就只能处于一种外在他律层面，而丧失了自律层面的内在支持，道德也就必然走向虚无和毁灭。"因此，高校德育工作者应深入了解大学生的内心世界，从而唤醒大学生的道德需要。

2. 培养大学生的道德情感

道德情感是人们依据一定的道德标准，对现实的道德关系及道德行为所产生的爱憎好恶等的心理体验。道德品质的形成，就其最基本的心理过程来说，是一个从知到行的过程。在这一过程中离不开道德情感的作用。积极的情感有助于形成健全的人格和高尚的情操。因此，高校德育不仅要重视大学生道德理性层面的提高，更应加强其道德情感层面的认同，唤起其道德情感。如果情感常被当作认知的派生物、附属品，道德教育及研究仅仅局限于认知领域，不注重发挥情感在道德教育中的重要作用，道德教育也就难以取得成效。因此，高校德育要强化情感教育。其一，要重视大学生的情感体验。体验式的情感教育更强调教育对象的

主体性地位，强调通过实践或模拟情境使教育对象亲身体验道德行为，激发道德情感；其二，要增强对教育对象的情感投入，积极发现并尊重和满足大学生的情感需要，使大学生在情感上认同并接受教育内容；其三，营造情感教育的情境，发挥情境育人的功效。情感总是在一定的情境中产生的，道德教育应注重良好情境的创设，实现以境育情，情境交融，使大学生的道德情感得到内化和升华。

3. 磨练大学生的道德意志

道德意志指人们在履行道德义务的过程中所表现出来的自觉克服一切困难和障碍、做出抉择的顽强毅力和坚持精神，是在道德活动中体现出的一种主体力量，也是构成个人道德品质的要素。道德意志能促使大学生将道德意识、道德情感、道德信念外化为道德行为，帮助大学生自觉地调节自己的言行和情感，克服内外部各种困难的干扰，抵制外界的各种诱惑，不被欲望俘虏，不被情感左右，而意志薄弱的人则很难达到这一境界。因此，道德意志是道德品质的重要组成部分，也是由知到行转化的重要环节。为此，高校德育应加强大学生道德意志的培养，鼓励大学生积极参与社会实践，在社会实践中既体会成功，也经受挫折和失败，提高意志的自觉性、坚韧性、自制性、果断性，培养良好的道德品质。

4. 强化大学生的道德信仰

信仰是人类独有的精神活动，是对某种宗教或某种主义极度的信服和尊重，具有超现实性、超功利性和非逻辑性的特征。道德信仰是人们基于对道德于人的生存发展的价值的认知，以及道德理想与道德现实的张力的推动而产生的对道德的笃信与崇敬，并以此设定人生目标和付诸道德行动的特殊情感。道德信仰是理智与情感的有机结合，也是现实性与超越性的辩证统一。

道德在本质上与信仰不可分。道德是以"应然"的方式表达的社会存在，它不仅指向现在，更是指向未来。道德本身具有的超越性的特点正是信仰的根本属性。信仰的本质是人的一种自我超越，是对人生最高价值和社会最高理想的向往、信服和追求。对道德信仰的追求是人的高级精神需要的主要表现。

道德信仰作为大学生的高级需要，是大学生人生道路的动力和航标，具有道德信仰才有对人格尊严、人生荣誉和生命价值的渴望与追求。道德信仰既赋予大学生存在的意义与价值，又促使大学生去肩负神圣的道德使命，克服艰难险阻去实现人生的意义与价值，并从中获得快乐与幸福。

（刊于《思想理论教育导刊》2013年第11期）

参考文献：

[1] 王俊：《关注个体道德需要：提高道德教育有效性的支点》,《现代大学教育》, 2004 年第 1 期。

[2] 王洪明：《道德困境下的心理学德性研究》,《上海教育科研》, 2009 年第 8 期。

[3] 沈汪兵, 刘昌：《道德判断：理性还是非理性的？——来自认知神经科学的研究》,《心理科学》, 2010 年第 4 期。

[4] 宁晚枚, 宁小梅：《德育观：在理性与非理性之间整合》,《教育探索》, 2006 年第 11 期。

[5] 邹步云：《德育应重视学生非理性因素的作用》,《科技信息》, 2011 年第 21 期。

[6] 刘培军：《非理性德育：学校德育不可或缺的一部分》,《教学与管理》, 2010 年第 6 期。

[7] 许传红：《理性视域下的大学思想政治教育的非理性因素》,《法制与社会》, 2009 年第 1 期。

[8] 胡俊苗等：《利用非理性因素提高思想政治教育的实效性研究》,《理论与改革》, 2007 年第 4 期。

[9] 王晓菲：《思想政治教育在人们非理性因素中的地位》,《山西高等学校社会科学学报》, 2010 年第 6 期。

[10] 朱小蔓、梅仲荪：《道德情感教育初论》,《思想·理论·教育》, 2001 年第 4 期。

[11] 蔡芸：《析培养道德情感的心理途径》,《安徽师范大学学报（人文社会科学版）》, 2002 年第 1 期。

[12] [俄] 季塔连科、杜勃科：《道德的理性和情感》, 江万秀、滕裕生等译, 中国财政经济出版社, 1994 年。

[13] 柏格森：《大家写给大家看的书：笑》, 北京出版社, 2005 年。

[15] [英] 克里斯托弗·彼得森（Christopher Peterson）：《积极心理学》, 徐红译, 群言出版社, 2010 年。

[16] [英] 斯迈尔斯：《品格的力量》, 宋景堂、刘曙光、刘志明译, 内蒙古大学出版社, 2009 年。

青年流行语的价值观意蕴研究

石国亮　徐子梁　姚　芳

[摘　要] 流行语有着深刻的价值观意蕴，青年流行语是解读青年价值观和价值观教育的有效切入点。改革开放以来，青年流行语经历了改革开放初期、20世纪90年代和新世纪三个发展阶段；经历了从以宏观叙事为主到日常叙事为主的转变，从以政治领域为主向经济领域、文化领域和社会领域的转变和从正面效应占主导向积极词语与消极词语的共生转变等三个方面的特征；体现出青年价值观从一元化的价值观到强调主导价值一致下的多元丰富性，从抽象的价值理想到强调价值理想下的务实性，从社会发展中的被动性到强调社会适应下的主体性等三个方面的特征。将青年流行语积极引入青年价值观的教育和塑造之中，有利于形成与时代同步、统一的价值观，有利于增强价值观教育的吸引力，实现教育与现实生活的成功对接。

[关键词] 青年；流行语；价值观；价值观教育

流行语，在很大程度上就是青年的同义语。青年作为独特的社会群体，他们既是流行语的主要创造者，也是流行语的主要使用者。关于青年流行语的内涵与特征，尚存不少争论。有研究认为，应该对青年流行语做广义和狭义的区分。广义的青年流行语不只是限定在青年群体中流行，也可流行在其他社会群体之中；区别在于不同群体对这些语词的关注和热衷程度，以及心理和价值倾向的差异。狭义的青年流行语，应该是仅限于在青年群体中（或可以扩展到小部分中年群体）流行的。① 通常来说，青年流行语是指某一时间段主要在青年群体中产生并流行，再扩展到其他社会群体甚至是在全社会进行传播的，以鲜活的形式表达特

---

① 田杰：《消费、游戏与语言神话——也谈"青年流行语"》，载《中国青年研究》2002年第5期，第19~20页。

殊含义的词语。

　　流行语与价值观有着紧密的内在联系。从青年流行语形成的条件和机理来看，一个时期的青年流行语涉及所处时期社会重大事件、现象、问题、时弊以及青年群体日常生活的各个层面，具有信息量大、时代性强、传播面广的特点，生动反映不同时期青年群体的心态和价值观。据此，我们说流行语有着深刻的价值观意蕴。改革开放30余年来的青年流行语，忠实记载青年群体对中国社会各方面巨大变化的深切感受。作为中国社会发展巨大变革的亲历者及时代流行语的主要创造者和使用者，青年流行语具有极大的研究价值，"重大历史转折与社会转型过程往往对青年价值观的演变具有明显的影响作用。而这一切都或多或少地在青年流行语中得以表现"[①]。考虑到研究的针对性，本文选取改革开放以来的青年流行语作为分析样本。

一、改革开放以来青年流行语的三个发展阶段及其核心内容

　　改革开放是新中国历史的重大转折点，从农村开始的改革很快席卷各行各业，形成了全面改革的潮流。改革、教育、经济发展是这一时期青年流行语的核心内容。例如："实践是检验真理的唯一标准"、"改革开放"、"四个现代化"、"学好数理化，走遍天下都不怕"、"商品经济"、"治理整顿"、"学习张海迪"，等等。剧烈的社会变革使青年人开始以积极的人生态度寻求新的文化归宿和价值观念。青年人开始自主思考自己与社会的关系以及自身在社会中的位置，更为现实地探索如何实现人生价值等问题。改革开放的大好形势，尤其是农村改革的启动和经济建设的发展，在一定程度上缓解和改变了"文化大革命"带给人们的沮丧失望的心情，社会的进步极大激发了人们的热情，青年本身所固有的那种追求进步、奋发向上的精神再次迸发出来。1981年3月20日举行的男排世界杯亚洲区预选赛上，中国男排顽强拼搏，逆转取胜，无比激动的北大学子喊出了"团结起来、振兴中华"的口号。这八个字在20世纪80年代传遍全国，成为时代的最强音，激励了一代青年。

---

　　① 郑欣：《流行语：双重视野下的语言现象研究——从校园流行语调查看当前城市青年流行语》，载《青年研究》1999年第10期，第14页。

从 20 世纪 90 年代开始，社会生活方式发生了全面的变革。青年人从对社会进一步发展的关注逐渐变为自己个性发展和前途的关心。这一时期的主要流行语也经历了一个从国家大事到凡人"小事"的转折。随着社会主义市场经济的进一步发展，20 世纪 90 年代社会的进步，不再体现在高调的口号上，而是深深隐藏在日常生活的变化中。"VCD"、"DVD"技术的发展使人们足不出户也能欣赏"大片"；1994 年 3 月，马来西亚零售商百盛进入中国，于是一种新的购物方式——"超级市场"走进了人们的生活；流行文化的兴起造就了一大批歌星、影星，"卡拉 OK"、"泡沫剧"、"肥皂剧"、"校园歌谣"、"快三慢四"成为青年人追捧的娱乐项目。20 世纪 90 年代中后期，中国经济体制改革处于深刻调整期，社会弥漫着一股消极之气。国企改制打破了人们手中的"金饭碗"，越来越多的人不得不面对"下岗"的境遇，于是乎"下岗再就业"也成了政府为下岗职工们指出的唯一出路；高等教育扩招，大学生数量急剧增加，从前的"天之骄子"如今不得不挤进"人才市场"，面对"双向选择"去自谋出路，甚至成了"天之焦子"。"未上岗先下岗"反映出大学生们由"天堂"到"地狱"的失落心情。

迈入 21 世纪，我国进入全面建设小康社会和构建社会主义和谐社会的新阶段，综合国力不断增强，中国在世界舞台上扮演着越来越引人注目的角色。青年人对新世纪的生活充满了憧憬，关心国家的发展、张扬个性、社会价值的多元化，都可以在流行语中找到代名词。伴随网络发展的是"美眉"、"QQ"、"网虫"、"伊妹儿"等大量的新潮时髦的词汇流行，进而诞生了一种特殊语言符号——"火星文"；韩剧、日剧、美剧进一步打开了中国市场，各种火爆的场面不断冲击着青年人的眼球，电影院又一次成为情侣们互述衷肠的场所。"My God!"，"我晕"，"酷毙了"，"帅呆了"等彰显个性的词语成为青年人的口头禅。与此同时，一些非主流流行语也开始盛行。"网络自拍"在 2005 年火热一时，尤其是"芙蓉姐姐"通过"网络自拍"而成为众说纷纭的公众人物后，这种兴起并迅速蔓延于网络的文化现象更是引起了多方关注。"Gay"、"拉拉"、"伪娘"等非主流词语也为不少青年人所称道。与流行、个性、非主流相对的是一些青年人对生活无奈与对社会的怨恨。例如：高房价使一些志向高远的青年人沦落为"蚁族"；"蜗居"道破了青年人的生存状态与无奈；"官二代"、"富二代"、"农民工二代"、"穷二代"则反映出青年人对不公社会的愤慨；"房子"、"票子"、"车子"成了未婚女青年的择偶标准；"楼歪歪"、"楼脆脆"、"楼倒倒"调侃类的词语则反映出青年人对无良商人的痛恨和无奈……

二、青年流行语变迁的三个主要特征

改革开放以来青年流行语三个阶段及其核心内容的变化，集中反映出青年流行语变迁的三个特征。

1. 从以宏观叙事为主到日常叙事为主的转变

从青年流行语的叙述角度看，青年流行语经历了以宏观叙事到日常叙事的转变。流行语是一种公民写就的文化史，是以公民为主体的对历史发展的一种民间叙事。青年流行语是青年群体以青年人的视角对所处时段的历史事件和现象进行文化叙述和主观认知的集中表述。改革开放带来的社会结构和政治经济制度的巨大变革，裹挟着青年群体行进在翻天覆地的社会变化之中，青年流行语与全社会一样，进行着对党、对国家和对社会的宏观叙事。青年流行语反映的也都是整个社会共通的现象，其独特性表现为对社会现象进行着青年化的解读。从改革开放初期青年中流行的"计划生育"，"只生一个好"，"百年大计，教育为本"，清华大学学生率先提出干社会主义、干四化"从我做起，从现在做起"等，都是从国家、从社会出发进行的历史叙事，都是一种青年视角的社会结构和宏观政策的青年化表述。当前，"到祖国需要的地方去"衍化为当今流行的"公务员"、"事业单位"、"央企"、"不畏艰难险阻"、"克服万难"衍化为"高收入"、"高社会地位"、"低风险"、"低工作强度"，等等。青年流行语日趋关注与青年利益密切相关的政策制度和日常现象，在对社会共通现象关注的同时更加关注青年群体自身特有的属性和现象，青年流行语的青年本体性和日常性更加凸显。

2. 从以政治领域为主向经济领域、文化领域和社会领域的转变

从青年流行语的发生领域看，青年流行语经历了从政治领域向经济领域、文化领域和社会领域的重大转变。改革开放前，政治立场是衡量一个人价值观的唯一标杆，立场、路线是比温饱更重要的价值追求，坚持正确的"路线"、站在"无产阶级立场"上，比亲情、爱情更重要。这一时代的流行语有着深刻的政治符号意义。"又红又专"、"政治挂帅"、"三面红旗"等政治术语，成了流行语舞台最活跃的语言，就连这一时代出生的人取名也多为"建国"、"国亮"（笔者的名字就是如此）、"和平"、"文革"等，不可避免地被印上了政治标签。[1] 改

---

[1] 王全权：《从青年流行语看社会价值观的变迁》，载《江西社会科学》2007年第9期，第235~236页。

开放使狂热的政治热情开始从人们头脑中退散，人们开始认识政治运动不能天然解决温饱问题，而且温饱问题比政治运动对自己的生存和生活更为重要。改革开放变革了生产关系，打破了旧有的"政治中心论"，确立了经济在价值观中的主导地位。改革开放、发展生产力顺理成章地成了时代的主流。青年流行语开始更多地涉及经济领域，"下海经商"、"万元户"、"股票"、"商品经济"、"人才市场"、"奔小康"等构成了青年流行语的主要内容。随着我国社会主义精神文明建设的进一步深入，文化领域的词语深深融入到青年流行语之中。如"超女"、"快男"成为现今一种极为流行的青年文化现象，"恶搞"折射出青年的叛逆和搞怪的文化心理，"手机"、"笔记本"、"上网"反映出网络文化对青年流行语的影响，"IP"、"886"、"520"、"@。@"等字母、数字、符号和图形则体现了青年的符号文化。"和谐社会"成为新世纪时代的最强音，广大青年人在积极投身社会主义和谐社会建设的同时，越来越关注自己身边的生活，青年流行语逐渐贴近现实生活。

3. 从正面效应占主导向积极词语与消极词语的共生转变

从青年流行语的作用发挥看，青年流行语的作用发挥从纯粹的正面宣传向积极与消极作用共存转变。改革开放之初和20世纪80年代，青年流行语基本上坚持的是从纯粹的正面宣传、容许少数中性语言、坚决摒弃庸俗甚至反面语言的存在。那个时候青年流行语，除了高尚、正确、科学、美好、光荣等属性的语言，除了将主流价值观和主流意识形态青年化，例如"五讲四美三热爱"等主流青年流行语之外，基本没有反映青年亚群体或青年亚文化的流行语，更没有反映庸俗生活或违反道德伦理行为的流行语。随着社会日益宽容和社会价值观的日趋多元，青年流行语所能发挥的作用也是正负互现、美丑共存。积极的流行语对青年起到引导和激励作用，如"爱我中华"、"为中华之崛起而读书"等有利于唤起青年的爱国主义情怀，"酷"、"帅"、"小case"等带幽默性的词语为青年人的生活增加了些许色彩，"郁闷"、"我晕"、"衰啊"等青年人自创的流行语客观上起到了自我放松、缓解心理压力的功效。但是，部分流行语中充斥着消费主义、物质主义和享乐主义的倾向，如"会花才会赚"、"不会玩不如死"等；一些流行语宣扬"流氓意识"，如"痛扁"、"PK"、"靠"等庸俗词语，还有一些与传统道德或法律相悖，如"二奶"、"小三"、"黑客"等。尽管这些流行语仅占总数的一小部分，但其负面影响不容忽视。

三、青年流行语历史轨迹中青年价值观变迁的三个主要特征

青年流行语是当下青年价值观念的最生动和最鲜明的表述，青年流行语的变迁则是青年群体价值观念变迁的明显表征。通过对改革开放30余年青年流行语的全面梳理，可以感受到和概括出青年价值观变迁的主要特点。

1. 从一元化的价值观到强调主导价值一致下的多元丰富性

计划经济体制与政治一元化管理，形成了全社会价值观的高度一元化，主流价值取向成为那个时代青年人的唯一选择。从以政治生活为重心到以经济生活为重心的转变，不仅仅是社会主流价值观从一个到另一个的简单转换或过渡，而是触发了价值观的全方位改变。随着我国改革开放的深入发展和西方各种思潮的大量涌入，社会生活和社会思想日益丰富，对传统权威的绝对性和规范的严肃性产生冲击的同时，对青年人的价值取向也产生强烈冲击，不同群体、不同层面的青年人思想认识的差异性增大。在继续强调、认同和深化社会主流价值观的基础上，青年人可以根据自己的需要和兴趣来选择生活，从服饰、发型、娱乐、交友方式到职业选择等各个方面。政治生活用语退居其次，经济生活、社会文化的变化等乃至青年人个性的表达、情绪的宣泄都可以成为流行语的主角而风靡一时。除此之外，社会上形成了个人主义、利己主义、享乐主义、功利主义、实用主义等多种价值观并存的局面，虽然这些价值观是市场经济给青年人价值取向转变带来的负面结果，但也可以从另一侧面来反映新时代青年在价值观上的多样性。

2. 从抽象的价值理想到强调价值理想下的务实性

改革开放后的历史进程，在一定程度上是对个人利益不断合法化和深化认同的过程，对个人利益的正当诉求日益成为社会各阶层的共同行为，这种转变率先表现在青年人中间。当"又红又专"、"将革命进行到底"、"割资本主义尾巴"、"打倒走资派"等政治口号逐渐被"下海经商"、"个体户"、"万元户"、"奔小康"、"吃香喝辣"所代替时，青年人慢慢意识到自己的社会角色、社会归属、社会地位和社会义务已经开始发生变化。当代青年不再排斥社会，而是能够兼顾社会与个人两者的利益来考虑自己的人生价值，努力使自己的价值取向不与社会规范发生冲突。他们依然对未来怀有强烈的憧憬，葆有青年的激情，拥有对祖国、对社会强烈的社会责任感。在价值选择上倾向于选择自我价值与社会发展相

统一的道路上来，这是青年价值取向趋于成熟的一个标志。他们越来越能够正视金钱的作用，体现出他们价值观念的新变化，反映出青年人对社会生活本质和对金钱的新理解。青年人知道"金钱不是万能的"，但他们更深切地体会到"没有钱是万万不能的"。在社会的压力之下，挣钱养家、柴米油盐是他们不得不面对的日常生活现实；在市场经济的大潮下，追求物质利益已经成为一种自然，"君子不言利"已经成为一种笑谈。当代青年人对名利似乎有着强烈的渴望，"快男"、"超女"现象直接揭示了青年人急于成名、名利双收的心态，他们崇拜那些"迅速走红"、"一夜成名"的人，虽然表面上做出一副"无求"的高姿态，实质上实现名利双收是许多年轻人公开或私下的愿望。

3. 从社会发展中的被动性到强调社会适应下的主体性

在社会结构和社会制度安排下，青年群体是一种处于被安排的社会角色，必须在现存的社会结构和既存的社会现实之下去生存、去适应并构建和积累自己发展的社会资本和人力资本。在构建社会主义和谐社会的过程中，青年要求政策更加公正、社会更加公平、权利更有保障的愿望愈发强烈，对弱势群体的关注程度越来越高。"官二代"、"富二代"、"农民工二代"、"穷二代"这些带有讽刺性的词语反映出青年人对不公平的社会体制的愤慨；"被拆迁"、"被就业"、"被自愿"、"被代表"等一系列"被"字短语则反映出青年对弱势群体的同情。一份2006年的调查结果显示：57.5%的青年认为"贫困很大程度上是体制不公造成的"，明显多于不赞成的35.3%。他们迫切希望持续了30年的改革开放继续深化，破除不利于经济发展和社会和谐的体制，使大众在新的利益格局内获得更加公平、公正的地位。只有不到1/4的青年仍然坚持"效率优先、兼顾公平"的说法，而超过七成的青年认为应该更注重社会公正公平。① 随着市民社会的兴起和非营利组织的进一步发展，青年了解和参与社会的机会和途径将越来越多，其公平和权利意识也将进一步增强。

四、将青年流行语引入青年价值观的教育与塑造

引导和帮助青年树立正确的价值观是青年价值观教育的主要任务，是青年社会化中一项具有基础性和战略意义的内容。当前，青年价值观教育仍处于一种尴

---

① 安国启主编：《当代城市共青团工作研究报告》，中国社会出版社，2009年，第81页。

尬局面：一方面是党、政府和教育界不断强调并大力开展主流价值观教育，另一方面是广大青年人价值观的日益世俗化、多样化和疏离主流价值观。究其原因主要有二：一是我国青年价值观教育自身存在目标过于理想化、内容过于政治化，严重偏离了日常生活领域。受教育者能够认同主流的"道德律令"，也很容易讲出一堆"大道理"，但在现实生活中却缺乏基本的文明礼貌、社会常识和社会责任感。二是教育过程中过于封闭、缺乏启发性和吸引力等缺陷。教育者对真实社会生活的"筛选"，对某些内容的遮掩，只把社会特定方面呈现给受教育者，使青年人在价值观的型塑过程中缺乏了亲身体验。一旦离开了既定的"美好情景"面对活生生的现实生活，他们往往会产生很多困惑和迷茫，进而发生价值观上的迷失。

价值观教育的主要对象是青年群体。在现时代，处于社会转型期的青年人是感性的、敏锐的、叛逆的，他们不甘只作为价值观教育空洞灌输的接受器。当青年人的期待尚未实现或预期很难实现时，他们便通过自己的渠道去感悟社会、形成一套自身的价值观体系，流行语就是一种鲜活体现。因此，研究青年流行语有助于我们准确地把握青年群体价值观以及变化轨迹，为改造青年价值观教育提供依据，在青年价值观教育中融入流行元素将会有助于价值观教育的开展。

将流行语适当、适时地引入到青年价值观教育过程中，有利于形成与时代同步、统一的价值观。引导青年人树立正确的价值观，进而在全社会形成符合中国特色社会主义要求的价值观，是现阶段我国价值观教育的基本任务。就心理机制而言，属于文化范畴的流行语可以看作是一定群体所形成的共同的心理程序，即群体成员对一定社会刺激产生的类似反应。例如，在特定社会里，为文化所否定的事物和行为，必定为大多数人所鄙弃；被文化所肯定的事物和行为，则会为大多数社会成员所追求。文化的这种机理对于形成全社会共同的价值观是有利的。在青年价值观教育过程中应当充分利用这种机理，将社会主义核心价值体系融入到文化活动中，使青年人经过文化的熏染，在社会生活的基本方面形成积极认同并大体一致的价值观。

在青年价值观教育过程中适当、适时地引入流行语，可以大大增强价值观教育的吸引力，实现教育与现实生活的成功对接。价值观教育是社会生活的基础性部分，社会生活是青年价值观教育存在的意义和动力源泉，但价值观教育不会自动为青年人所接受。流行语涉及当代社会的重大事件、现象与时弊，以及人们日常生活中的各个层面，如人生意义、生活方式、爱情、友情、就业、消费、时尚等等，本身蕴涵着丰富的社会文化意义，又因其生动、形象、时尚，表达力、感染力强等特征，深得青年人喜爱，极易为青年人所接受，融入了流行因素的价值观教育将必然蕴含着巨大的教育力量。由于青年群体的善于模仿、易于接受新事物等生理、心理特点，通过流行语直白通俗的表述，可以使青年人从中吸取内含在流行语中的有益价值观。

正如每一枚硬币都有它的正反面，从一个角度来看是积极的因素，换一个角度来看则未尝不是弊端。流行语和所有事物一样，都有两面性：积极的一面和消极的一面。流行语作为社会生活和文化在语言中集中、精炼的反映，在价值观教育过程中不可能完全屏蔽掉其消极影响。青年人尚处于成长期，自我控制能力低、是非判断能力差，流行语文化对青年群体的价值观教育的消极负面影响不可避免。只有客观公正对待该现象，积极引导青少年学会理性对待，并为青年思想政治教育营造良好的社会文化氛围，才能促使其健康成长。

总之，青年价值观教育是以青年人为对象的社会实践活动，这就决定了青年价值观教育者要不断去了解社会、知晓对青年群体身心产生影响的社会诸因素，才能准确地把握青年人的思想、个性和身心发展需要，对其实行行之有效的教育措施。流行语对于青年具有很强的吸引力，是影响青年健康成长的重要社会因素。因此，我们应将流行语作为了解青年群体的一个重要窗口，通过了解青年人津津乐道、频繁使用的流行语去把握他们的思想动态、价值观取向以及生活方式的导向。同时，应积极发挥和利用流行语对青年群体的有利影响，通过优化社会文化环境，让青年人自觉屏蔽掉流行语的负面影响。当然，这些都需要在未来的实践中不断摸索，不断更新观念和认识，从而在理论上逐步形成流行语对青年价值观教育影响的系统认识，在实践中摸索出行之有效的教育方式。

（刊于《中国青年研究》2010年第9期）

大学生诚信道德建设的路径选择

王淑芹 杜 凡

[摘 要] 大学生的诚信道德建设，是我国和谐社会建构中日益凸显的重要理论和实际问题。学校管理制度的伦理化、诚信规章的系统化、诚信奖罚机制的体系化、大学生诚信信息的社会化、诚信教育的多样化，是学校加强大学生诚信道德建设的有效路径。

[关键词] 大学生；诚信；路径

和谐社会对诚信的道德诉求，大学生作为高知群体对社会精神的引领作用及其作为社会建设的中坚力量所要担当的重任，都预示了加强大学生诚信道德建设的必然性；而目前我国大学生诚信道德的式微，又隆显了加强大学生诚信道德建设的紧迫性。因之，镜鉴西方主要国家大学生诚信管理的经验，契合我国大学生诚信道德的实情，据此而提出针对性的建设对策，不仅是培育大学生良好道德品行和人文精神的需要，也是构建社会主义和谐社会的需要。

一、学校管理制度的伦理化

制度作为环境结构状态中的重要部分，是避免个人行为的任意性、破坏性的重要制衡因素，因之，大学生诚信道德的缺失，不只是社会道德教育问题，在某种程度上，也与学校诚信的相关制度的完备与合理性相关。所以，加强大学生的诚信道德建设，必须首先要完善高校的管理制度，使其合理化。

首先，加强高校管理制度与国家上位法的契合度。国家法律调节的对象是包括大学生在内的全体公民，因此，高校对大学生的各项管理规定，应与国家上位法的原则和精神相契合。我国在市场经济法律体系的建立过程中，不仅对原有不合乎时代精神的法规进行了修订，而且根据社会需要也陆续出台了许多新的法规，这在客观上就要求高校应根据现行法的原则和要求，对学校的管理规章进行全面的审查，及时修改与法律法规有出入的地方，以减少高校管理制度和学生权利之间的摩擦，避免学校的管理规章因与国家上位法相冲突而影响学生对制度的尊重与践行。

其次，提高学生在学校规章制度制定中的有序参与度。受传统管理思维方式的影响，许多高校在对学生管理规章的制定过程中，仍存在着不同程度的"上脑思维"的特征，即把学生视为纯粹的管制客体，完全从学校单方面的管理秩序或效率出发而制定相关的制度。这种没有征求和听取学生意见、完全形于上的规章，不仅会导致颁布的有些规定，不符合学生的实情而影响学生的接受，而且也会因其强制推行，导致学生对制度的反感和排斥。现代管理理念，提倡民主协商的制度制定形式，尤其在高校，大学生作为高知群体，不仅具有强烈的自我意识和权利意识，而且具有进行规则商谈的能力。因此，各高校在对学生制定有关制度时，要注重发挥学生的自我管理、自我规范的能力，充分听取学生意见，在座谈、对话、交谈中形成规则共识，从而使这些管理制度成为学校、学生共同商谈的产物，形成学生有序参与制度制定的民主机制。也就是说，学校在制度制定的理念上，要把学生视为具有自我规定能力的主体；在制度制定的程序上，要设定学生参与的环节和渠道，发挥学生党团组织、学生会、学生社团的组织和桥梁作用，构建学生与校方之间双向沟通的平台；在制度的评估上，要让学生进行评价。由学生参与建立的制度，会因合乎学生的实情而更具合理性。

再者，提高学校管理制度的科学化程度。学校对学生的管理规定，不只是建立良好秩序的需要，更是学生完成学业、完善人格、就业成才的需要。在这个意义上说，学校管理规章的根本和最终目的就是为了学生。有鉴于此，学校在制定相关的制度过程中，必须要从学生的心理特征、行为能力和实际生活出发，不能为了纯粹的管制而建章，使规章带有较多的官僚主义、主观主义的成分。在专业课程的设置上，要立足于学科自身的体系化、社会工作专业化和学生职业化的需要安排课程，不能因师设课；教学内容要推陈出新，反映学科的最新知识，避免教材的理论陈旧。

二、学校诚信规章制度的系统化

高校尽管在学籍管理、考试制度等方面的规章日臻完善，但在学术、就业等诚信管理规章方面仍存在着不同程度的制度缺位问题，所以，高校诚信管理的制度建设急需系统化。

1. 完善考试管理制度

细化考试作弊的相关规定。尽管目前许多高校已制定和出台了考试方面的管理文件，但更多是概括考试作弊行为的一般特征，提出对考试作弊行为的处罚原则。从总体来说，还应加强对考试作弊行为类型的具体归纳与描述，更要依作弊的形式及危害程度规定出详细的处罚措施，规定要明确、具体。

建立考务管理机构。为端正考风和严明考试纪律，把考试诚信落到实处，学校应成立专门的机构，如学校成立以主管教学工作的副校长为组长，包括教务处处长、学生处处长、各教学单位主管教学工作的副院长（副主任）在内的考试工作领导小组，加强对学校考务工作的统一领导；各教学单位成立以单位正职领导为组长，包括主管教学工作副院长（副主任）、主管学生工作副书记等在内的考试工作院系领导小组；成立教授和学生共同参加的监管会，负责对学生作弊行为的核实、申诉及对学校处罚结果的检察与纠正。

对学生成绩评价机制的科学化。在高校严格管理的情况下，考试作弊行为仍然频频发生，成为高校大学生诚信中严重的问题，深究其原因，与教师对学生成绩的单一评价制度无不相关。目前，在我国高校，普遍盛行的成绩检测形式是闭卷考试，尽管有些任课教师在给定课程成绩时，也会考虑学生的平时成绩。但期末的闭卷考试成绩仍占绝对的比例，致使一些学生会出于对死记硬背的公式、概念的厌烦或记不住而作弊。不可否认，考试是检测学生知识掌握和分析问题能力的重要形式，但不要唯一化，尤其是人文社会科学，教学的目的是让学生掌握相关知识的同时，训练其理性思维能力，培养其分析问题、解决问题的能力。所以，对学生课程成绩的考核，应注重综合性，把平时课堂发言、讨论、平时作业的成绩与期中、期末成绩统合，避免一卷定终身的现象，从而减少学生考试作弊的赌博心理。另外，应根据课程的特点和教学的根本目的，允许采用多种考试方式，有笔试闭卷或开卷；有口试、小论文或小设计报告等。

2. 完善学术诚信制度

目前，有许多学校把学术规范和学风建设纳入制度建设当中，但问题是大部分学校的规章制度在内容上空泛，缺乏可操作性，致使学术诚信建设成为高校学风建设的薄弱环节。有些高校学术的规章制度在内容上几乎就是教育部文件的复制，缺乏针对本校实际情况的具体而翔实的内容。有的学校在"违纪处分办法"

中规定:"学年论文、实习论文、毕业论文、学位论文剽窃他人成果,以作弊论,给予记过处分;情节严重者,给予留校察看直至开除学籍处分。"在此文件的其他条文中,既没有对"剽窃"的界定,也没有对"剽窃"程度或情节的明确划分。这类规定在实施过程中会因缺乏严明的规定而易于产生分歧,影响制度的实效化,造成某些规章制度的形同虚设。为此,我们需要首先厘定学术诚信规则。各学校应根据教育部的有关规定及大学的学术精神,制定出明确的学术规范条例,既包括对原则性的规定给予细化,对抄袭、剽窃、伪造等学术不诚信行为给予明确阐明,也包括对学术不诚信的不同行为类型给予相应处罚的具体规定。另外,要建立学术诚信的监督机制。对于学生的论文作业、学位论文,应形成一套以教师为主、学生为辅的检察制度,建立多种监督渠道,尤其是利用网络平台的自由性和隐匿性,形成过滤网,对抄袭、剽窃、伪造学术论文现象,及时得到发现和受到惩处。对学术不诚信者的处罚,要公示,形成失信受罚的行为预期和社会教育效应。同样重要的是,要推行荣誉承诺制。在试卷的上方和学术论文的首页,要印制诚信誓言,让学生通读并签署,以起到提醒和督促的作用。

3. 完善贷款制度

健全贷款条件的核查制度。尽管许多高校在《国家助学贷款工作实施办法》中,基本上都把"遵纪守法,诚实守信,无违法违纪行为"作为申请国家助学贷款的一项重要条件。但在具体操作中,比较偏重对考试作弊违章的审查,而对其学术诚信则重视不够,有鉴于此,要建立包括考试、学术、材料申报等在内的全面审核制度。

明示欺骗贷款的处罚规定。有些学校在《国家助学贷款工作实施办法》中,规定贷款学生要"签订承诺协议书"以及"对于申请国家助学贷款隐瞒真实情况或弄虚作假的学生给予相应的处罚",但处罚条例过于原则性,需要进一步的细化规定。

还贷方式多样化。目前,银行让学生在毕业前签订还款确认书,明确还款期限和每期固定的还款金额。这种确认书的签定本身无可厚非,需要改进的是要根据学生的实际情况,允许有多种还贷形式,即根据学生收入水平确定偿还贷款的速度以及还款数额,尤其要考虑一些学生由于失业、生病、受伤等原因暂时没有还贷能力,银行应给这部分学生建立申请缓还贷款的渠道。根据贷款学生的实际还贷能力采取灵活多样的形式,既可减轻贷款毕业生的压力,提高学生还贷的积极性,又可降低大学生贷款的违约率。

三、诚信奖惩制度体系化

成立第三方的诚信仲裁机构。高校目前普遍没有设立专门的诚信管理部门，基本都是挂靠在学校的相关职能部门，如教务处或学生处。为了体现公正和消除学生对学校的排斥心理，发挥学生的自我监管和评价能力，提议学校成立由教授和学生代表组成的学术委员会作为第三方，负责对学生诚信与失信行为的裁定及提出表彰或处罚的建议，然后由职能部门公示及存档。

失信惩罚程序化。由于受"重实体，轻程序"观念的影响，我国高校普遍存在忽视程序、注重结果的现象。为此，各高校要严格按照《普通高等学校学生管理规定》第64条的"处分要适当，处理结论要同本人见面，允许本人申辩、申诉和保留不同意见。对于本人的申诉，学校有责任进行复查"的规定制定出详细的处罚程序。具体建议是：第一，组织调查。学校发现学生有诚信违规的问题后，首先应查明事实真相，在事实没有得到确认之前任何人或部门都不得擅自做出处分决定。第二，书面告知。在初步查明违规事实后，应当书面告知当事人的事实信息和法律信息，同时听取涉嫌作弊学生的陈述和申辩意见，并告知其有申请听证会的权利。第三，举行听证会。若涉嫌作弊学生在规定的期限内申请听证，学校应当在法定期限内为其组织听证会，给他（她）留有合理的准备时间，并及时告知举行听证会的时间、地点和主持人。整个听证过程应当进行笔录，并由当事人核对无误后签字。第四，形成决议。听证会后，确认学生违规是否成立，如果违规事实证明不足，应公示，消除对该生的消极影响；如若违规事实确凿，应形成明确的处罚决议，提交教务处。第五，告之和公示。处分决定不仅要告之学生，而且要在学校公开张贴。第六，备案。退学、开除学籍等彻底改变学生身份的处分决定书，应当在规定的期限内报上级教育主管部门备案，接受国家教育行政部门的事后监督。

健全监督机制。首先，加强对国家助学金诚信行为的监督。全国学生资助管理中心应在其网站上公开助学金管理条例、公示各学校被资助的学生名单，设立投诉、举报系统，便于社会监督。其次，加强毕业生就业诚信监督。学生的推荐材料要统一管理，就业推荐材料必须经过学校严格审核盖章，防止编造虚假信息，确保毕业生就业材料的真实性。再者，加强对荣誉称号的监管。学校要禁止开展名目繁多、适应就业需要的荣誉称号的评比活动，应使荣誉称号名副其实，成为稀缺资源，以发挥出荣誉称号在就业竞争中的特有价值。

四、大学生诚信信息社会化

目前许多学校还没有为本校的贷款学生建立个人诚信档案，而信用记录的空白在某种程度上，也是大学生毁约失信的诱因之一。因此，加快大学生诚信档案的社会化，则成为高校加强大学生诚信建设的重要方面。

诚信信息收集层次化。一是以班级为单位，由班级辅导员和班委共同负责收集该班学生的诚信信息；二是学校各职能部门，要恪守职责，对诚信缺失的学生，应记录在案，不能漏记或随意更改。

诚信信息内容具体化。要建立大学生的经济、学习、考试、求职诚信的全面信息档案。经济诚信信息应包括大学生在申请国家助学贷款、救济、补贴以及缴纳学费、住宿费等方面的情况；学习诚信包括学生旷课、作弊等方面的信息；学术诚信包括学生作业、论文完成的真实性，以及有无抄袭、伪造等记录；求职诚信包括学生所获荣誉称号、证书、签约履行等真实状况。

诚信信息的网络化。借助现代科学技术，建立大学生诚信档案数据库，逐步实现系统内联网，并与教育部门的"学生信用档案"网站联接。使大学生的诚信信息社会化，便于社会各界的查询、监督，使用人单位、社会中介组织、银行等机构能够随时查阅大学生的真实材料，从而降低大学生的信用风险，使个人信用档案真正成为学生的第二"身份证"，促使学生珍惜和维护自身的信用形象。

五、学校诚信教育多样化

加强大学生的诚信教育是不可或缺的。诚信教育不能孤立化，更不能完全知识化，要重视诚信伦理的意义教育。对大学生的诚信教育，要立足于他们立身成才的价值实现的人生想望，把遵守诚信之规与他们的生存和发展前景相联，使他们认识到诚信是成就辉煌人生的道德基础，从而增强大学生践行诚信道德的内驱力。另外，要创设大学生的主动教育与自我教育相结合的平台。通过开展"学术诚信周"活动，对在校生进行全面的学校规章和诚信的认知教育，使他们了解诚信条例，明辨诚信道德善恶。

重视学校诚信道德环境的熏染教育。首先，诚信立校。把诚信办校列入高校教学评估和精神文明单位创建之中，坚决杜绝在迎接上级教学评估中的弄虚作假行为，尤其是让学生参与造假过程的行为。其次，诚信立教。加强师德师风的诚信道德建设，把教师的学术诚信列入工作考核、职称晋升、导师资格评定的标准体系中。杜绝老师上课迟到早退、授课敷衍、学术造假等行为，发挥教师的言教与身教的综合示范作用。再者，诚信立人。通过在学生中开展诚信道德楷模的评比活动，学校要树立学生身边的诚信道德楷模，宣传诚信立人的鲜活事例，授予诚信楷模光荣称呼，并记录在其档案中，使学生感受诚信道德的力量和价值。

（刊于《思想教育研究》2008 年第 7 期）

图书在版编目(CIP)数据

思想政治教育：反思与构建／首都师范大学思想政治教育学科编．
—北京：中央编译出版社，2014.4
ISBN 978-7-5117-2085-6

Ⅰ.①思… Ⅱ.①首… Ⅲ.①高等学校－思想政治教育－教学研究－中国
Ⅳ.① G641

中国版本图书馆 CIP 数据核字 (2014) 第 048112 号

思想政治教育：反思与构建

| 出 版 人：刘明清
| 出版统筹：董　魏
| 责任编辑：郑　锦
| 责任印制：尹　珺
| 出版发行：中央编译出版社
| 地　　址：北京西城区车公庄大街乙 5 号鸿儒大厦 B 座 (100044)
| 电　　话：(010) 52612345（总编室）　　(010) 52612363（编辑室）
| (010) 52612316（发行部）　　(010) 52612315（网络销售）
| (010) 52612346（馆配部）　　(010) 66509618（读者服务部）
| 传　　真：(010) 66515838
| 经　　销：全国新华书店
| 印　　刷：北京瑞哲印刷厂
| 开　　本：787 毫米 ×1092 毫米　1/16
| 字　　数：395 千字
| 印　　张：22.75
| 版　　次：2014 年 4 月第 1 版第 1 次印刷
| 定　　价：68.00 元

| 网　　址：www.cctphome.com　　邮　　箱：cctp@cctphome.com
| 新浪微博：@中央编译出版社　　微　　信：中央编译出版社（ID：cctphome）

本社常年法律顾问：北京市吴栾赵阎律师事务所律师　闫军　梁勤
凡有印装质量问题，本社负责调换。电话：010-66509618